제국의 슬픔

최고의 석학 이중톈이 말하는

제국의 슬픔

이중톈 易中天 지음 · 강경이 옮김

중국 전제주의 정치와 인간 탐구

라의눈

역사는 늘 사람의
기억 속에 존재한다

독자 앞에 놓인 이 책은 기본적으로 역사를 말한다. 이 중 일부는 내가 중국 CCTV의 교양 프로그램 「백가강단百家講壇」에서 강의한 내용들이다.

「백가강단」은 학술성을 표방하는 프로그램이고, 특히 역사를 다루는 데 강점이 있다. 사실 이런 프로그램을 만들기가 쉽지 않다. 대중에게 다가가다 보면 학술성이 떨어지고, 학술성을 강조하다 보면 시청률이 떨어질 수 있으니 말이다.

다행히 「백가강단」의 연출자는 이 프로그램의 시청률이 결코 낮지 않다고 한다. 잘나갈 때는 0.5퍼센트 정도 나오고, 그렇지 않을 때도 0.1퍼센트는 된다고 한다. 그럼 0.5퍼센트라는 시청률은 도대체 무엇을 의미할까? 이는 천 가구 중 평균적으로 다섯 가구가 이 프로그램을 시청했다는 이야기다. 중국이 인구 대국이라는 점을 미루어 볼 때 이는 가히 천문학적인 숫자라고 할 수 있겠다.

물론 이러한 계산이 완전히 정확한 것은 아니다. 하지만 어찌 되었든 많은 이들이 관심을 가지고 보고 있음은 분명한 사실이다. 그러니 참으로 이상한 일이다. 중국 역대 왕조 중에서 가장 최근까지 존재했던 청나라도 이미 백 년 전의 왕조다. 그 이전의 왕조들은 말할 필요도 없다. 이렇게 오래된 과거의 시비와 은원이 우리와 무슨 상관이 있다고 이렇게 많은 관심을 보이는 것일까?

해석은 한 가지밖에 없을 것이다. 역사를 잊어서는 안 되기 때문이다.

분명 역사는 늘 사람으로 하여금 기억을 되살리게 한다. 위대한 시대와 위대한 인물은 더욱 그러하다. 평범한 시대에는 근시안적 태도로 일관하는 경향이 짙고, 평범한 인물들은 대개 역사를 본체만체한다. 게다가 역사는 그 자체가 연속적으로 상연되는 하나의 장편 연속극이다. 인물과 스토리가 있고, 기승전결의 전개 방식, 주제, 극적인 감동까지 완벽하게 갖추었으니, 사람들의 흥미를 자극하고도 남는다.

그래서 역사에 대한 각종 해석이 난무하게 된다.

가장 사실적인 것을 '정설正說'이라고 하며, 『삼국지』, 『대당서역기大唐西域記』가 이에 해당된다. 가장 대중적인 것은 '희설戲說'이라고 하여 『삼국연의』, 『서유기西遊記』 등이 대표적이다. 『삼국연의』는 '연의演義'라는 말에서 알 수 있듯이, 작가가 비단 스토리를 제멋대로 전개할 뿐 아니라 심지어 역사를 왜곡할 수 있다는 말이다. 그나마 『삼국연의』는 본래의 틀에서 약간 어긋나는 데 그쳤지만 『서유기』는 실제와 너무 동떨어져 '허구'라고 부를 수밖에 없다. 『대화서유大話西遊』가 『서유기』에 거짓과 허구를 덧입힌 것임을 대부분의 독자들은 잘 알고 있다. 그러면서도 『서유기』야말로 '허구'의 원조라고 여기는 사람은 거의 없다. 그러나 『서유기』는 누구나 신화임을 알기 때문에 문제 될 거리가 없다. 하지만 『삼국연의』는 다르다. 많은 이들이 그것을 역사로 간주하고, 심지어 그 자체가 역사적 사실이라고 여긴다. 이러한 점으로 볼 때 『삼국연의』는 『대화

삼국大話三國』이라고 불리지 않는 '허구의 삼국지'라고 할 수 있다.

사실 소설가의 말은 믿을 게 못 된다. 믿을 수 있는 것은 역사학자의 말이다. 「백가강단」의 시청률이 이토록 높은 것은 대중이 역사의 진상을 알고 싶어 하기 때문이다. '정사正史'에도 유언비어가 기록되는데도 말이다.

정말 마음을 차분히 가라앉혀 역사 문헌을 읽는 사람이 그리 많지 않다. '정설'의 영향력과 독자층도 '희설'과 '허구 소설'의 것만은 못하다. 이유는 무엇일까? 후자는 보기 좋게 구성된 반면, 전자는 이해하기 어렵기 때문이다. 또한 후자는 흥미진진하고 재미가 가득하지만, 전자는 딱딱하고 무미건조하다. 사실적 이야기는 재미가 없고, 재미있는 것은 진실성이 떨어진다. 흥미를 추구한다면 '속임수'와 '거짓'의 덫을 걸려들 수밖에 없고, 진상을 분명히 파악하려면 무미건조한 내용을 감수해야 한다. 이것이 바로 갈등의 실체다. 독자들도 이러한 딜레마에 빠지기 때문에 나름대로 이를 해소할 방법이 필요했다.

이를 해결할 수 있는 가장 좋은 방법은 '취설趣說'이다. 소위 '취설'이란 역사적 사실을 토대로 하되 문학적 요소로 내용을 포장하는 방법으로서 역사적 진실과 문학적 재미를 동시에 포함한다. 말처럼 쉬운 작업은 아니지만, 그렇다고 못할 것도 없다. 황런위黃仁宇의 『1587년, 만력 15년 아무 일도 없었던 해』가 바로 그러한 형식을 적용한 본보기다.

'취설'은 결코 쉽지 않다. 우선 작가가 유머 감각과 센스를 갖춰야 하며, 문학적 소양도 구비해야 한다. 문학적 소양이란 문학적 감각이 있어야 한다는 뜻이지, 경전이나 명작을 얼마나 많이 읽었는지, 학력이나 학위, 직위가 어떠한지, 중문과를 졸업했는지와는 별다른 상관이 없다. 문학적 소양은 체험적 노하우이자, 음미하는 능력, 혹은 뛰어난 감수성이다.

문학적 감각이 있는 사람은 보통 역사적인 감각도 지니고 있다. 문학과 사학 모두 결국은 인간을 다루는 학문이기 때문이다. 인간이 없다면 역사도, 문학도 없었을 것이다. 따라서 역사를 이해하려면 인성人性을 간파해야 한다. 역사는 복원할 수 없다. 기껏해야 진한대의 기와 조각을 단편적으로 볼 수 있다거나, 어렴풋하게 종이나 북소리를 들을 수 있을 뿐이다. 한나라의 요새는 이미 사라졌으며, 진나라의 명월明月도 더 이상 볼 수 없다. 그러나 인성은 시대의 흐름을 관통하며 계속 이어져 왔다. 그러므로 역사를 연구하든 역사를 이야기하든 반드시 '인간'이 주가 되어야 하며, 민족의 문화 심리를 핵심으로 해야 한다.

인간을 중심으로 한 역사만이 진정한 가치가 있다. 민족의 문화 심리를 핵심으로 해야 역사적 사건과 역사 인물들을 더 생생하게 느낄 수 있다. 이러한 생생한 이야기와 생명은 우리로 하여금 역사를 반성하고, 사회와 인생, 그리고 자기 자신을 돌아보게 하며, 흥미 속에서 지혜를 건져 올리게 한다.

이는 비단 '취설'일 뿐만 아니라 '묘설妙說'이다. 사상이 없는 취설은 따기 쉬운 음료 캔에 불과하며, 사상이 있는 묘설이야말로 훌륭한 술이다. 『한서』를 안주 삼아 술을 마셨다'는 말도 있듯이 역사와 술은 오래전부터 관계가 깊었다. 역사는 술을 양조하는 과정이라고 할 수도 있다. 이 책이 좋은 술이라고 장담하지는 못하겠지만, 독자들에게 식초 취급만 받지 않아도 감사할 따름이다.

이중톈易中天

차례

帝國的惆悵

易中天

帝國的惆悵

易中天

제1장

밝은 달이 언제
도랑을 비춘 적이 있던가

중앙 집권을 주장한
조조의 죽음

조조晁錯는 관복 차림으로 형장의 이슬로 사라졌다.

조조의 이러한 죽음은 단편적으로 역사를 읽는 사람에게 그가 떳떳하게 죽음을 맞았다는 오해를 불러일으킬 소지가 크다. 이는 사마천司馬遷의 영향이 크다. 사마천은 조조를 다룬 열전列傳에서 춘추필법春秋筆法(대의명분을 좇아 객관적인 사실에 입각하여 준엄하게 기록하는 논법으로 『춘추』에서 비롯되었음-옮긴이)에 입각해, "황제가 명을 내려 조조에게 관복을 입힌 채 동시東市(수도 장안 동쪽에 있던 시장으로 사형을 집행하던 곳-옮긴이)에서 참하도록 했다"고 묘사했다. 마치 황제가 관복을 입히는 '특별 대우'를 해 마지막으로 조조의 체면을 세워 주려 했던 것처럼 그리고 있다.

그러나 반고班固는 사마천처럼 너그럽게 묘사하지 않았다. 그는 입궐하는 것처럼 속여 사형장으로 끌고 간다는 의미의 '태재행시紿載行市(사실 사마천도 이 표현을 사용한 적이 있지만 「오왕비열전吳王濞列傳」에서만 잠시 언급했다'라는 좀 더 직설적인 표현을 썼다. '태紿'란 '속인다'라는 뜻이다. 조조는 속임수에 넘어가 형장에 끌려간 것이다. 어명을 집행하기 전에, 오늘날의 수도방위사령관 겸 공안부장에 해당하는 중위中尉 진가陳嘉는 조조에게 조정에서 그를 죽일 것이라는 사실을 전혀 통고하지 않았다. 조조역시 대신들의 회합에 불려 가는 줄 알고 평소처럼 관복을 차려입고 입궐을 위해 수레에 올라탔다. 그러나 얼떨결에 동시로 끌려가 요참腰斬(죄인의 허리를 베어 죽이는 형벌-옮긴이)에 처해졌다. 순식간에 일어난 일이라 유언조차 남기지 못했다. 사형 집행 전에 판결문을 낭독한 사람이 있었는지도 알려진 바 없다. 한 가지 확실한 것은 조조의 죽음이 중간 심판과정 없이 집행됐고, 그에게 변호할 기회조차 주어지지 않았다는 사실이다.

사람의 목숨을 초개같이 여긴 게 아니고 무엇이겠는가. 졸지에 '초개' 취급당한 조조는 당시 꽤 영향력 있는 인물이었다. 그는 서한西기 초엽 경제景帝 시대의 대신으로 어사대부御史大夫를 지냈다. 어사대부란 지금으로 말하면 부총리와 감찰부장의 역할을 겸하는 관직이었다. 조조의지위가 상당히 높았음을 알 수 있다. 이러한 고관이 심판 과정도 생략된채 관복 차림으로 처형당한 이유로 두 가지 가능성을 추측해 볼 수 있다. 상황이 매우 급박하게 돌아갔다는 것과 그를 증오하는 적대 세력의원한이 극에 달했을 것이라는 추측이다. 지금 되짚어 보면 조조의 죽음에는 두 가지 상황이 복합적으로 작용한 것으로 보인다.

먼저 사건의 급박성부터 살펴보자.

조조가 처형된 직접적인 원인은 '삭번削藩'이었다. 조조는 기회만 닿으면 경제에게 삭번 정책을 주장했다. 그의 거듭된 주장에 설득당한 경제는 마침내 삭번을 시행하겠다는 결정을 내렸다.

'삭번'이란 무엇인가? 간단히 말하면 번국藩國의 관할지를 삭감하는 것이다. 번국은 서한 초기 땅을 나누어 군주를 세운 일부 왕국을 일컫는다. 이들 왕국의 군주는 황제의 형제이거나 조카로 한나라 왕조의 기득권층이었다. 삭번 정책의 근본 취지가 그들의 권력을 박탈하려는 것인데 과연 그 군주의 후손들이 꼼짝 않고 당하고만 있었겠는가? 삭번 명령이 전달되자 가장 강대한 두 나라인 오吳와 초楚는 펄쩍 뛰었다. 오왕吳王 유비劉濞와 초왕楚王 유무劉戊는 조왕趙王 유수劉遂, 교서왕膠西王 유앙劉卬, 제남왕濟南王 유벽광劉辟光, 치전왕淄川王 유현劉賢, 교동왕膠東王 유웅거劉雄渠와 연합 전선을 구축해 반란을 일으켰다. 이 사건이 바로 역사적으로 유명한 '오초칠국의 난吳楚七國─亂'이다.

일곱 나라가 대대적으로 반기를 들자 한나라 조정은 물론 백성들까지 술렁이기 시작했다. 경제와 군신들은 군사를 배치하고 대책을 논의했다. 이때 원앙袁盎이 경제에게 묘책을 하나 제안했다.

"오와 초는 모반을 일으킬 만한 힘이 없습니다. 그들이 물자가 풍부하고 기세가 등등하다는 것이 거짓은 아닙니다. 또한 따르는 무리들 역시 매우 많습니다. 하지만 그 무리들은 돈으로 매수한 자들에 불과해 사리사욕을 채우기 위해서라면 얼마든지 의리를 저버릴 것입니다. 그런 자들을 이끌고 무슨 대사를 치르겠습니까? 그들이 무모하게 반란을 일으킨 것은 조조가 폐하에게 삭번을 종용했기 때문입니다. 조조를 죽이고 환수한 영토를 되돌려 준다면 칼에 피를 묻히지 않고 조용히 반란을 평정할 수 있습니다."

원앙은 원래 오의 승상丞相을 지냈던 인물로 그의 말은 꽤 설득력을 얻었다. 가뜩이나 좌불안석이던 경제는 원앙의 제안을 듣고, '대를 위해서라면 과감하게 소를 희생해야 한다'고 판단했다.

원앙의 주장에 일리가 없는 것은 아니었다. 사실 오초칠국의 난도 '조조를 죽이고 황제 측근을 숙청한다誅晁錯, 淸君側'는 명목으로 일어난 것이기 때문이다. 반란군은 '국가를 위험에서 구하고 유씨 일족을 보호하자'는 기치를 내걸었다. 그렇다면 '청군측淸君側'의 의미는 무엇일까? 쉽게 말해 황제 신변의 간신을 처단한다는 뜻이다. 여기서 '간신'이란 구체적으로 조조를 가리키는 말이었다. 따라서 원앙은 이렇게 생각했다.

'군주 곁의 간신들을 정리해 달라는 것이 그들의 요구 조건이 아닌가? 만약 조조가 처단되었다면 간신배가 이미 없어졌다는 뜻인데 반란을 계속할 명분이 있겠는가?'

그러나 원앙의 주장은 보기 좋게 빗나갔다. 조조가 처형당한 후에도 칠국은 병력을 철수하지 않았고, 한나라 사신이었던 원앙은 오히려 오왕에게 볼모로 잡혔다. 원앙은 경제에게 조조를 죽일 것을 제안한 후 태상太常(종묘 의례와 교육을 관할하는 관직)'에 임명되어 오로 파견되었다. 원앙은 오왕이 이미 소기의 목적을 달성했기 때문에 적당한 시기를 봐서 물러날 것이라 확신하고 있었다. 그러나 욕심에 사로잡힌 오왕에게 원앙과 조정 따위는 눈에 들어오지 않았다. 그는 원앙과의 만남을 아예 거부하고 항복하든지, 죽든지 둘 중 하나를 선택하라고 했다. 원앙은 이러지도 저러지도 못하는 신세가 되었다. 훗날 오나라 진영에서 탈출하긴 했지만 그때부터 그는 평생 '개인적 원한을 공적으로 이용해 이간질하고 충신을 억울하게 죽였다'는 비난에 시달려야 했다.

실제로 당시에도 조조의 억울함을 호소하는 이가 있었다. 조조가 처형당한 후 전방에 있던 등공鄧公이 경제에게 군정을 보고하기 위해 수도로 돌아왔다. 등공의 관직은 알자복야謁者僕射(궁정 수비대장인 낭중령郎中令 직속 관직)'였고 품계로 따지자면 비천석比千石(녹봉으로 쌀 70곡 이상, 80곡 이하를 지급받음-옮긴이)'에 해당했다. 그 무렵 그는 교위校尉(장군보다 한 급 낮은 무관)로 임명되어 반란 진압을 주도하던 중이었다. 알현하러 찾아온 등공에게 경제가 물었다.

　　"조조가 죽었으니 조만간 오와 초가 군대를 철수하지 않겠소?"

　　이에 등공이 서슴없이 대답했다.

　　"철수라니요? 오왕은 이 반란을 위해 지난 수십 년간 칼을 갈아 온 자입니다. '조조를 죽이고, 황제의 간신들을 숙청한다'는 것은 그럴듯한 핑계에 지나지 않습니다. 그들의 본래 속셈은 조조를 제거하는 데 있지 않았습니다. 오와 초는 절대 물러나지 않을 것입니다. 신은 이제 천하의 선비들이 입을 봉하고 아무런 진언도 하지 않을까 두렵습니다."

　　경제가 그 이유를 묻자 등공이 말을 이어 나갔다.

　　"조조가 왜 삭번 정책을 주장했는지 아십니까? 제후 세력이 지나치게 강성해져 중앙 정권을 위협하는 기형적인 현상을 방지하기 위함이었습니다. 제후국이 관할하는 영토를 회수함으로써 중앙정권의 지위를 더욱 강화하려 했던 것입니다. 이는 우리 한나라 조정이 만세에 걸쳐 추구해야 할 대업입니다. 그러나 계획이 겨우 시행되자마자 조조 자신은 억울하게 처형당했습니다. 이는 곧 안으로 충신의 입을 틀어막고, 밖으로는 제후들의 눈엣가시를 제거해 준 격이 아니고 무엇이겠습니까? 결국 제 살 깎아 남 좋은 일만 하고 말았습니다. 신은 사태가 잘못 돌아가고 있다고 생각합니다."

경제는 입을 다문 채 잠자코 듣고만 있었다. 그러고는 한참 후에 탄식하며 말했다.

"그대의 말이 옳소. 짐 또한 후회막급이라오."

그렇다고 조조의 잘못된 죽음을 모두 원앙의 탓으로 돌릴 수도 없다. 당시 원앙은 관직에서 파면되어 서인庶人에 지나지 않았다. 또한 그가 경제에게 내놓은 제안은 그저 개인적인 의견일 뿐이었다. 그러나 조조의 처형은 정식 탄핵 과정을 통해 결정된 것이었다. 이 탄핵을 주도한 사람들은 따로 있었으니, 바로 승상 도청陶靑, 중위 진가, 정위廷尉 장구張歐 등 조정의 중신들이었다.

한나라의 중앙 관제는 삼공구경제三公九卿制였다. '삼공'은 국정을 주관하고 정책을 결정하는 핵심 관료층으로 승상, 태위太尉, 어사대부를 말한다. 승상은 행정에서 최고 실세를 가진 책임자로서 오늘날의 국무총리에 견줄 수 있다. 태위는 군사를 담당하는 최고 책임자이며, 지금의 국방부장관 격이다. 어사대부는 감찰관인 어사를 통솔하는 한편 부승상 자격으로 행정에도 참여했는데, 오늘날의 부총리 겸 감사원장과 비슷한 역할이었다. 이 승상, 태위, 어사대부를 합쳐서 '재상宰相'이라고 했다. 따라서 재상은 하나가 아닌 세 요직을 포괄하는 개념이었다.

이 삼공 바로 아래 9개의 부部가 있었는데 이들 각 부의 으뜸 관료들을 '구경九卿'이라 불렀다. 앞서 말한 진가가 맡은 중위와 장구가 맡고 있던 정위는 모두 경에 속하는 관직이다. '위尉'는 무관을 나타냈는데, 당시는 군경軍警의 개념이 확연히 구분되지 않아서 '위'는 군관일 수도 있고 경관일 수도 있다.

직책은 '위' 앞에 어떤 글자가 붙었느냐에 따라 결정되었다. 예를 들어 태위는 '최고'의 의미를 내포하는 '태太'와 함께 쓰여 말 그대로 최고 무관을 나타낸다. '중中'은 궁정 혹은 수도를 의미하여 외지를 뜻하는 '외外'와 상대적 개념으로 쓰였다. 수도의 치안을 담당하는 중위는 수도방위사령관 겸 공안부장에 해당된다. 정위의 '정廷'은 조정을 의미하여, 조정의 법률을 관장하고 형벌을 집행했다. 이는 오늘날의 사법부 장관 내지는 대법원장을 일컫는 말이었다. 결국 국무총리, 경찰청장, 사법부 장관의 요직에 있던 중신 세 사람이 조조의 탄핵에 적잖은 역할을 했으리라는 추측을 할 수 있다.

조조에게 뒤집어씌운 죄명은 매우 무거웠는데 '신하의 도리를 망각했으며 대역무도하다'는 것이었다. 그에 대한 처분은 다음과 같다.

"조조를 요참에 처하고 부모와 처자, 형제자매 할 것 없이 모두 기시棄市(공개적으로 죄인의 목을 베어 죽인 뒤 그 시신을 저잣거리에 버리는 형벌)에 처한다."

이에 경제는 두말없이 동의했다. 그러고는 바로 진가를 보내 작별 인사도 없이 조조를 처형시켰다.

그래서 조조의 죽음은 억울하고 처참할 뿐 아니라 어이없다고도 할수 있겠다.

'조조를 죽이고 황제의 간신들을 숙청한다'는 것이 오·초연합군의 빈 껍데기 구호에 불과했듯이, '신하의 도리를 망각했으며 대역부도하다'는 죄목은 조조를 죽음으로 내몬 원인이 아니었다. 그가 죽은 이유는 그가 '제후 세력 죽이기'의 일환으로 추진한 삭번 정책이었다. 그러므로 조조의 사형이 정당한지 여부를 판별하기 위해서는 우선 삭번의 내막을 살펴볼 필요가 있다.

삭번이란 무엇인가

진한秦漢 시대는 중국 국가 제도 확립의 전기였다. 진秦 시황始皇이 여섯 나라로 쪼개져 있던 중국을 통일한 것은 실로 대단한 혁명이었다. 해묵은 제도들을 갈아엎고 새로운 제도를 구축했다는 점에서 더욱 그렇다. 여기서 낡은 제도란 '방국제邦國制', 즉 봉건제封建制를 말한다. 이는 천하를 제후들에게 나누어 주고 각자 지역 색에 맞게 관할 영토를 다스리도록 하는 제도였다. 반면 새로운 제도는 '제국제帝國制'로 흔히 군현제郡縣制라고 한다. 이 제도는 기존의 분산된 국가들을 하나로 결집해 통일 국가로 전환하려는 취지에서 비롯되었다. 즉, 제각각 독립한 제후국들을 중앙에서 일괄적으로 통제하고 관리하고자 한 제도이다.

이 제도는 진한 시대부터 신해혁명辛亥革命(1911년) 이전까지 줄곧 채택되었다. 그러나 군현제의 도입은 순탄치 못했다. 초기에는 기존의 봉건제를 고수하자는 의견이 압도적이었고, 진왕조가 단명한 이유가 제후들에게 땅을 나누어 주지 않았기 때문이라고 믿는 사람들이 많았다. 할 수 없이 유방劉邦은 건국 초기, 봉건제와 군현제를 병용하는 1국 2체제 방침을 내세웠다. 수도 근방의 경기京畿 지방은 진대의 군현제를 그대로 답습하여 중앙에서 통제하고, 변방은 봉건제의 기틀을 적용해 제후국들의 자치를 허용했다.

중앙 정권의 울타리 구실을 한다는 뜻에서 이들 국가를 '울타리'라는 뜻의 '번藩' 자를 붙여 '번국'이라 칭했다. 제후국의 군주는 '번왕藩王'이라 불렸으며, 그들이 자신의 영지로 가는 것을 '지국之國' 혹은 '귀번歸藩'이라고 했다. 이처럼 군현제와 봉건제의 요소를 모두 살린 제도가 바로 '군국제郡國制'다.

유방이 두 제도를 병용하면서 고수하는 원칙이 하나 있었다. 만일의 사태를 대비한 마지막 보루인 셈인데, 이성異姓은 제외하고 동성同姓만 제후로 책봉한다는 원칙이었다. 이 원칙의 유지를 위해 유방은 백마 한 필을 죽여 공신들과 결속을 다지는 맹세까지 했다. 이를 '백마白馬의 맹세'라고 한다. 이후 여후呂后가 이를 무시하고 여씨呂氏 일족을 왕으로 세우는 일이 발생했으나, 조정을 문란하게 하는 반란으로 규정되어 결국 무력으로 진압되었다. 여씨 일족을 진압한 공신은 바로 훗날 오초칠국의 난을 제압하는 데 공을 세운 태위 주아부周亞夫의 부친 주발周勃이었다.

사실 동성 제후들도 완전히 믿을 만한 존재는 아니었다. 반란을 주도한 오왕 유비만 봐도 그렇다. 유비는 유방의 형 유중劉仲의 아들이다. 고대인들은 형제의 서열을 백伯, 중仲, 숙叔, 계季로 나타냈는데, 평민 출신인 유방의 집안에서는 아예 이 글자들을 따서 아이들의 이름을 지었다.

유방의 본명인 유계劉季는 '유씨 가문의 막내아들'이라는 뜻이다. 그의 형 유중의 이름도 '유씨 가문의 둘째 아들'이라는 뜻이다.

유중은 별 볼 일 없었지만 그의 아들 유비는 능력 있고 똑 부러져서 유방의 한나라 건국에 많은 공을 세웠다. 유방은 오월吳越 일대를 맡아 줄 유능한 제후를 찾지 못해 마음 졸이던 중, 유비의 활약상을 보고 그를 오왕의 자리에 앉혔다. 그러나 얼마 못 가 후회하기 시작했다. 유비가 반란을 꾀할 상相이었기 때문이다. 그러나 황제 체면에 말을 번복할 수는 없었다. 이미 엎질러진 물이었다. 그가 할 수 있는 것은 유비의 등을 두드리며 잘 어르고 달래는 것뿐이었다.

"50년 후에 동남 지역에서 반란이 일어난다고 하던데, 설마 너는 아니겠지? 같은 성씨끼리는 한 가족이나 다름없으니 반란은 꿈도 꾸지 마라."

유비는 즉시 무릎을 꿇고 머리를 땅에 조아리며 말했다.

"조카인 제가 어찌 감히 모반하겠습니까!"

물론 이것은 일화일 뿐이다. 단순히 유비가 반골反骨 기질 때문에 반란을 일으켰다고 한다면 어불성설이다. 조조 또한 유비의 모반 계획을 미리 눈치채서 삭번 정책을 내놓은 것이 아니었다. 조조가 한창 삭번을 주장할 당시 유비에게는 반란의 낌새가 없었다. 삭번은 어느 특정 제후를 겨냥한 것이 아니라 군국제를 바로잡기 위한 것이었다. 군국제 덕분에 제후들은 실권을 가질 수 있었다.

제후들은 자신의 영토에 자체의 정부와 군대, 재정까지 꾸리고 있어 독립 왕국을 방불케 했다. 만일 그들의 영토가 더 넓고 인구와 자원까지 풍부하다면 중앙 정부의 세력을 능가하고도 남을 정도였다. 유비가 지배하던 오나라가 바로 그랬다. 장강長江 중하류 지역에 위치한 오나라는 자원이 풍부했으며 어류와 곡식의 집산지였다. 오왕은 풍부한 광산 자원과 소금으로 부를 쌓으며 세력을 확장해 나갔다. 이처럼 걷잡을 수 없이 커져 가는 세력을 그대로 두었다가는 언젠가 중앙 정권을 위협할 가능성이 다분했다. 공세를 취해서라도 어떻게든 세력을 견제하고 약화시켜야 했다. 그 해결책으로 제시된 것이 제후국의 권력과 토지를 중앙으로 환수하는 삭번 정책이었다. 일단 제후국의 영지를 축소시키는 것이 급선무였다.

하지만 거기에는 위험이 뒤따랐다. 어느 왕이 자신의 땅을 고스란히 내주려 하겠는가? 다 잡은 먹이를 뺏으면 짐승들도 저항하기 마련인데, 하물며 배경이 탄탄한 번왕들은 오죽하겠는가? 궁지에 몰린 번왕들이 거세게 저항할 것은 분명했다. 경제와 군신들은 이 점을 우려했다. 하지만 조조의 의견은 달랐다.

"지금 삭번을 하든 안 하든 그들은 반란을 일으킬 것입니다. 당장 삭번하면 반항은 극심하겠지만 화를 줄일 수 있고, 이를 미룬다면 반항은 유보되나 그 화가 커집니다."

삭번 정책을 시행하든 하지 않든 그들의 반란은 이미 예고된 것이라는 말이었다. 조조는 지금 삭번을 시행하면 제후국들이 바로 들고 일어나겠지만 그 피해는 크지 않고, 삭번을 잠시 미루면 급작스러운 반란을 피할 수는 있어도 더 큰 후환을 키울 수 있다고 주장했다. 이미 남몰래 세력을 키우며 호시탐탐 기회만 엿보고 있던 제후국들을 완전히 잠재우기는 무리였다. 그러니 '기선 제압 작전'이 필요했던 것이다.

삭번은 번국이 언젠가는 모반할 것이라는 전제 아래 추진되었다. 그렇다면 오왕은 과연 정말 반란을 일으키려고 했을까?

전혀 증거가 없다고 할 수는 없다. 일례로, 앞서 언급했던 등공은 '오왕은 반란을 위해 수십 년을 준비했다'고 발언했다. 또한 오왕 본인도 "의식衣食을 절제해 자금을 모으고 꾸준히 군대를 양성하며 곡창을 채워 온 세월이 어느덧 30년이 되었다"라고 말한 바 있다. 하지만 이것은 일설일 뿐이며 나중에 떠돈 후문에 불과하다. 반란 전에는 오왕의 모반에 대한 증거가 거의 발견되지 않았다. 오초칠국의 난이 진압된 후 정부군은 그들에게서 대량의 살상 무기들을 찾아내지 못했다.

이에 반해, 『사기』와 『한서漢書』에서는 "오왕 유비가 토지가 삭감될 것을 우려해 거사를 모의하고 반란을 주도하고자 했다" 혹은 "오왕은 삭번에 대항해 거사를 도모했다"고 묘사하고 있다. 모두 오왕의 반란이 삭번 정책에서 기인한 것이라고 못 박으며, 정당 방어 혹은 과잉 방어라는 입장을 보이고 있다. 물론 조조가 초왕과 교서왕을 탄핵한 적이 있기는 하다. 초왕은 태후 상중에 여자와 놀아났고, 교서왕은 관작을 매매했다는 이유였다. 그러나 그들이 대역죄를 저지른 것도 아니었고, 잘못을 저지른 제후를 탄핵하는 것은 어사대부인 조조의 본분이었다. 이것을 삭번 정책 추진의 근본 이유로 규정한다면 너무 억지스러운 면이 있다.

그러나 오왕이 모반을 꾀하지 않아도 다른 제후들이 모반할 가능성은 얼마든지 있었다. 지금 당장 반란을 일으키지 않는다고 해서 앞으로도 없을 거라는 보장도 없었다. 또한 유비 본인이 반한에 뜻이 없었다고 그의 아들, 손자가 반란할 여지가 없다고 할 수도 없었다. 조조曹操는 권력을 찬탈하지 못했지만 그의 아들 조비曹조는 황위에 오르지 않았는가? 그리고 주원장朱元璋이 죽은 뒤에 그의 직계 자손인 연왕燕王 주체朱

隷도 반란에 성공하지 않았는가? 이들의 반란은 모두 '황제의 측근을 숙청한다'는 명목을 내세웠다.

이 모두 후대에 일어난 일이니 이것만 보고 유비나 그의 직계 자손들이 반란을 일으키리라고 억측할 수는 없다. 하지만 제후의 세력 확장은 분명 황권에 대한 정면 도전이었다. 조비와 주체의 사례가 그 증거다. 따라서 국가의 입장에서 삭번 정책은 옳은 판단이었다. 제후가 자체적으로 군대를 거느리도록 방치한다면 언젠가는 반란으로 이어질 공산이 크기 때문이다. 그런 면에서 조조의 선견지명은 놀랄 만한 것이었다.

하물며 역사학자 황런위黃仁宇도 저서 『허드슨 강변에 서서 중국사를 이야기하다』에서 이렇게 밝혔다.

"당시는 꼭 모반을 계획하지 않아도 모반 능력만 있으면 모반으로 인정할 수 있었다."

유비 또한 능력이 충분한 데다 여러 가지 정황으로 볼 때 반란의 낌새가 보였던 것이 사실이다. 그는 권력을 동원해 재물을 끌어모으는 한편, 군대를 모집하고 군마를 사들이고 민심을 잡고자 했으며, 망명자들을 적극 포용했다. 이것이 곧 반란의 조짐이 아니고 무엇이겠는가? 한나라 경제도 "오왕이 동 제련과 천일제염을 통해 얻은 수입으로 천하의 호걸들을 끌어들이고 있다. 백발이 다 된 마당에 공공연히 거사를 계획하고 있는데 준비가 완벽하지 않다면 어찌 도발을 꾀하려 하겠는가?"라고 할 정도로 심각성을 인식하고 있었다. 그러니 오나라를 쳐도 오왕은 억울하다 할 수 없었을 것이다.

오왕 유비가 억울하다고 하더라도 이는 그가 감당해야 할 몫이었다. 삭번을 통해 제후의 세력을 약화시켜 번국을 없애고, 반半봉건제 반半군현제 형태인 기존의 군국제를 철저히 군현제로 바꾸는 것은 역사적인 흐름이었기 때문이다. 군현제와 봉건제를 병용하는 군국제는 신구 제도를 적절히 조율한 정치적 타협의 결과로, 한나라가 건국 초기에 임시로 내놓은 대안이다. 이도저도 아닌 이 제도 때문에 서한의 조정은 다른 성씨 제후국의 반란이나 같은 성씨 제후국의 배반을 겪어야 했다.

송대宋代의 문인인 유종원柳宗元은 「봉건론封建論」에서 이러한 문제에 대해 상세하게 언급했다. 한 고조高祖 유방은 기원전 201년에 한왕韓王 신信이 반란을 꾀하자 진압에 나섰다가 평성平城에 일주일 동안 고립된 일이 있었다. 기원전 196년에는 회남왕淮南王 영포英布의 반란을 평정하다 화살에 맞아 부상을 당하기도 했다. 그 후 한 고조 뒤를 이은 혜제惠帝 유영劉盈, 문제文帝 유항劉恒, 경제 유계劉啓도 이 사태를 수습하지 못해 속수무책으로 일관했다.

이에 유종원은 그의 글에서 중앙 집권적인 군현제의 우월성을 부각했다. 군현제를 표방했던 진나라의 경우, 왕조 말기에 혼란 국면이 계속되었지만 반역하는 백성은 있을지언정 반역하는 관리들은 없었다. 우왕좌왕하던 한나라 초기도 모반하는 제후국이 있었을 뿐 반역하는 군현은 없었다. 당나라 중기에도 유사한 현상이 나타났다. 당시 어지러운 세태 속에서 반역하는 장군들은 있었지만 반역하는 지방관은 없었다. 유종원은 이처럼 군현제가 사회 안정에 여러모로 유리하다는 점이 역사적으로도 입증되었다고 주장했다.

매도 먼저 맞는 게 낫다고 언젠가 삭번을 실시할 것이었다면 문제가 더 커지기 전에 빨리 시행해야 했다. 또한 일단 일을 추진하기로 한 이상 가장 문제가 되는 부분에 손을 대야 했다. 어찌 됐든 오왕은 삭번 실시 대항 영순위였다. 가장 강력하고 고집스러운 오와 초 두 나라의 기를 먼저 꺾어 놓아야 다른 제후국들이 자연스럽게 중앙 정부에 순종할 것이기 때문이다. '삭번을 하든 안 하든 모반은 일어난다'는 조조의 말은 어쩌면 '모반을 하든 안 하든 삭번은 실시해야 한다'로 바꾸는 게 나을지도 모르겠다. 어차피 삭번을 해야 할 마당에 억울함이란 있을 수 없었다.

조조의 공로와 과실

지금 보면 경제의 결단은 옳았다. 오초칠국의 난이 진압된 후, 한나라 초기에 분봉된 왕국들은 군현으로 전환되거나 내부 분열이 일어나는 등 대부분 유명무실해졌다. 이는 이후 무제武帝가 정치적 대업을 세울 수 있도록 기반을 다져 주었고, 덕분에 한나라는 300여 년간 유지될 수 있었다. 따라서 사마천은 경제의 치세 시기를 '안위安危의 시기'라고 했고, 역사학자들도 삭번 정책이 치안을 위한 적절한 대안이었다는 점에 공감한다. 그때부터 낡은 '봉건제'와 어중간한 절충책인 '군국제'가 역사의 뒤안길로 퇴장했다. 그 뒤로 중국의 왕조는 중앙 집권 체제를 계속 유지했다. 비록 자제들에게 영지를 나누어 주긴 했지만 모두 실권을 배제된 형식적인 분배에 지나지 않았다. 서진西晉만은 예외였다. 서진은 개국 후 서한 초기의 군국제로 퇴보했다가 결국 '팔왕의 난八王─亂'이 터지면서 자멸의 길을 걸었다.

그런 면에서 조조에게는 탁월한 선견지명이 있었다.

실제로 제후국들의 지나친 팽창이 중앙 정부에 위협이 될 수 있음은 누구나 아는 부분이다. 조조와 견원지간이던 원앙도 문제에게 "제후들의 오만함이 화를 부를 수 있으니 그들의 영토를 줄여야 마땅하다"고 간언한 적이 있었다. 물론 이 말은 당시 무례하고 교만한 회남왕 유장劉長을 염두에 두고 한 것일 뿐, 조조처럼 삭번을 국책으로 삼아야 한다는 취지는 아니었다. 그러나 조정 중신 모두가 녹봉만 받아먹고 밥값도 제대로 못하는 무능력자는 아니었다. 또한 그들이 항상 근시안적으로 대처하고 조조만큼 뛰어난 혜안과 전략을 제시하지 못한 것도 아니었다.

그런데도 조조는 늘 주변의 반대와 적대적인 시선에 시달렸고, 심지어 세인들에게도 '죽일 놈'이라는 질책을 받았다.

여기에는 세 가지 원인이 있다.

첫째는 당시의 지배 이데올로기와 국가 이념 때문이다. 진秦 왕조는 법가法家 사상을 국가 이념으로 삼았고, 한 왕조는 무제 이전까지 도가道家 사상을 받아들였다. 특히 경제의 모친 두태후竇太后는 도가 사상을 열렬히 신봉하는 도교주의자였다. 그 영향으로 경제와 두씨竇氏 일가는 『노자老子』를 읽어야 하는 것은 물론 도교를 존중해야 했다. 그래서 경제 모자와 군신들 대부분은 '황로黃老 사상(황제와 노자를 시조로 하는 진나라 말기에서 한나라 초기에 유행했던 도교 사상-옮긴이)'의 옹호자였다. 다만 두태후는 도교에 흠뻑 심취한 맹신자였던 반면 경제는 그나마 융통성 있고 개방적인 편이었다.

한번은 유생儒生 원고轅固와 도학자道學者 황생黃生이 탕무혁명湯武革命

(상商나라 탕왕湯王과 주周나라 무왕武王이 폭군인 하夏나라 걸왕桀王과 상나라 주왕紂王을 내몰고자 일으킨 혁명-옮긴이)에 대해 논쟁을 벌였다. 황생이 먼저 시비를 걸었다.

"모자는 아무리 해져도 반드시 머리에 써야 하며, 신발이란 새것이라도 반드시 발에 신는 것이 아니겠습니까? 애초부터 위아래는 정해져 있는 법입니다. 탕왕은 걸왕이 신하일 뿐이거늘 어찌 왕위를 찬탈할 수 있단 말입니까? 무왕도 주왕을 섬겨야 하는 신하인데 어찌 왕위에 오른단 말입니까? 이는 혁명이 아니라 반역입니다."

그러자 원고가 이를 반박했다.

"그대의 논리대로라면 고조가 진나라를 멸망시키고 제위에 오른 일도 반역이겠구려."

토론이 격렬한 수위에 이르자 경제가 중재에 나섰다.

"고기를 즐겨 먹는 자가 말의 간(독이 약간 있다고 한다)을 먹지 않는다고 해서 고기 맛을 모른다고 할 수는 없소. 학문을 하는 자가 탕무혁명에 대해 논하지 않는다고 해서 무지하다고 할 수도 없소. 그러니 논쟁을 그만두시오."

경제는 유가儒家와 도가 사이에 벌어진 이 민감한 논쟁을 적당한 선에서 마무리 지었다. 그러나 두태후는 곱게 넘어가지 않았다. 그녀는 원고를 불러들여 강제로『노자』를 읽게 했다. 원고는 "이 책은 무식한 종들이나 읽음직한 내용"이라고 비아냥거렸고, 이에 발끈한 두태후에 의해 돼지우리에 갇히는 신세가 되었다. 며칠 후 그는 다행히 경제의 도움으로 사지에서 탈출할 수 있었다. 두태후는 경제에게 많은 영향을 미쳤는데 정치적인 영향도 커서, 황로 사상에 열광하는 그녀의 영향으로 주변 사람들까지 자연스럽게 도교를 신봉하게 되었다.

그렇다면 도교의 치국 이념은 무엇인가? 바로 청정무위淸靖無爲(마음을 깨끗하고 고요하게 하되 자연의 순리를 따르면 모든 일이 편해진다는 뜻-옮긴이)다. 도가에서는 '제왕이 옷을 늘어뜨리고 가만히 있기만 해도 천하가 저절로 다스려지는' 경지를 추구했고, '큰 나라를 다스리는 것은 작은 생선을 삶는 것과 같다'고 강조했다. 또한 '고요함으로 움직임을 제압하고, 부드러움으로 강함을 이긴다'고 주장했고, '한 번의 움직임은 한 번의 고요함만 못하다', '일은 만드는 것보다 줄이는 편이 낫다'고 했다.

'큰 나라를 다스리는 것은 작은 생선을 삶는 것과 같다'는 말은 큰 나라를 이끌 때는 작은 생선이나 새우를 구울 때처럼 약한 불에 서서히 익혀야지 조급하게 도구로 들쑤셔서는 안 된다는 의미다. 그러니 한나라 조정은 삭번 정책을 시행하더라도 쇠뿔도 단김에 빼는 식이 아니라 상황이 알맞게 무르익을 때까지 기다리려고 했을 것이다. 조조처럼 불같이 달려들다가는 오히려 일을 그르칠 수 있다는 생각이 강했을 것이다.

둘째는 당시에는 오초칠국의 난이 모두 조조가 자초한 재앙이라는 믿음이 팽배해 있었다. 물론 유비에게도 문제가 있었다. 병을 핑계로 조정에 나오지 않는 등 제후국 신하로서 갖추어야 할 기본 예의를 소홀히 한 게 대표적이다. 그러나 유비가 꾀병을 부린 데는 나름의 이유가 있었다. 그의 태자가 황제를 알현하려 입궁했다가 소소한 일로 당시 황태자였던 경제에게 살해당했던 것이다. 그 일로 두 집안의 관계가 껄끄러워졌다. 그때부터 유비는 혹 황제가 자신을 죽이지 않을까 두려워 조정에 출입하는 일을 꺼렸다. 조정에 가지 않고 꾀병을 부린 이유가 거기에 있었다. 후에 문제가 오왕에게 지팡이를 하사하며 나이가 들었으니 조회에 참석하지 않아도 좋다고 허락했고, 이를 계기로 관계가 회복되어 가는 중이었다. 그런데 조조가 중간에 끼어들어 술술 잘 풀려 가는 실타래를 다시 헝클어 놓은 셈이었다. 그러니 그를 탓하지 않을 사람이 누가 있겠는가?

물론 오초칠국의 난이 조조가 야기한 재앙인가 하는 문제에 대해서는 논란의 여지가 많다. 설령 조조가 부른 화라 해도 그에게 죄를 물어야 할지도 여전히 논란의 대상이다. 문제는 당시 조조를 거들어 주는 이가 아무도 없었다는 점이다. 오히려 대다수의 사람이 '조조를 처형해야 한다'는 원앙의 제안에 손을 들어 주었다. 여기서 그가 조정의 다른 대신들과 융화되지 못하고 따돌림을 당했음을 짐작할 수 있다. 이것이 조조가 처형당한 세 번째 이유다. 그는 사람들의 분노를 산 데다가 평상시에도 늘 주변 사람들의 마음을 얻지 못했다.

주변 사람들의 눈 밖에 났다면 구체적으로 어떤 사람들과 대립을 했는지 또한 알아봐야 한다. 조조와 대립한 사람들은 대부분 소인배가 아닌 사회적으로 인정을 받는 인물들이었다.

원앙의 경우도 그렇다. 원앙은 정의롭고 강직한 인물이었다. 그가 중랑中郞이었을 때의 일이다. 그는 문제에게 제후의 난을 평정한 강후絳侯 주발은 공신일 뿐 사직신社稷臣(국가의 운명을 짊어지고 군주와 생사고락을 함께 하며 조정 대신들을 진심으로 대하는 신하)은 아니라고 간언했다. 이에 주발은 노발대발하며 원앙을 질책했다.

"나는 그대의 형과 친분이 두터운데, 조정에서 나를 헐뜯다니!"

후에 주발은 승상에서 파면돼 봉읍지로 돌아갔다. 그런데 엎친 데 덮친 격으로 반역죄로 감옥에 갇히게 되었다. 후환이 두려운 조정의 문무

대신들이 함구하는 가운데 용감하게 나서 주발을 변호한 이는 한때 그에게 거침없이 쓴소리를 했던 원앙뿐이었다. 결국 주발은 원앙 덕에 무죄로 석방되었다. 여기서 원앙의 올곧은 성품이 드러난다. 이렇게 바른 자를 소인배라 부를 수 있겠는가?

또한 원앙은 마음가짐이 바르고 후덕했다고 알려져 있다. 그는 농서군隴西君 도위都尉로 재직할 당시에 사졸들을 진심으로 아끼고 자상하게 대해 모두 그를 위해 죽음도 불사하고 싸울 정도였다고 한다. 그가 오나라의 승상으로 있을 때, 수하의 무사 하나가 그의 시녀와 정을 통하는 일이 발생했다. 원앙은 이 사실을 알고도 그들을 문책하지 않고 모르는 척했다. 나중에 무사는 모든 사실이 탄로 났다는 소식을 접하자 두려운 마음에 몰래 줄행랑을 쳤다. 이때 원앙은 직접 말을 몰고 가서 그를 데려와 벌을 내리는 대신 그 시녀와 맺어 주고 기존의 직무도 그대로 수행하게 했다.

오초칠국의 난이 일어난 후 원앙은 오왕에게 볼모로 잡혔다. 그런데 우연히도 그를 감시하던 군관이 바로 예전에 그가 잘못을 눈감아 주었던 그 무사였다. 결국 원앙은 그의 도움을 받아 무사히 탈출에 성공할 수 있었다. 이렇듯 그는 평소 아낌없이 덕을 베풀어 주변 사람들의 호감과 신뢰를 얻는 인물이었다.

원앙은 조정에서 명망이 두터웠을 뿐 아니라 강호에서도 권위를 인정받아 명성이 자자했다. 했다. 문제 연간의 유명한 대법관 장석지張釋之는 원앙이 재능을 발견해 조정에 천거했던 인물이다. 무제 때 직언을 서슴지 않았던 충신 급암汲黯도 평소 원앙을 매우 흠모했다.

급암은 사직신에 가깝다고 평가받아 온 인물로, 황제 앞에서도 주눅

들지 않고 거침없이 직언하기로 유명했다. 그는 무제에게 "폐하께서는 속으로는 욕심이 많으시면서 겉으로만 의를 행하려고 하십니다"라고 따끔하게 훈계하기도 했다. 또한 "폐하께서는 장작을 쌓아 올리듯이 신하를 등용하셔서, 나중에 들어온 사람이 제일 윗자리에 오릅니다"라며 무제의 등용 방식을 꼬집기도 했다.

무제는 급암을 경외하여 유독 그에게는 정중하게 대했다. 무제는 평소 신하를 거만하고 무례한 태도로 대했다고 한다. 대장군大將軍 위청衛靑이 궁내에 알현하러 왔을 때 변소에 쪼그리고 앉은 채로 맞이한 적이 있었고, 승상 공손홍公孫弘을 들일 때도 부스스한 모습으로 아무 옷이나 걸쳐 입고 있는 경우가 허다했다. 그러나 급암이 올 때만큼은 의관을 바로 갖춰 입고 정중하게 접견했다. 이처럼 곧은 충신도 원앙을 존경했을 정도니 그의 인품이 얼마나 훌륭했을지 충분히 짐작이 된다.

원앙은 의협심 또한 남달랐다. 그의 친구들 중에도 유난히 의협심이 강한 사람들이 많았는데 계포季布의 동생 계심季心도 그중 하나였다. 계포와 계심 형제는 의리와 용기가 뛰어났다. 형 계포는 '일낙천금一諾千金(한번 한 약속을 천금같이 여긴다는 말-옮긴이)'이라는 말을 남겼을 정도로 신뢰를 중시했고, 계심은 용맹스럽기가 하늘을 찔렀다. 계심이 중위사마中尉司馬로 일하던 시절에는 그의 윗선 관리인 중위 질도郅都조차도 그에게 예를 갖췄다,

질도는 경제와 무제 연간에 이름을 날렸던 혹리酷吏(혹독하고 무자비한 관리-옮긴이)로 '보라매'라는 별명을 가지고 있었다. 고하를 막론하고 냉정하게 형벌을 집행해서 황실 친인척들조차 몸서리쳤다. 질도는 황제의 후손들에게 잘 보이려고 몸을 사리거나 하지 않았다. 그가 진심으로

존경한 인물은 계심뿐이었다. 그런 질도의 존경을 받았던 계심은 원앙을 가장 존경하고 섬겼다.

계심은 원앙의 집에 숨어 지내던 당시, 원앙을 선배로 받들고 관부灌夫와 적복籍福을 아우로 삼기로 했다. 관부와 적복도 의리에 있어 둘째라면 서러워할 호걸들이었다. 관부는 술을 좋아했으며, 강직하여 입에 발린 소리를 잘 못하는 성격이었고, 적복은 성격이 둥글둥글해서 주변 사람들과 쉽게 어울렸다.

극맹劇孟도 의협심이 강했다. 원앙은 "만약 어려움에 처한 누군가가 도움을 구하려고 집으로 찾아왔을 때 부모님이 계시다는 핑계로 그 사람을 돌려보내거나 집에 있으면서 없다고 따돌리지 않을 사람은 계포의 동생 계심과 극맹뿐이다"라고 말한 적이 있었다. 이처럼 의리로 똘똘 뭉친 계심, 극맹, 관부, 적복과 뜻을 함께한 것으로 봐서는 원앙도 꽤 대범한 정의파가 아니었나 싶다.

충신과 협객의 이미지를 고루 갖추었기 때문일까. 원앙은 국난의 소용돌이에 휘말려 희생되었다. 양왕梁王 유무劉武는 한때 자신이 황태자에 오르는 것을 반대했다는 이유로 원앙에게 억하심정을 지니고 있었다. 결국 원앙은 양왕이 보낸 자객의 칼에 죽었다. 그런데 처음 보냈던 자객은 그의 인품에 감동해 차마 해치지 못했다고 한다. 그 정도로 충심이 가득한 자를 누가 감히 소인배라고 할 수 있겠는가?

원앙뿐 아니라 조조에게 반대했던 다른 사람들도 소인배가 아니었다. 도청, 진가와 함께 조조의 탄핵을 주장했던 장구 역시 흠잡을 데 없는 충신이었다. 사법부의 최고 자리에 있을 때 그는 미심쩍은 부분이 조금만 있어도 수사를 원점으로 되돌려 재차 심의했다. 무죄가 입증되면 눈물을 흘리며 오판을 인정하고, 무고하게 수감되었던 이를 친히 배웅하며 억울함을 달래 주었다. 『사기』와 『한서』에서 모두 그를 '인간적이고 자애로운 모습'으로 묘사하고 있다. 그런 그가 조조를 죽여야 한다고 주장했다면 분명 조조에게 뭔가 문제가 있었을 것이다.

조조는 누구인가

조조는 과연 어떤 인물이었을까?

그는 학식이 풍부한 학자였다. 『사기』 「원앙조조열전」에 따르면 조조는 영천潁川에서 태어나 어린 시절 지현軹縣 출신 장회張恢에게 신불해申不害와 상앙商鞅의 형명학刑名學(법가 학설의 하나로 법으로 나라를 다스려야 한다는 학문-옮긴이)을 배웠다고 한다. 지금으로 치면 대학에서 법률을 전공한 셈이다. 학문을 익힌 후 태상시太常寺의 박사博士 시험에 참가한 그는 문장력을 인정받아, 태상시의 하급 관직인 태상장고太常掌故에 임용되었다.

태상은 봉상奉常이라고도 하며 시寺는 곧 부部였다. 한나라의 태상시는 수隋나라와 당唐나라의 예부禮部에 해당하는 기관으로 종묘 제례와 교육을 관장하고 박사 선발 시험을 주관했다. 당시의 박사는 학위가 아니라 관직으로 전국戰國 시대에 처음 생겨나 진한대까지 명맥이 계속 이어졌다. 박사는 고금의 사적事績에 두루 능통해야 했는데, 과거와 현재를 아우르는 역사 지식을 섭렵하여 황제의 고문 역할을 했다.

태상시의 박사 시험 급제자들은 결과에 따라 두 개 등급으로 갈렸는데, 1등급을 갑과甲科, 2등급을 을과乙科라 했다. 대개 갑과 출신은 궁정 시위를 맡는 '낭郞'에 임명되었고, 을과 출신은 궁정 사무를 맡는 '이吏'로 분류되었다. 황제 곁에 있는 '낭'은 승진에 유리했지만 '이'는 상대적으로 승진이 더뎠다. 대우나 발전 가능성으로 보면 '낭'이 '이'보다 훨씬 유리했다. 태상장고는 을과의 하급 관리에 속했고, 봉록 100석 미만이었다. 한나라 관제에 따르면 부현급 관리 중 400석에서 200석을 지급받는 관리는 '장리長吏'로, 100석 미만의 관리는 '소리少吏'로 구분됐다. 그중 태상장고는 과의 인력을 이끄는 '소리'에 해당했다.

하급 관리였던 조조는 조정에서 뽑혀『상서尚書』를 배우면서 운이 트이기 시작했다. 진 시황의 분서갱유焚書坑儒로 수많은 학문들이 실전되었고, 효문제孝文帝 시대에 이르자『상서』에 능한 사람이 전무할 정도였다.『상서』에 통달한 사람은 제남濟南의 복생伏生뿐이었다. 그러나 당시 그는 아흔 살이 넘은 고령이어서 조정으로 불러들일 수가 없었다. 조정에서는 할 수 없이 태상시의 전도유망한 인재를 그에게 파견해『상서』를 배워 오도록 했다. 그때 낙점된 운 좋은 젊은이가 바로 조조였다. 그 후 조조는 뛰어난 학식과 언변으로 명성을 떨쳤고, 문제가 그를 발견해 태자부太子府의 관원으로 발탁했다. 조조는 태자를 가까이서 모시는 태자사인太子舍人으로 있다가 태자문대부門大夫를 거쳐 태자가령太子家令까지 올라갔다. 태자가령은 봉록 800석에 해당하는 중간급 관직이었다.

가령은 태자태사太師, 태자태부太傅, 태자태보太保보다 낮은 직급이었지만, 조조는 당시 태자였던 경제에게 상당한 영향을 끼쳤다. 그는 유가와 법가 사상을 꿰뚫고 있었으며, 언변이 좋았다. 태자는 그를 진심으로 존경했고, 태자의 가족들도 그를 '지혜 주머니'라고 불렀다. 이 별명의 원조는 진秦 혜왕惠王의 동생 저리자樗里子이다. 그는 지략이 풍부해 진나라에서 '지혜 주머니'로 통했는데 진나라 속담에 '힘은 임비任鄙, 지혜는 저리'라는 말이 있을 정도였다. 여기서 '지혜 주머니'는 최고의 찬사였음을 알 수 있다. 분명 조조는 지혜와 재주를 겸비한 신하였다.

조조는 사상이나 주관도 뚜렷했다. 그는 동시대를 살았던 가의賈誼(두 사람 모두 기원전 200년에 출생)와 함께 서한 초기 가장 명석한 정치 사상가로 꼽힌다. 그가 쓴 「논수변소論守邊疏」(흉노족을 막기 위해 변방 수비의 중요성을 논한 상소문-옮긴이)와 「논귀속소論貴粟疏」(곡식의 귀함을 논한 상소문-옮긴이)는 가의의 「치안책治安策」, 「과진론過秦論」과 함께 '서한홍문西漢鴻文(서한 시대를 대표하는 대작-옮긴이)'이라는 찬사를 받았다. 누구나 사상이 형성되면 그것을 알리고 싶어 하며, 그 사상이 정치에 관한 것이라면 현실에서 적용되기를 꿈꾼다. 그래서 조조는 태자부에 있을 때 여러 차례 글을 써서 시정에 대한 의견을 피력했다. 그중 '변방을 수비하고, 농업을 근본으로 삼는 것이 당대 가장 중요한 두 가지 일이다'라는 주장은 아주 유명하다. 이 상소문은 두 부분으로 나뉘어 『한서』에 수록되었는데, '변방의 수비'에 대해 논하는 부분(논수변소)은 「조조전晁錯傳」에 실렸고, '농사를 근본으로 삼을 것'을 주장하는 부분(논귀속소)은 「식화지食貨志」에 실렸다. 그의 문장력은 세대를 뛰어넘어 현대인들에게도 감동을 안겨 주고 있다.

먼저 '변방의 수비'에 관한 내용부터 살펴보자. 변방을 지킨다는 말은 흉노족을 방어한다는 뜻이다. 역사적으로 북방 유목 민족인 흉노족은 늘 중국의 골칫거리였다. 조조는 한나라가 흥성한 이래 흉노족들이 툭하면 변방을 침입해, 크고 작은 갈취로 한나라 백성들을 괴롭혔다고 말하고, 흉노족에 대응해 군대를 키울 것을 주장했다. 그는 흉노와 중국의 장단점을 비교해 '흉노의 장점이 세 가지라면, 중국은 다섯 가지'라는 결론을 내렸다.

여기서 짚고 넘어가야 할 것이 있다. 당시 중국은 현재 우리가 알고 있는 중국과 완전히 동일한 개념이 아니다. 그때의 중국은 '중앙의 국가'라는 뜻을 갖는다. 고대 중국인들은 천하가 오방五方, 즉 동, 서, 남, 북과 중앙으로 나뉜다고 믿었다. 그리고 중앙에는 화하華夏 민족이 터를 잡고, 각 변방에는 이민족이 살고 있다고 생각했다. 그중 동쪽 변방의 민족을 '이夷'라 하고, 남쪽은 '만蠻', 서쪽은 '융戎', 북쪽은 '적狄'이라고 불렀는데, 중원을 차지하고 있었던 화하 민족은 자신들의 영토를 '중국'이라고 지칭했다.

다시 화제로 돌아와서, 조조의 말대로 중국이 흉노보다 우세하다면 양쪽이 무력 충돌하더라도 한나라의 승산이 훨씬 큰 셈이었다. 이로써 조조는 '이일격십以一擊十(하나의 힘으로 열을 공격함-옮긴이)'의 전술로 '수십만 백성을 일으켜 수만의 흉노를 제거하자'고 주장했다.

그러나 그의 제안은 탁상공론으로 치부되었고, 문제는 그의 생각을 갸륵하게 여기면서도 채택하지는 않았다. 이에 조조는 「논수변소」라는 상소를 올려 새로운 제안을 했다.

그는 진나라 때 변방 수비에 실패한 이유는 잘못된 정책 때문이라고 밝혔다. 또한 거주지가 일정하지 않은 유목 민족인 흉노족을 상대하기는 쉽지 않았을 것이라고 주장했다. 그렇다면 진나라는 어떤 오류를 범했을까? 첫째, 애당초 동기 자체가 불순했다. 진 시황은 변방을 지켜 백성들을 구하겠다는 사명감보다는 영토 확장의 욕심이 더 강했다. 결국 진 시황은 공적을 세우기는커녕 천하를 혼란에 빠뜨리고 말았다.

둘째, 방법 자체에 문제가 많았다. 진나라는 내륙의 병사와 백성들을 교대로 파견해 변방을 지키게 했다. 아득히 먼 변방에 징발된 백성들은 변방 사정에 익숙하지 못했을뿐더러 낯선 환경에 쉽게 적응하지 못했다. 결국 포로로 잡히는 일이 허다했고, 방어할 때에는 병사들이 죽어나갔다. 변방까지 간 이들은 그곳에서 죽고, 미처 목적지까지 못 간 이들은 길에 쓰러져 죽었다. 이는 자원을 낭비하고 백성들만 혹사시키는 꼴이었다.

세 번째는 정책상의 오류다. 조조는 절대 물러서거나 투항하지 않고 끝까지 싸우는 사람들에게는 뚜렷한 동기가 있다고 주장했다. 승리한 후 보상이 어마어마하다거나 성을 함락시켰을 때 많은 재물을 얻을 수 있어야 물불을 가리지 않고 사지로 뛰어든다는 것이다. 그러나 진나라 병사들에게는 숱한 고통과 위험만 기다릴 뿐, 동기 부여가 될 만한 보상이 전혀 없었다. 가령 한 사람이 전사했다 해도 그의 가족들은 부역세 120전錢조차 감면받지 못했다. 그런 상황에서 어느 누가 자진해서 전장에 나가려 하겠는가?

진나라 사람들은 변방을 아예 사형장과 동일한 것으로 보았고, 변방으로 가는 것은 곧 황천길로 떠나는 것과 다름없다고 여겼다. 그러다 보니 변방으로 가는 무리가 도중에 이판사판으로 반란을 일으키는 경우도 허다했다. 진승陳勝이 대표적인 사례다. 진나라의 이 정책은 치명적인 오류였다.

흉노족은 유목을 하며 야생 동물처럼 대자연에서 자유롭게 살았다. 그들은 환경이 좋은 곳에 머물렀다가, 주변 여건이 악화되면 거주지를 옮겼다. 여기저기 자유롭게 떠돌아다니는 게 그들의 삶이었다. 이 때문에 그들을 다루기가 녹록지 않았다. 흉노족이 쳐들어올 때마다 조정에서는 파병 문제로 늘 딜레마에 빠졌다. 파견하지 않으면 변방의 절망한 백성들이 적에게 투항했고, 어느 정도 규모를 갖춰서 파견하면 군대가 도착하기도 전에 흉노족들이 종적을 감춰 버렸다. 게다가 파병 부대를 변방에 계속 잔류시킬지, 철수시킬지도 문제였다. 그냥 남겨 두면 그 비용이 만만치 않았고, 철수하면 흉노족이 다시 공격해 올 것이기 때문이었다. 이러한 상황이 반복되면서 진나라는 갈수록 빈곤하고 불안해졌다.

이러한 점을 감안한 조조는 변방 수비군을 1년에 한 번씩 교체할 것을 주장했다. 아울러 내륙에서 살기 힘든 사람들에게 면세, 관직 수여, 속죄 등을 조건으로 내걸어 변방으로 이주하도록 하고, 땅을 개간하면서 변방을 지키게 하자는 의견을 제시했다. 그는 이주민들이 타향을 제2의 고향으로 여기고, 변방 수비 의무를 저버리지 않는다면 오랑캐와 필사적으로 싸울 것이라고 확신했다. 여기에 국익과 그들의 사활이 걸려 있었기 때문이다. 이렇게 하면 적의 동태를 미처 파악하지 못하거나 환경에 적응하지 못하는 등의 문제도 발생하지 않을 것이었다. 이민 정책은 생계, 군비 문제, 변방 강화 문제, 백성의 안정화 문제를 한 방에 해결해 주니 그야말로 '일석사조'의 묘책이었다.

이러한 조조의 제안은 적극 채택되었다. '농업을 근본으로 삼는 것' 역시 받아들여졌으나, 제후국들의 토지를 삭감하고 법률을 개정하자는 제안은 수용되지 않았다. 그러나 문제는 그의 재능을 높이 사, 그를 중대부中大夫로 임명했다. 중대부는 봉록 800석을 하사받는 낭중령의 속관으로, 태자가령과 등급은 같았지만 직책이 달라서 주로 '논의'를 관장했다.

조조는 마침내 뜻을 이뤄 조정에 몸담았다. 어쩌면 이것은 숙명이었다. 그는 원칙과 자기 주장이 뚜렷한 인물이었다. 이런 그가 삭번 정책을 주장하는 역사적인 주인공으로 떠오른 것은 결코 우연이 아니다.

05

역사의 과오

학식과 재주가 남달랐던 조조는 원칙이 확고하고 자기주장이 뚜렷했지만 정치에 적합한 인물은 아니었다. 그에게는 '정치가'의 타이틀보다는 '정론가政論家'가 더 어울렸다.

조조의 문제는 인간관계에 소홀하다는 점이었다. 태자부에 있을 당시부터 조정 대신들과 사사건건 마찰을 빚었는데 요직을 차지하고 나서는 관계가 더 악화되었다. 기원전 157년, 문제가 붕어하고 경제가 즉위하자 조조는 내사內史로 발탁되었다. 내사는 수도를 다스리는 수도권 내 최고 행정 장관으로 녹봉 2천 석을 받는 직급이었다. 조조는 녹봉 1천 석의 승丞(구경의 보좌관-옮긴이)을 훌쩍 뛰어넘어 구경에 상응하는 '부部급 관직'으로 승진했다. 일사천리 승진에 득의양양해진 그는 정치적 포부를 펼칠 무대가 생기자 경제에게 계속해서 여러 가지 건의를 했고 경제도 이를 적극 수용했다. '황제의 총애를 업고 기존의 법령까지 뚝딱 바꿔 버리는' 대단한 실세로 등극한 것이다.

모난 돌이 정 맞는다고 했던가. 잘나가는 사람들 곁에는 늘 질투와 시기 어린 시선이 함께하기 마련이다. 조정 대신들은 뛰어난 언변으로 단숨에 고위 관직에 오른 조조에게 불만이 이만저만이 아니었다. 그는 개혁과 변법을 부르짖으며 설치는 것도 모자라, 질서를 어지럽히고 불안을 조성해 주변 사람들의 미움을 샀다.

조조에 대한 불만을 처음으로 표출한 인물은 승사 신도가申屠嘉였다. 당시 그는 어떻게든 꼬투리를 잡아 조조를 제거하려고 했다. 사건의 내막은 이러했다. 조조는 내사부內史府의 문이 동쪽으로 나 있어 출입이 불편하다는 이유로 태상황묘太上皇廟의 담장을 허물어 남쪽으로 쪽문을 두 개 만들었다. 이는 누가 봐도 무례하고 경거망동한 행동이었다. 신도가는 이 일을 공론화해 그를 불경죄로 처단할 계획을 세웠다. 이 소식을 듣고 깜짝 놀란 조조는 야심한 밤에 경제를 찾아가 자초지종을 설명했다. 다음 날 경제는 조회에 참석한 대신들 앞에서 조조를 두둔했다.

"조조는 태상황묘의 바깥쪽 벽에 구멍을 뚫었을 뿐, 묘에는 아무런 손상도 없소. 그쪽은 한직인 관원들이 거주하는 곳이니 그리 중요한 곳도 아니지 않소. 게다가 이 일은 짐이 사전에 보고를 받은 것이오."

신도가는 자신의 계획이 좌절되자 분에 못 이겨 시름시름 앓다가 결국 피를 토하며 죽었다. 신도가는 한나라의 개국 공신이자 문제를 보좌했던 충신이었다. 그런 사람조차 조조를 당해 내지 못했으니 다른 사람들은 오죽했겠는가? 그 사건이 있은 후 조조의 콧대는 날로 높아졌고 더욱 오만하게 굴었다.

잠깐 신도가에 대해 언급하면, 그는 결코 소인배가 아니었다. 사마천의 표현을 빌리면, 그는 '강단 있고 충심 깊은' 신하였다. 또한 청렴하고 대쪽 같아서 절대로 사리사욕에 흔들리지 않았다. 집에서는 공적인 일을 논한 적이 없어, 아무도 감히 그에게 뒤를 봐 달라고 부탁하러 갈 생각을 못했다.

원앙이 오나라 승상으로 있다가 다시 수도로 돌아왔을 때 신도가의 집에 들른 적이 있었다. 신도가는 한참 만남을 거부하더니 나중에 원앙을 들이고 냉담한 표정으로 이렇게 말했다.

"공사를 논의할 요량이면 관청으로 찾아와 이야기하시오. 그럼 나중에 황제께 고해 주겠소. 만일 사적인 이야기를 나눌 생각이라면, 미안하지만 나는 승상으로서 그대와 할 말이 없소."

원앙 역시 제후국의 승상이었지만 신도가는 그에게 일말의 체면도 세워 주지 않았다. 여기서 단편적이지만 정의롭고 청렴한 그의 모습을 엿볼 수 있다.

신도가는 아첨이라면 질색했고, 잘못을 저지른 사람을 원수처럼 대했다. 문제의 총애를 받는 등통鄧通이라는 신하가 있었다. 그는 황제의 신임을 믿고 오만방자하게 구는 소인배였다. 이를 못마땅하게 여긴 신도가는 트집을 잡아 그를 문책하려 했다. 등통이 아무리 머리를 조아려도 꿈쩍하지 않았다. 결국 황제가 나서서 대신 용서를 구하고서야 일이 무마되었다. 이 사건으로 인해 신도가는 조정에서 명망을 떨치게 되었다. 그래서 신도가가 조조를 증오한다는 것은 곧 대부분의 성인군자들이 조조를 증오한다는 말이나 다름없었다. 한번 신도가의 눈 밖에 났다 하면 누구든지 대중의 비난을 면치 못했다.

그렇다면 어째서 그렇게 많은 사람들이 조조에게 등을 돌렸을까? 조조가 그들과 지향하는 바가 달랐던 까닭도 있지만 까다로운 성격 또한 문제였다. 조조는 모난 성격의 소유자였다. 『사기』와 『한서』에서는 '초직각심峭直刻深'이라는 단어로 그의 인간성을 묘사했다. '초峭'는 엄격함, '직直'은 꼿꼿함, '각刻'은 가혹함, '심深'은 음흉함을 나타낸다. 하나같이 사람들이 싫어하는 성격이다. 이처럼 조조는 늘 기세등등해, 자신의 생각이 옳다 싶으면 막무가내로 버티는 고집불통이었다.

　지나친 집착 역시 문제였다. 조조는 집념이 강해서 뭐든지 갈 데까지 가야 직성이 풀리는 스타일이었고, 자신의 정치적 야망과 이상을 충족시키기 위해서라면 수단과 방법도 가리지 않는 사람이었다. 자신의 가족과 목숨까지도 서슴없이 내놓을 정도였다. 경제 2년 8월에 내사에서 어사대부로 진급한 조조는 더욱 기가 살아나, 황제에게 삭번 정책을 적극 상주하여 또 한 번 조정을 발칵 뒤집어 놓았다. 소식을 들은 조조의 아버지가 영천에서 한달음에 달려와 그를 질책했다.

　"폐하께서 이제 막 등극하셨는데 조정을 위해 일한다는 네가 제후들의 땅을 박탈하고 황족들을 이간질하다니, 도대체 그 속내가 무엇이냐?"

　조조가 단호하게 대답했다.

　"그리하지 않으면 천자의 지위가 빛을 잃고, 황실의 질서가 문란해져 조정의 위기로 이어질 수 있습니다."

　조조의 아버지가 말했다.

　"유씨 가문이 안정되는 것은 좋다만 우리 조씨 가문이 위태로워진다는 사실은 진정 모른단 말이냐? 난 그 꼴을 차마 눈뜨고 볼 수 없으니 어디 네 마음대로 해 보거라."

조조의 아버지는 말을 마치자마자 독약을 마시고 자살했다.

이는 흔들리지 않는 충성심 이면에 가려진 그의 어긋난 집착을 보여준다. 집착은 학문을 하는 사람들에게는 장점이 될 수 있지만, 정치가에게는 금기나 다름없다. 정치가에게는 상황에 따라 적절히 대응하는 임기응변과 융통성이 필요하다. 고집을 피울 때는 피우고, 타협할 때는 적당히 양보할 줄 알아야 한다. 또한 집념이 필요할 때는 단호해야 하고, 타협할 때는 원칙을 고수해야 한다. 그러나 조조에게는 그러한 면모를 찾아볼 수 없었다.

조조는 이상을 위해서라면 물불을 가리지 않았다. 이처럼 무서운 추진력을 보이는 사람들은 간혹 존경의 대상이 되기도 하지만, 주변인들에게 피해를 주고 일을 어그러뜨리기 쉽다. 다시 말해, 그들은 대부분 현실 감각을 상실한 채 '미학적 공상 세계'에 젖어 있을 뿐이다. 소설 속 인물이라면 영웅 대접을 받을지 모르겠지만 한 나라의 국사를 책임지는 조정 대신이라면 나라와 백성에게 치명적인 화를 입힐 가능성이 높다. 그의 머릿속에는 온통 '무엇을 해야 하는지'에 대한 고민만 가득 차 있을 뿐, '그것을 제대로 할 수 있는지'에 대한 현실적 계산은 없기 때문이다. 후자는 정치가들이 반드시 고려해야 하는 사항이다. 정치가는 '그것을 해낼 수 있는지'에 대한 구체적 실현 가능성을 가늠해 내야 함은 물론 '지금 당장 해야 하는지', 아니면 '차후로 미뤄야 하는지'와 같은 시기적인 판단도 내릴 수 있어야 한다. 문제는 이러한 세상 이치를 잘 파악하고 있었다. 한번은 조조가 문제에게 상소를 올리며 이런 말을 한 적이 있었다.

"미친 자의 말이니 현명하신 폐하께서 판단해 주십시오."

그때 문제가 대답했다.

"의견을 내는 자가 값진 발언을 하는데 이를 채택하는 자가 어리석어 묵과하면 국가에 큰 화를 자초할 것이오. 현명하게 의견을 선별하고 최적의 의사 결정을 내리기 위해서는 뭐든지 수용하기보다 수없이 듣고 생각해야 하오."

내용을 불문하고 누구든 제안을 내놓을 수 있지만, 채택 여부는 심사숙고의 과정을 거쳐 가장 현명하게 결정해야 한다는 의미다. 이치는 이치고, 일은 일이며, 제안은 제안이고, 의사 결정은 의사 결정이다. 각각의 경계를 모호하게 허물어뜨려서 서로를 혼동하면 안 된다.

특히 조조와 같이 책만 붙들고 살아온 책벌레들은 다양한 의견을 무한정 낼 줄만 알지, 정작 현실에서 그것을 그대로 실천할 줄은 모른다. 말이나 글로는 청산유수지만 정작 현실에서 구체적인 대안을 내놓을 수 있을지는 미지수다. 멀리 내다볼 줄 아는 사람들은 작은 부분에 소홀하기 쉽고, 생각이 많은 사람들은 등잔 밑이 어두운 법이다. 적합한 인재를 적재적소에 잘 활용한다는 것은 계획과 실행, 설계와 조정 등의 영역 구분을 확실히 하는 것뿐만 아니라, 각자의 자리에서 최대의 실력을 발휘해 제 몫을 하도록 배려하는 것을 의미한다. 문제는 조조의 예지 능력을 인정하면서도 그에게 중임을 맡겨 실권을 주지는 않았다. 조조의 사회 경험이 부족한 탓도 있지만 조조의 이런 성격을 제대로 꿰뚫고 있었기 때문이다.

그러나 안타깝게도 경제는 부친과 같은 예리한 정치적 안목을 지니지 못해 조조에게 이리저리 휘둘렸다. 조조가 추진하는 일들은 워낙 굵직하고 예민한 사안들이어서 조정에 커다란 혼란만 야기했다.

조조가 적극 주장하던 사안들은 소동파蘇東坡의 표현을 빌리면 '가장 껄끄럽고 어려운 일'에 속했다. 소동파는 「조조론晁錯論」의 첫 부분에서 이에 대해 언급했다. 그의 논리에 따르면, 겉으로는 평온해 보이지만 실제로는 숱한 위기들이 도사리고 있을 때, 그 국가나 왕조는 일촉즉발의 재난 상황에 있는 것이다. 상황이 이 지경에 이르면 이미 손쓰기가 힘들어진다. 변화를 좌시하고 때를 기다리는 것이 바람직하지만, 그때가 되면 조정은 이미 무기력해져 수습 불가의 난국에 처하게 된다. 그렇다고 무조건 나서서 화근을 제거할 수도 없다. 재난의 싹을 미리 잘라 버리면 예고된 폭풍을 피해 갈 수 있겠지만, 현재 겉으로는 아무런 문제도 없는데 누가 위기의 존재를 믿으려 하겠는가. 이러한 진퇴양난의 형국에서는 진정한 영웅호걸만이 천하를 위해 총대를 메고 나설 것이다. 이것은 벼락출세를 꿈꾸고 명예에 연연하는 사람들은 감히 꿈도 꿀 수 없는 행동이다. 모두가 태평성대라고 믿는 시기에 변화를 주도하려면 극심한 위험을 감수하고, 심지어 세상의 뭇매와 비난에도 태연하게 버틸 수 있어야 한다. 초연하고 떳떳한 명분이 있다면 말이다. 그렇지 않다면 아예 처음부터 경거망동하지 않는 편이 상책이다.

삭번은 소동파가 언급했던 '껄끄러운 사안'에 해당하는 정책이었다. 게다가 조조는 소동파가 제시한 영웅의 조건에 부합하지도 못했다. 삭번 정책의 논리 자체는 틀리지 않았지만, 이것은 조조가 감당하기에는 너무 예민하고 버거운 사항이었다. 경제가 조조에게 삭번을 주도하게 한 것은 치명적인 실수였다.

그렇다면 조조가 삭번 정책의 주관자로서 부적격인 이유는 무엇일까?

조조의 과오

조조가 여러모로 우수한 인재였음은 부인할 수 없는 사실이다. 그중에 서도 나라를 생각하는 충성심과 미래를 내다보는 통찰력은 유난히 빛을 발했다. 바로 그 점 때문에 제후들의 심기를 건드리고 황족을 이간질하려 한다는 비난 세례 속에서도 다수의 의견을 묵살하고 삭번 정책을 강행한 것이다. 한나라를 위해 목숨을 건 그의 충심이 자못 대단해 보인다. 때문에 그의 억울한 죽음은 많은 이들에게 아쉬움을 남겼다.

반고도 "조조는 대업을 이루지 못한 채 죽었지만 온 백성이 그의 충심에 애도를 표했다"고 서술했다. 그러나 그렇게 생각이 깊은 정치가가 꼭 자신의 목숨을 바치면서까지 이상을 실현해야만 했을까 하는 의문은 여전히 남는다. '악습을 처음 만든 자는 자손이 끊긴다'는 옛말을 진심으로 받아들였던 것일까?

소동파에 따르면, 사람들은 조조가 유난스러운 충성심 때문에 화를 당했다고 믿었을 뿐, 그 자신이 비극을 자초했다는 사실은 전혀 모르고 있었다. 조조의 주도면밀함과 거시적인 안목은 국가 대업에만 해당되는 말이었다. 그는 국가를 위해서는 많이 고민하고 깊게 생각했지만, 정작 자신의 미래에 대해서는 전혀 감을 잡지 못했다. 무지하다 못해 심지어는 근거 없는 낙관주의에 사로잡혀 있는 듯했다. 『한서』에도 그가 "국가를 위해서는 심사숙고하면서 정작 자신의 안위는 돌보지 않았다"고 되어 있다. 조조처럼 명석한 두뇌를 가진 사람들도 모든 문제를 완벽하게 바라볼 수는 없는가 보다.

물론 조조가 털끝만큼도 자신의 안위를 돌보지 않았다고 말한다면 지나친 비약일 것이다. 그러나 적어도 그는 아버지가 문제의 심각성을 일깨워 줬을 때 자신을 돌아보고 반성해야 했다. 하지만 그는 자신이 나서지 않으면 천자의 지위가 빛을 잃고, 황실의 질서가 문란해질 거라고 단호하게 쐐기를 박았다. 누가 뭐라고 해도 자신의 원칙을 굽히지 않고 외고집을 부렸다. 그런 뚝심 덕분에 안위를 뒤로하고 앞으로 돌진할 수 있었던 것이리라.

몸을 사리지 않는 이러한 저돌적인 추진력이 일종의 미덕으로 보일 수도 있다. 하지만 감탄하기 전에 좀 더 깊이 생각해 보자. 물불 가리지 않고 밀어붙이는 집념은 분명 높이 살 만한 덕목 중 하나다. 그러나 강력한 추진력을 지닌 사람들은 대개 상대적으로 타인에 대한 배려가 부족하다. 게다가 제 몸 하나 보전하지 못하는 사람이 국가를 온전히 지켜낼 수 있겠는가? 국가는 추상적인 개념이 아니라 구체적인 구성원들이 하나하나 모여서 이루어진 실질적인 집합체다. 따라서 나라의 상태는 곧 구성원들의 상태를 의미한다. 백성들의 사정에 무지한 사람들은 그 나라의 상황에 대해서도 무지하게 마련이다. 나라가 처한 상황조차 제대로 파악하지 못하면서 어떻게 나라를 지키겠다고 큰소리칠 수 있겠는가?

과도한 충성심도 마찬가지다. 충성심은 대개 장점으로 여겨지지만, 도가 지나치면 종종 약점으로 작용한다. 충성심이 유난히 강한 사람에게는 지독한 외골수 기질이 숨어 있다. 그들은 자기만 한 충신이 없다는 생각에 사로잡혀 정치적 뜻이 다른 신하들을 간신으로 매도해 버린다. 자신은 나라를 위해 동분서주하고 있지만 다른 이들은 사리사욕을 채우는 데 여념이 없을 거라 착각한다. 그러니 자신의 생각과 다른 의견들이 귀에 들어오기나 하겠는가? 이처럼 다양한 의견을 널리 수용하지 못하는데 과연 정확한 판단과 의사 결정을 내릴 수 있겠는가? 결국 그런 사람들은 한번 결정을 내리면 자기만 옳다는 식의 경직된 독선과 아집으로 일관한다. 자신의 결정이 공을 위해 사를 과감히 희생한 결연한 의지의 표현이라고 여기기 때문이다. 나라를 위한 결정이라는 나름의 명분에 기대어 스스로를 위안하고 독려하는 것이다. 사심이 없으면 두려울 게 없다고 하지 않는가.

사실 정치가라면 적당한 두려움과 긴장감을 유지하는 게 좋다. 어느 정도 긴장의 끈이 조여져야 좀 더 주도면밀하게 일을 처리할 수 있다. 특히 삭번과 같이 위험 부담이 큰 사안에는 어설픈 서생 기질로 무작정 덤벼들어서는 안 된다. 서생 기질은 서생에게나 어울리는 것이다. 감정적인 일 처리는 정치가들이 배제해야 하는 최대 금기 중 하나다.

정치가들은 국가의 운명이 걸린 중대한 사안들을 다루는 사람들이다. 그렇지 않으면 정치라고 할 수 없다. 그러나 일에도 원칙과 과정이 있다. 먼저 사전에 심사숙고하는 단계가 필요하다. 일의 전후 맥락과 이해관계를 충분히 고려해, 각종 가능성들을 꼼꼼하게 따져 보고 최악의 가능성까지 염두에 둔 후 결정을 내려야 한다. 그다음으로 본격적으로 일에 착수하면, 어떠한 위기 상황에 직면해도 침착하게 헤쳐 나가야 한다. 세 번째로 돌발 변수를 포함해 어떤 문제가 터졌을 때, 지혜롭게 해결책을 모색하고 차근차근 매듭을 풀어 나가야 한다. 소동파는 '사전에 일의 내막을 예측하고, 일이 닥치면 당황하지 말며, 서서히 해결의 실마리를 찾아야 한다'고 강조했다. 아쉽게도 조조는 이 세 가지 중 어느 하나도 제대로 해내지 못했다.

조조가 주장한 삭번 정책은 시기상조이기도 했지만 그 내용 역시 부실했다. 우리는 그가 삭번을 거듭 강조했다는 사실에만 주목했을 뿐 정책의 타당성에 관한 연구가 이루어졌는지, 구체적인 실행 방안을 제시했는지는 보지 못했다. 삭번의 시행으로 인해 초래될 위험에 대해서도 조조는 그저 '삭번을 실시하든 안 하든 모반은 일어난다. 시기에 따라 피해 규모가 다를 뿐이다'라는 식의 무책임한 발언만 했다. 제후들이 정말 반란을 일으킬 경우 어떻게 대응할지 사후 대책도 마련하지 않았다. 그는 '무엇을 해야 하는지'만 생각하고 '과연 할 수 있을지', '어떻게 접근해야 할지'에 대한 고민은 간과했다.

조조는 삭번 정책으로 인해 빚어질 숱한 난관들을 미처 예측하지 못한 데다 양쪽 사정에 대한 충분한 사전 조사도 하지 않았다. 내부 사정과 상대방의 현황조차 제대로 파악하지 못한 상황에서 정책을 성공적으로 관철시킬 수 있었을까? 하루빨리 대업을 완성하고 싶은 욕심이 지나치게 강했던 것도 그가 범한 오류 중 하나다. 눈앞의 이익에만 급급했던 그는 체계적인 전략마저 부재한 열악한 상황에서 경솔하게 일을 추진하려 했다. 사전에 일의 내막을 예측하기는커녕 사후의 사태에 대해서도 전혀 준비하지 못했다.

더욱 절망적인 것은 막상 일이 터지자 의연하게 대처하지도 못했다는 점이다. 7국이 한나라에 반란을 일으키자 마음의 준비가 안 되어 있었던 경제는 일순 혼란에 휩싸였다. 이때 그에게 가장 필요했던 것은 조조의 지혜로운 전략이었다. 경제는 조조가 결자해지結者解之의 정신을 발휘해 적절한 대책으로 위기를 타파해 주기만을 목 빠지게 기다렸다. 그러나 조조는 일개 서생에 불과했을 뿐 정치가로서는 함량 미달이었다. 반란이 일어나자 그는 쓸 만한 묘책을 내놓기는커녕 속수무책으로 일관했다. 그러다 다급한 마음에 허겁지겁 뒤늦은 처방전 두 가지를 내놓았고, 영양가 없는 이 두 가지 제안 때문에 사형대로 직행하는 신세로 전락했다.

그가 제시한 첫 번째 대안은 원앙을 죽이는 것이었다. 오초칠국의 난이 터진 후 조조는 부하들과 원앙을 살해할 계획을 세웠다. 여기서 부하들이란 어사대부 아래 속해 있던 어사승御史丞과 어사중승御史中丞이었다. 조조가 먼저 제안했다.

"원앙이 오왕의 뇌물을 받은 것이 틀림없다. 오왕의 반란은 있을 수 없다고 떠벌리고 다니더니, 봐라, 지금 반란이 일어나지 않았느냐? 원앙을 죽여 그들의 꿍꿍이를 밝혀야 한다."

그러자 부하들이 일제히 반대했다.

"일이 아직 발생하기 전이라면 사전에 처단하는 것이 옳지만, 지금은 이미 반란군이 몰려오고 있습니다. 이제 원앙을 죽인들 무슨 의미가 있습니까? 게다가 한나라 조정 대신인 원앙이 오왕과 음모를 꾸밀 이유가 없습니다."

이에 조조는 결정을 내리지 못하고 머뭇거렸다. 그 사이 소식을 들은 원앙은 두영竇嬰에게 부탁해 황제를 알현했다. 그는 미리 선수를 쳐 황제에게 제안했다.

"제후들의 반란은 조조를 제거하는 데 그 목적이 있습니다. 그러니 조조를 처형하시면 이번 반란은 피를 보지 않고도 자연히 평정될 것입니다."

경제가 원앙의 제안을 받아들이면서 조조는 바로 저잣거리로 끌려가 요참을 당했다. 그야말로 도끼로 제 발등을 찍는 꼴이 아니고 무엇이겠는가. 사마천조차 "제후들의 반란 진압이 급하지도 않은데 사적인 원한을 갚으려다 스스로를 사지로 몰아넣었다"며 그를 힐난했다. 조조의 이러한 대안은 경솔하게 둔 자충수와 다름없었다.

조조의 두 번째 대안은 그 자신은 수도를 지키고 경제는 직접 군대를 이끌고 반란군을 진압한다는 것이었다. 군대를 이끌고 전장에 나가면 위험하고, 수도를 지키면 안전하다는 사실은 어린아이도 다 아는 상식이다. 나라가 위기에 처했다면 황제의 안위를 먼저 돌보고 자신이 위험을 감수하는 것이 충신의 의무다. 더군다나 당시 국난의 원인 제공은 조조 본인이 하지 않았던가? 벌집을 건드린 자가 책임을 짊어지는 것이 당연했다. "명성을 구하려는 자는 재난을 피해서는 안 된다"는 소동파의 말처럼 말이다. 그러나 조조의 행동은 완전히 반대였다. 그는 급박한 순간에 자신은 뒤로 빠지고, 황제를 전장으로 밀어내는 위선적인 대응책을 내놓았다. 원앙을 포함한 대부분의 대신들이 그를 제거 대상으로 지목한 이유를 충분히 이해할 수 있는 대목이다. 황제의 안전보다 자신을 먼저 챙기는 대신을 어느 황제가 너그럽게 감싸 주겠는가? 세찬 바람이 불어야 풀이 억센지 알 수 있듯이, 혼란과 시련을 겪은 뒤에야 그 사람의 진가를 알 수 있다. 조조가 내놓은 유치한 꼼수는 충성심이라는 이름으로 포장된 자신의 이미지에 치명타를 입히고 말았다.

소동파는 "당시 원앙이 상주하지 않았더라도 조조는 화를 면하기 힘들었을 것"이라고 일침을 가했다. 조조가 위험을 무릅쓰고 직접 적군에 대항하겠다고 나섰거나, 황제의 안위를 진심으로 걱정하고 살폈더라면 황제는 분명 그를 더욱 신뢰하고 의지했을 것이다. 그랬다면 원앙과 같은 신하 백 명이 몰려온들 과연 황제의 마음을 흔들어 놓을 수 있었겠는가?

결과적으로 조조는 돌이킬 수 없는 오류를 범했다. 눈앞의 이익에 연연했고, 독단적으로 권력을 휘둘렀으며, 자만에 빠져 경거망동했다. 웅대한 야심만 품었을 뿐, 그에 상응하는 지혜나 용기가 없었고, 앞으로 돌진할 줄만 알았지 체계적으로 전략을 짤 줄 몰랐다. 게다가 '고독한 영웅'에 대한 환상에만 사로잡혀 개혁에 진통이 따른다는 사실, 명성을 세우려면 대가를 치러야 한다는 사실을 간과하고 말았다. 든든한 지원군 없이 영웅이 탄생할 수는 없는 법이다.

유감스럽게도 역대의 많은 개혁가들이 이러한 고질병을 극복하지 못하고 비슷한 오류를 범해 왔다. 사마천은 "예부터 법을 바꾸고 상식을 어지럽히면 죽거나 망한다고 했거늘 조조가 바로 그런 경우가 아닌가"라며 조조를 비난했다.

나는 내 마음을 밝은 달에 의탁했건만, 어찌하여 밝은 달은 도랑만 비추는가. 그러나 밝은 달이 언제 도랑을 비춘 적이 있던가.

제2장

부패를 도운
변법의 아이러니

변법의 절박함

서기 1067년은 중국 역사에 중대한 획을 그은 한 해였다. 그해 1월, 송 영종英宗은 재위 5년 만에 서른여섯의 나이로 세상을 떠났고, 장남인 조 욱趙頊이 그 뒤를 이어 즉위했다. 그가 바로 신종神宗이다.

신종은 태조太祖 조광윤趙匡胤, 태종太宗 조광의趙光義, 진종眞宗 조항趙恒, 인종仁宗 조정趙禎, 영종英宗 조서趙曙의 뒤를 이은 북송北宋의 여섯 번째 황제다. 그 뒤로는 철종哲宗 조후趙煦, 휘종徽宗 조길趙佶, 흠종欽宗 조환趙桓이 차례로 황위를 물려받았다. 신종이 즉위할 무렵, 북송 왕조는 건립한 지 108년이 지나 중엽으로 접어들고 있었다. 그에 비해 새로운 황제는 너무 젊었다. 경력慶歷 8년(서기 1048년)에 태어난 신종은 즉위 당시 겨우 스무 살이었다. 혈기왕성한 이십대 초반 젊은이들이 그렇듯, 신종도 당시에는 도전 정신에 불타는 꿈 많은 젊은 황제였다.

북송 시대 유명한 희녕변법熙寧變法의 추진 배경도 바로 여기에 있었다.

변법은 송나라 신종이 새롭게 황위에 오르면서 의욕적으로 단행한 첫 개혁 사업이었다. 신종이 제위에 오른 이듬해, 즉 희녕 원년에 시작되었다 해서 '희녕변법'이라 이름 붙여졌다. 그 후 원풍元豊 때는 '관제 개혁'과 '서하西夏 원정'을 대대적으로 추진했다. 그러나 넘치는 의욕에 비해 효과는 보잘것없었다. 변법은 수구 세력의 압력과 저지에 부딪히며 갈수록 위축되었고, 군대를 동원한 서하 원정도 계속 참패를 거듭했다. 그래서 그는 사망 후 '신종'이라는 묘호를 얻었다. 시법諡法(시호諡號를 의논하여 정하던 방법으로 시호란 제왕이나 재상, 유현儒賢들이 죽은 뒤에 그들의 공덕을 칭송하여 붙인 이름을 말함-옮긴이)에 따르면, 칭송할 만한 업적이 없어 뚜렷한 특징을 잡기가 모호한 경우에 주로 '신神' 자를 붙였다 한다.

중국 역사에서 '신종'이라 불린 황제는 조욱 외에도 명明의 만력제萬曆帝 주익균朱翊鈞이 있다. 만력제는 재위 40여 년 동안 조정을 돌보지 않고 아무런 정책적 시도도 하지 않았을 정도로 정치에 무심했던 인물이다. 그런 그가 과감하게 개혁의 칼을 댄 조욱과 동일한 시호를 공유한다는 사실은 좀 아이러니하다.

각설하고, 신종의 변법은 공을 세우기 위해 괜한 일을 벌인 것이 아니었다. 취지 자체도 좋았고 황제의 거시적 안목까지 돋보여 나무랄 데가 없었다. 이미 기반을 잡은 왕조가 수백 년간 탄탄대로를 걸어왔다면 머지않아 여기저기서 문제가 불거져 나오기 마련이다. 이는 예정된 수순이다.

중국 역대 왕조가 실시해 왔던 중앙 집권형 정치 체제는 낮은 생산력, 궁핍한 민생 등 열악한 배경 속에서 존립 기반을 잡는다. 사회 구성원들이 빈곤에 시달리기 때문에 최고 지위의 권력 실체(조정)나 권력 상징(황제)이 필요하게 되고, 이에 통일 국가의 필요성이 대두되는 것이다. 그러나 일단 국가가 부와 힘을 축적해 서서히 빈부의 격차가 벌어지면 왕조는 거대한 제국으로 발전하고, 그 이면에는 각종 문제와 병폐들이 꼬리를 문다. 『송사宋史』 「식화지」에서는 태평성대가 길어지면 인구가 늘어나 지출도 급증한다고 했다. 군대 규모가 방대해지고, 관리 조직이 비대해지며, 종교가 갈수록 흥성하니 그에 따른 부대 비용이 늘어날 수밖에 없다. 더군다나 나라가 부유해지기 시작하면 백성들의 요구 조건이나 기대치도 예전과 달라진다. 관리들의 겉치레도 갈수록 심해지고 백성들의 생활도 날로 사치스러워져, 온 천하가 재정에 압박을 가해 온다는 것이다.

그에 반해 행정 효율은 갈수록 떨어지고 국가의 활력도 점차 떨어졌다. 걱정 없이 평탄한 나날이 계속되면 조정의 관리들은 적당주의에 젖어 심신이 해이해지고 진취적인 의지마저 상실한다. 희녕 연간의 상황이 바로 그랬다. 재상과 부재상이 다섯이나 있었지만 왕안석王安石만 의욕적으로 일을 추진했을 뿐 나머지 넷은 뒷짐만 지고 있었다. 증공량曾公亮은 고령의 나이를 내세워 거드름만 피웠고, 부필富弼은 병을 핑계로 자리를 비우는 날이 잦았으며, 당개唐介는 관직에 오른 지 얼마 되지 않아 세상을 떴고, 조변趙抃은 늘 몸을 사리며 엄살만 피웠다. 오죽했으면 당시 사람들이 이들 다섯 관리를 두고 각각 '생로병사고生老病死苦를 대변하는 전형'이라며 풍자했을까. 이처럼 극심한 무기력증은 비단 송나라에만 해당되는 특이 현상이 아니었다. 오랜 전성기를 구가해 온 대부분의 왕조가 앓는 고질병이었다.

왕조의 발전 곡선이 최고 정점에 이른 시기는 이미 동란의 싹이 돋아나 제국의 종말이 서서히 예고되는 시점이다. 다만 사람들이 내리막길로 들어서고 있음을 감지하지 못할 뿐이다. 그들은 번영 가도를 달리고 있는 상황이 한없이 계속되리라 믿는다. 눈에 들어오는 것은 '구름 속 황성에 한 쌍의 봉황 궐문이 높이 솟고 빗속의 봄 나무 사이로 수많은 인가가 들어찬雲裏帝城雙鳳闕 雨中春樹萬人家(왕유王維)' 평화로운 정경이요, 귀에 들어오는 것은 '성 전체를 감싸는 풍악이 반은 강바람으로 반은 구름 속으로 퍼지는錦城絲管日紛紛 半入江風半入雲(두보杜甫)' 흥겨운 풍류 소리뿐이다. 그러나 방심한 채 세월을 보낸다면, '연일 음주가무와 색욕에 심취해 살다가 반란이 일어나 나라 전체가 도탄에 빠진霓裳一曲千峰上 舞破中原始下來(두목杜牧)' 당나라의 전철을 밟게 될 것이다. 나라가 망한 다음 후회한들 무슨 소용이겠는가?

송나라 신종은 그러한 비극적 결말을 원하지 않았다.

그러나 송나라의 상황도 그리 낙관할 수준은 아니었다. 청淸의 역사학자 조익趙翼의『이십이사차기廿二史箚記』에 따르면, 송 인종 황우皇祐 연간의 국가 재정 수입은 3천9백만이었고, 지출은 수입의 삼분의 일인 1천3백만에 달했다. 영종 치평治平 연간에는 재정 수입 4천4백만에 지출이 8백8십만으로 수입의 오분의 일을 차지했으며, 신종 희녕 연간에 이르러서는 수입과 지출 모두 5천6십만으로 수입이 그대로 지출로 이어졌다. 신종 재위 당시의 국고는거의 비었다고 할 수 있다.

지출이 증가한 이유는 여러 가지로 볼 수 있지만『송사』「식화지」에서는 크게 세 가지로 정리하고 있다.

첫째, 요나라, 서하와의 대치가 장기전으로 이어져 세비가 증가했기 때문이다. 여기에는 '군비'와 '세비' 두 가지 항목이 동시에 포함된다. '세비'란 송나라가 평화 유지를 명목으로 매년 요나라와 서하에 보내는 돈이다. 세폐는 매년 빠짐없이 보내야 했는데 그 금액은 갈수록 눈덩이처럼 불어났다. 요나라와 서하에 맞설 군사력이 부재한 송나라로서는 어쩔 수 없는 조치였다. 그러나 돈으로 매수한 평화이기에 언제 깨질지 몰랐다. 때문에 긴장을 늦추지 않고 군대를 보강하느라 군비 역시 세비와 마찬가지로 계속 늘어날 수밖에 없었다.

둘째, 모병제가 확대되고 황실의 자손이 번성해 관리 조직의 몸집이 비대해졌기 때문이다. 이 역시 무력으로 저지할 수 없는 불가피한 현상이었다. 인구가 늘어나는 것을 막을 수도 없고, 황실의 친척과 후손들에게 출산을 금지할 수도 없었다. 그러다 보니 관리 기구와 인원의 비대화가 초래되고, 쓸데없는 유휴 관직들이 우후죽순으로 생겨났다. 하는 일 없이 자리만 차지하고 공밥을 먹는 관리들이 많아졌다는 의미였다.

셋째, 제도의 문제였다. 송나라는 중서中書, 추밀樞密, 삼사三司가 역할을 분담해 국정을 운영하는 정치 제도를 채택했다. 중서는 중서성中書省으로 나라의 행정을 도맡았고, 추밀은 추밀원樞密院으로 군사 부문을 관장했다. 삼사는 호부戶部, 탁지度支, 염철鹽鐵로 나뉘어 재정 전반을 주관했다.

『송사』「식화지」에 기재된 바로는 일찍이 인종 지화至和 연간에 간관 범진范鎭이 "중서성이 행정을 주관하고, 추밀원이 군사를 담당하며, 삼사가 재정을 담당하나, 각각 서로의 상황을 모릅니다"라는 상소를 올려 당시 정치 시스템의 결함을 지적했다고 한다. 그의 지적은 그대로 현실로 드러났다.

국고가 바닥나도 추밀원은 여전히 군사를 모집하고 군마를 사들였으며, 백성들이 빈곤에 시달려도 재정 관할 기구는 터무니없는 세금을 거두어들였다. 중서성은 백성들의 어려운 사정을 알면서도 구조상 추밀원의 징병과 재정부의 가렴주구苛斂誅求를 저지할 수 없었다. 이러한 폐단이 있음을 알았지만 황제 역시 선뜻 뜯어고치지 못했다. 왜냐하면 이 제도의 본래 취지가 재상의 권력을 약화하고 황제의 권한을 강화하는 데 있었기 때문이다.

사실 국가 재정이 지속적으로 증가하는 자체에 문제가 있었다. 황우부터 희녕까지의 겨우 20년 사이에 재정 수입은 무려 12퍼센트 이상 증가했다. 당시 상황에서 그렇게 빠른 증가 속도를 보인다는 것은 불가사의한 일이다. 보나 마나 백성들의 부담을 가중시켜서 거두어들인 세금이 수입의 원천이 아니었겠는가. 순식간에 38퍼센트 이상 늘어난 지출 비용은 더욱 문제였다. 수지 타산이 맞지 않는데 조정이 어찌 제대로 버티겠는가?

게다가 신종은 남다른 열의와 포부를 지닌 황제였다. 어려서부터 요나라와 서하에게 패했던 굴욕적인 순간에 누구보다 마음 아파했고, 악화 일로의 재정과 위축된 조정을 보며 노심초사했다. 또한 여러 가지 개혁 조치에도 불구하고 송나라가 하루아침에 강대해지지 못하는 현실을 몹시 안타까워했다. 그는 틈만 나면 관료들에게 "천하에 병폐가 많으니 개혁하지 않으면 안 된다", "나라를 일으키기 위해서는 재정 관리를 우선시하고 인재를 근본으로 삼아야 한다"고 입버릇처럼 강조하곤 했다. 그러나 아무리 눈을 씻고 찾아봐도 과감한 개혁과 체계적인 재정 관리를 동시에 추진할 만한 인재가 없었다.

그때 신종의 눈에 들어온 인물이 바로 왕안석이었다.

시국이 영웅을 만든다

왕안석은 포부가 대단한 사람이었다.

워낙 총명하고 박학다식했던 그는 책 속의 지식을 섭렵하는 데 능했고 문장 실력 또한 일품이었다. 그런 발군의 재능과 지식 덕분에 스물두 살이 되던 경력 2년(서기 1042년), 진사에 합격해 벼슬길에 올랐다. 그는 젊은 나이에 뜻을 이루었음에도 자만하거나 경솔하지 않았다. 관직에 연연하지도 않았으며, 벼락출세를 위해 세도가들에게 아첨을 하지도 않았다. 송 인종 경력 2년에서 영종 치평 4년까지 25년 동안, 왕안석은 변함없는 우국충정으로 나라의 운명과 미래를 진심으로 걱정하고 고민했다. 『송사』「왕안석전王安石傳」에 따르면, 그는 "나름대로의 소신으로 과감하게 제도와 풍속을 바로잡으려는 뜻을 품었다." 그는 그러한 포부와 열정을 담아 인종에게 「만언서萬言書」라는 장문의 보고서를 올린 적이 있었다. 역사가들은 이 「만언서」에 훗날 그가 시행한 변법의 이론과 강령들이 고스란히 담겨 있다고 보고 있다.

「만언서」를 올려도 조정에서 아무런 반응이 없자 그는 개혁이 아직 시기상조임을 깨닫고, 조정의 관직 임용 제안을 모두 거절한 채 지방 관리에 머물며 조용히 때를 기다렸다. 관직의 유혹을 거부하기란 그리 쉬운 일이 아니다. 더구나 당시에는 '왕안석이 정계에 발을 들여놓지 않는 것은 이치에 맞지 않는다'는 여론이 강했다. 조정에서도 그가 수락하기만 한다면 언제든지 고위 관직을 내줄 참이었다. 그러나 그의 고집은 쉽게 꺾이지 않았다.

한번은 관부에서 사람을 파견해 그에게 중앙 관리 위임장을 보냈다. 왕안석은 여전히 요지부동이었고, 파견 나온 심부름꾼은 급기야 무릎까지 꿇으며 애원했다. 왕안석이 끝까지 거부하며 화장실로 숨어 버리자, 그는 위임 통보서를 탁자 위에 놓고 부랴부랴 돌아섰다. 그러자 왕안석은 끝까지 그를 쫓아가 서류를 돌려주었다. 왕안석에게는 관직에 오를 수 있는지, 또 무슨 관직을 맡을지는 전혀 중요하지 않았다. 일을 제대로 할 수 있는지가 가장 큰 관건이었다. 만일 요직에 있어도 일을 제대로 할 수 없다면 차라리 일을 할 수 있는 지방의 하급 관리로 지내는 게 낫다고 판단했다.

신종이 즉위하기 전까지 왕안석은 지방관으로서의 삶에 만족하며 지냈다. 과거에 급제한 직후 그는 회남淮南의 서기관에 임용되었다. 당시 규정에 의하면, 임기가 끝나고 논문을 제출할 경우 수도권 지역에서 좀 더 위신이 서는 고위 관직으로 진출할 수 있었다. 그러나 그는 이에 응시하지 않고 은현鄞縣의 현령으로 부임했다. 은현에서 재직하던 시절,

그는 제방을 쌓아 저수지를 만드는 수리 시설 개선에 힘씀으로써 농민들에게 실질적인 도움을 주었다. 그가 실시한 '농민에게 곡식을 빌려 준 뒤 먼저 이자를 내게 하고 다음 새 곡식이 수확될 무렵 되돌려 받는 방식'도 당시로서는 굉장히 획기적이어서 농민들에게 많은 편의를 제공했다. 이는 훗날 그가 시행한 변법의 예고편인 셈이었다. 이렇듯 다양한 현장 경험을 통해 그의 머릿속에는 이미 충분한 이론이 정립되었고 구체적인 실천 방안들이 그려져 있었다.

그래서 신종과의 첫 대면에서도 마치 미리 대답을 준비한 것처럼 거침없이 자신의 소견을 풀어 놓을 수 있었다. 희녕 원년 4월, 신종은 왕안석을 불러 놓고 물었다.

"치국의 우선순위는 무엇이라고 보시오?"

왕안석은 자신 있게 대답했다.

"적절한 방법의 선택이 가장 우선되어야 합니다."

신종이 다시 물었다.

"당 태종에 대해 어떻게 보시오?"

당시 한림학사翰林學士(임금의 명령을 받아 문서를 작성하는 관청의 문필가-옮긴이) 신분이었던 왕안석의 대답은 뜻밖이었다.

"고대 요순堯舜 시대로 돌아가야 합니다. 당 태종은 본받을 만한 대상이 아닙니다."

신종은 그의 대답이 마음에 들었지만 여전히 고민에 빠진 표정이었다. 터무니없는 말을 거침없이 내뱉는 이 중년의 신하가 과연 자신이 그렇게도 학수고대하던 인물에 근접한지는 좀 더 두고 보기로 했다. 신종은 왕안석이 참지정사參知政事(부승상)로 승진한 희녕 2년에 가서야 그와 긴밀히 대책을 협의한 후, 비로소 개혁을 결심했다. 곧 예리한 혁신과 엄격한 변법이 왕안석의 손에서 시작되었다.

이러한 신종의 결정은 경솔한 것이 아니었다. 그는 왕안석이 의지도 강하지만 재능 역시 뛰어난 인물이라고 판단했다. 신종이 왕안석에게 물었다.

"모두들 그대가 이론에만 강하고 세상사를 처리하는 능력이 부족하다고 하던데 정말 그러하오?"

그러자 왕안석이 대답했다.

"본디 이론이 실천을 이끄는 법입니다. 소위 이론가라는 자들이 용렬했기 때문에 이론이 실천으로 이어지지 못한다고 오해받은 것입니다."

그의 말이 일리가 있다고 여겼으나 신종은 여전히 불안함을 떨치지 못하고 다시 물었다.

"그렇다면 그대는 어떤 정책을 가장 먼저 실천해야 한다고 보시오?"

"풍속을 개조하고 법도를 바로 세우는 것이 가장 절실합니다."

그의 대답에 적극 공감한 신종은 마침내 왕안석에게 완전히 마음을 열고 단호하게 말했다.

"이 나라의 개혁을 주도할 적임자는 그대뿐이오."

이에 왕안석도 자신감에 찬 어조로 대답했다.

"지금 신이 아니면 누가 나서겠습니까?"

왕안석의 다짐은 거짓이 아니었다. 선입견을 버리고 본다면 그가 추진한 신법은 합리적이었으며 실행 가능성이 충분했다. 그의 신법은 크게 네 가지로 나뉘었다. 첫째, 농민에 대한 저리低利 금융 정책인 청묘법靑苗法과 수리법水利法, 둘째, 재정 개선을 위한 방전균세법方田均稅法(전토를 정확히 측량해 공정한 조세 부담을 실현하기 위한 조치-옮긴이), 셋째, 농촌 현실과 재정 상황을 모두 감안한 면역법免役法, 시역법市易法(중소 상인에 연 2할로 자금을 대여해 주는 제도-옮긴이), 균수법均輸法, 넷째, 군사력 증강을 도모하기 위한 치장법置將法(장군의 임의적인 병사 사용을 금지하기 위해 시행되었던 기존의 경술법庚戌法을 폐지한 조치-옮긴이), 보갑법保甲法(농가를 10가家, 50가, 100가 단위로 편제해 치안 유지 조직으로 삼은 제도-옮긴이), 보마법保馬法(민간에서 군마를 기르게 하여 군마의 수효를 확대한 조치-옮긴이)이다. 이들 신법이 본래 색을 잃지 않고 제대로만 시행된다면 신종제가 밤낮으로 고민하던 부국강병의 현실화는 시간문제였다.

그중 면역법에 대해 살펴보자.

면역법은 송 초 이래 시행되었던 차역법差役法을 겨냥한 개혁이었다. 역역力役, 요역徭役, 공역公役이라고도 불렸던 차역은 의무제 노동을 말한다. 이는 세금과는 별개로 강제로 노동에 동원되는 제도였다. 본래는 많은 곡식을 한꺼번에 납부하지 못하는 백성들을 감안해 노역으로 부족분을 대체할 수 있도록 한 것이었다. 그러나 국가 기관의 시스템에 맞추다 보니 백성들은 부세賦稅 명목의 세금은 물론 요역이라는 의무 노동까지 제공하면서 감당하기 벅찬 이중고에 시달려야 했다.

실제로 송대에는 부역의 종류가 너무 많았다. 공공 물품의 수송 및 보관, 부세 독촉, 도적 체포, 명령 하달 등 온갖 시시콜콜한 명목으로 노동력을 동원했다. 그러니 백성들의 원성이 들끓는 것도 당연했다. 더욱 문제가 많았던 것은 융통성 없는 제도의 규정이었다. 이에 대해서 『송사』「식화지」는 "노역의 경중이 들쭉날쭉하고 작업과 휴식 안배가 적절하지 못하며 동원 대상의 빈부 사정을 전혀 고려하지 않았다"고 기재하고 있다. 이 때문에 겉으로는 사회가 안정되어 보여도 이면에는 문제점들이 산재해 있었다. 돈 많은 권세가들이 물밑으로 손을 써서 가벼운 노역을 할당받거나 아예 면제를 받는 탓에, 힘든 고역苦役은 고스란히 힘없는 농민들 차지가 되었다.

하루 종일 농사일에 매달려야 하는 그들은 온갖 노역에까지 시달려 생계 유지조차 힘들 지경이었다. 농민들은 무거운 세금이 두려워 감히 토지 경작지를 늘리지도 못했고, 식구 수가 늘어나는 것조차 기피했다. 과부들은 일찌감치 재가해 가족들과 떨어져 살기도 했고, 세금 징수 등급이 올라갈까 봐 농사를 포기하고 땅을 남에게 주는 일도 많았다. 심지어 노역을 피하기 위해 아예 죽음을 선택하거나 위험을 무릅쓰고 도적떼에 합류하는 경우도 속출했다. 이러한 현상들은 농업 생산과 사회 안정에 불리한 요소로 작용할 수밖에 없었다.

왕안석의 대안은 '강제 징발'을 '모집 고용'의 형태로 전환하는 것이었다. 다시 말해, 백성들에게 노역 대신 '면역전免役錢'을 납부하게 하고, 이를 재원으로 필요한 부문에 실업 노동 인력을 고용하는 방식이었다. 이 제도의 장점은 크게 세 가지였다. 첫째, 농민들이 노동력을 차출당하지 않으니 생산 활동에 지장을 받을 일이 없었다. 둘째, 모든 사람들에게 일률적으로 돈을 징수하니(기존에 면역 특권을 누렸던 관호官戶, 불교의 사찰과 도교의 도관에도 반액에 해당하는 '조역전助役錢'을 내게 했다) 비교적 공평했다. 셋째, 생계 활동에 바쁜 사람들은 시간을 뺏기지 않고, 실업 상태의 유휴 인력들은 일을 얻을 수 있는 일석이조의 효과가 창출되었다.

훗날 면역법이 폐지되고 차역법으로 다시 부활할 때 소위 '구당舊黨' 사람들까지 면역법의 폐지를 옳지 않다고 여긴 이유가 바로 여기에 있없을 것이다. 소동파는 면역법과 차역법 모두 장단점이 있지만 갑작스럽게 면역을 중지하고 차역을 행하는 것은 힘들다고 주장했다. 범순인 范純仁 역시도 차역법의 부활은 서서히 행해져야 한다고 강조했다. 이처럼 당시 면역법은 꽤 많은 이들에게 인정받고 있었다.

면역법은 당시 상황에서 생각할 수 있었던 최적의 방안이었다. 물론 근본적인 치유법은 부역 제도를 아예 폐지하는 것이었지만 이는 현실적으로 불가능했다. 그러므로 '고용제'로 전환해 노역 의무를 면역전으로 대체 납부하게 하는 방법이 가장 이상적이고 효율적인 대안이었다. 이러한 왕안석의 파격적이고 앞선 발상은 놀라운 것이다. 이 방법을 현대적으로 표현하면 '노역 의무의 화폐화'라고 할 수 있다.

왕안석의 변법은 일시적인 충동이 아니라 오랜 심사숙고와 숙성 과정을 거치며 완성된 결실이었다. 그의 주장은 매우 과학적이었고 이론적 타당성 또한 충분했다. 무엇보다 최고 권력을 쥔 황제와 뜻이 맞았다는 점이 그에게 큰 힘을 실어 주었다. 신종은 개혁 전담 기구인 '제치삼사조례사制置三司條例司'를 발족시켜 변법에 박차를 가했다. 얼마 후 균수, 청묘, 수리, 면역, 시역, 방전, 균세, 보갑, 보마 등 왕안석이 제안한 신법들이 속속 입안되어 실행으로 옮겨졌다. 이로써 송나라 전역에는 국가의 흥망성쇠, 민심의 향방과 직결되는 중대한 개혁의 바람이 불기 시작했다.

그러나 신종과 왕안석은 그들의 개혁이 수많은 걸림돌에 부딪혀 결국 허망하게 종지부를 찍을 것이라는 예상은 전혀 하지 못했다.

팽팽한 신경전

변법 반대파의 선봉에는 사마광이 있었다.

　사마광도 예사로운 인물은 아니어서, 문장력이나 인품이 왕안석에 전혀 뒤지지 않았다. 왕안석이 검소하게 생활했듯이 사마광 또한 사치와 거리가 멀었으며, 왕안석이 재주가 뛰어났듯이 사마광 또한 책을 많이 읽어 학문적 소양이 두터웠다. 왕안석의 열렬한 충성심 못지않게 사마광도 우국충정이 깊었고, 왕안석이 과감한 행동을 주저하지 않는 행동파였다면 사마광은 입바른 소리를 거침없이 하는 대쪽 같은 스타일이었다.

　앞서 왕안석이 황제에게 「만언서」를 올렸다고 했는데, 사마광도 「삼찰자三札子」(군자의 덕, 신하를 다스리는 법, 병사 선발 방법 세 가지를 논했다)라는 상소문을 올린 적이 있다. 이로 미루어 사마광 역시 왕안석 못지않게 나

라의 미래와 운명을 진심으로 걱정하는 충신이었음을 알 수 있다. 그들
두 사람의 또 다른 공통분모 중 하나는 모두 빈말만 남발하는 몽상적 이
론가도, 꽉 막힌 서생도 아니라는 점이었다. 그들은 정치 일선에서 구체
적으로 업무를 수행할 때 실행 가능성이 높은 현실적인 대안들을 제시
할 줄 알았다.

송 인종 보원寶元 연간에 추밀부사樞密副使 방적龐籍이 사마광을 통판
通判으로 임명했을 때의 일이다. 당시 하서河西 지역의 양전良田이 서하
에 점령당하는 일이 잦아지면서 하동河東 지역까지 위협을 느끼고 있었
다. 그때 사마광은 인주麟州에 방어용 성루를 쌓고 농민을 모집해 인근
양전을 경작하게 하자는 제안을 했다. 이 방안은 땅이 없는 농민들에게
개인 소유 경작지를 제공해 줄 수 있음은 물론, 변방 지역의 방어벽을
강화하는 데도 효과적이었다. 게다가 땅을 경작하는 농민들이 점점 늘
어나면 곡물 가격이 떨어져 하동 지역의 물가가 억제되고, 굳이 먼 곳
에서 군량을 들여올 필요도 없어져 그야말로 일석사조의 효과를 기대
할 수 있었다.

'이주 농민들에게 땅을 개간하고 변방을 지키도록 하는' 그의 이러한
정책은 왕안석이 제시했던 신법에 조금도 뒤질 게 없을 정도로 현명하
고 획기적이었다. 사마광과 왕안석 모두가 나라를 이끌 만한 인재임에
는 틀림이 없었다. 워낙 쟁쟁한 실력들을 가지고 있었기에 그들 두 사람
은 숙명의 라이벌로 팽팽한 맞대결을 펼쳐 나갔다.

그러나 이것은 신구 양당 지도자 신분인 그들을 개별적으로 판단했
을 때의 이야기다. 비교 기준을 당 조직 차원으로 확대한다면 사마광이
압도적으로 앞섰다. 왕안석을 중심으로 한 '신당新黨' 파벌은 쓸 만한 인

재가 거의 없는 속 빈 강정에 불과했다.

수하의 용장이었던 여혜경呂惠卿도 별다른 활약을 못 하기는 마찬가지였다. 여혜경은 왕안석이 발탁해 적극 키운 자로, 변법 시행 초기에 제치삼사조례사에서 실질적인 업무를 도맡아했다. 그는 당시에도 중요한 직무를 맡았고, 후에 또 다른 신당 핵심 멤버인 한강韓絳과 함께 왕안석의 양팔 역할을 톡톡히 했다. 사람들 사이에서 한강은 신법의 '전법사문傳法沙門(법을 전파하는 승려-옮긴이)'으로, 여혜경은 '호법선신護法善神(불법을 수호하는 신으로 여기서는 변법을 수호하는 신과 같은 존재를 의미-옮긴이)'으로 통했다.

그러나 여혜경은 훗날 왕안석이 궁지에 몰리자 권력욕에 사로잡혀 그를 돕기는커녕 배반자로 돌변해 그가 모반에 참여했다는 누명을 씌우기까지 했다. 하지만 이 죄명은 너무 황당무계했으므로, 왕안석은 잠시 파면되었다가 다시 재상으로 복직했다. 여혜경은 여전히 사악한 마음을 뉘우치지 않고, 왕안석이 자신에게 썼던 비밀 편지를 일부러 외부에 유출시켰다. 이 편지를 쓸 때 왕안석은 여혜경을 굳게 신뢰하는 마음에 '이 사실은 폐하께 비밀로 해야 한다'는 문장을 사용했다. 이 말은 황제를 기만했다는 혐의를 받기에 충분했다. 왕안석은 더 이상 궁궐에 머무르지 못하리라는 사실을 깨닫고 관직에서 물러나 정계와의 인연을 끊었다. 여혜경과 같은 측근조차 소인배에 불과했으니 왕안석의 인재기용은 철저한 실패였다.

반면 사마광이 주축이 된 구당 쪽은 인재들이 넘쳐 났다. 사마광, 구양수歐陽修, 소동파 등 중량급 인사들이 대거 포진되어 있었고, 그 외 문언박文彦博, 한기韓琦, 범순인 등도 당대를 주름잡던 우수 인재들이었다. 더욱 주목해야 할 점은 이들 모두가 원래는 개혁파였다는 사실이다. 추밀사樞密使 문언박은 사마광의 은사인 방적과 함께 위험을 무릅쓰고 군사 제도 개혁을 추진한 적이 있었고, 한기 역시 범순인의 아버지 범중엄范仲淹과 인종이 제위에 있는 동안 새로운 형태의 정치를 모색하는 '신정新政'을 실시한 바 있었다. 어떤 면에서 범중엄의 신정은 왕안석이 추진한 변법의 전주곡이었다. 남송南宋 진량陳亮의 말에 따르면, 당시 기득권 정치가들 대부분은 제도 개혁을 긍정적으로 바라보고 있었기 때문에 딱히 보수파라고 부를 만한 사람들이 없었다. 왕안석이 갑작스럽게 정치 무대에 등장하면서 상대적으로 그들이 보수파 이미지로 굳어진 것뿐이었다.

그렇다면 원래 신정 추진에 뜻을 같이했던 개혁파 출신의 신구 양당이 서로 엇박자를 낸 이유는 무엇인가?

결국 동기와 효과, 둘 중 어디에 비중을 두었느냐가 그들 정치 노선의 근본적인 차이였다.

왕안석은 동기 지상주의자였다. 건전한 동기로 출발해서 끝까지 포기하지 않고 밀어붙이기만 하면 분명 긍정적인 효과로 이어진다는 것이 그의 생각이었다. 조정 대신들의 모진 힐난과 비난에도 그가 이를 악물고 버틸 수 있었던 원동력은 바로 여기에 있었다.

'천하의 변화를 두려워하지 않고, 사람들의 구설수에 주눅 들지 않고, 옛 제도와 법규의 개혁을 주저하지 않는다.'

이것이 곧 왕안석의 유명한 '삼불주의三不主義'였다. 심지어 그는 "설령 현세 사람들이 나를 몰라주더라도 후대 자손들은 분명 나에게 고마워할 것이다"라고 장담하기도 했다. 이러한 믿음이 있었기에 그는 더욱 당당하고 자신 있게 개혁을 밀어붙이고 반대와 실패에 대한 두려움을 떨쳐 버릴 수 있었다.

그러나 왕안석의 변법은 사후 결과를 간과한 독단주의적 성향이 짙었다. 희녕 4년(서기 1071년)에 개봉지부開封知府 한유韓維는 "보갑법을 피하기 위해 손가락과 팔을 절단하는 백성들이 생기고 있다"고 실태를 보고했다. 이에 신종이 왕안석에게 연유를 묻자 그는 대수롭지 않다는 듯 대답했다.

"그 말을 완전히 신뢰할 수는 없습니다. 설령 사실이라 해도 그리 대단한 일이 아닙니다. 사대부들도 신법을 아직 이해하지 못하는데 백성들이야 오죽하겠습니까?"

그의 말이 좀 지나치게 들렸던지 신종은 다시 완곡하게 물었다.

"백성들이 의기투합하여 한목소리를 내면 당해낼 수 없소. 어찌 마음에 두지 않을 수 있겠소?"

그러나 왕안석은 여전히 무심하게 반응했다. 사대부들의 의견도 일일이 신경 쓰기 힘든데 한낱 저잣거리를 떠도는 백성의 여론은 거론할 가치가 없다는 생각이었다. 그는 백성들의 손해를 개혁이 제대로 자리 잡을 때까지 지불해야 하는 정착금 정도로 보았다. 미래의 성공을 위해 어차피 치러야 할 대가라면 그 정도 원성쯤은 무시하고 넘어가도 된다고 여겼던 것이다.

결국 왕안석의 비현실적인 정치 독주는 뭇사람들의 질타를 받거나 철저히 외면당했다. 원래 왕안석은 조정의 대신들과 친밀한 관계를 유지하고 있었다. 한유, 여공저呂公著 등은 왕안석의 든든한 후원군이었고, 문언박, 구양수는 그를 조정에 천거하는 데 일조했다. 부필, 한기 등은 한때 그가 상사로 모셨으며, 범진, 사마광과는 절친한 친구 사이였다. 그러나 그는 자신의 사상과 정책에 반대하는 그들을 매정하게 배척했다. 사마광은 친구로서 안타까운 마음을 편지에 담아 다양한 의견에 귀를 열어야 한다고 여러 번 충고했지만 왕안석은 매번 시큰둥해하거나 비난으로 맞받아쳤다. 그러다 보니 사마광도 자기 집착의 미로에 갇혀버린 왕안석에게 등을 돌리고 다른 노선을 택할 수밖에 없었다.

앞서 말했듯이 사마광이 이끄는 구당파도 원래는 개혁파에 속했다. 하지만 그들은 왕안석과 달리 결과를 먼저 생각했다. 북송 시대에 활동했던 이들 구당을 청나라 말기 서동徐桐, 강의剛毅가 주축을 이뤘던 파벌 세력과 동일시한다면 큰 오산이다. 후자는 부패와 우매의 전형이었지만, 전자는 정치적 소신이 뚜렷한 현인들의 집합체였다. 때문에 그들은 실질적인 결과를 간과한 채 눈앞의 쾌락만 추구하기를 거부했던 것이다.

분명 사마광은 제국과 왕조의 폐단을 왕안석보다 더욱 예리하고 냉정하게 바라보았다. 이것이 곧 그가 점진적 방식의 개혁을 주장한 이유였다. 법을 개혁하면 모든 것이 해결되리라는 착각은 금물이다. 긍정적인 개혁이 있는가 하면, 자칫 개악으로 번질 수 있는 개혁도 있다. 전자의 경우라면 부국강병의 지름길이 되겠지만 후자의 경우라면 패망의 지름길이다. 개혁의 질을 확보하려면 동기도 좋아야 하지만 결과도 고려해야 한다.

한편으로 왕안석 변법은 실질적인 효과도 내지 못했다. 심지어 그의 원래 의도와 완전히 어긋나는 결과를 빚어내고 말았다. 신법의 본래 취지는 부국강병이었지만 결과는 비참했다. 백성들의 원성이 들끓었고, 동명현東明縣 농민 천여 명이 집단으로 상경해 왕안석의 저택 앞에서 항의하는 소동까지 벌어졌다. 왕안석이 등용한 성문 수비 관리 정협鄭俠은 희녕 7년(서기 1074년) 4월에 「유민도流民圖」를 그려 황제에게 바치면서 유민들의 실상을 고발하는 상소문을 첨부했다.

"미천한 신이 성문을 지키면서 본 바를 아룁니다. 변법 시행으로 고통받는 백성들이 길을 막고 부녀자들을 납치하거나, 마구 나무를 베고 집을 부수는 일이 많아지고 있습니다. 또한 길거리 곳곳에 시체가 널려 있습니다. 실로 더 이상 버티기 힘든 상황입니다. 바라건대, 폐하께서는 백성들을 옥죄는 법들을 폐지하시어 목숨조차 부지하기 힘든 백성들의 숨통을 틔워 주십시오."

심지어 그는 신법을 폐지한 후 열흘 내에 비가 오지 않으면 황제를 기만한 죄로 기꺼이 참수형을 당하겠다는 독한 맹세까지 내걸었다.

이 일이 있은 뒤 신종은 크게 놀랐다. 정협의 적나라한 그림을 본 황제는 칼로 살을 도려내는 듯한 아픔을 느끼고 밤새 한숨도 자지 못했다. 태황태후太皇太后와 황태후皇太后까지 나서서 혼란한 천하를 하루빨리 안정시켜야 한다며 눈물로 호소했다. 그러니 황제의 마음도 흔들리지 않을 수 없었다. 그는 만감이 교차했다.

'온 나라가 벌써 열 달째 가뭄에 시달리는 것이 정녕 변법에 진노한 하늘의 벌이란 말인가?'

결국 신종은 청묘법, 면세법, 방전법, 보갑법 등 신법의 추진을 전면 중단하라고 명령했다. 그로부터 정확히 사흘 뒤 정말 거짓말처럼 비가 내렸고, 그동안의 가뭄은 말끔히 해결되었다.

이 장면은 훗날 소설가들에 의해 희극적인 요소가 더해진 면이 없지 않으니, 그냥 적당히 이해하기 바란다. 어쨌든 왕안석의 변법은 사람들에게 박수를 받지 못했다. 종국에는 순수했던 본래 취지마저 백성들을 교란하고 세금을 수탈하려는 목적이었다고 왜곡되었다. 사실 이러한 결과는 너무 극단적이라는 느낌을 지울 수 없다. 당사자인 신종과 왕안석도 그랬겠지만. 개혁이 실패한 이유에는 납득할 수 없는 부분이 많다.

그렇다면 어째서 이처럼 극단적인 결과가 초래되었을까? 왕안석의 신법 자체에 커다란 문제가 있었을까? 꼭 그렇지만은 않다.

초심과 어긋나 버린 개혁

희녕변법의 실패는 분명 신종과 왕안석에게 책임이 있다. 신종은 목전의 이익과 성공의 지름길을 찾는 데만 급급했고, 왕안석은 지나친 고집으로 독선적인 행동을 했다. 그러나 이를 무시하고 객관적으로 바라보면 신법 자체에는 커다란 오류가 없었다. 건전한 취지에서 비롯되었고 농민들의 입장도 충분히 반영되었다. 그런 점에서 그들 변법의 비극적 결말은 의외였다.

우선 청묘법을 들여다보자.

냉정히 말하면 청묘법은 국가 재정과 백성들의 이익을 골고루 배려한 제도 중 하나였다. 일 년 중에서 농민들이 가장 힘들어하는 시기는 봄이다. 가을에 추수한 곡식은 이미 바닥나고 여름 곡식은 아직 수확하기 전이기 때문에 곡식 수급에 공백이 생기는 이른바 '춘궁기'에 들어선다. 그러나 다른 시각으로 접근하면, 봄철만큼 농민들에게 전곡錢穀이 여유로운 때가 없다. 여기서 말하는 '전곡'이란 농지의 어린 모종인 '청묘靑苗'를 가리킨다. 다만 아직 어려서 화폐로 전환되지 못할 뿐이다. 재력이 뛰어난 대지주들은 이 틈을 이용해 돈과 곡식을 농민들에게 빌려 주고 곡식을 수확하는 여름과 가을에 이자를 덧붙여서 갚도록 했다. 물론 터무니없이 비싼 이자의 고리대금이었다. 이는 보통 청묘를 담보로 한 저당 대출이었기 때문에 빌려 준 전곡을 제대로 돌려받을 수 있을지 걱정할 필요가 없었다. 행여 자연재해로 수확을 못 하면 농민들은 할 수 없이 땅을 팔아야 했다. 이렇게 해서 대지주들의 토지는 점점 늘어났다.

소위 청묘법은 이러한 악덕 대지주들의 저당 대출을 정부가 대신하는 것이었다. 즉, 매년 춘궁기에 정부가 농민들에게 전곡을 빌려 주면 농민들은 추수 후에 본전에 이자를 보태서 한꺼번에 갚을 수 있었다. 물론 정부에서 책정한 이자는 기존 대지주들이 받던 것보다 낮았다. 이러한 방식은 대지주들의 토지 증식을 차단하고 농민을 고통에서 구제할 수 있었다. 고리대금업자의 악랄한 돈놀이에서 농민들을 구해 내는 한편, 국가의 재정 수입을 늘릴 수도 있었으니 청묘법은 일석이조의 대책이었다.

여기에는 농민들이 지주보다 정부 대출을 더 신뢰할 거라는 왕안석 나름의 판단도 작용했다. 게다가 왕안석은 정부에 돈을 상환할 때와 지주들에게 상환할 때 농민들의 기분도 다를 것이라고 생각했다. 지주들에게 돈을 돌려주면 그들의 주머니를 채워 줄 뿐이지만, 정부에 돌려주면 나라를 부유하게 하는 데 일조하는 일이 되기 때문이다. 어찌 되었건 청묘법은 농민들의 부담을 덜어 주면서 국가의 수입도 늘리는, 실행 가치가 있는 제도임에는 분명했다.

청묘법을 시행하는 경비도 그다지 큰 문제가 되지 않았다. 각 지역마다 상평창常平倉과 광혜창廣惠倉이 있었기 때문이다. 농업을 중시하는 국가는 농민들을 위한 각종 대책들을 미리 마련해 두었다. 그러나 농업 생산은 본래 하늘의 뜻에 의지하는 것이라 매년 수확 상황이 같을 수는 없다. 풍작일 때는 곡식 값이 헐값으로 떨어져 농민들의 애가 타고, 흉년이 들면 곡식이 귀해져 백성들의 삶이 힘들어지므로 조정이 중재자로 나서서 물가를 조정해야 했다.

다시 말해, 풍년일 때는 정부가 평년 가격으로 곡식을 사들여 정부 곡식 창고에 저장하고, 흉년이 되어 곡식이 귀해지면 다시 평년 가격으로 백성들에게 되파는 것이다. 이는 대지주나 교활한 상인들이 사재기를 통해 부당 이익을 취하는 현상을 방지하고, 물가가 요동치지 않도록 조절할 수 있어서 정부와 백성 모두에게 득이 되었다. 이러한 제도를 '상평법常平法'이라 불렀고, 물가 조절을 위해 수매한 곡식을 저장해 놓은 창고가 바로 상평창이었다.

광혜창은 재난 방지와 이재민 구제를 목적으로 송 인종 가우嘉祐 2년(서기 1057년)에 처음 설립되었다. 당시 각지에는 물려받을 사람이 없는 죽은 소유주의 땅, 이른바 주인 없는 땅들이 생겨났다. 이들 토지는 관례에 따라 정부가 거두어서 매수했다. 추밀사였던 한기는 정부가 사람들을 모집해 이 토지를 경작하게 하고, 그렇게 거두어들인 토지 임대료를 해당 지역 내 빈민, 장애인, 이재민들을 돕는 데 사용하자고 주장했다. 이렇게 해서 출현한 것이 바로 광혜창이었다.

왕안석은 상평법을 청묘법으로 개조하자고 주장했다. 즉, 상평창과 광혜창이 묵은 곡식을 팔아 거둔 돈을 춘궁기에 농민들에게 낮은 이자로 빌려 주는 것이다. 이러한 대안은 여러 가지 기대 효과가 있었다. 첫째, 춘궁기에 곡식 가격이 폭등하면 창고의 묵은 곡식을 팔아 물가를 조절할 수 있었다. 둘째, 곡식을 팔아 얻은 자금을 대출에 활용할 수 있었다. 셋째, 곡식 가격의 균등화와 저리 담보 대출로 농민들을 구제할 수 있었다. 넷째, 대출을 통해 정부도 수익을 거둘 수 있었다. 물론 대지주들의 투기 활동을 제한하고 농민의 부담을 덜어 줄 수 있다는 점도 매력적인 장점 중 하나였다. 요컨대 청묘 대출은 이자가 낮아 농민들이 감당하기에도 무리가 없었고, 창고 안에 쌓여 있던 묵은 곡식을 파는 것이라 정부로서도 큰 부담이 없었다. 게다가 조정의 입장에서는 여분의 곡식을 빌려 줌으로써 농민들의 급한 불을 꺼 줄 수 있고, 추수 후에는 이자까지 더해서 돌려받으니 국고의 재정 수익을 쏠쏠하게 늘릴 수 있었다. 따라서 정부와 백성들 모두에게 여러모로 득이 되는 대안이었다. 그러니 왕안석이 "나는 부세를 늘리지 않고도 국고 수입을 충분히 늘릴 수 있다"고 호언장담할 만도 하다.

그러나 실제 운영은 이러한 본래 취지에서 완전히 빗나간 채 이루어졌다. 일단 대출 금리가 결코 낮지 않았다. 왕안석은 연 2할의 이자를 제시했다. 예를 들어 1만을 1년간 대출했으면 상환 이자는 2천이었다. 2할이면 이미 꽤 높은 수준이었지만, 설상가상으로 각 지역마다 가중치까지 적용했다. 봄에 일차적으로 대출을 해 주고 반년 후에 2할의 이자를 덧붙여 회수한 다음, 가을에 또 한 번 대출을 하고 반년 후에 다시 이자 2할을 쳐서 거두어들이는 식이었다. 결과적으로 1만을 1년간 빌리면 이자가 4천으로 불어나는 셈이었다.

농민의 이익을 최대한 배려한다는 차원에서 출발한 저금리 대출 제도가 정부 독점 형태의 고리대금제로 변질되어 버린 것이다. 게다가 제도 시행에 관한 일관된 지침이 부재한 관계로 일부 지역에서는 당초 왕안석이 정한 기준치의 35배에 육박하는 고금리를 적용하기도 했다.

높은 이자도 문제였지만 대출 절차 또한 번거로웠다. 과거 농민들이 대지주들에게 대출을 할 때는 양쪽이 구두로 가격을 협상하면 바로 거래가 성사되었다. 그러나 조정에서 대출을 주관하면서부터는 먼저 신청을 하고 결제를 받아야 돈을 내주는 복잡한 절차를 거쳐야 했다. 게다가 신청 절차를 하나씩 밟을 때마다 탐관오리들에게 뇌물을 찔러줘야 했다. 사례비 선에서 마무리되면 그래도 간단한 편이었다. 좀 더 복잡하게 얽히면 중간 과정에 지불하는 뇌물이 기하급수로 늘어나 자칫 배보다 배꼽이 더 커지는 상황이 유발되기도 했다. 생계 유지만도 벅찬 농민들에게 이처럼 부당한 착취는 견딜 수 없는 곤욕이었다.

거기다가 왕안석은 새로운 제도의 추진을 위해 전국 각지의 주州, 현縣 정부에 매년 의무적으로 어느 정도 돈을 빌려 줘야 한다는 대출 하한 규정을 하달해 사태를 악화시켰다. 이 의무 규정 때문에 지방관들은 강압적으로 대출을 할당함은 물론, 늘 그렇듯 온갖 명목으로 가중세를 적용했다. 또한 빈곤한 농민들은 물론 중산층 농민과 부농, 심지어 지주들까지 대출을 강요받았다. 결과적으로 대출 제도는 반드시 이행해야 하는 의무 제도처럼 왜곡되고 말았다. 대출을 받지 않으면 아예 위법으로 간주되는 웃지 못할 상황도 벌어졌다.

결국 백성들의 부담은 더욱 가중되고 지방관들의 수입만 늘어났다. 게다가 지방 관리들은 개혁을 구실로 부정부패를 일삼았다. 개혁이 부패 가속화의 원흉으로 돌변하리라고는 왕안석도 미처 생각지 못했다.

그러고 보면 탐관오리들이 개혁을 두려워한다는 것은 근거 없는 속설이다. 그들은 개혁을 두려워하지 않는다. 개혁 없이 현상을 유지해도 그들은 두렵지 않다. 오히려 아무런 일이 없는 상태, 즉 무위의 정치 상태를 두려워한다. 천하가 자연스럽게 다스려진다면 그들이 재물을 착취할 이유도, 방법도 없어지기 때문이다. 반대로 조정이 어떤 행동을 취하면, 그들에게 방법이 생긴다. 그 행동이 개혁이든 다른 무엇이든 상관없이 말이다. 조정이 병사를 모집하면 그들은 군사비를 징수했고, 조정에서 학교를 운영하면 운영비를 챙겼고, 조정에서 도적을 소탕해 주면 그에 따른 치안 유지비를 징수했다. 상부에서 명령이 떨어지기만 하면 그들은 그 기회를 틈타 날아가는 기러기 털도 뽑을 태세로 제 잇속만 챙겼다.

원래 이 개혁의 직접적인 목적은 국가의 재정 수입을 확대하기 위한 것이었다. 이는 좋게 말하면 재정을 늘리기 위한 것이지만 비틀어 말하면 착취라고 말할 수밖에 없다. 당시 국민 생산액은 변수가 아니라 이미 고정되어 있는 상수常數였다. 나라의 부는 조정이 아닌 백성들의 손에 달려 있었다. 국고의 돈이 많아지면 상대적으로 백성들의 주머니가 가벼워지게 마련이다. 변법 시행 이후 신종이 새로 설립한 서른두 곳의 창고에는 이미 형형색색의 비단이 넘쳐 나 창고를 새로 지어야 할 지경이었다. 이러한 재물들이 과연 하늘에서 뚝 떨어졌겠는가, 아니면 땅에서 솟아났겠는가? 사마광의 지적처럼 백성들의 주머니를 억지로 흔들고 쥐어짜서 취한 것이었다.

소위 보수파들이 점진적 개혁, 심지어 개혁 중단을 주장한 이유 중 하나가 바로 여기에 있었다. 『송사』「식화지」에 따르면 변법 초기에 사마광은 신종에게 이렇게 지적했다.

"국가의 재정이 부족한 것은 씀씀이가 너무 헤퍼서입니다. 상을 내리는 데 아낌이 없고, 종실이 너무 많으며, 쓸데없는 관직이 범람하고. 군대 또한 관리가 엉성합니다."

분명 이것은 경제적 문제도, 기술적 문제도 아닌 정치적 문제였다. 개혁은 반드시 체계적인 시스템을 갖추어야 하며, 장기적인 관점에서 계산되어야 한다(이러한 문제는 근본적으로 해결되기 힘든 게 사실이다). 오죽하면 사마광이 "폐하께서는 양부兩府 대신 및 삼사 관리들과 병폐를 줄이기 위한 대책을 숙고하셔야 합니다. 충분한 시간과 노력이 뒤따라야 어느 정도 효과를 거둘 수 있을 것입니다. 결코 저처럼 어리석은 사람이 하루아침에 삭감할 문제가 아닙니다"라고 간언했겠는가. 왕안석은 앞뒤 상황을 파악하지 못하고 지나친 무리수를 두었으니 어쩌면 그의 변법 실패는 예견된 일이었는지도 모른다.

05

성패는 도덕성과 무관하다

변법의 실패는 왕안석의 예상을 완전히 뒤엎는 결과였다.

　냉정하게 판단하건대, 왕안석은 중국 역사상 열정과 두뇌를 동시에 지닌 몇 안 되는 개혁가 중 한 사람이었다. 개혁을 위해 밤낮으로 고민하고 주어진 직무에 최선을 다하고자 애썼다. 그러나 결국 제풀에 지쳐버린 그는 뭇사람들에게 버림받고, 심지어 배신감을 느끼며 생을 마감했다. 앞서 말했듯이, 그의 신법은 심사숙고를 거쳐 조정과 백성들에게 최대한 유리한 쪽으로 눈높이를 맞춘 것이었다. 수구파들이 다시 집정한 후 그의 신법은 연이어 폐지되었다. 관직에서 물러나 고향 집에 은거하고 있던 왕안석은 신법 폐지 소식에도 침묵으로 일관했다. 그러다가 송 철종 원우元祐 원년(서기 1086년) 3월, 면역법이 끝내 폐지되었다는 소식을 접한 후에야 비로소 말문을 열었다.

"면역법까지 없앴단 말인가? 그 법은 일찍이 내가 선제(이때 신종은 이미 붕어한 뒤였다)와 2년에 걸친 토론 끝에 고안한 제도였다. 충분히 숙고하고 내린 결정이었거늘!"

그러나 대세는 이미 기울어 더 이상 돌이킬 수 없었고, 아무도 그의 의견에 귀를 기울이지 않았다. 그로부터 한 달 후, 왕안석은 병이 깊어져 세상을 떠났다.

이렇게 해서 한 시대를 호령하던 위인은 가슴에 한을 품고 생에 마침표를 찍었다. 하지만 그의 영향력은 결코 누그러지지 않았고 시간이 갈수록 오히려 가치를 더했다. 왕안석은 후세 이론가들 사이에서 가장 빈번하게 거론되는 인물이자, 또한 가장 논란이 많은 인물이기도 하다. 개혁에는 반드시 모종의 대가가 수반된다는 이치를 입증이나 하듯이 말이다. 논쟁의 내용에는 개혁가 본인의 가족은 물론 그들의 생전 행적과 명예, 사후의 시비 논쟁까지 포함된다.

늘 그렇듯이 논란은 먼저 그의 도덕성에 맞춰졌다.

그의 도덕성에 대한 비난은 변법 시행 초기부터 시작되었다. 어사중승 여회呂誨는 사마광보다 먼저 '간사함을 충성심으로 포장하고, 교활함을 신뢰로 위장했다', '겉으로는 순수한 척하지만 속으로는 음흉한 계략을 꾸미고 있다', '황제와 백성을 기만하고, 위선적인 태도로 천하의 백성들을 우롱한다'는 내용의 상소를 올려 왕안석을 탄핵했다. 또한 어사御史 유기劉琦 등도 당시 신법의 시행을 담당했던 설향薛向 등을 '소인배'라고 호되게 질책했다. 이러한 비난은 강도를 더해 심지어 인신공격으로까지 비화되었다. 일례로 소순蘇洵은 「변간론辨奸論」에서 이렇게 말했다.

"현재 어떤 자(구체적으로 왕안석을 가리킨다)가 공자와 노자의 옛말을 입에 올리며 마치 백이伯夷·숙제叔齊라도 되는 양 행동하고 있다. 사람 됨됨이가 한참 모자라는 데다 옷차림은 볼품없고 먹는 음식은 개밥만도 못하여 영락없는 죄수의 몰골을 하고 있으면서, 부끄러움도 없는지 뻔뻔하게 말도 안 되는 장광설을 늘어놓고 있다. 이러한 자를 어찌 간신배라 하지 않을 수 있겠는가?"

설령 소순의 글이 아니라 할지라도 이 문장은 당시 왕안석에 대한 일각의 증오감이 어떠했는지를 적나라하게 보여 준다.

물론 이러한 도덕성 차원의 공격은 보통 일방적으로 이루어지지 않는다. 왕안석 역시도 비난의 화살을 맞고만 있지는 않았다. 일례로 그는 사마광에게 다음과 같이 일침을 가했다.

"밖으로는 직간을 서슴지 않고 안으로는 민심을 매수한다. 그가 하는 말은 대부분 정치에 해가 될 뿐이며, 그와 더불어 일을 도모하는 자들은 하나같이 정치에 해악한 인물들이다."

사마광을 사회에 해독을 끼치는 이율배반적인 존재로 매도한 비난이었다. 따라서 이러한 표면적 논쟁만 봐서는 누가 옳고 그른지 밝혀낼 방법이 없다. 왕안석은 '극악한 간사함으로 백성들은 물론 하늘도 분노하게 했다'는 비난을 받았으며, 그와 더불어 개혁을 주도했던 신당(한강, 여혜경 등)은 '희풍熙豊(희녕과 원풍은 왕안석이 조정에 재직했을 때의 연호)의 소인배'로 낙인찍혔다. 사마광 쪽도 여론의 비난을 피하지 못했다. 그들 일파도 세력을 잃은 후에는 '원우(철종이 즉위하고 태후가 섭정을 하던 시기의 연호)의 간당'이라 불리며 비난의 도마에 올랐으며, 그 인원 수가 무려 120명(후에 309명까지 늘어남)에 달했다. 조정에서는 그들의 이름이 새겨진 돌비석을 전국 각지에 세웠는데, 이는 백성들에게 충신과 간신을 명확히 식별할 수 있게 하기 위함이었다. 반면, 한때 호된 뭇매를 맞던 왕안석은 공묘孔廟에 배향되어 공자와 맹자에 이은 3대 성인으로 칭송되었다.

왕안석과 사마광은 간신배도 소인배도 아니었다. 당시 도덕 기준에 비추어 보건대, 그들의 품성은 전혀 흠 잡을 구석이 없었다. 왕안석은 검소했으며 박학다식하고 재능이 많았다. 사대부들 사이에서도 명망이 높았던 그는 중국 역사상 유일하게 수레를 이용하지 않고, 첩을 들이지 않았으며, 사후에 유산을 남기지 않은 재상이었다. 반대파와 부딪히면서 그들을 배척하고 숙청하는 과정은 새로운 개혁을 추진하기 위한 불가피한 선택이었다. 하지만 왕안석은 직급을 강등시키거나 지방으로 발령을 내는 정도에서 그쳤지 일부러 죄명을 날조해 상대를 함정에 빠뜨리거나 사지로 몰아넣은 적은 없었다.

심지어 오대시안烏臺詩案(소동파가 시를 지어 조정의 신법을 풍자하고 비판하자 신당이 이를 빌미로 조정을 비판했다는 죄목으로 그를 체포하여 감금한 사건-옮긴이) 이 일어났을 때 이미 관직에서 물러나 있던 왕안석은 위험을 무릅쓰고 황제에게 상소를 올려 오랜 친구이자 정치적 라이벌인 소동파의 구명 운동을 펼치기도 했다. 여기에는 물론 영웅이 영웅을 알아보는, 이른바 동료애의 요소가 들어 있긴 했다. 하지만 어쨌든 두 사람은 오랫동안 정치적으로 대립했던 사이였고, 소동파도 왕안석의 신정을 공격하다 화를 당한 것이었다. 그렇지만 왕안석은 사사로운 감정에 연연하지 않고 올바른 이치와 공정함을 추구했다. 그가 소인배라면 그처럼 과감한 행동을 할 수 있었겠는가? 더군다나 당시 소동파는 고문에 시달리며 자백을 강요당했고, 주변의 친한 지인들도 두려워서 감히 입을 열지 못했다.

반면, 왕안석은 그때 이미 황제와 대신들에게 버림받은 후였다. 수많은 비난 여론과 인신공격에 만신창이가 된 그는 집과 가족을 잃고, 고향에서 혼자 울분을 삼키며 외롭게 지내고 있었다. 굳은 절개의 소유자가 아니라면 제 코가 석 자인 상황에서 그렇게 적극적으로 소동파를 두둔할 수 있었을까?

사마광도 정치가적 도량과 반듯한 인품을 지니고 있었다. 그는 왕안석의 정책을 반대했을 뿐, 왕안석 개인에 대해서는 별다른 악감정이 없었다. "개보介甫(왕안석의 자)는 문장이 뛰어나고 절개와 의리가 있어 많은 이들이 주변에 몰린다"고 칭찬했을 정도다. 왕안석이 세상을 떠나자 병으로 침상에 누워 있던 사마광은 조정에 상소를 올려 "개보가 없으니 이제 논쟁할 일도 없습니다. 부디 호의를 후하게 베풀어 그의 마지막 길을 예우해 주십시오"라고 간청했다.

소동파 역시 왕안석이 곤경에 처했을 때 "공을 따르기로 결정하는 데 10년이나 지체되었습니다"라는 문장의 시를 써서 주었으며, 철종을 대신해 작성한 칙서에서는 "왕안석은 하늘의 뜻을 받아 대업을 추진한 보기 드문 귀재"라고 한때 정치 라이벌이었던 그를 높이 치켜세웠다. 또한 "명성이 자자하고 학식이 깊었으며, 슬기로움이 이치에 들어맞고 언변이 뛰어났다. 글 솜씨는 만물에 생동감을 불어넣는 듯했으며, 용맹스러움이 천지를 뒤흔들었다"고 극찬했다. 이처럼 왕안석의 희세지재稀世之才(세상에 보기 드문 재주-옮긴이)가 속속 드러나는데 감히 그를 소인으로 전락시킬 수 있겠는가?

앙숙이던 두 사람의 사이가 후반에 부쩍 가까워질 수 있었던 것은 그들의 고상한 도덕적 성품과 깨어 있는 정치 철학 덕분이었다. 나의 소견이지만 이러한 극적인 화해 분위기는 아마 송대였기 때문에 가능하지 않았나 싶다. 동한東漢 시대의 당고黨錮(환관들이 정권을 장악하여 유림들의 벼슬길을 막고 학살한 사건-옮긴이), 명 말기의 엄당閹黨(환관당-옮긴이)과 동림당東林黨(강남 사대부를 중심으로 한 정치 당파-옮긴이) 간 당쟁들은 그야말로 유혈이 낭자했던 치열한 싸움이었기 때문이다.

이는 송나라 정책과도 연관이 있다. 송 왕조는 건국 이래 사대부를 우대하는 기본 노선을 고수해 왔다. 높은 녹봉은 곧 부와 권력으로 이어졌기 때문에, 대부분의 사대부들은 여유로운 삶을 보장받았다. 조정에 있든 지방에 있든 그들은 풍족한 여건에서 안락한 생활을 보낼 수 있었다 (그렇지 않다면 어떻게 구양수가 「취옹정기醉翁亭記」라는 글까지 썼겠는가?). 그들은 직무 이외의 여유 시간에는 학술 연구와 문학 창작에 몰두했다. '공부하고 여력이 있으면 벼슬을 하고, 벼슬을 하고 여력이 있으면 공부하라'는 옛말은 송대 사대부들에게 딱 들어맞는 말이었다.

소위 '정신적 귀족'이라 불리는 사대부 계층은 이런 배경에서 형성되었다. '정신적 귀족주의'를 표방하다 보니 그들 사이에서는 자연스럽게 페어플레이 분위기가 정착되었다. 또한 벼슬에 오르든 오르지 않든, 배움을 우선시하는 풍토로 인해 많은 인재들이 배출될 수 있었다. 그들은 서로에게 동료애를 품었고, 학술을 경외시하는 마음 때문에 상대방을 함부로 하지 않고 깍듯이 대했다. 나름의 독특한 도덕규범과 행동 규범을 지니고 있으며, 상대적으로 정치에 독립적인 지식인 계층은 앞선 정치 문화의 중요한 전제 조건이다. 일단 개인의 인격을 상실하면 지식인들은 더 이상 정신적 귀족이 아니며, 그들의 도덕적 타락이 심화될수록 앞선 정치 문화는 점점 희귀종이 된다.

아쉽게도 당시의 체제는 이러한 정치 문화를 조성하기 위한 제도적 기반을 제공해 주지 못했다. 왕퉁링王桐齡의『중국사』제3편 7장을 인용해 보겠다.

"그 당시의 수도에는 오늘날 입헌국과는 달리 입법 기구가 없었고 사대부들에게 자유분방하게 활약할 여지를 허용했다."

만일 송나라 왕조가 공화제를 채택해 왕안석이 재상에 오르고 사마광이 재야에서 협조하거나, 혹은 사마광이 집정하고 왕안석이 적극 감독하는 구도를 취했더라면, 변법은 물론 다른 어떤 정책도 비참한 부작용을 낳지는 않았을 것이다.

실제로 왕안석 변법의 실패는 반대파의 주장처럼 '소인배가 정치를 혼란시켰기 때문'도 아니었고, 개혁파의 말처럼 '소인배가 법을 망쳤기 때문'도 아니었다. 적절한 제도적 기반과 문화 환경이 수반되지 못했기 때문이었다. 이 점을 증명하기 위해 왕안석의 신법을 다시 한 번 들춰 보자.

변법이 남긴 교훈

앞서 말한 바와 같이 왕안석이 많은 신법을 내놓은 취지는 정부와 백성들을 모두 이롭게 하기 위함이었다. 청묘법이 그러했고, 시역법과 균수법도 마찬가지였다. 희녕 5년(서기 1072년), 위계종魏繼宗이라는 평민이 다음과 같은 상소를 올린 적이 있었다.

"온갖 재화들이 수도의 창고에만 쌓여 가고 시중 물가는 수시로 출렁이고 있습니다. 이 기회를 틈타 대지주와 간사한 상인들은 가격 통제를 구실 삼아 폭리를 취하고 있어, 백성들만 고스란히 피해를 떠안고 있습니다."

왕안석은 상업 유통을 원활히 하고 국가 재정을 보강하기 위해 '상평시역사常平市易司'라는 시장 관리 전담 기구를 두어, 물가가 하락하면 상품을 고가로 매수하고 물가가 상승하면 저가로 되팔게 하자고 제안했다. 이것이 바로 시역법의 시초다. 구체적인 방법은 조정이 설치한 '시역사'가 1백만 관貫(돈을 한 줄에 꿴 묶음 단위-옮긴이)을 기본으로 지출해 상업 무역을 통제하도록 하는 것이었다. 이는 상평법과 마찬가지로 정부의 역량을 동원해 물가를 조절하자는 취지였다. 물론 '시역사' 입장에서도 마냥 손해 보는 장사는 아니었다. 폭리를 취하지 않을 뿐 어느 정도 이익을 거둘 수 있었다. 예를 들어, 대지주들이 기존에 원가 1문文의 상품을 2배로 팔았다면, 시역사는 1문에 사서 1문 반에 파는 식이었다. 비록 이익이 많은 편은 아니지만 국고를 충당하기에는 충분했다. 게다가 시장 통제에 정부의 입김이 강력히 작용하다 보니 물가의 파동도 그다지 크지 않았다.

균수법도 취지는 좋았다. 과거 왕조 시대에 지방에서는 정부의 필요 품목을 채우기 위해 매년 중앙에 재물을 운송해야 했는데 이를 '수輸'라고 했다. 수송 품목과 수량은 일정한 규정에 따랐지만 여기에도 폐단이 존재했다. 정상적인 상황이라면 같은 지방도 해마다 수확 상황이 다르고, 같은 물품이라도 지역마다 가격이 다르게 마련이다. 하지만 구법舊法에서는 그해의 작황 상황이나 지역별 가격차에 상관없이 수송 품목과 수량을 일률적으로 적용해 비합리적인 면이 많았다.

왕안석은 이에 대해 '발운發運'의 방식을 '균수均輸'로 바꾸는 방식을 취했다. 즉, 5백만 관(별도로 3백만 석미石米 추가)을 기본 지출로 하여 조정이 임명한 '발운사發運使'가 관련 업무를 총괄하고, 정부의 필요 품목에 따라 가장 편리한 곳에서 가장 싼 가격으로 물자를 조달하는 것이었다. 국고 잉여 물자의 경우 발운사가 상대적으로 물가가 높은 지역에 팔았는데, 그중 차액으로 생긴 돈은 국가 재정의 또 다른 수입원이 되었다.

균수법은 '지방의 공납제'를 '중앙의 구매 조달' 개념으로 바꾼다는 점에서도 획기적이었다. 그러나 이러한 시스템으로 인해 소위 '발운사아문發運使衙門(송나라 때 지방의 물자를 중앙으로 운송하는 일을 맡아보던 관청-옮긴이)'은 시장을 독점하는 최대 국영 기업으로 변질되어 갔다. 사실 청묘법과 시역법 문제의 발단도 여기에 있었다. 청묘법은 결국 정부 기관이 대형 은행 역할을 하는 것이었고, 시역법 역시 정부 기관이 상점과 은행 역할을 겸하는 것이었다. '시역사'가 장사 거래뿐만 아니라 대출 업무도 했기 때문이다. 상인들은 산업을 담보로 다섯 명이 서로 보증을 서면, 시역사에게 연 이자 2할로 돈을 빌리거나 물건을 외상으로 얻을 수 있었다. 때문에 당시 시역사와 발운사아문, 그리고 청묘 대출을 담당하는 지방의 주와 현 정부들은 정부 기관인 동시에 거대한 기업(혹은 은행)이기도 했다.

　현대인들은 정부가 기업의 영역까지 침범했을 때 어떤 결말을 낳는지 잘 알고 있다. 게다가 왕안석의 방법에서 정부는 기업을 대행하는 것이 아니라, 직접 장사를 했기 때문에 부정부패의 온상이 될 수밖에 없었다. 당시 개봉부開封府 추관推官(시비를 가리는 벼슬-옮긴이)을 대행했던 소동파는 균수법의 여러 폐단을 지적했다.

　"첫째, 전곡 출납 장부의 곡식 가격이 이미 높게 책정되어 있었고 둘째, 품질이 떨어지면 팔 수 없고 뇌물을 바치지 않으면 거래를 행할 수 없었다. 따라서 조정에서 사들이는 가격은 민간에서 거래되는 가격을 상회하며, 이를 되파니 전과 다름없이 병폐가 많다. 조정은 본전도 회수하지 못하는 상황만 두려워하고 있도다! 비록 장부상의 수확은 약간 있으나 상인들에게 세금을 징수하는 것에 비하지 못할 것이다."

당연한 말이었다. 우리는 정부 기관이 전매로 폭리를 취하는 현상이 어떤 것인지, 정부 구매가 어떤 내막과 과정으로 이루어지는지 누구보다 잘 알고 있다. 정부 기관은 정작 사야 할 것은 사지 않고 비싼 것들만 사들인다. 질이 떨어지면 사지 않고 뇌물이 없으면 사기를 꺼려 한다. 그러니 정부 기관의 구매 가격이 민간 거래 가격보다 비싼 것은 전혀 이상한 일이 아니다. 정부의 상거래 개입은 백해무익하다.

실제로 시역사는 본래 취지와는 다르게 최대 규모의 투기 거래상으로 변질되고 말았다. 원래 그들의 임무는 적체된 물품을 사들여 시장 가격을 조절하는 것이었다. 그러나 실제로 그들은 판로가 좋은 물품들만 앞다투어 구매했다. 그렇게 해야만 조정이 하달한 이윤 지표를 달성할 수 있었고, 중간 과정에서 자기 주머니를 채울 수 있었기 때문이다. 이러한 점에서는 '상거래와 무역은 민간에 맡겨 두어야 한다'는 수구파의 주장이 옳았다. 정부의 상거래 개입은 결국 나라와 백성 모두를 망치는 길이다.

청묘법의 문제점도 마찬가지였다. 청묘법은 방법이 나빴다기보다 정부가 대출에 관여했다는 자체가 문제였다. 당시 여러 상업 은행들이 경쟁적으로 대출 업무를 관장하고, 시장 내 분쟁을 해결하는 독립적인 사법 기관이 존재했더라면, 그리고 조정은 한발 뒤로 물러나 거시적인 통제(예를 들면 이자가 2할을 넘어서면 안 된다는 규정만 제시)만 했더라면, 청묘법은 결코 그토록 심한 원성과 비난에 시달리지 않았을 것이다. 물론 탐관오리들이 개혁을 부패의 절호 기회로 악용하는 현상도 방지할 수 있었을 것이다.

대출뿐만 아니라 세수 업무 역시 문제가 많았다. 중국 역대 왕조들은 세금을 낮게 책정해 왔지만 인구가 워낙 많아 세금을 모두 합치면 그 액수가 엄청났다. 세금은 은전과 현물 두 가지 형태였다. 그런데 문제는 백성들에게서 취한 세금을 백성이나 국가를 위해 충분히 쓰지 않고 쌓아 두기만 했다는 점이다. 서한 경제 말년에는 조정이 비축해 놓은 누적 화폐가 어마어마해서 화폐를 꿴 줄이 다 썩을 정도였다고 한다. 곡식들은 햇곡식과 묵은 곡식이 뒤죽박죽 섞여 있어 더 이상 쌓아 둘 공간이 없었으며, 곰팡이가 슬어도 그냥 방치할 수밖에 없었다.

왕안석의 개혁에 따라 부국강병을 도모했던 신종은 32곳이나 되는 궁내 창고에 비단을 꽉 채우고도 모자라 창고를 추가로 지었다. 그렇게 많은 화폐들을 은행에 넘겨 효율적으로 굴렸다면 진작 부강한 나라가 되지 않았을까? 그렇게 많은 곡식과 비단을 시장에 유통시켰다면, 백성들의 주머니가 한결 더 풍요로워지지 않았을까? 또한 일단 문제가 터졌을 때 이를 사법 기관에 맡겼다면 문제를 효율적으로 매듭짓고 마음의 짐도 덜어 낼 수 있지 않았을까?

그러나 역사적으로 이는 거의 불가능한 시나리오다. 상업 은행들의 경쟁 구도와 독립 사법 기관의 존재는 모두 상업 사회의 산물들이다. 농업 국가에서는 상상조차 할 수 없을 정도로 낯설고 생경한 시스템이다. 여야가 번갈아 가며 정권을 잡고 서로를 감독하는 공화국 체제를 역사에서 감히 상상할 수 없는 것과 마찬가지다. 그렇기 때문에 원래 친구 사이였던 왕안석과 사마광은 이전투구 식의 극단적인 대립을 할 수밖에 없었다. 또 소모적이고 지루한 논쟁 속에서 한 명은 '희풍의 소인배'라는 지울 수 없는 오명을, 다른 한 명은 '원우의 간당'이라는 치욕적인 악명을 달고 공멸해야 했다.

왕안석, 사마광의 공멸에 합세하기는 송 왕조도 마찬가지였다. 신종과 왕안석이 세상을 뜨고(서기 1085년과 1086년) 얼마 후 '단강端康의 난(서기 1127년)'이 발생했다. 송나라 사람들의 정쟁이 끝을 맺지 못한 가운데 금나라 군대가 강을 넘어 쳐들어 온 사건이었다. 희녕변법을 추진한 후 북송이 멸망하기까지는 불과 50~60년밖에 걸리지 않았다. 신종과 왕안석은 쇠퇴 일로의 왕조를 구하지 못했을 뿐 아니라 오히려 멸망을 가속화했다.

사실 가장 비극적인 인물은 사마광일 것이다. 왕안석은 비록 출사표를 내밀고 사태를 재빠르게 수습하지 못해 죽음에 이르렀지만, 그 후 오랫동안 후세 영웅들의 심금을 울리는 존재로 남았다. 그에 비해 사마광은 '보수파'와 '완고파'라는 꼬리표를 떼지 못했고, 심지어 '가장 어리석은 사람'이라는 굴욕적인 비난에 시달려야 했다. 사마광이 저술한 『자치통감資治通鑑』은 분명 사마천의 『사기』에 미치지 못했다. 그러나 그렇다고 사마광을 어리석은 사람이라고 깎아내릴 수는 없다. 극단적인 '보수파', '완고파'라고 몰아가기도 애매하다. 만일 그가 야당과 반대파의 일원으로 정치 무대 밖에서 왕안석을 비평하고 감독했다면, 왕안석이 범한 일부 오류들을 바로잡을 수 있지 않았을까?

좀 더 점진적이고 온건한 개혁을 추구했다면 왕안석은 그렇게 격렬한 반대와 원성 속에 매장되지는 않았을 것이다. 당나라의 시인 두목杜牧의 「아방궁부阿房宮賦」 마지막 부분에는 "진秦나라 사람들은 스스로 애통해할 겨를도 없었거늘, 후세 사람들이 그들을 슬퍼하고 있도다. 후세 사람들이 이를 애통해하면서도 거울삼지 않는다면 다시 그 후세 사람들이 슬퍼할 비극을 남기게 될지어다秦人不暇自哀而後人哀之, 後人哀之而不鑑之,

亦使後人而復哀後人也"라는 구절이 있다. 우리가 오늘날 정치적 편 가르기에만 열중하고, 역사와 역사 인물의 도덕성 문제만 이르집고 비난한다면, 그러면서 900년 전 개혁의 실패에서 교훈을 하나도 건져 올리지 못한다면, 그보다 더 슬픈 일도 없을 것이다.

제3장

송강의 한계와 비극

송강에게 하고 싶은 조언

송강宋江(자는 공명公明으로 중국 북송 말 산동성山東省 일대에서 일어났던 반란의 지도자로 후에 양산박梁山泊의 총두령이 됨-옮긴이)이 고구高俅를 생포했다가 다시 살려 보내 준 일은 지금 생각해도 억울하고 울화통이 치민다. 고구는 양산호걸梁山豪傑(송강을 중심으로 한 108명의 영웅호걸이 양산에 모여 요새를 만들어 놓고 탐관오리를 처벌하고 정부의 학정에 반대했는데 이들을 '양산호걸'이라 부름-옮긴이)의 원수였고, 사회적으로는 '공공의 적'이었다. 많은 이들의 그에 대한 증오심은 극에 달해 있었고, 어떻게든 붙잡으려고 안달이었다. 그런 가운데 그를 생포한 것은 그야말로 속이 후련하고 통쾌한 소식이었다. 그런데 그를 다시 풀어 주다니 생각할수록 의문만 증폭된다. 임충林冲을 비롯한 당시 그의 수하들은 물론, 나 역시 상식적으로 이해가 되지 않는 결정이었다.

어쨌든 송강은 고구를 풀어 주기로 결정했다. 당시 그도 매우 난처했을 것이다. 그는 산채와 조정의 중간에 끼어 확실한 결단을 내리지 못했다. 고구를 인질로 잡고 있었지만 죽일 수도 풀어 줄 수도 없는 진퇴양난의 상황이었다. 대어를 낚았음에도 불구하고 그의 마음은 묵직하기만 했다.

그런 송강의 곁에 내가 있었다면 이러한 묘안을 제시했을 것이다.

일단 선택할 수 있는 방법은 세 가지다. 죽이거나, 놓아주거나, 죽이지도 놓아주지도 않는 것이다.

고구를 죽이면 많은 이들이 기뻐할 것이다. 임충(양지楊志, 노지심魯智深 포함)은 말할 것도 없고 무송武松, 이규李逵, 유당劉唐과 삼원三阮도 통쾌해서 환호성을 내질렀을 것이다. 여기에 반대표를 던질 사람은 고구 본인 말고는 없었다. 그러나 송강의 '투항 전략'을 위해서는 죽이지 않는 것이 훨씬 유리했다.

송강은 이미 조정에 투항하기로 마음을 굳힌 상태였다. 때문에 고구의 일을 어떻게든 부풀려 투항의 기회로 이용하고자 했다. 그래야만 세간의 주목을 받고 조정과 타협할 여지가 생기기 때문이었다. 조정과 사이가 틀어진다면 모든 게 끝장이었다. 그래서 그동안 관군을 무찌르고, 채경蔡京의 문하생인 화주태수華州太守 하賀 아무개 등 말단 관리나 중간 관리들을 죽이는 일에는 냉혈한이던 그가 고구에게는 차마 칼날을 들이대지 못했던 것이다. 고구는 그들과 좀 다른 인물이었다. 태위 자리에 있었던 그는 전적으로 황제의 신뢰와 총애를 받는 신하였다. 따라서 고구를 죽이는 행동은 조정은 물론 황제와도 반목하겠다는 도발적 선언이나 다름없었다.

그래서 송강은 고구를 풀어주고 말았다. 송강은 내심 고구가 황제 앞에서 그를 두둔할 것으로 바랐던 것이다. 투항을 할 수 있을지 여부는 이미 송강 자신의 의지에 달린 문제가 아니었다. 조정과 황제가 받아 줘야 성사될 수 있었다. 그러나 한때 보잘것없는 하급 관리에 불과했고, 지금은 조정에 반항하는 비적 우두머리일 뿐인 그에게는 황제와 대면할 자격조차 주어지지 않았다. 만남조차 허락되지 않으니 투항을 선택한 그의 결심과 바람, 요구 사항들은 황제에게 전달될 방법이 전혀 없었다. 그나마 고구의 입을 통해 자신의 생각이 황제의 귀에 들어가기를 바라는 것이 유일한 방도였다. 이것이 고구를 살려 보낸 근본적인 이유였다. 그러나 안타깝게도 고구는 그런 기대에 부응할 만한 위인이 못 되었다. 그는 약속을 지키기는커녕 온갖 흉계를 꾸며 송강의 노력을 물거품으로 만들어 버렸다.

송강은 결정을 내리기에 앞서 고구라는 자가 어떤 인간인지 파악하고, 얼마나 믿을 만한지 의심했어야 했다. 고구를 조정과의 타협을 위한 볼모로 붙잡아 놓고, 그를 죽이지도 풀어 주지도 말았어야 했다. 또한 인질로 남겨 두는 데만 그치는 것이 아니라, 송강의 항복을 수용하라는 내용의 서신을 황제에게 계속 써 보내도록 해야 했다. 만약 고구가 서신 쓰기를 거부한다면 어떻게 할까? 미안하지만 그때는 임충 등 형제들을 풀어 협박의 강도를 높이는 수밖에 없다. 당초 숙宿태위에게 했던 것처럼 '우리 형제들이 태위를 놀라게 하지는 않을까 걱정이오'라는 한마디면 반항기가 누그러질지도 모른다. 숙태위 같은 청렴 관리도 굴복했으니, 고구처럼 교활한 자의 마음을 돌리는 것은 쉬운 일이었다.

게다가 내 생각에 송강은 그 과정에서 실리를 좀 챙길 수도 있었다. 예를 들어 임충에게 주기적으로 고구를 욕하게 하거나, 죽지 않을 만큼만 손을 봐 주도록 하는 것이다. 여기에는 두 가지 효과가 있다. 임충에게는 속 시원한 화풀이 기회를 줄 수 있고, 고구를 좀 더 압박해 그들의 명령에 따르게 할 수 있다는 점이다. 황제는 고구의 말이라면 무조건 받아들였고, 누구보다 그의 안위를 걱정했다. 따라서 순순히 조서를 내려 송강의 투항을 받아들였을 가능성이 높다. 정중하게 그들 무리의 하산까지 도왔을지도 모른다. 만약 여러 번 협박해도 조정에서 아무런 반응이 없다면, 이는 고구가 이미 이용 가치 없는 퇴물이라는 증거이므로 임충에게 넘겨 바로 처치하라고 하면 된다. 임충의 원한을 풀도록 배려해 주는 것이 고구에게 접대하는 몇 차례의 잔칫상보다 훨씬 더 가치 있을 테니까.

만일 고구의 독촉이 받아들여져, 정말 황제가 투항을 용인하겠다는 조서를 보내온다면 어떻게 해야 하는가? 이때도 임충에게 설욕의 기회를 주면 된다. 이미 소기의 목적을 달성한 것이나 다름없으므로 고구는 더 이상 활용 가치가 없다. 그쯤 되면 고구는 화근 덩어리로 전락한다.

그를 황제에게 다시 보내면, 이간질로 사태를 왜곡시킬 것이 뻔하다. 또한 후일에 송강과 고구가 조정의 관직에 함께 있으며 자주 얼굴을 보다 보면 끝없는 알력과 불협화음 때문에 어색하고 난감한 상황이 속출할 것이다. 그러한 화근은 애당초 뿌리째 뽑아내는 것이 상책이다. 원하는 것을 이미 얻었으니 분란의 소지가 있는 존재를 굳이 살려 둘 필요가 없는 것이다.

단, 황제가 보낸 사절이 산채에 당도하기 직전에 그를 처치해야 한다. 조정의 사절이 영문을 물으면 어깨를 한번 으쓱이며, '미안하지만 한발

늦었다. 효심이 너무 지극했던지 고구는 벌써 부모님을 뵈러 하늘나라로 가 버렸다'고 둘러대면 그만이다. 사인에 대해서는 마음대로 지어내도 좋다. 실족해서 즉사했다든가, 전염병에 걸렸다든가, 이유야 무궁무진하지 않은가. 더군다나 송강에게는 잔머리와 계책에 뛰어난 오용吳用이 있었으니 그 정도 발뺌 시나리오를 짜는 것은 식은 죽 먹기였을 것이다. 게다가 신의神醫 안도전安道全까지 합세하면 의학적인 증빙을 날조하는 것도 전혀 문제 되지 않았다.

어쨌든 이미 죽어 버린 고구를 살려 낼 수는 없을 것이다. 군자는 함부로 빈말을 하지 않는다 했으니, 황제는 이미 하달한 명령을 철회할 수 없을 것이었다. 게다가 당시 황제는 매우 우매했기 때문에 손쉽게 속일 수 있었다. 이러한 계책의 관건은 무엇보다 시기를 잘 잡는 데 있다. 반드시 황제의 사절이 당도하기 바로 직전이어야 했다. 그보다 빨라도 늦어도 안 된다.

이것이야말로 투항의 실천을 지체하지 않으면서 부하들의 설욕을 씻어 줄 수 있는 최상의 방법이다. 황제를 위해 간신을 제거함으로써 '충'을 다하고, 형제들의 분을 풀어 주고, '의'를 더욱 돈독히 할 수 있으니 이보다 더 좋을 수 있는가!

그러나 아쉽게도 이 방법은 그림의 떡이다.

아무리 기발한 묘책이라 해도 송강 본인이 이를 거부했을 것이기 때문이다. 아니, 거부하기에 앞서 그의 능력이 부족했다. 만일 양산박 산채의 두목이 고구였다면 진작 그렇게 했을 것이다. 하지만 송강은 다르다. 고구가 소인배라면 송강은 군자에 가까웠다. 소인배는 어떠한 악랄한 짓도 가리지 않지만, 군자는 정당하고 바른 길만 가려고 한다. 교활함이 드러나는 이러한 꼼수를 그가 과연 선택했을까? 이처럼 표리부동한 수작을 꾸며 낸다면 그가 무슨 낯으로 형제들을 대할 수 있겠는가? 그의 의지와 자존심이 절대 허락하지 않았을 일이다.

그러나 뒤집어 생각하면, 이도 모순이다. 당초 진명秦明이나 노준의盧俊義를 끌어들일 때 독한 계략들을 수도 없이 썼던 송강이 아니었던가? 노준의는 하마터면 목이 날아갈 뻔했고, 진명은 패가망신할 뻔했다. 게다가 그는 무고한 주변 사람들에게까지 해를 끼쳤다. 한 사람을 자기 진영으로 끌어오기 위해 죄 없는 백성들에게까지 칼을 겨누면서도 얼굴빛 한번 변한 적이 없었다. 의협심이 뛰어나기로 유명한 그였지만 그 이면에는 이처럼 뜻밖의 모습도 감추어져 있었다. 자신의 형제와 무고한 백성들에게 그렇게 모진 짓을 많이 했던 그가 고구와 같은 소인배에게 아량을 베풀려고 했던 이유는 무엇일까?

이는 이미 별개의 화제가 되니 다음 기회에 말하는 것이 좋겠다.

어리석음의 극치

송강은 약삭빠르거나 음흉한 사람이 아니었다. 다만 살아가면서 어리석은 일을 많이 저질렀다. 그가 저지른 우매함 중 가장 압권은 고구를 풀어 준 것 외에 방랍方臘의 난을 평정한 것이었다.

엄밀히 말하면 송강과 방랍은 언젠가 한 번은 부딪혀야 할 맞수였다. 결정적으로 그들 두 사람은 산채를 장악해 민가를 약탈하는 도적의 수장 자리에 만족하지 못했다. 그들은 집권의 야욕을 키우는 소위 '거물급 두령'이었다. 그들의 미래는 다음 세 가지 중 하나였다. 송강처럼 투항을 선택하거나, 방랍처럼 토벌당하거나, 주원장처럼 반란을 일으켜 자신이 황제가 되는 것이었다. 세 번째 선택에 마음이 끌렸던 이규는 '동경東京을 쳐서 황위를 찬탈하자'고 입버릇처럼 이야기했지만 송강은 받아들이지 않았다. 송강이 이규의 말을 따랐더라면 그와 방랍 간에는 '너

죽고 나 살기' 식의 난타전이 불가피했을 것이다. 방랍도 황제 자리를 노리는 사람 중 하나였기 때문이다. 중국 역사상 복수 황제란 절대 있을 수 없으므로, 황위를 탐내는 사람이 여럿이라면 최종 한 명이 남을 때까지 싸워야 한다.

송강은 황위를 박탈할 용기도 없었고, 그렇다고 토벌 대상이 되고 싶은 마음도 없었다. 이도 저도 아니니 결국 투항해서 조정의 편에 서기로 결심한 것이었다. 하지만 말이 좋아 조정의 편이지, 실제로는 조정의 끄나풀로 이용되었다. 그의 임무는 반란 진압의 앞잡이 노릇을 하는 것이었다. 황실에서는 송강에게 방랍의 토벌을 명령했고 그는 명령에 따를 수밖에 없었다.

그러나 토벌은 그냥 토벌에서 끝났을 뿐 송강이 당초 기대했던 보상은 없었다.

전쟁의 목적은 적을 멸하고 아군을 키우는 데 있다. 적군이 성 밑까지 쳐들어온 위급 상황이거나, 수적으로 열세라 부득이하게 결사전을 벌이는 경우가 아니라면 너무 무모하게 싸워서는 안 된다. 또한 전쟁으로 인해 거두어들이는 '득'이 '실'보다 많아야 함은 물론이다. 기왕 군대의 피해가 불가피하다면 적어도 원기의 소진을 막아야 하며, 아무것도 건지지 못하는 최악의 상황으로 치닫게 해서는 더더욱 안 된다.

황실이 방랍의 난을 토벌하는 데 송강을 보낸 속셈이 '비적으로 비적을 제압한다'는 이른바 유유상종의 논리에서 비롯되었음을 알 만한 사람은 다 안다. 도적 떼의 반란을 제압하기에는 도적 두령의 전적이 있는 송강이 제격이라 생각했던 것이다. 내막을 모르는 송강은 투항을 결심했을 때와 마찬가지로, 양산박 형제들에게 안정된 정착지와 밝은 미래를 마련해 주기 위해 토벌 명령을 받아들였다. 그러한 장밋빛 미래는 황실이 주는 것이었고, 송강은 나서서 이를 쟁취해야 했다.

그러므로 송강과 황실 사이에는 팽팽한 타협과 거래가 거듭되어야 하는 상황이었다. 그러나 타협을 하려면 기본 바탕인 본전이 있어야 한다. 여기서 본전이란 전공이 될 수도 있고, 목전의 실력이 될 수도 있다. 전공이 전무하니 봉록을 받을 수 없었고, 따라서 실력으로 승부하는 수밖에 없었다. 만약 그나마 남아 있던 능력과 실력까지 다 소모해 버린다면 그의 가치는 땅에 떨어지는 것이므로 결국 무일푼으로 나앉아야 한다. 그러니 방랍 토벌전처럼 장기전으로 갈수록 불리한 싸움을 강행하는 것은 지극히 어리석은 행동이었다.

그렇다면 어떻게 해야 어리석은 행동을 범하지 않을 수 있을까? 우선 초반부에 승세를 장악해야 한다. 초반에 상대를 대파하면 황실에서도 그들을 다시 볼 것이고, 양산박의 호걸들은 세인의 마음속에 비중 있게 남을 것이다. 그다음은 적당한 선에서 그쳐야 한다. 일단 성城 한두 곳을 점령했으면 더 이상 경솔하게 가속도를 붙여서는 안 된다. 성안에 주둔하여 군대를 양성하고 실력을 다지면서 기다려야 한다. 주둔하는 동안 조정에는 승리에 대한 보상을 재촉하는 한편, 방랍에게는 은밀히 추파를 보내면서 양쪽과 타협을 추진한다.

이 정도면 얼마든지 송강이 유리한 쪽으로 타협을 이끌 수 있다. 방랍은 이미 송강의 매운맛을 단단히 본 상태고, 황실의 관료 대신들도 양산박의 실력을 눈으로 확인했으니 감히 그들을 경시할 수 없을 터였다. 조정 입장에서는 방랍의 난을 진압하기 역부족이라, 송강 외에는 희망을 걸 사람이 없다고 판단하여 그를 데려오려고 안달일 것이다. 또한 막다른 골목에 다다른 방랍으로서는 송강이 조정에 등을 돌리면 다시금 세를 키울 수 있는 절호의 기회이니, 그를 거절할 이유가 없을 것이다. 그러므로 송강은 고자세로 양쪽과 적절히 타협하면서 자신에게 가장 유리한 쪽으로 갈 길을 정하면 된다.

송강은 양산박의 두령이 되면서 조정과 방랍의 중간자 위치인 제3의 세력으로 자리매김했다. 그 영향력이 결코 작지 않아서, 과거 한신韓信이 제나라를 차지하면서 그가 한나라와 연합하면 한나라가 이기고 초나라와 연합하면 초나라가 이기는 상황과 흡사했다. 전쟁의 주도권은 완전히 송강에게 있었다. 방랍이 분별없이 굴면 바로 군대를 끌고 남하해 초토화시키면 되었고, 조정이 약속을 이행하지 않으면 조정을 배신하고 방랍과 손을 잡으면 그만이었다. 양쪽 모두 명확한 입장을 보이지 않고 질질 끄는 듯하면, 이미 정복한 성지에 한동안 머물며 한숨 돌리는 것도 좋았다. 그렇게 했다면 어떤 경우의 수에서든 본전도 찾지 못한 채, 형제들까지 적수의 칼에 희생시키는 참극 따위는 피해 갈 수 있었을 것이다.

아쉽게도 송강은 예전 한신이 그랬던 것처럼 하늘이 내린 절호의 기회를 제대로 활용하지 못해 토사구팽 신세가 되었다. 그러나 송강의 사정은 한신과 좀 달랐다. 유방의 수하였던 한신은 유방에게 이미 많은 은덕을 입었다. 그는 유방에 대해 이렇게 말한 적이 있다.

"신은 한때 항왕을 섬겼으나 벼슬이 낭중郎中에 지나지 않았으며, 지위도 집극執戟에 불과했습니다. 바른말을 아뢰어도 시큰둥한 반응만 돌아오고, 계책도 채택된 적이 없습니다. 그리하여 초나라를 배반하고 한나라로 갔습니다. 그런데 한왕은 저에게 상장군上將軍의 인을 넘겨주며 수만의 군대를 이끌게 해 주었습니다. 입고 있던 옷을 벗어 입혀 주고, 먹을 것도 먼저 양보해 주었으며, 계책을 올리면 신중히 들어 주었습니다. 덕분에 제가 오늘날 여기까지 이르게 되었습니다."

한신이 유방에게 은혜를 갚는 것이 당연했다. 그에 반해 송나라 왕조는 송강에게 아무런 배려나 혜택을 제공한 적이 없었다. 그러므로 황실을 위해 죽을 각오로 전쟁터에 달려들 만한 합당한 이유가 없었다.

도덕적 입장에서 보더라도 송강의 판단은 미련하고 어리석었다. 그가 조정에 투항했던 것도, 투항 후 방랍 토벌에 순순히 나선 것도, 따지고 보면 순전히 도적이라는 신분에서 벗어나 관직에 오르고 싶은 욕심 때문이었다. 그러나 중국 고대의 사례를 보면, 관리든 도적이든 도덕적으로 확연히 차이가 나지 않았다. 고위 관직에 있던 고구가 비적 출신인 방랍보다 도덕적으로 못했다는 점이나 왕영王英이 유지채劉知寨의 부인을 겁탈하고, 고아내高衙內가 임충의 아내를 희롱했던 사건만 보더라도 과연 그들 사이에 도덕적 우위가 있는지 의문이 든다. '이기면 왕이 되고 지면 역적이 되는' 양극화 이치가 계속 통한다면, 언젠가 방랍이 벼슬아치가 되고 휘종 조길이 비적으로 전락할 날도 있지 않았겠는가? 그러니 불구대천의 원수인 양, 방랍을 적대시하고 심지어 그를 제거하려고 혈안이 될 필요가 있었을까 싶다.

그러나 송강은 머릿속에 그렇게 많은 가능성들을 담아 두지 않았다. 오로지 조정을 위해 충성을 다하면 나머지는 술술 풀릴 거라는 어리석고 단순한 생각뿐이었다. 그래야만 자신은 물론 그동안 동고동락해 온 형제들 모두가 영웅 대접을 받으며 살 수 있을 거라 믿었다. 조정에 항복하고 반란을 진압했어도 '도적의 피는 속일 수 없으며 도적은 어디까지나 도적일 뿐'이라고 여기는 조정의 속내를 미처 간파하지 못했다. 전호田虎(하북河北 지역에서 반란을 일으킴-옮긴이)와 왕경王慶(회서淮西 지역에서 반란을 일으킴-옮긴이)의 반란을 평정해도 송강과 노준의는 궁 밖에서 찬밥 대접을 받았다. 그 후 방랍의 난도 성공적으로 진압했지만 결국 음모에 휘말려 노준의는 수은이 든 음식을, 송강은 독이 든 술을 먹고 어이없는 최후를 맞이해야 했다.

비적 출신이면서 투항까지 결심한 자가 무슨 충성과 효심을 운운하겠는가? 그런 행동 자체가 어리석음의 극치가 아니고 무엇이겠는가!

조개 유언에 담긴 수수께끼

증두시曾頭市 토벌에 나섰다가 독화살을 맞은 조개晁盖는 신의 손이라 불렸던 안도전의 노력에도 불구하고 결국 황천행을 면치 못했다. 임종 직전, 말할 기력까지 없어 보이던 조개가 갑자기 깨어나 송강을 돌아보며 당부했다.

"부디 몸조심하게. 나에게 화살을 쏜 자를 잡는 자에게 양산박의 새 수장 자리를 넘겨주게!"

이것이 조개가 마지막에 남긴 유일한 유언이었다.

조개의 유언은 어딘지 석연찮은 구석이 있었다.

당초 조개가 양산박 산채 수장 자리를 어떻게 얻었던가? 세습이나 선거도 아니었고, 지명제도 아니었다. 양산박의 원래 두목이던 왕륜王倫을 무너뜨리고 그의 졸개들을 복속시킨 당사자는 임충이었다. 다시 말해 조개가 앉아 있던 양산박 두령 자리는 임충이 왕륜에게서 빼앗아 그에게 양보한 것이었다. 그러니 그 자리를 지키지 못할 것 같으면 임충에게 되돌려 주어, 임충과 그의 측근들이 상의를 통해 새 수장을 지목하도록 하는 것이 도리였다. 그런데 어떻게 두령 자리가 마치 제 소유인 것처럼 몰래 넘겨주려 할 수 있는가?

당초 임충은 왕륜을 공격할 때도 왕륜에게 '이 양산박이 어찌 네놈 혼자의 것이더냐?'고 욕을 했었다. 결국 왕륜의 목은 날아갔고 조개가 어부지리로 산채의 주인 자리에 앉게 되었다. 양산박이 왕륜의 소유가 아니라면 조개의 것일까? 물론 그렇지 않다. 양산박은 어느 누구의 소유도 아니었다. 왕윤의 것도, 조개의 것도 아니었다. 왕륜이 살아 있다 하더라도 양산박을 독차지할 수는 없었을 것이다. 그러니 죽음에 임박한 조개가 두령의 후계자를 독단적으로 지목할 권리 역시 없다.

그런 점에서 조개가 남긴 유언은 분명 수상쩍은 부분이 있다.

상식대로라면, 조개가 세상을 뜬 후 송강이 그 자리에 올라가는 것이 수순이었다. 산채의 이인자였던 송강은 조개 바로 밑에서 부하들을 통솔해 왔으므로, 지위나 명성에서 따라올 자가 없었다. 조개가 변고를 당한 이상 오용, 임충 등은 유언의 내용과 무관하게 송강을 먼저 찾아가 산채를 맡아 달라고 할 것임이 자명했다. 이유는 두 가지다. 첫째, 그들 무리 중 송강의 명성이 가장 높았으며, 둘째, 송강이 아니면 두령 자리를 감당할 인물이 없었다. 한 가지 이유를 더 들자면, 송강이 산채에 올라온 이래 양산에서 벌어진 모든 일은 실제로 그가 주도해 왔고, 조개는 형식적인 우두머리일 뿐이었다. 조개가 죽었으니 송강이 자리를 이어받는 게 당연했다.

그런데도 조개는 송강에게 산채 주인 자리를 내주지 않으려고 했다. 만일 그가 송강에게 직위를 물려줄 요량이었다면 그러한 유언을 남길 필요도 없었다. 자연히 두령의 자리는 송강에게 넘어가게 되어 있기 때문이다. 게다가 송강은 무예가 뛰어나지 않아 조개에게 독화살을 던졌던 사문공史文恭과 맞서 육탄전을 벌일 실력이 못 되었다. 그러니 조개의 유언은 송강에게 자리를 물려줄 뜻이 없음을 내비친 것이 틀림없었다.

참으로 이상한 일이었다. 조개는 평소 송강을 문경지교刎頸之交(목을 베어 줘도 아깝지 않을 정도로 절친한 사이-옮긴이)라 여기며 그와의 우정을 소중히 여겼고, 송강이 처음 산채에 왔을 때만 해도 그에게 자리를 양보할 계획이었다. 심지어 그의 입으로 "당초 자네가 우리 일곱 명의 목숨을 구해 주지 않았더라면 어찌 오늘날까지 올 수 있었겠는가? 자네는 우리 산채의 은인일세. 자네가 이 자리에 앉지 않으면 누가 앉겠는가?"라고 말한 적도 있었다. 의리를 중시하는 조개의 성품으로 볼 때, 그냥 해 보는 빈말일 가능성은 지극히 적었다. 그러나 결국 송강이 극구 사양하는 바람에 조개가 서열 1순위, 송강이 2순위가 되는 기존의 구도가 형성되었던 것이다.

게다가 송강이 두령 자리를 받아들이지 않은 이유는 조개의 나이가 더 많기 때문이었다. 송강은 '나이로 보건대, 저보다 열 살이나 위인 형님이 두령을 맡는 것이 옳습니다. 제가 이 산채를 이끌기에는 부족함이 많습니다'라고 정중히 거절했다. 더 이상 나이가 문제 될 게 없으니 '산채의 은인'으로 칭송받아 왔던 송강이 수장 자리에 앉는 것이 당연한데, 조개는 어째서 마지막에 변심을 했을까?

조개가 산채의 운명을 뒤로하고 독화살을 쏜 원수에게 복수할 생각만

했기 때문이라고 단순하게 해석할 일이 아니다. 조개는 양산박의 두령으로서 훗날 산채에 닥칠 문제에 대해 줄곧 고민해 왔다. 생각을 거듭할수록 송강에 대한 믿음이 약해졌다. 그는 양산박 내에서 송강의 입지와 명성이 자신을 훨씬 능가하고 있음을 깨달았다. 또한 시간이 흐를수록 양산박의 미래에 대한 송강의 견해가 자신과 확연히 다름을 눈치챘다.

솔직히 조개는 탄탄한 권력과 능력을 지녔거나 기지가 뛰어난 사람은 아니었다. 강호에서의 명성도 송강보다 못했고, 따르는 형제들 또한 송강만큼 많지 않았다. 조개가 세상을 뜰 무렵, 양산박에 거주하던 89명의 호걸 중 그를 보좌하는 인원은 열 명이 채 안 되었다. 당초 그를 따라 산에 올라온 몇 명과 임충이 전부였다. 더구나 두천杜遷, 송만宋萬, 주귀朱貴 세 사람은 있으나 마나 한 존재였고, 어디에 속해도 상관없다는 식으로 어중간한 태도를 취했다. 그 후 앞서거니 뒤서거니 입산한 사람들은 대부분 송강의 무리에 속해 있었다.

청풍채淸風寨를 대파한 후에는 화영花榮, 진명秦明, 연순燕順, 왕영王英 등 아홉 명이, 형장을 습격한 후에는 대종戴宗, 이규, 장순張順, 이준李俊 등 열 명이 그의 밑으로 합류했다. 이들은 모두 송강의 심복이자 형제였다. 그 후 세 번에 걸쳐 축가장祝家庄을 치고 연환마連環馬를 대파하고 삼산三山(남경南京 서쪽에 잇달아 솟은 세 봉우리-옮긴이)에서 병사를 일으켜 청주靑州를 치는 동안 군사들이 무리를 지어 속속 입산했다. 그중에는 송강의 문하생(공명孔明, 공량孔亮)이나 오랜 친구(무송武松, 시진柴進)도 있었고, 송강이 거둔 자(호정작呼廷灼)와 송강에게 투항을 한 자(단경주段景住)들도 섞여 있었다.

이들은 입산한 후 오로지 송강에게만 의지하고 조개의 존재감은 잘 느끼지 못했다. 소화산少華山에 거주하던 노지심은 사진史進 등을 이끌고 양산으로 올라와 대놓고 이렇게 말했다.

"저희들은 지금부터 양산박의 송공명公明(송강) 나리를 모시고자 합니다."

그는 화주華州 하태수에게 붙잡혀 갔을 때도 '나는 죽어도 상관없다. 나의 형님이 이 소식을 듣고 하산하면 네놈의 목도 남아나지 않을 것이다'라며 송강에 대한 믿음을 과시했다. 그들의 마음속에는 '송공명 형님'이 일찌감치 양산박의 주인으로 들어앉아 있었다. 실제 양산의 두령인 조개는 이미 권력 누수 현상에 시달리는 유명무실한 존재였다.

송강은 주변에 많은 사람들이 몰렸을 뿐 아니라 서로의 관계 역시 끈끈하고 강했다. 화영과 이규는 송강과 함께 죽기를 각오했고, 무송, 노지심, 사진, 연청燕靑을 비롯해 '병명삼랑拼命三郎(목숨을 내놓고 막무가내로 덤비는 사람-옮긴이)'이라는 별명을 지닌 석수石秀 등은 불의를 보면 물불 가리지 않고 뛰어들고, 행동해야 할 때 과감히 행동하는 의리파였다. 이들은 양산박에서 직언을 과감하게 쏟아 내고 몸을 사리지 않기로 유명했으며, 한번 한 말은 반드시 지켰다. 그런 이들의 호위와 지지에 힘입어 송강은 입산한 지 얼마 되지 않아 양산박의 실질적인 주인으로 등극했다.

반면 조개를 보좌하는 무리는 그야말로 알맹이 없는 오합지졸이었다. 공손승公孫勝은 조개의 유지遺志를 받드는 일에 아예 무관심했고, 백승白勝도 별다른 영향력을 행사하지 못한 채 이 일을 무신경하게 대했다. 오용은 조개과 오랜 의형제로 함께 입산한 인물이었지만 양산에 올라온 뒤로 송강 쪽으로 기울었다. 조개와 송강의 의견이 갈릴 때마다 오용은 늘 송강의 편에 섰고 송강을 감싸거나 대변했다.

조개의 옛 부하로 생사고락을 함께 했던 유당은 그의 유언을 받들 만도 했으나, 정작 결정적인 순간에는 입장을 바꿔 송강 편으로 돌아섰다. 게다가 그는 '당초 우리 일곱 명은 입산했을 때부터 송강 형님의 뜻을 받들기로 했었다'고 말하며, 송강이 두령에 올라야 하는 이론적 근거까지 제시했다. 산채의 두령으로 송강만 한 인물이 없다는 확신이 들자, 사문공을 붙잡는 사람에게 수장을 넘겨주라는 조개의 뜻을 거역하기로 한 것이다.

임충도 어중간하고 미온적 태도를 보이긴 마찬가지였다. 조개가 두령에 재위하던 때만 해도 그는 증두시 공격에도 따라나서는 등 조개를 적극 도왔다. 그러나 막상 그가 죽고 나자 송강에게 달려가 산채의 두령을 맡아 달라고 부탁했다. 만일 송강과 조개가 충돌했다면 임충은 중립을 유지했을 것이다. 그나마 조개와 가장 돈독한 관계를 유지했던 것은 완가삼웅阮家三雄이었다. 그러나 그들은 인원이 너무 적은 데다 거의 산 아래 수채에 머물고 있어 아무런 도움이 되지 못했다. 그러니 고립무원에 처한 조개가 얼마나 외롭고 답답했을지 알 만하다.

조개가 언제부터 그러한 외로움을 느꼈을지는 분명하지 않다. 그러나 증두시 사건이 오랫동안 켜켜이 쌓여 온 외로움과 불만의 폭발이었음은 확실하다. 양산박이 증두시를 공격한 것은 '조야옥사자照夜玉獅子'라는 명마 한 필 때문이었다. 이 말은 단경주가 송강에게 바치기 위해 훔친 말이었다. 당시 산채의 두령은 조개였다. 상식적으로 이 말이 양산박 합류와 신분 상승을 위한 뇌물이었다면, 조개에게 바쳤어야 옳다. 그런데 단경주는 이를 왜 송강에게 바치려 했을까? 조개가 아무리 마음을 너그럽게 쓰려고 해도 의문을 지울 수는 없었다. 실제로 이와 유사한 일은 자주 있었다. 일찍이 송강이 양산에 아직 도착하지 않았을 때였다. 구붕歐鵬 등 호걸 네 명이 찾아와 조개의 면전에서 이렇게 말했다.

"산동의 급시우及時雨 송공명 선생의 이름을 익히 들어 알고 있습니다. 죽어도 그분을 만나기 쉽지 않다고 하더이다."

그때만 해도 조개는 모두 의리를 중시하는 협객인 데다 송강을 구하러 온 것이라 생각해서 그다지 개의치 않았다. 그러나 이후 입산자들은 송강의 명성을 듣고 찾아오는 사람이 대부분이었다. 송강의 열렬한 추종자였던 이규, 무송, 노지심 등은 입만 열면 '급시우'라는 별명으로 강호에서 소문이 자자하다'며 칭찬만 늘어놓았다. 이를 지켜보던 조개는 서서히 송강에게 긴장감을 느끼기 시작했다. 그가 아무리 우매하고 둔감할지라도 자신을 대하는 양산호걸들의 태도가 존경심이 배제된 형식적 예의 갖추기일 뿐이라는 사실을 모를 리가 없다.

동시에 조개는 송강이 고의든 아니든 조금씩 자신을 통제하고 있음을 감지했다. 송강이 입산한 후 양산박의 호걸들은 대부분 송강 진영으로 몰렸다. 난관에 봉착한 문제가 있으면 송강이 나서서 결정했고, 정벌 전쟁이 있으면 송강이 직접 무리를 이끌고 하산했다. 그때마다 그를 따르는 호걸들은 '형님의 말이 뭐든지 맞다'거나 '형님이 가는 길이라면 기꺼이 따르겠다'는 식의 적극적인 반응을 보였다. 그러나 조개가 무슨 결정을 내리면 완곡하지만 반대 목소리가 많았고, 무리를 이끌고 움직이려 들면 거부당하기 일쑤였다. 조개가 나서려고 하면, 송강은 매번 '형님은 산채의 주인이시니 함부로 움직이지 말고 편히 계십시오'라며 그를 저지했다.

결국 실질적인 공신 대접을 받는 것은 송강이었다. 공로가 커질수록 그의 위엄과 명망이 높아졌고, 그를 따르는 수하도 급속히 불어났다. 그러니 조개의 마음은 불편할 수밖에 없었다. 조개 스스로도 본인이 양산 호걸들을 통솔하는 수령인지 아니면 자리만 차지하는 허수아비인지 헷갈릴 정도였다. 자신이 나서서 마음대로 주도할 수 있는 일이 무엇인지 혼란스러울 따름이었다. 증두시 토벌전은 참다못한 그가 불끈하는 마음에 내린 결정이었다. 그는 송강이 여러 번 만류하고 간언했지만 끝내 고집을 부렸고, 심지어 분개하기까지 했다. 이 '분노'라는 말은 송강에 대한 그동안의 앙금이 담겨 있다는 점에서 의미심장하다. 그가 분노를 한 것은 단순히 증두시 때문만은 아닐 것이다.

그 당시 조개는 아주 절박한 심정이었다. 그가 송강에게 '나를 말리지 마라. 어디든지 한 번은 가야겠다!'라고 말한 것만 봐도 알 수 있다. 그는 분명 외로움에 시달렸을 것이다. 송강이 하산할 때면 '형제 몇 명과 함께 다녀오겠습니다'라는 말이 떨어지기가 무섭게 여기저기서 '제가 충성을 다해 모시겠습니다. 따라가게 해 주십시오'라며 달려들었다. 작은 망탕산을 칠 때조차 오용과 공손승이 직접 나서서 좌우를 보좌할 정도였다. 그러나 조개가 증두시 정벌에 나설 때에는 따르기를 자처하는 자가 아무도 없었다. 결국 할 수 없이 조개가 직접 장수를 지목해야 했다. 오용과 공손승은 송강의 곁에 남아 있기를 원하니, 선봉에 서서 군사를 이끄는 일은 양산박 입산 초기부터 함께했던 임충에게 일임해야 했다. 이것만 봐도 조개의 실패는 예상된 결과였다. 조급함과 외로움이 걷잡을 수 없는 광기와 무모함으로 번진 것이 조개가 무너진 직접적 원인이었다.

조개의 전사는 나름대로 영웅적 색채가 있긴 하지만 그에게 리더로서의 자질과 도량이 부족했음을 입증하는 결정적 증거가 되었다. 한 나라의 군주나 군의 통솔자는 평범한 이들이 참지 못하는 부분도 인내할 줄 알고, 다른 이들이 못하는 부분도 감당할 수 있어야 한다. 조개처럼 제 감정에 휘둘리는 사람이 어떻게 수장의 자리를 오래 보전할 수 있겠는가?

조개는 여러모로 송강보다 한 수 아래였다. 장기적인 비전과 목전의 전략이 부재했음은 물론, 일처리를 너무 감정적으로 했다. 양웅과 석수 두 사람이 양산에 투항하러 왔을 때 조개는 다짜고짜 그들의 목을 베려고 했다. 양산박 호걸임을 사칭해 닭을 훔쳐 먹고 자신의 이름에 먹칠을 했다는 이유였다.

조개의 감정적인 결정은 만인의 반대에 부딪혔고, 결국 송강이 나서서 사태를 진정시키고 그들을 거두어들였다. 이처럼 조개는 생각이 짧고 주먹만 앞서는 게 문제였다. 게다가 두 사람의 투항을 받아들이기로 했다면, 그들을 충분히 예우하는 게 옳았다. 그런데도 조개는 그들을 양림楊林의 부하로 배치했다. 무예 실력만 보아도 양림은 지살성地煞星(원래 '죽음을 관장하는 별'이라는 뜻으로, 『수호지』에서는 비교적 중요한 위치에 있던 호걸 72명을 '지살성'이라 불렀음-옮긴이) 15위에 그쳤으나 양웅과 석수는 이미 천강성天罡星(원래 '살기를 주제하는 별'이라는 뜻으로 여기서는 큰 공을 세운 주요 서열의 호걸 36명을 '천강성'이라 가리킴-옮긴이) 대열에 올라 있어, 얼핏 봐도 부당한 인사였다. 이는 조개가 인재를 식별하고 적재적소에 활용하는 능력이 턱없이 부족하여, 수장이 될 자격이 없었음을 확실히 입증해 준다.

한편, 그는 겁약하고 야무지지 못한 면도 있었다. 가장 미련했던 점은 송강에게 투항할 뜻이 있음을 알면서도 반대한다는 내색을 하지 못하고 속수무책으로 일관했다는 것이다. 투항 결심이 옳은 건지, 시기적절한 선택인지 여부는 차치하고라도 어쨌든 송강은 자신만의 뚜렷한 노선과 확신이 있었다. 그러나 조개에게는 그만의 확고한 행동 지침도 노선도 없었다. 얼떨결에 양산에 입산해서 그저 되는대로 살아가고 있을 뿐이었다. 그는 수도를 공격해 황위를 빼앗자는 이규의 생각(그에게는 그럴 만한 능력이 없었다)에도, 조정에 투항해 새로운 관직을 얻자는 송강의 주장(그는 희망이 없다고 믿었다)에도 동의하지 않았다. 그냥 비적의 신분인 현실에 안주해 살아가는 편이 가장 바람직하다고 생각했다. 그는 형제들과 동고동락하면서 술과 음식을 넉넉히 비축해 두는 것만으로도 충분히 만족을 느꼈다.

물론 그 역시 마냥 어리석은 사람은 아니었기 때문에, 그것이 장기적인 대책이 아님을 잘 알고 있었다. 하지만 그의 머리에는 더 나은 대안이 떠오르지 않았다. 차라리 다음 후계자에게 희망을 걸자고 생각했을 것이다. 사문공을 붙잡을 능력이 있는 사람이라면 분명 용기와 지모가 뛰어나 산채의 운명을 맡길 수 있을 거라고 판단했으리라. 용기가 있으면 쉽게 투항하지 않을 것이고, 지모가 출중하면 양산박의 새로운 활로를 찾을 수 있을 것이기 때문이다.

그 역시 방법 중 하나겠지만, 실제로는 불가능했다. 만약 산채 내부 인물이 사문공을 붙잡았다고 치자. 과연 그자가 감히 송강의 지위를 뒤집을 수 있었겠는가? 또한 산채의 호걸이 아닌 제3자가 붙잡았다면 그가 송강과 대적할 수 있었겠는가? 그러므로 누가 사문공을 붙잡든, 송강이 두령 자리에 오르는 것은 부인할 수 없는 기정사실이었다. 유언에 담긴 조개의 속셈은 애초부터 실현 가능성이 없었다.

수도를 치지 않은 이유

정말 송강은 황제가 되고 싶다는 생각을 한 번도 하지 않았을까?

이규는 송강이 황제가 되어야 한다고 주장했다. 그는 기회가 생길 때마다 공개적으로 여러 번 그러한 의견을 피력한 바 있다. 조개가 화살에 맞아 숨을 거둔 후, 송강은 조개의 유언도 있고 해서 산채의 두령 자리에 오르기를 한사코 거부했다. 그러자 임충 등 호걸들은 일단 대세를 생각해서 산채 구성원들이 구심점을 잃지 않도록 송강에게 두령의 권한을 대행해 달라고 청하기로 했다. 그때 이규가 외쳤다.

"형님께서는 양산박의 두령이 아니라 송나라의 황제가 되어야 합니다."

그러나 송강은 엄포를 놓듯 딱 잘라 대답했다.

"네가 또 쓸데없는 소리를 하는구나. 다시 그런 소리를 지껄이면 너의

혀부터 잘라 놓으마."

솔직히 당시 이규의 주장은 분위기 파악을 제대로 못 한 것이었다. 임충 등이 송강을 취의청聚義廳으로 불러들인 것은 산채의 두령 자리에 관한 사안을 논의하기 위해서였다. 송강에게 산채의 일을 주도적으로 이끌어 달라고 부탁하는 자리에서 어떻게 황제가 되어야 한다는 실없는 소리를 내뱉을 수 있는가? 설령 황제가 된다 하더라도 우선은 두령에 오르고 나서 생각해 볼 일이었다. 그러나 워낙 성격이 불같았던 이규는 송강이 한달음에 제위에 오르기를 바랐다. 머뭇거리는 송강이 답답해 앞뒤 재지 않고 막무가내로 추진하려 했던 것이다.

송강도 그런 생각을 안 해 본 것은 아니었다. 송강이 강주江州에서 위기에 처했을 때였다. 당시 양산에서 내려온 형제들은 형장을 습격하여 무위군無爲軍을 무찌르고 황문병黃文柄을 죽여, 사면초가에 처한 송강을 구해 함께 입산했다. 그때 송강은 가쁜 숨을 몰아쉬며 항간에 떠돌던 '모국인가목耗國因家木, 도병점수공刀兵點水工'이라는 노래 가사를 읊었다. 그러면서 득의양양하게 이를 하나하나 해석했다.

"'모국인가목'이란 나라를 좀먹는 자가 필시 갓머리 아래에 나무 목木 자를 하였다는 뜻이니 이는 필시 '송宋' 자고, '도병점수공'이란 병란을 일으킬 사람은 삼수변에 장인 공工 자라는 말이니 이는 곧 '강江'을 뜻한다. 그래서 황문병이 나를 반란의 주모자로 지목한 것이다."

직설적인 성격의 이규는 그의 말을 듣고 적극 맞장구를 쳤다.

"형님은 하늘에서 내리신 분입니다. 비록 그놈 때문에 고생은 좀 하였으나, 제가 그놈을 속 시원히 잡아 해치우지 않았습니까? 우리에게는 든든한 병력이 포진되어 있으니 반란을 일으킨들 겁날 게 무엇이겠습니까? 조개 형님은 대황제, 송강 형님은 소황제에 오르고, 오선생은 승상, 공손승 도사는 국사國師, 우리 모두는 장군이 되어 수도로 쳐들어가야 합니다. 수도에 가 황위를 빼앗고 편하게 지내는 것이 여기 양산박 생활보다 훨씬 낫지 않겠습니까?"

이때 옆에서 듣고 있던 대종戴宗이 크게 꾸짖으며 그의 물색없는 발언을 저지했다. 그러나 이규의 말에 송강의 마음이 알게 모르게 동했던 것은 사실이었다.

그렇다면 송강에게 과연 그러한 능력이 있었을까? 어느 정도는 있었다고 해야 할 것이다.

송강 진영의 군사적 역량이 어느 정도였는지 확답할 수는 없다. 하지만 투항하기 전까지 관병은 양산호걸들과의 교전에서 단 한 번도 이기지 못했다. 심지어 고구, 동관童貫 등이 관병을 이끌고 왔을 때도 그들을 뚫지 못했다. 그러니 만약 송 휘종과 중원의 주인 자리를 두고 정면으로 쟁탈전을 벌인다면 완전히 승산이 없는 것도 아니었다.

송강은 리더가 될 수 있는 충분한 자격과 조건을 갖추고 있었다. 비록 문文은 소양蕭讓만 못하고, 무武는 임충보다 떨어지고, 지략은 오용을 따르지 못하며, 과감한 추진력은 유용에 미치지 못했지만, 이들이 적극 합세해 송강을 보좌하겠다고 나서니 그들의 조언과 지휘에 따라 행동하기만 하면 문제 될 것이 없었다. 송강이 많은 이들을 끌어들이는 흡인력이 있긴 했나 보다. 만약 송강이 정말 수도로 진격해 황위를 빼앗겠다고 결심했다면 그의 형제들은 너도나도 그를 따르겠다고 입을 모았을 것이다. 송강이 투항 쪽으로 마음을 굳혔을 때도 형제들은 내심 내켜 하지 않으면서도 그를 따랐다. 송강과 천하를 누비기로 결심한 이상 그들이 어떠한 뜻인들 거부할 수 있었겠는가?

그렇지만 송강은 황제 되기를 거부했다. 한때 '효의흑삼랑孝義黑三郎(효성이 지극하고 의義를 위해서 재물을 아끼지 않는 그의 품성을 칭송해 이르던 말-옮긴이)'이라고 불릴 만큼 효성이 두터운 사람이었기 때문이다.

송강은 효심이 지극하기로 소문이 자자했다. 당초 그가 산에 올라가 도적에 합류하는 것을 여러 차례 거부했던 것도 불효자라는 비난을 듣지 않기 위해서였다. 또한 그는 의리를 중시하기로도 유명했다. 조정의 법을 무시하고 비적인 조개와 그의 무리를 풀어 주었던 것도 의리 때문이었다. '효심'과 '의리'로 강호에서 명성이 자자했던 송강은 한때 '모국인가목, 도병점수공'이라는 항간의 소문 때문에 약간 우쭐거리는 모습을 보이기도 했지만, 차마 도에 어긋나는 반역 행위를 결행할 수는 없었다.

'효'의 본질은 공경하고 받드는 것이다. 그래서 '효'를 '효경孝敬' 혹은 '효순孝順'이라고도 한다. 효경이든 효순이든 모두 모반과는 어울리지 않는다. 오죽하면 공자도 부모에게 공손하고 효도하는 사람이 반란을 꾸민다는 소리는 일찍이 들어 본 적이 없다고 했겠는가.

그렇다면 '의'란 무엇인가? '의'의 형태는 의협심, 의리, 정의, 충성심으로 구체화된다. 송강이 조개를 구해 준 것은 의리 때문이었으며, 조정에 투항하기로 결심한 것은 충성심 때문이었다. 이 중에서 송강이 우선순위로 중시한 덕목은 바로 충성심이었다. 조개가 죽은 후, 산채 두령을 대행하면서 취의청을 '충의당忠義堂'으로 바꾼 것도 바로 이러한 이유에서였다. 게다가 충성심은 곧 '의'와 동격이라는 것이 그의 생각이었다. 우정과 의리에 충실했기에 조개를 구해 줄 수 있었고, 충성심이 깊었기에 조정에 투항할 수 있었다. 그런 그에게 수도를 장악해 황위를 찬탈하는 반란 행위는 절대 있을 수 없는 일이었다.

역사에서 무력으로 정권을 찬탈한 사람들의 대부분은 충성심이나 효심과는 거리가 멀었다. 생부와 아들의 목숨도 나 몰라라 한 유방이 무슨 '효'를 운운하겠으며, 황위에 오르자마자 살생계를 만들어 공신들을 도륙했던 주원장이 무슨 '의'를 알겠는가? 린위탕林語堂의 저서『중국인中國人』에 보면 이런 구절이 나온다.

"새 왕조를 세우기 위해서는 전쟁과 혼란을 즐기는 천재가 필요하다. 그들은 페어플레이를 무시하고 학문과 유교 윤리를 냉소적인 태도로 대하다가, 황위를 차지하게 되면 유가의 군주주의를 들먹이면서 유용한 물건처럼 대한다."

송강은 산적의 우두머리였지만, 유교 윤리를 하늘처럼 떠받들었는데 반란이 말처럼 그리 쉬웠겠는가?

소위 효자孝子나 의인義人들은 반역으로 황위를 차지할 수 없다. 그것을 실천했다면 무늬만 '충효와 절개'를 지키는 척했거나, 잠시 그러한 덕목을 무시하기로 한 사람들일 것이다. 송강은 도덕적 윤리의 틀에서 빠져나오지 못했고, 잠시나마 가졌던 반란의 꿈도 깨끗이 접었다. 황제가 되기를 거부했지만 도적으로서의 삶도 마치고 싶었으니, 결국 개심改心하여 투항하는 쪽으로 마음을 돌릴 수밖에 없었던 것이다.

제4장

황당한 정의

간신 엄숭

가정 43년(서기 1564년) 11월은 희대의 간신 엄숭嚴嵩에게 더없이 굴욕적인 날이었다. 그 무렵 그의 아들 엄세번嚴世蕃은 '일본과 내통하여 모반을 꾸민다'는 죄목으로 투옥되었다. 이러한 죄목이 사실임이 드러나면 그의 패가망신은 시간문제였다.

엄숭은 명나라의 명물 중 하나로 보기 드문 간신이었다. 명대에는 간신이 많지 않았다. 당나라 때 간신은 『신당서新唐書』의 「간신전奸臣傳」 상하권, 「반신전叛臣傳」 상하권, 「역신전逆臣傳」 상중하권에 소개되어 있고, 송나라 간신에 관한 기록은 『송사』의 「간신전」 네 권과 「반신전」 상중하 세 권, 「영행전佞幸傳」 한 권에 수록되어 있다. 그에 반해 명대에는 『명사明史』의 「간신전」 하나가 있을 뿐이다.

물론 이 자료만 가지고 명대의 간신 수가 당나라나 송나라 때보다 확연히 적었다고 단정 지을 수는 없다. 『명사』에는 「영행전」과 「엄당전閹黨傳」이 별도로 구성되어 있기 때문이다. 여기에 실린 인물들도 상식적으로 보면 간신이나 다름없었다. 일례로 무종武宗(정덕제正德帝) 시대 초방焦芳은 관료의 신분으로 환관인 유근과 의기투합해 못된 짓을 일삼았다. 누가 보아도 간신임이 분명한데 그의 기록은 「엄당전」에 들어가 있다. 또한 성조成祖(영락제永樂帝) 때의 기강紀綱은 관리와 백성들의 비밀을 교활하게 캐내 조정에 고발하거나 모함하기를 일삼았다. 그로 인해 비참하게 죽은 자가 셀 수 없이 많았다고 하니 어디로 보나 간신의 성분이 다분했다. 그런데도 그의 이야기는 「영행전」에 수록되어 있다.

『명사』는 소인배들을 모두 '간신'으로 분류하지 않았다. '권력을 훔치고 더럽히며, 분란을 일으키고, 충신을 죽이거나 모함하고, 속내가 음흉하여 평생 음험하고 잔인하게 살아온 자'들에 한해서만 간신으로 깎아내렸다. 그러니 초방, 기강과 같은 사람들이 '엄당'과 '영행'으로 분류된 것이다.

이것도 전혀 말이 안 되는 것은 아니다. 총신寵臣이 반드시 권신權臣과 동격은 아닌 것처럼, 소인이라고 해서 꼭 간신으로 매도할 수는 없었다. 예전부터 소인은 항상 들끓어 왔지만 그에 비해 간신은 보기 힘들다. '한 시대의 명간신'이라 불린다면 더더욱 희귀한 존재였다. 당, 송, 원, 명 4대 왕조에서 '명간신'이라 불릴 만한 자를 꼽으라면 당대에는 이임보李林甫뿐이다. 송나라 때는 조금 더 많아서 채경, 진회秦檜, 가사도賈似道 등이 있으며, 원나라 때도 이름은 분명치 않으나 6대 명간신이 있었다.

명대를 대표하는 명간신은 단연 엄숭일 것이다. 믿을 수 없다면 아무나 붙잡고 명나라 때 가장 사악한 사람이 누구였냐고 물어보시라. 답은 십중팔구 위충현魏忠賢 아니면 엄숭이다. 둘 중 하나가 아니라면 이 두 사람을 동시에 거론할 것이다. 중국의 희곡에서 엄숭의 캐릭터는 늘 교활함과 음흉함의 대명사다.

물론 무대 위에 연출된 캐릭터가 항상 실제와 들어맞는 것은 아니다. 역사적으로 조조曹操에게 덧칠된 교활한 간신의 이미지는 억울한 면이 없지 않다. 조조는 간신배가 아니었다. 한나라의 입장에서 보더라도 마찬가지다. 동한 왕조의 운명이 다하고, 중앙 정권의 기강이 해이해져, 군웅群雄들이 중원의 패권을 다투던 난세亂世에 조조가 버티고 있지 않았더라면, 황제를 자처하는 자들로 인해 동한은 더욱 비참한 최후를 맞이했을지도 모른다. 그러한 점에서 조조가 간신의 이미지로 고정되는 것은 문제가 있다. 영웅까지는 아니더라도 난세의 간웅奸雄 대접은 해줘야 한다.

그러나 엄숭에게 씌워진 '간신'의 오명은 조금도 억울할 게 없다. 그의 간사하고 야비한 이미지에 이의를 제기할 사람은 어디에도 없다. 『명사』「간신전」에서는 엄숭을 정치적 능력은 없으면서 간신의 조건이라는 조건은 다 갖춘 인물이라고 평가했다. 실제로 그는 정계에 입문한 뒤 오로지 황제에게 아첨하고, 아랫사람들을 괴롭히며, 권력을 남용해 뇌물을 갈취하는 데만 집중했다. 재상이 되기 전에는 종실의 가족들에게 공공연히 뇌물을 수수했는가 하면, 재상이 된 후에는 결탁을 통한 사리사욕 채우기, 매관매직, 재물 가로채기 등 탐욕과 악덕의 수위를 더욱 높였다.

가정 44년(기원전(서기) 1565년) 8월, 엄숭은 재산을 몰수당했는데 몰수 금액이 황금 3만 냥과 백은 200만 냥에 달했다고 한다. 이는 당시 전국의 한 해 재정 총수입과 맞먹는 규모였다. 그 밖에도 수많은 토지와 가옥, 희귀한 골동품도 회수되었다. 가난한 집안 출신이었던 그가 무슨 수로 이처럼 많은 재산을 모았겠는가? 보나 마나 20여 년 동안 부자父子 두 사람이 권력을 악용해 남의 등을 치며 뭉칫돈을 긁어모은 결과일 것이다.

당시 엄숭 때문에 망하거나 죽은 사람은 한둘이 아니었다. 『명사』 「간신전」에 그 많은 이들의 명단이 열거되어 있는데, 그중 가장 유명한 사람은 심연沈煉과 양계성楊繼盛이다. 이 두 사람 모두 엄숭을 탄핵했다는 이유로 죽음을 면치 못했다. 심연은 탄핵 상소를 올릴 당시 금의위錦衣衛의 경력사經歷司를 맡고 있었다. 경력사는 문서와 서류를 관장하는 7품의 하급 관리였으며, 금의위란 명대 황제 직속의 특수 임무 조직으로 일종의 첩보 기관 혹은 헌병대와 비슷한 역할을 하는 기관이었다.

심연은 특무 기관에서 일을 했지만 품행이 매우 올곧았다. 『명사』에서는 "품성이 강직하여 불의나 악행을 용납하지 않았다"고 그를 묘사했다. 심연의 상사이자 금의위 총감이었던 육병陸炳은 엄숭 부자와의 관계가 매우 돈독했다. 심연에게도 스스럼없이 대했던 육병은 엄세번의 집에서 마련하는 술자리에 종종 그를 대동했다. 그러나 심연은 부정부패의 온상인 그들을 보며 가만히 있을 수가 없었다. 그는 온갖 악행과 비리를 저지르며 국가를 망치는 엄숭 부자의 행태에 분노를 금치 못하다가, 결국 가정 30년(기원전(서기) 1551년)에 그들을 탄핵하는 상소를 올렸다. 상소의 내용은 대략 이러했다.

"엄숭의 탐욕은 이미 통제할 수 없는 지경에 이르렀고, 비열한 악행도 고질화되었습니다. 위로는 황제 폐하를 기만하고, 아랫사람과 백성들을 속이며, 권력을 남용해 사리사욕 채우기에 여념이 없습니다. 충신들을 배척하고 간사한 무리들만 임용하여, 사람들이 조정의 은혜와 위엄은 알지 못하고 엄씨 부자의 눈치만 살피고 있을 정도입니다."

이로 인해 조정은 벌통을 쑤셔 놓은 듯 술렁거렸다. 이에 가만히 있을 엄숭이 아니었다. 그는 보수당과 결탁해 '음모 획책'의 죄명을 뒤집어씌워 심연을 억울한 죽음으로 몰아넣었다.

그러나 거기서 끝나지 않았다. 심연을 처치하고 나니 또 다른 '심연'이 등장했다. 가정 32년(서기 1553년), 양계성이라는 자가 또다시 상소를 올려 엄숭을 탄핵했다. 양계성의 관직은 병부兵部의 원외랑員外郎(상서 수하 각 사司의 차관-옮긴이)이었으며, 심연과 마찬가지로 7품 하급 관리에 속했다. 게다가 그의 공격 강도는 심연보다 더욱 맹렬했다. 심연의 상소가 엄숭의 죄상을 낱낱이 열거했다면, 양계성은 그러한 악덕 죄질은 물론 엄숭의 다섯 가지 간사한 행동까지 덧붙여 지적했다. 이 다섯 가지 간사함을 그는 이렇게 적었다.

"엄숭의 교활한 음모와 기만술이 극에 달해 이미 폐하의 측근 모두가 엄숭의 첩자들이고, 폐하의 대변인들은 모두 엄숭의 앞잡이들이며, 폐하의 부하들이 모두 엄숭과 얽혀 있습니다. 또한 폐하의 모든 밀정密偵들은 본디 엄숭의 노예들이며, 폐하를 모시는 신하들 대다수는 엄숭의 심복들입니다."

양계성은 곤장 메고 매 맞으러 가는 꼴을 자초하고 말았다. 엄숭은 오히려 양계성의 상소문에서 꼬투리를 잡아내어 그를 체포해야 한다고 가정제를 부추겼다. 사실 가정제는 양계성을 하옥시키고 죄를 묻기는 하였으나 죽일 뜻은 없었다. 그러나 음모의 고단수였던 엄숭은 사형 죄수 명단에 몰래 그의 이름을 끼워 넣어 은밀히 그를 처치했다.

그렇다면 엄숭은 대간신大奸臣이었을까?

엄숭은 극악무도한 죄질로 악명이 높기도 했지만, 시기에 어울리지 않는 뜬금없는 등장 때문에 그 존재감이 더욱 두드러졌다. 『명사』에 따르면 명대 간신들이 활발히 활동한 시대는 대부분 개국 초기(호유용胡惟庸, 진영陳瑛) 아니면 멸망 직전(주연유周延儒, 온체인溫體仁, 마사영馬士英)이었다. 유독 엄숭만큼은 애매하게 가정제 시대에 출현했다.

명나라의 역사는 16대 황제를 거쳐 약 276년 정도 이어졌다. 가정제는 11대 황제로, 즉위 당시(1522년)가 개국한 지 154년 후였고, 멸망하기 122년 전이었다. 전체적으로 보면 명대 중후반에 해당된다. 개국 초기에 간신이 출현하는 것은 그다지 이상할 일이 아니다. 이 시기에는 제도가 정착되지 않고 시국이 불안하기 때문이다. 멸망이 임박한 시점에는 이미 나라가 쇠락해 각종 폐단이 속출하므로 간신들이 득세할 만도 하다. 그러나 가정제 시대는 그가 붕어한 해부터 계산한다손 치더라도 멸망 시점에서 78년이나 떨어져 있다. '천하가 무사태평해야 할' 시대에 때 아닌 대간신의 출현이라니 그 배경이 사뭇 궁금해진다.

게다가 명대의 조정 대신들 중에는 간신이 출현해서는 안 됐다. 실제로 명대의 특징은 황제들이 무능한 데 반해 신하들은 크게 악하지 않았다는 점이다. 명대의 황제들은 역대 왕조 중 가장 형편없었다고 해도 과언이 아니다. 태조太祖 홍무제洪武帝 주원장은 야비하고 악랄하기 짝이 없어서 거리낌 없이 사살을 자행했다. 수많은 개국 공신들이 그의 손에 무참히 죽어야 했다. 성조成祖 영락제 주체도 잔인하고 난폭하기는 마찬가지였다. 그는 수많은 사람들의 목숨을 빼앗은 것도 모자라 걸핏하면 죄수를 끌어내 개에게 물어뜯게 하거나 여자 죄수들을 돌아가며 강간하게 하는 등 변태적인 기질을 보였다.

그나마 인종仁宗 홍희제洪熙帝 주고치朱高熾와 선종宣宗 선덕제宣德帝 주첨기朱瞻基는 괜찮은 축에 속했다. 그들은 선정을 베풀어서 '인선仁宣의 치治'라는 말을 낳았다. 그러나 아쉽게도 인종의 재위 기간은 겨우 1년에 그쳤고, 선종도 10년에 불과했다. 게다가 선종은 귀뚜라미 싸움에 열광하여 '촉직천자促織天子(촉직은 귀뚜라미의 다른 이름-옮긴이)'라는 별명이 붙기도 했다.

그 뒤를 이은 영종 주기진朱祁鎭(정통正統과 천순天順, 두 개의 연호가 있다)은 재위 당시부터 문제가 많았다. 포로로 잡히는가 하면 타도되었던 옛 세력을 부활시켜 충신을 없애기도 했다. 그중에서 가장 치명적인 잘못은 환관宦官 정치의 선례를 열어 명 왕조에 끊임없는 후환을 남겼다는 것이다. 영종의 아들이었던 헌종憲宗 성화제成化帝 주견심朱見深도 이른바 '사고 제조기'였다. 환관들을 너무 맹신한 데다 불교와 방중술房中術에 심취해 조정은 그야말로 난장판이었다.

다만 헌종의 아들인 효종孝宗 홍치제弘治帝 주우당朱祐樘은 한 문제, 송 인종에 필적할 만큼 보기 드문 현군賢君으로 알려져 있다. 그러나 안타깝게도 '온화, 선량, 공경, 절검, 겸양'의 다섯 덕목을 두루 갖춘 이 황제에게는 뭐든지 제멋대로인 천방지축 아들이 하나 있었다. 그 아들 무종 정덕제正德帝 주후조朱厚照는 중국 역대 최악의 '괴짜 황제'로 알려져 있다. 게다가 그는 황당하고 엽기적인 행동만 하다가 후사後嗣 하나 남기지 않고 숨을 거두었다. 이렇게 자손이 끊어지는 바람에 세종世宗 가정제 주후총朱厚熜과 간신 엄숭이 어부지리로 세력을 잡을 수 있었다.

가정제 이후로 명나라 조정은 갈수록 내리막길이었다. 목종穆宗 융경제隆慶帝 주재후朱載垕는 무능한 데다, 여인들과 노닥거리는 것이 유일한 취미였다. 신종 만력제 주익균은 정사를 내팽개치고 주색에만 탐닉한, '잔혹하고 음탕한 폭군'으로 통했다.

광종光宗 태창제泰昌帝 주상락朱常洛은 겨우 한 달밖에 되지 않는 재위 기간 동안 끔찍한 사건이 세 건이나 터졌다. 그것이 바로 정격梃擊 사건(정귀비가 자신의 아들인 주상순을 황태자에 앉히기 위해 태자인 주상락을 죽이려고 꾸민 암살 미수 사건-옮긴이), 홍환紅丸 사건(태창제가 붉은 환약을 먹고 사망한 사건-옮긴이), 이궁移宮 사건(천계제天啓帝를 양육한 이선사李選侍를 귀비로 승격시키자 반대파들이 그녀를 별궁으로 옮긴 사건-옮긴이)으로 알려진 '명대 3대 사건'이다. 희종熹宗 천계제天啓帝 주유교朱由校는 어린 나이에 즉위한 데다 문맹이었다. 그는 재위 7년 동안 나무 쌓기와 투계 등 유흥을 즐기는 데만 정신이 팔려, 모든 정치를 무뢰배 출신의 환관 위충현에게 위임했다.

그의 남동생인 숭정제崇禎帝 주유검朱由檢이 뒤늦게나마 환관들이 날뛰는 난국을 수습해 보려 했지만 이미 걷잡을 수 없었고, 결국 명은 멸망하고 말았다. 물론 멸망의 책임을 전대 황제에게 전가할 수만은 없다. 숭정제 본인에게도 분명 책임은 있다. 명을 살리려는 그의 노력은 눈물겨웠지만 검소한 정치를 표방한 지나친 압박과 통제, 못 말리는 외고집과 질투심, 가혹한 금기 제정 등 역대 황제들을 능가하는 오류를 범했다. 그에 대한 이야기는 이 정도로 하자.

이처럼 무능하고 한심한 황제들이 정권을 대물림하는데도 명나라가 그토록 오래 연명할 수 있었던 이유는 무엇일까? 수당부터 송원元에 이르는 700여 년 동안 문관 제도가 자리를 잡았고 관료 정치도 성숙해져 있었기 때문이다. 명나라의 정권은 사실상 탄탄한 사대부 계층이 보좌하고 있었다. 이들은 농사와 면학을 근간으로 삼아 시서詩書에 능하고, 나라에 대한 충성심이 뛰어났으며, '수신제가치국평천하修身齊家治國平天下(심신心身을 닦고 집안을 정제整齊한 다음 나라를 다스리고 천하를 평정平定한다는 뜻-옮긴이)'를 삶의 목표라 여겼다. 사대부들은 일단 관직에 들어서면 대부분 각자의 자리에서 최선을 다했기 때문에, 조정은 군주 자리가 공석으로 비워진 최악의 상황에서도 자연스럽게 돌아갈 수 있었다. 그래서 명대에는 황제들이 아둔하고 별 볼 일 없어도 조정의 대신들 중에는 악한 자가 없었다. 『명사』 「간신전」은 "명대에 악행을 일삼았던 부류는 주로 태감太監 계층이었고, 간신의 출현은 극히 드문 사례였지만 유일하게 가정제 시대는 예외였다"고 서술하고 있다.

그렇다면 왜 유독 가정제 시대에만 환관들이 종적을 감추고 간신들이 본색을 드러냈을까? 혹은 왜 환관들이 사라지기가 무섭게 간신들이 출현했을까? 물론 이는 가정제와 관련이 있었다. 그렇다면 가정제는 어떠한 황제였을까?

단언하건대, 그는 영락없는 악군惡君이자 폭군暴君이었다.

폭군 가정제

가정제는 명대를 거론할 때 빼놓을 수 없는 황제다. 45년 동안 황제 자리를 꿰차고 있었던 그는 손자인 만력제 다음으로 재위 기간이 길었다. 이는 중국의 전체 역사를 놓고 보더라도 선두에 속한다. 중국 역대 황제의 재위 기간은 강희제康熙帝가 61년으로 가장 길고, 건륭제乾隆帝가 60년으로 그 뒤를 잇는다. 세 번째는 54년 동안 재위한 한 무제, 네 번째는 48년인 명나라 만력,제 그다음 다섯 번째가 바로 가정제다.

그러나 가정제는 긴 재위 기간이 무색할 정도로 초라하고 볼품없는 정치적 업적을 보여 주었다. 가정 45년(서기 1566년) 2월, 호부 운남사雲南司 주사主事로 있던 해서海瑞가 가정제에게「직언천하제일사소直言天下第一事疏」를 올리자 조정이 발칵 뒤집혔다.

호부주사戶部主事는 정6품으로 지금의 '국局' 단위 기관의 간부에 해당한다. 당시로서는 그리 높지도 낮지도 않은 평범한 관직에 불과했다. 명대 관직 체계에 따르면 호부에는 오늘날 부장급에 상당하는 정2품 상서尚書 한 명과 오늘날 차장급인 정3품 시랑侍郎 두 명이 있었다. 이 세 관직은 통틀어서 '당관堂官'이라 불렸으며, 황제 직속이었다. 부部 아래에는 사司(호부는 13개 사司로 나뉘었다)'가 설치되어 있었다. 사의 관직으로는 낭중(정5품), 원외랑(종5품), 주사(정6품)가 있었으며, 이들은 '사관司官'이라 불렸다. 그 아래는 조마照磨, 검교檢校 등 8품, 9품에 상당하는 하급 관리들이 대거 포진되어 있었는데, 이들은 '이원吏員'이라 불렸다.

부部의 큰일은 당관들이 직접 관장하고, 소소한 일들은 이원들이 처리해 중간 관리인 사관들의 임무는 그다지 두드러지지 않았다. 명 효종 홍치제(가정제의 백부) 이래 '사'의 업무는 낭중 한 사람에게만 일임되었고, 원외랑과 주사는 관직에 임명되는 날만 잠깐 얼굴을 비치면 되는 한직에 불과했다. 따라서 해서의 직급은 어중간해, 부여된 임무의 수위도 높지 않고 처리할 일이 그리 많지 않았다. 그러나 나라의 운명과 미래를 걱정하는 그의 우국충정은 누구에게도 뒤지지 않았다.

그는 호부에서 딱히 할 일이 없으면 조정의 정사를 내 일처럼 고민했다. 이러한 고민을 통해, 해서는 도탄에 빠진 가정제의 조정에 "탐관오리들이 횡행하고 민생은 불안하며, 가뭄에 시달리고 도적들이 넘쳐 나는 난장판 시국"이라며 일침을 가했다. 당시 조정의 대신들도 가정제에게 적잖은 불만을 품고 있었고, 심지어 백성들 사이에는 '가정, 가정, 가가호호 모두 거덜 내네'와 같이 황제의 연호까지 들먹이며 그를 비하하는 소문도 들끓었다. 민심의 불만은 그야말로 극에 달했다.

그렇다면 당시 일이 이 지경까지 번진 이유는 무엇이었을까? 궁극적인 원인은 가정제의 무능함에 있었다. 그는 어리석고 의심이 많았으며 지나치게 가혹하고 잔인한 데다, 지나치게 감정적이고 허영심이 강했다.

가정 44년(서기 1565년)의 일이었다. 가정제의 병세가 심각하여 태의太醫인 서위徐偉가 진료를 위해 황제를 찾아갔다. 당시 가정제는 작은 침상에 누워 있었는데, 그의 용포 자락이 바닥까지 늘어져 있었다. 그때 서위는 더 이상 앞으로 나서지 못하고 머뭇거렸다. 가정제가 왜 다가오지 못하느냐고 묻자, 서위는 황제 폐하의 용포가 땅 위에 흘러내려 신이 감히 접근하지 못하겠노라고 대답했다. 진료가 끝나자 가정제는 친필 조서인 수조手詔를 내려 서위를 칭찬했다. 가정제는 '황제 폐하의 용포가 땅 위에 흘러내렸다'는 서위의 표현에서 군주에 대한 충성심이 묻어난다고 했다.

용포가 '땅 아래로 흘러내렸다'와 '땅 위에 흘러내렸다'는 두 가지 표현은 과연 어떠한 차이가 있는 것일까? 가정제는 '땅 위'는 '사람'을 나타내고, '땅 아래'는 '귀신'을 나타내므로 엄연한 차이가 존재한다고 못 박았다. 이 말을 전해 들은 서위는 소름이 끼치며 온몸에서 식은땀이 났다. 땅 아래든 땅 위든, 일반인들이 보기에는 엎어 치나 메치나 그게 그 소리였다. 평상시에 말을 할 때 이들 둘을 까다롭게 구분해 사용하지는 않는다. 그러나 가정제의 논리는 지나칠 정도로 깐깐하고 가혹했다. 신하들이 자칫 말실수를 했다가는 커다란 재앙을 입을 수도 있었던 것이다.

가정제는 신하들에게는 몹시 까다롭고 가혹하게 대하면서, 정작 그 자신은 방종을 일삼으며 안하무인으로 지냈다. 재위 45년 동안 조정에 나와 정사를 돌본 날이 반도 안 되었으니 안 봐도 훤하지 않겠는가. 그는 가정 18년(서기 1439년)부터 조정의 정사를 나 몰라라 했고, 가정 21년

(서기 1542년)부터는 아예 입궁조차 하지 않았다. 그렇다면 그 시간에 과연 무엇을 했을까? 그는 서원西苑에 살다시피 하며 도교 의식을 거행하는 제단을 고치거나 도사道士들과 어울리며 시간을 보냈다. 게다가 그는 도사의 황당한 말을 맹신한 나머지 황후, 태자와는 남처럼 지냈다. 황제와 태자, 즉 부자의 운명이 서로 상극이라는 소문이 발단이었다.

이러한 모습을 지켜보던 해서는 가정제가 정치적으로 무능할 뿐 아니라 윤리적인 측면에서도 자격 미달이라고 판단했다. 임금과 신하, 아버지와 아들, 부부의 도를 일컫는 삼강三綱의 관점으로 보건대 가정제는 모든 신하와 백성들의 도덕적 본보기가 되어야 함을 망각한 채, 한 가지 관계도 제대로 수행하지 못하고 있었다. 마음대로 관료들을 의심하고 멸시하고 살육하니 이미 군주로서의 위엄을 상실했고, 자식을 보듬고 성심껏 교육하기는커녕 얼굴 보기조차 거부하니 아버지 노릇도 제대로 하지 못했으며, 황후와 별거해 서원에서 단약丹藥을 만드는 데만 심취하니 남편의 소임도 다하지 않았다. 이러한 인물이 나라를 잘 다스렸다면 그게 더 이상했을 것이다.

실제로 가정제는 치국에 전혀 관심이 없었다. 그의 관심은 오로지 두 가지에만 쏠려 있었다. 하나는 수명을 최대로 연장하는 방법이었고, 또 하나는 자신의 욕정을 최대로 만족시킬 수 있는 방법이었다. 이 두 가지만 현실화할 수 있다면 온 나라를 다 팔아먹어도 아까울 게 없다고 생각했다.

당시 도사들은 가정제의 이러한 '이상'을 실현하는 데 실질적인 도움을 줄 수 있는 존재였다. 도교는 '장생불로長生不老'나 '육체비승肉體飛昇'을 강조하는 한편, '한 사람이 득도하면 그에 딸린 사람들도 자연스럽게 도를 터득한다'는 주장을 펼치고 있었기 때문이다. 더구나 신체 보양 방법을 설파한 도교의 '양신지도養身之道'는 방중술을 중요한 구성 요소로 두고 있어 가정제의 요구와 잘 맞아떨어졌다. 또한 가정제가 총애했던 도사 소원절邵元節, 도중문陶仲文 등은 양생養生의 길이 욕구를 억압하지 않는 데 있다는 이론을 펼쳤다. 이들은 방중 비법을 터득해 숫처녀들과 여러 차례 관계를 가지면, 음기를 통해 양기가 보강되어 장수하는 효과가 있다고 주장했다. 그들의 이러한 논리는 가정제의 희망 사항과 제대로 궁합이 맞았다. 물론 장수도 중요하지만, 만일 욕정을 금기시했다면 오래 산들 그에게 무슨 의미가 있었겠는가? 인간의 욕정과 양생의 도를 적절히 조화시킨 도교 철학은 가정제를 흠뻑 매료시키기에 충분했던 것이다.

그러나 어린 궁녀들의 생리혈로 단약을 만들어 '그 속의 음기로 양기를 채우는' 방식은 궁녀들의 심신을 망가뜨리고 피폐하게 만들었다. 심지어 그녀들은 새벽녘부터 일어나서 해가 뜰 때 받은 감로수甘露水를 가정제에게 꼬박꼬박 바치는 것은 물론, 초경 시의 생리혈을 단약 재료로 대 주어야 했다. 소녀들의 몸에서 추출한 생리혈과 중초약中草藥, 광물질을 적절히 배합해 만든 이른바 '홍연환紅鉛丸'은 황제의 양기를 채워 주는 '정력 보강제'로써 인뇨(남녀 아이의 오줌)에서 추출한 성호르몬 성분을 함유하고 있었다. 이를 복용한 가정제는 어린 궁녀들을 대상으로 야수와 같은 성적 욕망을 분출했다. 그의 이러한 변태적 성행위는 실로 잔인하기 그지없었고, 결국 가정 21년(서기 1542년)에 '임인궁변壬寅宮變'이 터졌다.

10월 20일 저녁, 양금영楊金英, 형취련邢翠蓮을 필두로 한 16명의 궁녀가 가정제의 침소에 잠입해 암살을 시도했던 것이다. 그녀들은 노란 비단 끈으로 침상에 누워 있는 그의 목을 졸라 교살하려 했다. 당시 반역죄는 구족九族이 멸문 당하는 대역죄에 해당했다. 황제를 시해하는 것은 그야말로 능지처참 감이었다. 때문에 고관이나 장군들도 큰 권력을 쥐고도 감히 반역을 꿈꾸지 못했다. 그런 상황에서 맨주먹의 연약한 궁녀들이 반란을 꾀했다는 것은 대단한 일이었다. 가정제가 그토록 음란하고 난폭하게 굴지만 않았더라도 그녀들이 위험천만한 불길로 스스로 뛰어들지는 않았으리라.

황제를 시해하려다 미수에 그친 궁녀들은 모두 온몸이 찢겨 처참하게 처형되었다. 가정제는 이를 빌미로 그때부터는 아예 궁 안 출입을 자제했다. 궁 안에 살지 않으니, 조정에 나가 정무를 챙기는 일은 더더욱 드물었다. 서원 내 영수궁永壽宮에 임시 거처를 마련한 그는 별도로 도교 제단을 짓고 도사들과 어울리는 등 도교의 선술에 빠져 살았다.

제단을 설치하고 신에게 제사를 지내는 의식을 재초齋醮라고 한다. 재초란 다시 말해 제단을 쌓아 심신을 깨끗이 하고 신에게 복을 기원하는 도교의 제례 의식이다. 이 의식에는 신선에게 상주문과 축원문을 올리는 절차가 있었다. 이 문장은 통상 청등지靑藤紙라는 푸른 종이에 붉은 글씨로 쓰기 때문에, '청사靑詞' 혹은 '녹장綠章'이라 불렸다. 그러나 청사를 작성하는 작업은 도사들이 범접할 수 없는 영역이라 매번 사신詞臣(시문에 능한 신하-옮긴이)의 손을 빌려야 했다.

당시 가장 실력 있는 사신이라면 내각대학사內閣大學士만 한 이들이 없었다. 명청 시대에는 '재상'이라는 직책이 따로 없었다. 황제 한 사람이 국가 원수와 행정 수장을 겸하면서 6부를 황제 관할로 직속시켰다. 이러한 관제 시스템으로 인해 황제는 늘 처리해야 할 일들이 태산같이 많았고, 옆에서 보필할 사람이 필요했다. 황제를 보좌하는 비서 기관이 바로 내각內閣이었다. 내각에서 황제 보필 업무를 책임지는 대신은 '대학사大學士'라는 직책을 부여받고, 최고 비서관 대우를 받았다. 그 후 6부는 황제와의 거리가 갈수록 벌어진 반면, 내각은 황제와 더욱 긴밀해졌다. 중요한 대사를 결정할 때도 황제는 종종 내각에 먼저 자문을 구한 후 6부에 집행을 명했다. 이로써 대학사는 제도상, 명목상의 비서관 지위를 뛰어넘어 승상에 맞먹을 정도의 막강한 실세를 지니게 되었다. 이러한 판세가 굳어지면서 그들에게는 사실상 '재상'이라는 수식어가 따라붙었다.

원래 비서관 출신이었던 내각대학사는 황제에게 상소문을 읽어 주고, 문서의 초안을 잡아 주는 일을 주로 했던 터라 문장에 대한 내공이 남달랐다. 황제를 대신해 조서를 작성하던 실력이었으니, 황제에게 청사를 지어 주는 일쯤은 식은 죽 먹기였다. 가정제가 추구하는 삶의 이상향을 충족시키기 위해 도사와 내각 대신들은 분업 형태로 움직였다. 도사들이 정력을 증강시키는 춘약春藥을 제조했다면, 대신들은 화려한 문체의 청사를 지어냈다. 또한 도사들이 선동하여 바람잡이 역할을 하면, 대신들은 분위기에 맞춰 붓끝을 놀려 글로 재주를 부렸다. 이러니 가정제 시대의 정치가 암흑과 혼란에 뒤덮이지 않을 수 없었다.

그렇지만 내각대학사들은 주어진 일들을 기꺼이 받아들였다. 청운靑雲의 뜻을 이루려면 황제에게 제대로 눈도장을 받아야 했다. 그들은 부귀영화와 신변 안전을 위해, 어떻게든 황제의 환심을 사야 한다는 것을 누구보다 잘 알고 있었다. 황제가 그들을 필요로 하는데, 남아도는 시간과 정력, 지혜들을 고이 묵혀 둘 바보가 어디 있겠는가. 이 때문에 가정제 시대의 내각 대신들 대부분은 청사를 쓰는 데 고수였다. 심지어 청사를 짓는 재주 외에는 별 볼 일 없는 빈껍데기 인재들도 허다했다. 그중에서도 특히 원위袁煒와 이춘방李春芳 등은 훗날 '청사재상靑詞宰相'으로 통할 정도였다. 가정제 치하에서는 고위 관직을 얻는 필수 요건이 청사를 쓰는 문장실력이었다.

엄숭 역시 예외가 아니었다.

당시 엄숭이 쓴 청사는 단연 군계일학이었다. 한때 그와 대적할 사람이 없다고 했을 정도로 그의 문장력은 빛이 났다. 청사는 쓰기가 결코 호락호락하지 않은 문장이다. 부賦(한대와 육조 시대에 성행했던 문체의 일종-옮긴이)의 형식을 취하기 때문에 아주 현란한 문체로 천지신명에 대한 황제의 경의와 정성을 풀어내야 했다. 도교 선술에 심취해 있던 가정제는 신선이 되고자 하는 열망이 워낙 큰 데다, 성격이 불같이 급하고 다혈질이었다. 대학사들이 올리는 청사는 양과 질 면에서 항상 그의 기대에 못 미쳤고, 황제는 늘 내각 대신들을 닦달하고 옥죄었다. 그러나 유독 엄숭만큼은 황제에게 발군의 실력을 인정받았다. 그도 그럴 것이, 엄숭은 원래 유명한 시인 출신이었다. 문학적 소양이 남달라 붓을 잡았다 하면 일필휘지였다. 그는 여기에 집중력과 정성을 쏟았고, 온갖 미사여구를 동원해, 화려하고 기품 있는 문장을 탄생시켰다. 그러다 보니 가정제의 까다로운 심사 기준을 가뿐히 통과하는 청사는 엄숭의 작품이 유일했다.

엄숭은 내각대학사로 발탁되었고, 가정 21년(서기 1542년) 8월(임인궁변이 발생하기 두 달 전)에는 무영전武英殿 대학사에 임명되면서 궁의 장서를 보관하던 전각인 문연각文淵閣에 입직하여 '재상' 역할을 했다. 그는 예순이 넘은 나이가 무색할 정도로 정정하고 기운이 넘쳤다. 내각에 입성한 후에도 청사를 짓는 일은 그의 주된 업무 중 하나였다. 그러나 지위가 지위인지라 황제의 속내와 의도를 꿰뚫어 보는, 이른바 '독심술'을 갖출 필요가 있었다.

가정제는 폭군의 탈을 쓰고 있었지만 바보 황제는 아니었다. 그는 서원에 죽치고 있으면서도 권력의 끈을 꽉 잡고 있었다. 도교에 광적인 집착을 보였지만 단 한 순간도 조정에 대한 통제를 느슨히 하지 않았다. 그는 중대한 정치 사안들에 대해서는 머릿속에 어느 정도 대안을 그려놓은 다음, 내각 대신들에게 자문을 구하곤 했다. 따라서 대신들은 가정제의 의중을 제대로 간파해, 황제가 하려는 말을 대변할 줄 알아야 했다. 특히 황제로서 입에 올리기 난감한 내용들은 가려운 곳 긁듯이 확실하게 짚어 낼 수 있어야 했다.

엄숭은 이러한 독심술에서도 단연 일인자였다. 그와 그의 아들 엄세번은 가정제의 심리를 귀신같이 헤아려 상주할 때마다 황제를 흡족하게 했다. 가정제는 이들 엄숭 부자의 행동이 진심 어린 우국충정에서 비롯된 것이라 믿었지만, 다른 사람들의 눈에는 엄숭을 맹신하는 황제의 모습이 그리 미더워 보이지 않았다. 한편, 엄숭은 자신의 진짜 속내를 드러내지 않았다. 그들 부자는 황제의 총애를 독차지한 틈을 타, 기만을 일삼고 온갖 교활한 술책과 간계를 부렸다.

그러나 원숭이도 나무에서 떨어질 때가 있다고 하지 않던가. 아무리 지혜로운 자도 한 번의 실수는 있게 마련이라는데, 위선적인 간신이라면 실수를 피해 가기가 더더욱 어려운 법이다. 엄숭은 청사와 독심술로 벼락출세했지만, 어처구니없게도 바로 그 두 가지 때문에 처참히 무너져 내렸다. 인생 말로에서 이처럼 기막힌 반전에 부딪힐 줄 꿈엔들 생각했겠는가? 그는 자신보다 한 수 위인 맞수가 출현하리라고는 미처 생각지 못했다. 그 적수는 엄숭이 타인을 대하던 수법들을 고스란히 그에게 되돌려 주며 결국 그를 사지로 몰아넣었다.

그는 바로 서계徐階였다.

교활한 서계

서계도 청사 쓰는 일을 했는데, 그 실력이 엄숭을 능가했다.

　서계는 송강松江 화정華亭(오늘날 상해 지역) 사람으로 어려서부터 운이 좋았다. 한 살 때 우물에 빠진 일이 있었는데 사흘 후 기적적으로 구출되었고, 다섯 살 때에는 산에서 굴러떨어지고도 나무에 걸려 목숨을 구할 수 있었다. 가정 2년(서기 1523년)에는 진사 시험에서 갑과 3위의 성적으로 급제해 탐화랑探花郎을 차지했다. 『명사』에 따르면, 그는 작은 키에 하얀 피부를 지녔고, 외모에 신경을 많이 썼으며, 남다른 총기와 뛰어난 임기응변이 돋보였고, 속내를 잘 드러내지 않는 성격이었다. 천성적으로 엄숭과는 상극을 이루었다.

　엄숭과 마찬가지로 서계 역시 청사 실력이 특출해 황제의 총애를 받았다. 가정 31년(서기 1552년)에 예부상서禮部尚書의 신분으로 동각대학사

東閣大學士를 겸하던 그는 엄숭(수보首輔)과 이본李本(차보次輔)의 서열을 잇는 재상이 되었다. 서계의 출현에 본능적으로 위협을 느낀 엄숭은 갖은 음해와 중상모략을 꾸몄다. 그러나 서계는 매번 태연하게 응수했고, 위험한 순간을 교묘하게 잘 넘겼다. 서계 자신의 임기응변과 지략 덕분이기도 했지만, 가정제의 두둔과 편애도 한몫했다. 가정제는 서계가 쓴 청사에 매료되어 손에서 놓지 않았다. 그러니 엄숭이 속상할 만도 했다. 가정 40년(서기 1561년) 5월, 이본이 자리에서 물러나면서 서계가 차보로 승진하자, 엄숭은 그에게 더욱 노골적으로 날을 세웠다.

게다가 당시 엄숭은 세력이 예전 같지 않아서, 당장의 자리를 보전하기도 힘든 형편이었다. 한때 그가 황제의 속내를 백발백중으로 꿰뚫어 볼 수 있었던 데는 아들 엄세번의 공이 컸다. 엄세번은 목이 짧고 뚱뚱한 체격에 한쪽 시력을 잃은 애꾸눈이었다. 그러나 그의 나머지 한쪽 눈은 정상인의 양쪽 눈을 능가하는 대단한 능력이 있었다. 가정제가 하달한 조서는 표현이 구체적이지 않아 뜻을 이해하기 힘든 부분이 많았는데, 엄세번은 한눈에 그 내용을 이해하고 일목요연하게 제대로 된 정답을 제시할 줄 알았다.

그러나 그 무렵 엄숭의 부인 구양씨歐陽氏가 세상을 떠났다. 엄세번은 집에서 상례를 치러야 했으므로 평소처럼 엄숭과 함께 조정에 나가지 못했다. 그때 가정제는 조정이 아닌 서원에 머물고 있어서, 신료들은 조정의 업무 편의와 청사 작성을 위해 서원 내에 '직려直廬'라는 정무 공간을 마련했다. 엄세번이 직려에 따라오지 못하게 되자, 엄숭으로서는 믿을 만한 지원군이 사라져 여러 가지로 허전하고 난감한 처지가 되었다. 그는 가정제의 조서를 받으면 다급히 엄세번에게 사람을 보내 의견을 구했다. 그러나 엄세번도 이기적이고 삐딱한 성격이라서, 정치에는 무관심했고 하루 종일 기생 놀음에 빠져 있었다. 그러니 엄숭이 사람을 보내 대안을 물으면 제때 대답을 하는 법이 없었다. 아버지의 타 들어가는 마음도 모른 채, 자신의 욕구를 먼저 채우고 보는 식이었다.

앞서 말했듯이 가정은 성격이 급했다. 그런 그가 시간만 끌며 꾸물거리는 엄숭을 용납할 리 있겠는가? 그렇다고 사실대로 털어놓을 수도 없었던 엄숭은 할 수 없이 자신의 생각대로 대충 둘러댈 수밖에 없었다. 그의 대답은 당연히 가정제의 마음에 들지 않았고, 갈수록 신뢰를 잃어 갔다.

청사를 짓는 솜씨도 점점 퇴보하고 있었다. 이미 여든두 살의 고령으로 접어든 그는 기력이 쇠약해 실력이 전 같지 않았다. 할 수 없이 대필을 시켰지만, 그렇게 탄생한 문장의 질은 안 봐도 뻔했다. 가정과 엄숭의 관계는 갈수록 틀어졌다. 그러다 반년 후 영수궁 화재 사건을 계기로, 엄숭은 황제의 총애를 완전히 잃고 말았다.

영수궁 화재는 엄숭이 저지른 것이 아니라, 가정제가 궁녀들과 불장난을 하다가 터진 사건이었다. 그 내막이 어찌 되었든 영수궁이 재로 변했으니, 황제는 당장 거주할 곳이 없어진 셈이었다. 이에 대한 첫 번째 해결책은 영수궁을 새로 짓는 것이었다. 이는 가정제의 제안이었다. 하지만 엄숭은 불가능하다고 여겼다. 한창 봉천奉天, 화개華盖, 근신謹身 세 개의 궁전을 짓는 중이라 더 이상의 여유 자금과 인력이 없었기 때문이다. 두 번째 방법은 황궁 안으로 다시 이사하는 것이었다. 이는 군신들의 공통된 의견이었는데, 엄숭은 이 역시 반대했다. 황궁은 황제가 암살을 당할 뻔했던 곳인지라 아직 꺼림칙한 기운이 남아 있다는 이유에서였다. 그의 대안은 황궁으로 돌아가는 것도 서원에 남아 있는 것도 아니었다. 그는 중화궁重華宮으로 옮기자고 주장했다. 완벽하게 수리를 마친 중화궁이 기존에 임시로 거주하던 옥희전玉熙殿보다 훨씬 편하다는 것이었다.

엄숭은 자신이 내놓은 대책에 몹시 흡족해했지만, 그 자체가 금기를 어기는 엄청난 행동임을 미처 깨닫지 못했다. 중화궁은 과거 경제가 영종을 연금했던 곳이었다. 때문에 가정제는 이 말을 듣자마자 크게 진노하여, "짐을 가두려는 수작이 아니고 무엇이냐?"라고 말했다. 엄숭에게 더 이상의 행운은 없었다. 평소 황제의 마음을 척척 헤아리던 그가 아부한답시고 설치다가 번지수를 잘못 찾은 셈이었다.

그때 서계가 나서며 말했다.

"봉천, 화개, 근신 세 궁전의 공사 규모가 큰 것이 사실입니다. 그러나 세 궁전을 짓고 있기에 영수궁을 재보수할 수 있습니다. 세 궁전의 건축 공사에서 남은 재료들을 활용하면 됩니다. 공사가 커질수록 남는 재료들도 많아집니다. 그러므로 세 궁전을 짓는 동시에 영수궁을 다시 보수하면 서로 득이 되면 되었지 하등 문제 될 것이 없습니다."

이 말에 기분이 좋아진 가정제는 보수 시간이 얼마나 소요되는지 물었다. 그러자 서계가 대답했다.

"한 달이면 너끈히 지을 수 있습니다."

가정제는 만면에 희색을 감추지 못했다. 서계의 제안을 적극 받아들인 가정제는 서계의 아들 서번徐璠에게 공사를 위임했다. 서번은 기대를 저버리지 않고 백 일 만에 예정대로 공사를 끝냈다. 가정은 궁의 이름을 만수궁萬壽宮으로 고치는 한편, 서계의 관직을 소사少師로 끌어올리고 서번은 상보승尙寶丞(정6품)에서 태상소경太常少卿(정4품)으로 파격 승진시켰다.

이쯤 되자 엄숭은 자신이 더 이상 서계의 맞수가 될 수 없음을 깨닫고 성대한 잔치를 베풀어 서계를 융숭하게 대접했다. 잔치에서 엄숭은 자손들을 불러 모아 서계에게 예를 갖추도록 한 뒤, 잔을 들어 그에게 정중하게 부탁했다.

"내가 조만간 세상을 뜨면 여기 자손들을 보살펴 주시게."

그러자 서계는 자리에서 벌떡 일어나더니 계속 사양하며 말했다.

"별말씀을 다 하십니다."

그는 겉으로는 과분한 대접에 놀란 표정을 지었지만, 속으로는 엄숭을 제거하고 그간 받았던 설움을 깨끗이 씻어 낼 방법만 생각했다. 그는 엄숭에게 억울하게 죽임을 당한 자신의 은인 하언夏言을 생각하며 복수의 칼을 갈고 있었다. 결국 그는 신선의 도움을 받기로 했다. 서계는 도사들의 존재가 가정제에게 얼마나 중요한지 잘 알고 있었다. 그동안 황제에게 가장 신뢰를 받았던 도사는 소원절과 도중문이었다. 그러나 소원절은 가정 15년(서기 1539년)에 이미 세상을 떴고, 도중문도 가정 39년(서기 1560년)에 사망했다. 그래서 서계는 그 빈자리를 메울 도사로 남도행藍道行을 천거했다.

남도행은 산동 지역의 도사로 자고紫姑의 신 내림을 받았다. 자고는 측간을 관리하는 신이었다. 측간이라고 소홀히 봐서는 큰코다친다. 볼일이 급할 때 화장실을 찾지 못하는 것이 배가 고플 때 식당을 못 찾는 것보다 더 절박하고 다급하다. 실제로 자고의 점괘는 꽤 용하다고 알려져 있었다. 자고신 점술을 할 줄 안다는 것만으로도 남도행은 결코 범상한 인물이 아니었다.

그러나 남도행은 점을 칠 때 태감들과 은밀히 결탁하여 속임수를 썼다. 보통 점술은 황제가 궁금한 사항을 종이에 적어 태감에게 주면, 태감이 이를 점 보는 장소로 가져가 태우면서 신선에게 점괘를 얻어 오는 형식으로 이루어졌다. 이때 점괘가 신통하지 못하면, 태감이 악하고 불결하여 신선이 강림하기를 거부하는 것이라고 여겼다. 태감 입장에서는 자신 때문에 점괘에 부정이 탄다는 오명이 달가울 리 없었다. 그들은 종이를 태우기 전에 황제의 질문을 훔쳐보고 남도행에게 미리 알려 주었다. 그러니 남도행의 점괘는 백이면 백, 신통할 수밖에 없었다.

이렇게 남도행의 점술이 인정을 받자 서계가 황제의 수족이 될 가능성도 높아졌다. 예를 들어 엄숭이 비밀리에 황제에게 상소문을 올리면, 서계는 한술 더 떠서 '오늘 간신배가 폐하께 상주했다'는 내용의 점괘를 내라고 남도행을 부추겼다. 또한 가정제가 난국을 벗어나지 못하는 이유를 묻자, 남도행은 '현신賢臣이 중용되지 못하고 소인배가 조정을 쥐락펴락하고 있기 때문'이라는 점괘를 내놓았다. 황제는 현신과 소인배를 구체적으로 물었고, 답은 예상대로였다. 서계의 사주를 받은 남도행은 현신으로 서계를, 소인배로는 엄숭을 지목했다.

그러나 점괘를 이용한 이러한 속임수는 반쪽짜리 효과에 그쳤다. 점괘는 가정제의 마음을 바꾸는 데는 주효했지만, 직접 행동으로 옮기는 데까지는 성공하지 못했다. 대명大明 제국의 황제가 점괘 하나에 마음이 동해 행동을 취하는 것 자체가 웃음거리가 될 수 있었기 때문이다. 결국 엄숭이 결정적인 잘못을 저지르거나, 누군가 그를 탄핵하기를 기다리는 수밖에 없었다.

기회는 의외로 빨리 찾아왔다. 가정 41년(서기 1562년) 5월 폭우가 쏟아지던 어느 날이었다. 추응룡鄒應龍이라는 어사가 비를 피하려고 한 태감의 집에 들렀다가, 엄숭이 간신배라는 점괘가 나왔다는 소식을 우연히 듣게 되었다. 이 말을 들은 추응룡은 엄숭의 호시절도 이제 끝났다는 생각을 했고, 그날 밤을 새워 「탐횡음신기군두국소貪橫蔭臣欺君蠧國疏」(군주를 기만하고 나라를 어지럽히는 탐욕스런 간신에 관한 상소-옮긴이)를 지어 황제에게 올렸다. 그는 상소문에서 "엄세번은 뇌물을 받고 나라의 법을 어겼으니 사형당해 마땅하고, 엄숭은 못된 아들을 익애溺愛하며 권리를 악용해 비리를 저질렀으니 파면되어야 마땅하다"고 주장했다. 가정제는 상소를 적극 반영하여 엄숭에게는 쌀 백 석을 주며 자리에서 물러나라고 명하고, 엄세번은 뇌주雷州의 변방 부대로 유배를 보냈다. 영수궁 화재로 황제의 총애를 잃은 엄숭은 그나마 유지하던 권세마저 폭우에 보내야 했다. 그야말로 '물과 불의 매정함'에 그는 속수무책으로 무너졌다.

엄숭은 모든 것을 잃었지만 죽지는 않았다. 엄세번도 멀쩡히 살아 있었다. 심지어 그는 뇌주로 가지 않고 광동廣東의 남웅南雄에 두 달 정도 머무르다 다시 집으로 돌아오는 대범함까지 보였다. 그는 돌아온 후에도 자숙하기는커녕, 오히려 대규모 토목 공사를 벌여 사택을 지었다. 지방 관리들이 이를 그냥 묵인할 리 없었다. 더욱 황당한 것은 지방관들이 엄씨 가문의 행태에 눈살을 찌푸리는 동안에도, 엄세번은 너무 태연하고 당당했다는 점이다.

한번은 원주부袁州府 추관推官(형법과 처벌을 담당하는 정7품 관리) 곽간신郭諫臣이 공무상 엄세번의 사택을 찾아갔다. 그런데 그 집에 고용된 하인들까지도 무례하기 짝이 없어서, 조정에서 파견 나온 그를 찬밥 취급했

다. 곽간은 분을 참지 못하고 순강어사巡江御史(감찰부 특수 파견 관리) 임윤
林潤에게 이 사실을 알렸다. 임윤 역시 엄숭 가문의 몰락을 누구보다 바
라는 인물 중 하나였다. 마침 그는 엄세번이 나용문羅龍文과 친밀하게 왕
래한다는 정보를 입수했다. 해적 왕직王直의 친척인 나용문은 엄세번과
마찬가지로 유배지에서 제멋대로 이탈한 자였다. 이에 임윤은 조정에
상소를 올려 "엄세번과 나용문이 해적들을 끌어모아 악행을 저지르며,
밤낮으로 조정을 비방하고 있다. 그 패거리가 이미 4천 명에 달하는 데
다 두 사람이 해적과 내통한다는 소문이 파다하여 언제 변절할지 모른
다"고 설명했다.

　이는 어디로 보나 틀림없는 모반 행위였다. 결국 가정 43년(서기 1564
년) 11월, 명나라 조정은 엄세번을 체포하라고 명령했다. 당시 북경北京
에서 금의위 지휘관을 맡고 있던 엄세번의 아들 엄소정嚴紹庭은 사람을
보내 이 소식을 몰래 아버지에게 알렸다. 체포 소식을 들은 엄세번은 다
시 뇌주로 도주하려고 했다. 그러나 문밖에 나서자마자 이미 포위하고
있던 임윤의 손에 붙잡혔고, 수도로 압송되어 삼법사三法司로 넘겨졌다.
삼법사는 형부刑部(공안부), 도찰원都察院(감찰부), 대리시大理寺(최고 법원)를
일컬으며, 각 부문의 최고 관리는 형부상서刑部尚書, 도어사都御史, 대리시
경大理寺卿이라고 불렸다. 엄세번의 경우처럼 반란 혐의가 포착된 사건
은 명대 관례상 삼사가 공동으로 안건을 심의하게 되어 있었다.

　엄세번이 잡혔다는 소식이 퍼지자 수도 전체가 잔치 분위기로 들썩
였다. 심연과 양계성의 억울한 원한을 이제야 풀겠다는 생각에 많은 사
람들이 기뻐하고 후련해했다. 임윤과 곽간은 물론 삼법사의 최고 대신
이었던 황광승黃光升, 장영명張永明, 장수張守 등도 통쾌해하기는 마찬가

지였다. 그들은 판결서에 충신들을 괴롭혀 온 엄숭 부자의 악행들을 언급하고, 심연과 양계성 사건도 재차 상기시켰다.

그들이 판결서 초안을 서계에게 보여 주자 서계는 대신들에게 물었다.

"엄세번의 목숨을 살려 두고 싶은 것은 아니겠지요?"

황광승 등은 정색하며 당장이라도 그를 처치하고 싶은 심정이라고 대답했다. 그러자 서계는 태연하게 자신의 원고를 꺼낸 다음, 판결서에 엄세번의 수많은 악행들을 추가해 넣었다. 그는 사택이 왕궁 같고, 악한 자들을 끌어모아 선동했으며, 왜구 세력과 내통하고 안팎의 세도가들과 결탁했다는 등의 수많은 죄목들을 낱낱이, 그리고 상세하게 열거했다. 엄세번이 남창에서 세도를 부리도록 유혹한 장본인은 팽공彭孔이었고, 엄세번에게 암흑 세력과 결탁하라고 부추긴 사람은 전영典瑛이었다는 사실도 기록하게 했다. 또한 그가 해적, 왜구 세력과 내통하게 선동한 인물은 나용문이었고, 엄세번이 병영을 이탈하도록 꼬드긴 것은 우신牛信이라는 점도 밝히도록 했다.

황광승을 비롯한 대신들은 이 내용을 그대로 베껴 적어 황제에게 상주했다. 결국 가정제는 가정 44년(서기 1565년) 3월 24일, 왜구와 내통하고 반역을 꾀했다는 죄명으로 엄세번의 사형을 명령했고, 서계의 의견을 수용해 바로 처형을 집행하도록 했다.

이로써 심연과 양계성이 편하게 눈을 감을 수 있게 되었으며, 방식이 좀 황당하긴 했지만 명나라 조정에는 그제야 비로소 '실질적 정의'가 실현되었다.

화근은 누구인가

당시 엄세번의 죽음을 두고 일각에서는 오판이라는 주장이 나오기도 했다.

물론 그의 사형 선고에 석연치 않은 구석이 있기는 하다. 엄세번이 온 갖 악랄한 짓을 자행했다는 사실은 틀림이 없지만, 군중을 끌어모아 모 반했다는 죄명은 좀 억울한 부분이다. 임윤의 상소문에서는 분명 '두 사람이 해적과 내통한다는 소문이 파다하여 언제 변절할지 모른다'고 딱 잘라 말하고 있다. 여기서 소문이 파다하다 함은 백성들이 모두 입을 모아 그렇게 이야기하고 있음을 나타낸다. 항간에 떠도는 근거 없는 말은 익명의 신고보다 더 신뢰도가 떨어진다. 가정제는 엄세번을 둘러싼 소문에 믿음이 가지 않아, 삼법사에 공평하게 심문하고 실질적인 증언을 충분히 들으라고 당부했었다. 그러나 서계는 '모든 것이 틀림없는 사실이다', '확실한 증거가 있다'고 상주함으로써 변호나 증거 확보, 대질 심문의 기회까지 사전에 모두 차단하고 다급하게 엄세번을 해치웠다.

이 사실은 많은 이들의 의문을 증폭시켰다. 장거정張居正은『세종실록世宗實錄』에서 엄세번의 사형 선고는 당연한 결과였지만, 그 원인은 '반란죄'가 아니라 그가 '간신배'였기 때문이라고 적었다. 임윤의 상소문이나 삼사의 판결문에서 사용한 '반역 모의'라는 표현은 사실 법의 정당성에 어긋난다. 이는 후일 몇몇 사람들의 관점이었다. 일례로 담천談遷은 "서계는 간당奸黨이라는 명백한 죄목을 버리고, 반역을 꾀했다는 구차한 논리로 엄세번을 처벌했다"라고 지적했고, 지대륜支大綸은 "내각이 한번 지시하면 법관은 복종하고, 형벌도 제대로 집행되지 않으니 이는 도대체 누구의 탓인가"라며 의문을 던졌다. 그렇다. 억울한 사건으로 또 다른 억울한 사건을 무마시키는 이 황당한 논리의 책임은 과연 누구에게 있을까?

아마 서계는 아닐 것이다. 내가 보기에는 심연과 양계성의 죽음도 억울하고, 반역자의 죄명을 뒤집어쓰고 사형된 엄세번의 죽음도 억울한 일이다. 그렇다고 서계를 그러한 문제점을 야기한 장본인으로 몰고 간다면 서계도 억울하다.

서계는 아둔하거나 파렴치한 인물이 아니었다. 간당이라는 명목으로 엄세번을 단죄해야 '정론正論', '정법正法', '정조'에 부합함을 그가 설마 모르겠는가? 또한 광명정대한 방법으로 심연과 양계성의 억울함을 설욕하고 싶지 않았겠는가? 그러나 정당한 방법으로는 불가능했다. 이러한 오심 사건의 최종 결정자가 바로 황제였기 때문이다.

만일 심연과 양계성 사건을 다시 들춰낸다면, 지금의 황제와 서먹해질 것이 분명했다. 물론 황제가 잘못한 일을 비평하거나 바로잡을 수도 있겠지만, 이는 어디까지나 황제가 기꺼이 들어준다는 전제하에서다. 가정제는 자신과 조금이라도 의견이 다르면, 아예 귀담아들을 생각도 하지 않았다. 『명사』「간신전」에는 이런 대목이 나온다.

"황제는 자신을 맹신해서, 타인에게는 과감하게 형벌을 내렸으나 자신의 약점에는 너그러웠다. 엄숭은 이를 악용해 황제의 분노를 자극함으로써, 많은 사람들을 해치고 사욕을 채웠다."

가정제는 고집 센 벽창호였고 독선적인 인간이었다. 또한 다른 사람의 생명은 파리 목숨보다 하찮게 여겼지만, 자신의 체면을 세우는 데는 수단과 방법을 가리지 않았다. 그래서 엄숭이 주변 눈엣가시들을 해치기란 그리 어려운 일이 아니었다. 약점을 숨기고 싶어 하는 가정제의 심리를 이용해 그를 악한 쪽으로 선동하면 그만이었다. 때문에 엄세번은 삼법사가 심연과 양계성의 옛날 사건까지 다시 들추어냈다는 소식을 듣고 감옥에서 기쁨을 감추지 못했다. 그는 그 사건들이 가정제의 의심과 분노를 자극하리라는 것을 잘 알았기 때문이다. 자신의 목보다 삼법사의 관직이 먼저 날아갈지도 몰랐다. 그래서 서계가 황광승에게 쓴 상소 내용을 그대로 상주했다가는 대신들이 엄세번을 대신해 하옥될 거라고 말했던 것이다.

엄세번이 누명을 쓰지 않았더라면 심연, 양계성을 비롯한 많은 이들의 억울함을 달랠 수 없었을 것이다. 장거정의 말처럼 '간당'으로 규정해도 엄세번은 충분히 사형 감이었다. 서계가 근거 없는 죄명을 날조해 간신을 처단한 배경에는 가정제의 배후 압박이 작용했을 가능성이 높다.

엄숭이라는 간신도 결국은 가정제가 키워 낸 것이다. 엄숭은 강서江

西 분의현分宜縣 사람으로 '엄분의'라고도 불렀다. 『명사』에서는 그가 기골이 장대했고 준수한 외모, 우렁찬 목소리, 넘치는 끼와 재주로 명성이 자자했다고 평가했다. 그는 홍치 18년(서기 1505년)에 진사에 급제하여 서길사庶吉士, 편수編修 등 하급 관직을 맡았다가 건강이 악화되어 귀향했다. 고향에서 보낸 십여 년 동안 그는 학문에 정진하고 시문 연습에 몰두했다. 다시 관직에 올랐을 때만 해도 엄숭은 동료 대신들과 가정제의 악행에 일침을 가하는 충신의 대열에 있었다. 그러나 가정제의 격렬한 분노와 히스테리를 접하면서 간담이 서늘해진 그는 재빠르게 간신으로 돌변했다. 그때부터 황제에게 들러붙어 아첨을 일삼고, 권력을 남용해 사리사욕을 채우는 등 돌아오지 못할 길을 걷고 말았다.

그러나 엄숭의 길은 결코 평탄하지 않았다.

많은 역사가들이 지적한 대로, 가정제는 황제 역할을 어떻게 해야 하는지 누구보다 잘 알고 있었다. 제왕이 되는 비법을 일찌감치 터득한 그는 고조 주원장처럼 밤낮없이 고되게 일하거나 현손玄孫 주유교처럼 대권을 타인에게 맡기는 등의 어리석음은 범하지 않았다. 상술했듯이, 가정제는 재위 기간 45년 중 27년 동안 서원에서 지내면서 정무는 뒷전이었다. 그렇지만 국가의 대사는 말할 필요도 없고, 조정에 파리가 몇 마리 날아다니는지와 같은 소소한 일까지 속속들이 알고 있었다. 다시 말해, 그가 재위해 있던 45년 동안 명나라는 철저히 그의 손에 조종되었다. 비록 온종일 단약과 기도, 청사, 여색에만 탐닉했지만 그렇다고 그의 권력이 퇴색하지는 않았다.

일반적으로 황제가 직분을 소홀히 하면 권력을 상실하고 국위가 실추되기 쉽다. 사실 전제주의는 후세 군주에 대한 요구가 그다지 높지 않다. 군주는 그저 선조들이 쌓은 사업 기반과 사직을 유지하며 잘 이끌어 가기만 하면 됐다. 이러한 측면에서 보면 가정제는 적어도 황제로서 할 일은 충분히 수행한 셈이다. 그는 치국과 향락 두 가지 모두를 놓치지 않았다. 남자로서 재미 볼 것은 다 보면서, 황제로서의 직무도 다했다는 말이다. 다시 말하면 그는 황제 직무를 다하면서도 적당히 몸을 편하게 할 줄 알았고, 유흥을 즐기면서도 자신을 망가뜨리지는 않았다.

그런 점에서 가정제는 약삭빠르고 똑똑했다. 그에게는 소위 '국가 대사'의 개념을 철저히 분석하고 정의 내리는 치밀함이 있었다. 국가와 연관된 수많은 정무 중에는 굵직하고 중대한 사안이 있는가 하면, 소소하고 일상적인 일들도 있다. 변변찮은 일상 업무는 물론, 조정 대신들에게 위임할 수 있는 재정, 부세, 군사, 공사, 형률에 관한 일들도 황제에게는 사소한 일에 속했다. 그러한 일들은 그물에 비유하자면, 중심 부분의 벼리(그물의 위쪽 코를 꿰어 놓은 줄-옮긴이)가 아니라 그물코에 해당하는 것들이었다. 여기서 '그물코'는 신하들이 처리할 몫이고, 황제가 꼭 쥐고 있어야 하는 부분은 바로 '벼리'다. 근본적인 핵심 부분만 장악하면 지엽적인 부분은 저절로 따라오게 되어 있다. 마치 그물의 벼리를 들어 올리면 수만 개의 작은 그물코가 저절로 펼쳐지듯이 말이다.

그렇다면 황제가 놓치지 말아야 할 '벼리'는 과연 무엇인가? 바로 권력이다. 즉, 관리들의 임명과 파면, 선발과 처분, 상벌 부여를 결정하는 권한이다. 국가의 실질적인 정무는 각 부문의 관리들이 처리한다. 관리들은 승진을 가장 달가워하고 파면을 가장 두려워한다. 따라서 관리들의 임면권을 쥐고 있다는 것은 곧 그들의 생명 줄을 붙잡고 있는 것이나 다름없었다. 또한 관리들을 쥐락펴락할 수 있다는 것은 천하를 주무를 수 있음을 뜻한다. 중심이 되는 '벼리'를 확실히 쥐고 있기만 하면, 천하를 손아귀에 거머쥘 수 있는 것이다.

황제는 즉위와 동시에 이러한 권력을 누린다. 자고로 신하들은 황제의 아들이자 노예고, 고용인이었다. 그렇기 때문에 신하는 예로부터 '신자臣子', '신복臣僕' 혹은 '신공臣工'이라고 불리기도 했다. 이에 대해 황제는 부친(군부君父), 주인(군주君主), 고용주(군왕君王)로서 관리들의 생살여탈生殺與奪을 결정하는 절대적 권력을 보유하고 있었다. 그러나 이러한 절대 권력을 보유하는 것과 그것을 제대로 사용하는 것은 별개의 문제다.

가정제는 이를 제대로 사용할 줄 아는 황제였다. 심지어 그는 굳이 임면, 상벌의 권력을 행사하지 않고도 '낯빛' 하나만으로 관리들을 통제하는 능력이 있었다. 막 중용된 엄숭이 관리들의 신랄한 비난에 시달린 적이 있었다. 명대는 양경제兩京制(수도를 둘로 나눠 운용하는 제도-옮긴이)'를 실시하고 있어서 남경南京과 북경 두 곳에 중앙 정부가 있었다. 당시 남경과 북경의 급사중給事中(6부 감찰관원)과 어사가 탐관오리를 탄핵했는데 일순위로 거명된 자가 바로 엄숭이었다. 그들은 엄숭이 종실 제후들에게 뇌물을 갈취하고, 그의 아들은 도처의 세력과 결탁하여 뒷거래를 한다고 맹렬히 비판했다.

그러나 가정제는 엄숭의 편을 들었다. 그는 엄숭에게 국사의 해결책을 물은 뒤, 그의 대답이 시원치 않았음에도 불구하고 일부러 티를 내어 칭찬을 했다. 그런 상황이 여러 번 반복되자, 엄숭을 향해 빗발치던 비난의 화살이 어느 순간 뚝 끊겼다. 엄숭에 대한 황제의 편애를 보고, 그를 질타하던 목소리들이 알아서 잦아든 것이었다. 이처럼 가정제가 편들기와 묵인으로 일관하자, 엄숭은 세상 두려울 것 없다는 듯 배짱만 두

둑해졌다. 그는 더욱 악랄하고 교활하게 악행의 강도를 높여 나갔고, 종국에는 천하제일의 대간신으로 변했다.

엄숭은 가정제가 죽으라면 죽는 시늉을 할 정도로 비위를 잘 맞춰 주는 수족이었다. 평소 도사들을 좋아했던 가정제는 도사들이 쓰는 향엽관香葉冠을 제작해 조정 대신들에게 하나씩 나누어 준 적이 있었다. 그때 다른 대신들은 정식 관복이 아니라며 쓰기를 거부했다. 그러나 엄숭은 이를 보란 듯이 쓰고 다녔을 뿐 아니라, 예를 더하기 위해 여기에다 고급 천까지 덧씌워서 가정제의 환심을 샀다.

또 가정제는 자신이 제조한 단약을 종종 대신들에게 나누어 주었다. 다른 사람들은 단약에 독 성분(납과 수은 화합물)이 있다는 걸 알고 먹지 않았지만, 엄숭은 기꺼이 받아먹었다. 그것으로도 모자라, 온몸이 건조하고 가려워 참을 수 없었다는 둥, 겨울에는 반점이 생기고 통증과 어혈이 생긴다는 둥 복용한 후 나타난 증상에 대해서도 상세히 보고했다. 사실 그에게 나타난 이러한 증상은 수은 중독으로 인한 것이었다. 일흔이 넘은 노인이 황제를 위해 '생체 실험용 쥐'가 되기를 자처했다는 사실은 눈물겹기까지 하다. 그런 그에게 황제에 대한 충성심이 부족하다고 질타했으니, 그로서는 억울할 만도 하다.

엄숭의 눈물겨운 노력에도 불구하고, 가정제는 그를 완전히 믿지 않았다. 게다가 나중에는 그를 약 올리고 자극하기까지 했다. 이를테면 엄숭에 대한 황제의 신임을 의심치 않는 대신들 앞에서 일부러 그의 의견을 무시하거나, 반대 의사를 표해 망신을 주었다. 또한 엄숭이 숙직할 때 그를 만나 보지 않고 혼자 내버려 두기도 했다. 한번은 엄숭이 아무리 기다려도 황제의 부름이 없어 나가 보니, 이본과 서계가 서원을 향해

가고 있었다. 내친김에 그들과 함께 서화문西華門에 이르렀으나, 문지기가 두 사람만 들어가게 하고 그를 막아섰다. 당시 엄숭은 명의상으로 아직 수보였다. 차보인 이본과 삼보인 서계가 당당하게 들어가는데, 수보인 자신이 왜 문전박대를 당해야 하는지 엄숭은 아무리 생각해도 알 수 없었다. 그날 그는 집으로 돌아와 아들을 끌어안고 크게 통곡했다고 한다.

엄숭은 총신寵臣에 가까웠지만 권신權臣은 아니었다. 그가 천거한 인재들은 자리를 제대로 보전하지 못하고 물러나는 경우(이부 상서 자리가 공석일 때 구양필진歐陽必進을 추천했으나 3개월 후 퇴출되었다)가 태반이었고, 그의 측근이 죄를 지어도 제대로 손을 쓰지 못하는 경우(조문화趙文華가 황제의 명령을 거역해 강등되었으나 구원하지 못했다)가 많았다.

가정제의 입장에서 엄숭은 마음대로 가지고 놀 수 있는 노리개에 불과했다. 가정제는 엄숭을 필요할 때 품에 두었다가, 쓸모없거나 기분이 내키지 않으면 나 몰라라 외면했다. 또한 엄숭에게 온갖 일을 다 시키고, 그에 따른 책임까지 모두 지도록 했다. 선심 쓰듯 벼락출세의 행운을 쥐여 주더니, 어느 순간 돌변해 그를 헌신짝처럼 취급한 것이다. 그 결과 고상한 탈을 쓴 가정제는 간신을 처단했다고 역사에 길이 이름을 남겼고, 나쁜 일을 앞에서 지휘했던 엄숭은 모든 악명을 다 뒤집어써야 했다. 이게 과연 공평한 결과일까? 황당무계한 논리가 아닌가?

엄세번이 사형된 후 엄숭 역시 모든 재산을 몰수당했다. 모든 것을 다 잃어버린 엄숭은 묘지기의 집에 얹혀 살면서 구걸로 끼니를 연명해야 했다. 불과 3~4년 전, 화려한 부귀영화를 누리던 시절과는 너무나 극명한 대비를 이룬다.

그동안 엄숭이 얼마나 호사를 누렸던가! 나이 많음을 배려하여 가정제는 그에게 수레를 타고 궁 안을 출입할 수 있도록 특별 대우를 해 주었다. 그가 숙직하는 장소가 낡은 것을 보고는 궁내의 작은 건물을 철거한 재료로 즉시 보수해 주었고, 안에 나무와 화초도 심어 주었으며, 매일 술과 음식을 날라다 주었다. 그런데 말년의 그는 묘지기의 집에 살며 죽을 날만 기다리는 서러운 신세였다. 엄숭의 최후는 속된 말로 애완동물보다 못했다. 애완동물을 키우는 사람도 자신의 강아지를 '상갓집 개'가 되도록 방치하지는 않는다.

　　여기까지 이야기하다 보니 만감이 교차하여 사詞 「채상자采桑子」 한 편을 지어 보았다.

버들개지 날려 바람에 춤을 추고 飜飛柳絮風中舞

위로도 황당하고 上也荒唐

아래로도 황당하니 下也荒唐

40년이 모두 한바탕 꿈이로다 四十年來夢一場

군주를 모셨으나 남산 호랑이를 곁에 둔 격이니 伴君如伴南山虎

기쁨도 무상하고 喜也無常

분노도 무상하니 怒也無常

제왕은 어리석고 독단적이로다 混賬專橫是帝王

제5장

살아 있는 정신의 힘

미약한 이들의
미약하지 않은 힘

얼마 전 샤젠융夏堅勇의 『사라진 찬란함湮滅的輝煌』(東方出版中心, 1997년 판)을 다시 읽었다. 그의 역사산문은 기품으로 보나 식견으로 보나 대단히 탁월하다. 하지만 세인에 대한 영향력과 판매량은 생각보다 저조했다. 참으로 불공평한 현상이다. 그러나 샤젠융의 말처럼 세상에는 불공평한 일 천지니 아무리 탄식한들 소용이 없다.

본론으로 돌아와서 그가 그런 문장을 쓰게 된 동기를 살펴보자.

「적막한 소석만小石灣」이라는 제목이 붙은 이 책의 첫 번째 장은 청나라 순치順治 2년, 서기 1645년의 일들을 적고 있다. 철갑으로 무장한 청나라 철기군은 거침없는 파상 공세를 펼치며 한 달 만에 경구京口(지금의 진강鎭江) 이남 지역을 장악했다. 함락당한 성의 장수와 관리들은 투항하거나 줄행랑을 쳤다. 패잔병들은 산이 무너지듯 퇴각했고, 투항하는 자들이 구름처럼 몰려들었다.

대학사영병부상서함大學士領兵部尙書銜(국무위원 겸 국방 장관에 해당한다)인 사가법史可法이 이끄는 양주군揚州軍도 싸움에서 하루도 버텨 내지 못했다(사가법은 이 전투에서 전사했다). 양주 땅 도처에 널린 시체 더미와 혈흔들은 양쪽 군사들이 결투한 흔적이라기보다 팔기군八旗軍이 벌인 야만적인 대학살극의 결과였다. 그러나 승승장구의 연속이었던 철기군은 강음江陰이라는 작은 도시에서 최악의 저항 세력을 만난다. 6만에 달하는 농민 의용군은 24만의 청나라 철기군에 대항해 고립된 성을 81일 동안 지킴으로써, 세 명의 왕과 장수 18명을 연이어 요절내고, 청나라군 7만 5천 명을 죽였다.

성이 함락되던 날 농민군 중에 항복하는 자는 하나도 없었으며, 생존자는 노인과 아이 50여 명에 불과했다. 가슴을 쓸어내릴 정도로 아찔하고 대단한 사건이었다. 그런데 이 저항 세력을 이끈 인물이 세간에 전혀 얼굴이 알려지지 않은 인물이었다는 사실이 더욱 놀랍다. 그 주인공은 한때 강음현 전사典史(정과급 공안국장)를 지냈던 염응원閻應元이었다.

염응원은 포로로 잡힌 후에도 정의를 위해 용감히 싸웠다. 그는 청나라 조정 패륵貝勒(친왕親王, 群王의 아랫니자 패자貝子의 위인 세 번째 등급의 귀족)에게 무릎 꿇기를 끝까지 거부하다가 칼에 찔려 정강이 부분이 손상되었다. 그러나 피가 분수처럼 터져 나오는 상황에서도 그는 끝까지 무릎을 굽히지 않았다.

오중吳中(지금의 강소성江蘇省 소주蘇州-옮긴이) 지역의 의용군 수장 손조규孫兆奎도 배포가 대단한 인물이었다. 그는 간에 붙었다 쓸개에 붙었다 하던 명나라 장군 홍승주洪承疇의 코를 납작하게 만들었다. 홍승주는 청에 투항한 관원 중에서 가장 지위가 높고 유명했던 인물이었다. 그가 송산松山에서 포로로 잡혀 청에 투항한 후, 명의 숭정제는 그가 전사한 줄 알고 슬퍼했다. 심지어 그가 배신했다는 사실을 까마득히 모른 채, 그를 기리기 위한 소충사昭忠祠까지 짓도록 했다. 손조규가 포로로 잡혀 오자 홍승주가 그를 심문했다.

"전쟁터에서 왔으니 양주에서 성을 지키던 사가법이 진짜 죽었는지 살아 있는지(당시 사가법이 아직 죽지 않았다는 소문이 돌고 있었다) 알고 있겠구려?"

그러자 손조규가 반문했다.

"당신은 북방에서 왔으니 송산에서 순국했다는 홍승주가 정말 죽었는지, 아직 살아 있는지 아시겠구려?"

홍승주는 수치심과 분노로 얼굴이 벌겋게 일그러졌고, 다급하게 그를 참수하라고 명했다. 염응원은 관직에서 물러난 사람이었지만 청의 관군을 대파하는 저력을 보였고, 손조규는 포로 신세였지만 생사여탈권을 쥐고 있는 총독을 산송장 취급할 정도로 배짱이 두둑했다. 이는 웬만한 사람들은 감히 상상도 못 할 행동이었다.

승리자의 칼 앞에서 죽을지언정 절대 굴복하지 않는 그들의 모습에 만주족들은 혀를 내둘렀다. 염응원, 손조규처럼 강직하고 도전적인 사람들 외에 미약한 힘이나마 반항을 시도하는 서생들도 꽤 있었다. 예를 들면 단식하다 죽은 절강浙江 소흥紹興 출신 유종주劉宗周, 의병 모집에 앞장섰던 절강 여요餘姚 출신 황종희黃宗羲, 기의로 청에 항거한 강소 곤산昆山 출신 고염무顧炎武, 무영전 대학사 신분으로 강서 지역에서 항전하다 포로로 잡힌 복건福建 장주漳州 출신 황도주黃道周 등이다. 황도주가 홍승주에게 반항한 방식은 더욱 고단수여서, 아예 투항이라는 단어를 입에 올리지도 못하게 만들었다. 그는 감옥 문에 다음과 같은 대련對聯을 손수 지어 붙여 놓았다.

"역사의 기록은 영원히 남으니 비록 이름을 날리지 못했으나 본받을 만하고史筆流芳, 雖未成名終可法, 은혜는 넓었으나 보국하지 않고 오히려 원수로 돌아섰도다洪恩浩蕩, 不能報國反成仇."

언뜻 보기에는 평범한 대련 같지만 깊은 속뜻이 있었다. 여기서 '종終'은 충성을 뜻하는 '충忠'과 발음이 흡사하고(終과 忠은 둘 다 'zhong'으로 발음됨-옮긴이), '성구成仇'는 홍승주의 이름인 '승주承疇'와 발음이 비슷하다(成仇와 承疇는 둘 다 'chengchou'로 발음함-옮긴이). 또한 대련의 두 구절에서 각각 첫 번째 글자와 마지막 세 글자를 조합하면 '사종가법, 홍반성구史終可法, 洪反成仇'라는 구절이 탄생한다. 이 구절을 유사 발음을 가진 한자로 대체하면 '사충가법, 홍반승주史忠可法, 洪反承疇'가 되는데, 이는 바로 '사가법은 충신이며, 홍승주는 반역자'라는 의미다. 즉, 사가법은 은혜를 원수로 갚는 홍승주와는 달리, 만인이 본받아야 할 인물임을 강조하고 있다.

당시의 도덕관념에 따르면, 사대부로서 나라에 보답하지 않는 것은 대단히 부끄러운 일이었다. 거기다가 배신하여 원수로 돌변하기까지 했다면 그보다 더 배은망덕하고 파렴치한 행위는 없었다. 황도주에게 제대로 한 방 맞은 홍승주는 얼굴을 들지 못하고 당장 그를 처형하라고 명령했다. 황도주는 멀리 효릉孝陵을 향해 절을 한 후, 꼿꼿이 앉아 태연작약하게 죽음을 맞이했다.

전율이 느껴질 정도로 감동적인 최후다.

명대는 중국 역사상 가장 어둡고 침울한 왕조였다. 명대의 황제들 중

정상적으로 정치를 돌본 사람은 드물었다. 대부분 지극히 잔인하거나(홍무제), 성질이 난폭하거나(영락제), 주색에 빠져 방탕한 나날을 보내거나(정덕제), 미신에 심취해 있었다(가정제). 명대 마지막 황제(숭정제)는 그나마 정치에 힘을 쓰는 편이었으나 벽창호 기질을 지닌 데다 무고한 자들에 대한 살인을 남발했다(청에 대항한 명장 원숭환袁崇煥도 그의 손에 억울하게 죽었다). 남명南明 왕조의 부패와 혼란은 더욱 극에 달했다(홍광제弘光帝는 군중을 동원해 두꺼비를 잡아다 춘약을 제조하는 데만 관심을 쏟아 '두꺼비 천자'라는 별명도 있었다). 그러니 명의 백성들이 무엇을 믿고 나라를 위해 충성하겠는가?

사실 보답할 만한 충분한 명분도 없었다. 샤젠융은 이렇게 말했다.

"당시 백성들은 조정의 은택을 거의 받지 못했고 대부분 강호 멀찍이 물러서서 지향점 없이 우울하게 보냈다. 반면 상대적으로 많은 혜택을 누리는 구왕조의 기득권 세력은 상황이 변하면 그 누구보다 빠르게 돌아섰다."

의미심장한 말이긴 하나, 나는 그의 해석에 완전히 동의하지는 못하겠다.

누구를 위해 절개를 지키나

샤젠융의 해석에 따르면, 기득권자들이 쉽게 배반하는 데 반해 유종주, 황종희, 구염무 같은 연약한 서생들이 오히려 들고 일어나 반항을 하는 이유는 후자가 지식인이기 때문이다. 그들이 추구하고 지켜 내고자 하는 것은 단순한 하나의 왕조가 아니라 뿌리 깊은 문화였다. 강남은 지식인들이 밀집한 지역이었다. 구왕조가 멸망할 때 가장 가슴 아프게 통곡했던 집단 중 하나가 강남의 지식인들이었다.

이는 한때 상당히 유행하던 견해였다. 이를테면 왕국유王國維의 죽음을 청나라를 위한 순국이 아니라 문화를 위한 순국으로 해석하는 것이다. 이 지식인들은 중국의 문화(혹은 한漢 문화)를 풍부한 매력을 지닌 위대한 유산이라고 여겼다. 자기 민족 스스로 애지중지할 뿐 아니라 이민족들도 흠모하고 숭배했던 것이다.

이 점을 증명하기 위해 학자들은 약속이나 한 듯이 강희제를 예로 들며, 위풍당당하던 한漢 문화가 어떻게 이민족 정복자를 사로잡았는지 설명한다. 샤젠융의 「적막한 소석만」과 위추위餘秋雨의 「왕조의 그림자」에서는 이구동성으로 이렇게 말한다. 샤젠융은 "강희제가 강녕江寧 상주문을 읽고 지시할 때 한漢 문화에 대한 억제할 수 없는 열정을 적나라하게 드러냈다"고 말했으며, 위추위는 "강희제가 몸소 정사를 돌볼 당시, 대청大淸 왕조는 한漢 문화에 대한 통제 불능의 열성을 이상한 형식으로 표출했다"고 묘사했다. 두 사람의 서술 방식은 거의 흡사하다. 특히 '억제할 수 없는 열정'과 '통제 불능의 열성', '드러냈다'와 '표출했다' 등의 표현은 영락없는 판박이다. 중화 문화가 그토록 화려하고 대단했다면, 희생과 순절을 감수하고 심지어 기존의 정권을 배신하면서까지 그것을 수호하고자 한 것이 이상할 일도 아니다.

사실 이러한 논리에 딴죽을 걸 만한 합당한 이유가 없다. 또한 이를 입증하는 근거가 명백히 존재한다. 강희제가 한漢 문화에 대해 가진 강렬한 열정이 지식인들에게 진실로 와 닿으면서, 그들 중 일부는 기존에 대항하고자 했던 마음을 접기 시작했다. 청나라 조정과 불구대천의 원수 사이였던 황종희는 심지어 아들인 황백가黃百家에게 황가의 수사국修史局에 들어가 강희제가 추진하는 『명사』 편수 작업에 동참하라고 했다. 이는 당초 황종희 일파가 청나라에 반항한 궁극적 목적이 한漢 문화를 수호하는 데 있었음을 입증하는 증거다. 한漢 문화가 별 탈 없이 무사히 유지되는 데다 한漢 문화에 대한 강희제의 열정이 한족들을 능가할 정도니 굳이 그에게 반기를 들 이유가 있었겠는가?

공자의 철학에서도 그 이론적 근거를 찾아볼 수 있다. 공자는 문화가 종족이나 정권보다 우선이라고 주장했다. 한번은 공자의 제자인 자로子路와 자공子貢이 관중管仲이 인仁을 다하지 않았다고 비난했다. 원래 보좌하던 공자公子 규糾가 암살당했으나 관중은 동료 장수 소홀召忽처럼 자결을 택하지 않고, 오히려 원수인 공자 소백小白(훗날의 환공桓公)에게 투항했으니 '인'을 거역했다는 것이다. 그러나 그때 공자가 말했다.

"관중이 아니었다면, 나도 머리를 풀어 헤치고 옷섶을 왼편으로 여미는 오랑캐가 되었을 것이다."

즉, 옷섶을 어느 방향으로 여미는지(문화)가 누구를 군주로 삼느냐(정권)보다 더 중요하다는 뜻이다. 결국 문화가 최우선이고 왕조는 그다음이므로 왕조가 멸망하더라도 문화만 살아 있으면 된다는 말이다.

하지만 나는 이러한 모호한 견해에 대해 줄곧 의구심을 지울 수 없었다. 정말 그렇다면 한족 정권이 교체되던 시기에 목숨 바쳐 절개를 지킨 선비들이 없어야 하는 게 아닐까? 하지만 그렇지도 않았다. 방효유方孝孺만 봐도 알 수 있다. 그는 명 영락제의 황위 찬탈에 항거하다가 십족十族과 함께 주살당하는 극형에 처해졌다. 그 외에도 진적陳迪, 제태齊泰, 황자징黃子澄, 모대방茅大方, 경청景淸, 연영連楹(심지어 이 두 사람은 몸에 칼을 품고 영락제에게 필사적으로 대항했다) 등 그 수가 헤아릴 수 없이 많았다.

영락제의 황위 찬탈은 황족 내부 갈등의 성격이 강했으므로, 누가 이기든 결국 '주朱'씨가 정권을 장악하게 되어 있었다. 중원의 주인이 바뀌는 것도, 문화의 생존과 직결되는 것도 아니었다. 그럼에도 불구하고 목숨을 바쳐 순절하는 자가 있었다. 궁정 내에서 벌어진 정변에서도 이 정도인데 왕조의 교체기에는 오죽했겠는가?

유종주, 황종희, 고염무 등이 자신들의 문화에 강한 애착을 가졌음은 분명하다. 그렇다면 황승주는 애정이 없었을까? 문화가 사라지는 것을 보고도 무덤덤하게 뒷짐만 지고 있었을까? 그렇다고 단정할 수는 없다. 홍승주도 포로로 잡히자마자 얼씨구나 하고 바로 투항한 것이 아니었다. 단식까지 감행하며 투항을 거부하다가 나중에야 손을 들었다. 아무리 봐도 그 과정에는 문화라는 요소가 개입되어 있지 않은 듯하다. 실제로 당시에는 청나라에 반기를 들고 항거한 지식인도 많았지만, 전겸익錢謙益처럼 청에 항복한 사람들 역시 적지 않았다. 홍승주가 한漢 문화에 애착이 없었다는 것도 말이 안 되지만, 전겸익과 같은 지식인이 문화에 상관없어했다는 논리는 더욱 말이 안 된다.

또한 유종주, 황종희, 고염무 등이 중화 문화를 수호하기 위해 순절을 마다하지 않았다고 한다면, 염응원, 손조규의 경우는 어떻게 되는 것인가? 염응원은 문화나 교양과는 거리가 멀었다. 샤젠융도 그가 사원 벽에 시를 썼다는 일화는 후대 사람들이 지어내거나 조작했을 가능성이 높다고 말했다. 마치 기자들이 영웅적인 인물을 돋보이게 하기 위해 그럴듯한 수식어를 덧붙이듯이 말이다.

그는 지식인들이나 농민군의 부탁을 받아 강음으로 돌아와 반란을 지휘한 것이 아니었다. 염응원과 손조규가 청에 반기를 든 직접적인 이유는 조국이 이민족의 손에 장악되고, 고향이 무참히 짓밟히고, 가족과 친구들이 유린당하는 모습을 차마 볼 수 없어서였을 것이다. 문화적 요소는 전혀 개입되어 있지 않았다. 그들이 만일 정말 문화를 지키기 위해 죽었다 치자. 후에 청나라 사람들이 중화 문화를 존중하고 권장했다는 사실이 입증된다면, 그들은 스스로의 편견이나 역사적 오해로 인해 죽음에 이른 것이니 억울하지 않겠는가?

문화는 중요하나 근본은 아니다. 문화를 위해 목숨을 기꺼이 바치는 사람(유종주도 그중 한 사람이다)도 있지만 모두가 그렇지는 않다. 문화적 요소 자체가 계속 싸울지, 투항할지를 결정하지는 못한다. 프랑스 역시 찬란하고 화려한 문화를 지닌 나라다. 그러나 프랑스 작가 피에르 미켈 Pierre Miquel은 『프랑스사』에서 문화에 대한 개인적 견해를 솔직히 풀어 놓았다.

"2차 세계대전 초기에 오토바이를 탄 독일 국방군 두 명이 어느 도시에 투항하러 오자 프랑스 사병들은 독일인을 향해 발포했고 군중들은 이를 비난하고 질책했다. 또한 얼마 전 텔레비전에서는 완전 무장한 독일군이 노르망디 상륙으로 포로가 된 동맹군 사병을 끌고 다니며 조리돌리는 장면이 방영되었다. 그때 현지 민중들은 그들을 해방시키러 온 포로군을 향해 침을 뱉고, 욕설을 퍼붓고, 발길질까지 했다. 위대한 프랑스 문화는 그 순간 어디로 사라져 버린 것일까?"

실제로 문화는 지식인들의 주장처럼 그렇게 중요하지는 않다. 찬란한 문화를 지닌 민족 모두가 그 문화를 사수하기 위해 목숨을 바쳐 나라를 지킨다고 보장할 수도 없다. 이라크나 프랑스가 그랬고, 우리 역시 마찬가지다.

그러니 더 심층적인 원인을 파헤쳐 볼 필요가 있다.

이치를 향한 집착

다시 샤젠융의 「적막한 소석만」으로 돌아오자.

이러한 표제어를 쓸 당시 그는 분명 침울했을 것이고, 심지어 비분의 감정까지 치밀어 올랐을 것이다. 방대한 분량의 『명사』와 『청사고淸史稿』를 아무리 뒤적여 보아도 온 세상을 발칵 뒤집어 놓았던 강음항전抗戰에 대한 언급은 찾아볼 수 없다. 전사 염응원의 묘도 흔적을 찾을 길이 없다. 조정의 역사 편찬 학자들도 시국을 감안하지 않을 수 없었기에, 염응원과 같은 이들은 숙명적으로 외롭게 마지막 길을 맞이할 수밖에 없었다. 나라가 혼란하고 민족이 위기에 처하면 이름 있는 큰 인물은 절개를 지키는 것만으로도 충분하지만, 이름 없는 약한 사람들은 마땅히 목숨을 걸고 사지로 돌진해야 한다는 논리나 마찬가지다.

아이러니하게도 국난이 닥쳤을 때 용감하게 앞장서서 헌신하는 사람은 그동안 국가의 혜택을 받았던 사람들이 아니라, 평상시에 뜻을 세우지 못했던 민간인들이다. 이를테면 강호에서 쥐 죽은 듯 살고 있던 평범한 백성이나 유약한 서생들이 주를 이룬다. 샤젠융은 씁쓸한 마음을 감추지 못하며 이렇게 일침을 가했다.

"태평성대에는 천하가 고관과 귀인의 수중에 있지만, 위험천만한 난세에 이르면 천하는 평범한 백성들의 것이 된다."

참으로 절묘하고 통쾌한 지적이다. 이것이야말로 '천하흥망, 필부유책天下興亡, 匹夫有責(명나라 말기의 학자 고염무의 말-옮긴이)'이라는 말에 대한 최고 해석이 아닐까 싶다. 즉, 국가가 흥성할 때는 보통 사람들에게 돌아가는 몫이 없지만, 국가가 위기에 처하면 보통 사람들에게도 책임이 있다는 의미다.

이러한 현상의 원인을 밝혀내려면, 분명 복잡하고 쉽지 않은 과정을 거쳐야 할 것이다. 하지만 한 가지 분명한 점은 고관대작들 대부분이 모든 문제에 접근할 때 자신들의 이해관계를 고려한다는 것이다. 물론 임칙서林則徐(중국 청나라 정치가로 강경 수단을 통해 아편 밀수의 근절을 꾀했으며, 양무洋務운동의 선구자로 알려져 있음-옮긴이)는 "오직 국가의 이익을 위해 생사를 걸 것이니, 어찌 개인의 화를 염려해 그 길을 피할 수 있으리오"라며 비장한 각오를 내비치기도 했다. 하지만 이는 임칙서와 같이 남다른 지조를 지닌 관리에게만 해당되는 말이다. 다른 관리들은 아마 이익이 있다면 그곳으로 우르르 몰려가다가도, 화를 입는다고 하면 잽싸게 피해갈 것이다. 반면, 원래부터 건질 이익이 없었던 평범한 필부들은 위기와 시련이 닥치는 순간 가장 먼저 '의義'를 떠올렸다.

'의'란 문화학자 팡푸龐朴의 해석에 따르면 '마땅함宜', 즉 당연히 해야 하는 것이다. 그런 면에서 '이理'와 통하므로 합쳐서 '의리義理'라고도 한다. 앞서 말한 민간인, 즉 농민이나 서생들이 유명 인사들보다 더욱 지조를 지키려 했던 이유는 바로 이치에 대한 집념 때문이다. 농민들은 '목이 없어져도 무릎은 절대 꿇지 않겠다'는 신조를 끝까지 지켜내려고 했다. 황도주는 사형 직전에 손가락을 깨물어 "삼강오륜이 영원하듯 절개도 변하지 않는다"는 혈서를 썼다. 이는 당시 서생들이 고집스럽게 지켜 내고자 했던 이치이기도 했다. 그들은 이러한 고집 때문에 이민족 군대와 맞서 싸우고 조정에 대항하는 대범함을 보일 수 있었다.

명나라 만력 연간에 조정 대신(주로 유가의 정통 관념을 고수했던 '방정지사 方正之士')들이 태자 옹립 문제로 신종과 장기간 대치한 적이 있었다. 그들은 황제가 평소 자신이 총애하던 셋째 아들을 태자감으로 점찍어 두자 이를 반대하고 일어섰다. 대신들은 파면의 위험을 감수하고 의지를 관철시키고자 끊임없이 주청을 올렸다. 결국 장자인 주상락을 태자로 세우고서야 그들의 원성은 잦아들었다.

오늘날의 기준으로 보면 그러한 논쟁은 정말 무의미하고, 심지어 무료하기까지 하다. 장자가 태자가 되면 어떻고, 차자次子가 태자에 오르면 또 어떠한가? '적자嫡子가 있으면 적자를 태자로 삼고, 적자가 없으면 장자를 태자로 삼아야 한다'는 원칙의 근거는 도대체 무엇인가? 장자가 총명하고 후덕하여 반드시 국가를 잘 다스릴 것이라는 보장도 없고, 차자가 능력이 부족하거나 난폭하여 백성들에게 해만 입힐 것이라는 보장도 없지 않은가? 그러한 사고는 분명 현실 상황에 잘 들어맞지 않는다.

현실성이 떨어지는 죽은 이론에 불과하다. 하지만 이러한 '이론'은 교과서적이기 때문에 그에 대한 집념도 더욱 가치 있게 여겨진다. 만일 좀 더 현실성 있는 이론(예컨대 '때를 알고 노력하는 사람이 인재다' 같은 것)이었다면 그다지 대단할 일도 아니다. 다시 말해 당시 그들이 맹신할 수 있었던 것은 오직 '죽은 이론'뿐이었다.

따라서 세상 물정에 어두운 서생들의 '죽은 이론' 맹신 현상에 대해 우리는 좀 더 객관적이고 변증법적인 태도를 취할 필요가 있다. '삼강오륜'이니 '절개'니 하는 유교 덕목들은 오늘날의 분위기와는 어울리지 않는다. 하지만 그러한 덕목들이 '천리天理'로 여겨지던 시대에 그를 따르고자 했던 올곧은 신념과 고집 그 자체는 적극 본받아야 할 정신이다. 그들이 중시했던 이치가 진리인지 여부와 그것을 끝까지 견지할 것인지의 여부는 전혀 다른 문제다. 이는 '진리를 따르고 잘못을 수정해야 한다'는 이론과도 전혀 모순되지 않는다.

진리에 따르기 위한 전제 조건은 우선 진심으로 납득하는 마음을 갖는 것이다. 그래야만 몸이 저절로 따라갈 수 있다. 진리의 내용을 적극 공감하고 심복할 수 있어야 비로소 따르고 실천할 수 있다. 잘못임을 알면서도 끝내 인정하지 않는 것은 교과서적 억지 논리가 아니라 잘못을 덮고 진실을 은폐하는 속임수다. 또한 옳은 것을 알면서도 적극적으로 따르지 않는 것은 줏대 없음에 다름 아니다.

우리가 추종하는 '죽은 이론'에는 한 가지 본질적인 특성이 있다. 그 '이치'가 따르는 자 스스로 공감하고 인정하는 내용이라는 것이다. 물론 타인의 의견을 본인이 적극 수용하고 받아들인 경우도 포함된다. 그렇게 맹신한 이치가 실제로도 과연 합리적인지 여부는 별도로 다뤄야 할 문제다. 여기서 중요한 것은 끝까지 믿음을 놓지 않으려는 그 정신이다.

이런 정신의 힘을 우습게 봐서는 안 된다. 중국이 역사적으로 숱한 굴곡을 겪으면서도 무너지지 않고, 중화 민족의 문화가 모진 세월 속에서도 명맥을 유지할 수 있었던 비결에는 몇천 년간 틀에 박힌 이치를 고수하고자 했던 이들이 있다. 가식 없이 있는 그대로의 역사를 서술하고자 했던 사마천이나, 냉철하고 강직하게 법을 집행했던 강항령強項令(후한 광무제光武帝 때 철저하게 법을 집행했던 현령 동선董宣을 말함-옮긴이)이 그랬고, 끝까지 굴복하지 않았던 농민들, 이치를 고수하며 필사의 투쟁을 한 서생들, 죄인으로 몰릴지언정 할 말은 하고자 했던 농촌의 부녀자들도 그랬다. 그들은 한번 옳다고 인정한 것은 하늘이 무너져도 지켜내려고 했다는 점에서 닮아 있다.

이는 지위 고하를 막론하고 모든 이들이 지향하고 경건히 받들어야 할 정신이다. 그런 정신이 있었기에 중국은 침략자와 독재자들을 내몰 수 있었다. 칼 위의 피를 닦기도 전에 목을 내놓겠다고 달려오는 자들이 지천에 널려 있었으니, 그들을 상대하는 것이 벅차고 질리지 않았겠는가? 때문에 강권強權과 폭정으로 일관한 정권들은 한동안 득세하여 날뛰다가 결국 치욕스러운 최후를 맞고 퇴장할 수밖에 없었다.

사람이라면 정신의 끈을 놓아서는 안 된다. 국가와 민족도 정신이 살아 있어야 한다. 파죽지세의 청나라 철기군이 강남에서 주춤할 수밖에 없었던 이유는 그곳에 무너지지 않는 정신으로 무장한 민중의 의기義氣가 살아 숨 쉬고 있었기 때문이다. 결국 강남 지역 역시 청나라 군대의 손에 함락될 수밖에 없었지만, 이는 '민중들의 비난 공세'가 '철제 무기의 공세'를 감당하기에 역부족이었기 때문이다. 하지만 그 사건을 계기로 청 조정이 남방 지역의 사인士人을 대하는 태도가 돌변했다.

이러한 희극적 반전이 단지 한漢 문화에 대한 강희제의 억제할 수 없는 열정에서 비롯되었을까? 아마 그 열정 속에는 앞서 이야기한 정신에 대한 존경심도 포함되어 있었을 것이다. 영웅은 영웅을 알아보고 아끼게 마련이다. 강희제의 정신이 살아 있는 이상, 그 역시 남방 지역 유민들의 정신을 아끼고 존중하지 않을 수 없었을 것이다. 명대 충신들의 충의를 기린 것도 그 일환이었다. 전사 염응원도 강음의 충의사忠義祠에 들어갔다. 강희제의 이러한 판단은 매우 대범하면서도 현명한 것이었다. 정신은 추상적 형태로 시대를 막론하고 가치를 발하기 때문이다. 즉, 염응원, 황도주 등이 고수했던 정신이 명나라에서 쓸모 있게 쓰였다면 청제국에서도 여전히 유용할 수 있다.

건륭제의 자승자박

강희제의 현명한 정책 덕분에 중국 최후의 왕조 청은 초유의 전성기로 진입했다. 그러한 기세라면 내리막길 없이 영원히 번성할 것만 같았다. 하지만 결국 대청 제국도 멸망했다. 그들의 멸망에는 대외적 요인과 대내적 요인이 모두 작용했다. 대내적 요인은 건륭제의 문자옥文字獄(말과 글, 사상에 대해 탄압-옮긴이)에서 시작되었다. 건륭제가 문자옥으로 서생들의 기를 죽일 때부터 청나라의 멸망은 서서히 예고되고 있었다.

　변화의 바람이 휘몰아치던 시대에 많은 민간인들이 반청복명反靑復明 운동에 가담할 수 있었던 힘은 은원恩怨(명 왕조의 은택을 받았는지 여부)을 따지지 않고 끝까지 이치를 지켜 내고자 하는 정신이었다. 그러한 정신력을 바탕으로 그들은 목숨을 걸고 보잘것없는 남명 왕조를 지키고자 했다. 이처럼 든든한 충절 깊은 선비들의 호위를 받고 싶었다면, 청도 애초에 이치를 중시하는 그들의 정신을 존중해야 했다. 그러나 안타깝게도 건륭제는 그러한 정신을 억누르고 아예 숨통까지 끊어 놓으려고 안달이었다. 그 사이 나라의 안위를 걱정하는 우국지사들 사이에는 '청 왕조를 뒤집어야만 중국을 구할 수 있다'는 신념이 퍼져 나갔다. 건륭제의 문자옥은 중화 민족의 영혼을 짓누를 수 없었으며, 오히려 스스로 무덤을 파는 결과만 초래했다.

건륭제가 백성들의 영혼과 신념을 무시하고 일방적인 충절만을 강요하니, 그나마 청에 정을 붙이려던 사람들의 마음까지 돌아서게 되었다. 이치를 끝까지 지켜 내는 정신이란, 스스로 옳다고 인정하는 논리를 시종일관 견지하고 합리화하는 것이다. 이는 절대 강요나 압박에 의해 형성되는 것이 아니다. 이러한 정신이 보편화되려면, 자유로운 공간과 학자들의 독립적 인격이 보장되어야 한다. 굳이 학자들이라고 한정한 이유는 그들이 고집스럽게 이론을 고수하는 대표 집단이기 때문이다. 학자들은 대부분 학식이 두텁고 이치에도 밝다. 학식이 있음은 곧 시비是非를 분간할 줄 안다는 뜻이요, 이치에 밝음은 터득한 이치를 중시한다는 뜻이다. 게다가 이들은 경서經書를 통해 다양한 고사故事와 이치를 익히는 과정에서 자신의 믿음에 더욱 확신을 갖는다. 그래서 학자들은 대부분 미련하고 폐쇄적인 성향이 있다. 책상물림이니 샌님이니 하는 말도 미련하고 고집스러운 성격을 꼬집는 말이다. 서생들에게는 지식과 고집이 함께한다. 그러나 미련하지 않은 사람은 이치에 대한 집념도 없다. 그래서 학자들은 책상물림이라 불리며, 이치를 사수하려는 의지도 가장 확고한 것이다.

학자들의 이러한 자존심은 주로 정치에 대한 관심으로 표출된다. 그들은 국가가 위기에 처한 데에는 자신들도 분명 책임이 있다고 여긴다. 여기에도 다 이유와 전통이 있다. 첫째, 학자들은 원래 '사士' 출신이다. 사인들은 적어도 춘추전국春秋戰國 시대부터 천하의 일을 자신의 소임으로 여겨 왔다. 둘째, 문관 제도를 실행한 왕조 시대에 관직은 기본적으로 학문을 익힌 문인들의 차지였다. 그로 인해 학자들은 자신이 국가의 대사에 관심을 가지는 것이 지극히 당연한 의무라고 여겼다. 그래서 국가에 무슨 일이 있으면 나서서 한마디씩 했다. 좀 더 열성적인 경우는 동림당처럼 정기적으로 모임(매월 한 번 사흘간)을 열어 사안을 논의하기도 했다.

그들의 이러한 움직임은 미운털이 박힐 만도 했지만 그렇다고 두려울 것도 없었다. 사실 학자들은 이치를 고수하는 것 외에는 별다른 능력이 없었다. 그냥 그들이 하는 대로 내버려 두는 게 나았다. 비논리적인 이론을 주장해도 한 귀로 듣고 흘려버리면 그만이다. 억지로 그들의 입을 틀어막을 필요는 없었다.

진보적인 전제 정치를 지향하는 왕조 시대에는 대놓고 황제를 욕하지만 않는다면 언론의 자유가 어느 정도 보장되는 편이었고, 서생들의 기개도 끊임없이 이어져 내려왔다. 그들은 국가가 위기에 처하면 과거의 은원에 연연하지 않고 용감하게 나라를 위해 싸웠다. 설령 무기의 공세에 밀린다 해도 그들의 용기는 민심을 고양하고 백성들의 사기를 진작하는 데 톡톡히 기여했다.

그러나 건륭제는 이를 용납하지 않았다. 그는 자신의 노선에 방해가 되는 모든 이들의 입을 틀어막으려고 했다. 그의 욕구가 실제로 반영되면서 청대 학계에는 건가학파乾嘉學派(고증과 문자, 성운聲韻, 훈고訓詁 등의 학문을 위주로 연구했던 학파-옮긴이) 하나만 남았다. 동림당원은 물론 진정한 의미의 학자들은 모조리 사라졌다.

학자들에게는 읽고 말하는 것, 그리고 그와 관련된 '사상'이 전 재산이다. 그들의 입을 막고 말하지 못하도록 하면 그들의 영혼을 반쯤 죽이는 셈이 된다. 말할 수 없다는 것은 곧 생각할 수 없다는 뜻이다. 사상이 차단되면 그들의 나머지 반쪽 영혼도 자연히 시들어 버린다. 결국 껍데기만 남은 학자들은 '맹목적인 책 읽기'와 '쓸모없는 책 읽기'만 되풀이하게 되면서 진정한 학문은 전멸하고 만다. 즉, 문자옥의 강도가 높아질수록 학자들은 기를 못 펴고, 건륭제가 건재하고 장수할수록 학자들의 기개는 위태로운 거미줄처럼 약해질 수밖에 없었다.

인간의 영혼이 사라지면 어떻게 될까? 동림서원東林書院이 폐쇄(천계天啓 6년 4월, 서기 1626년)된 지 채 20년이 못 되어 명 왕조는 멸망했다. 그러나 명 왕조의 정책은 단지 육체를 소멸시키는 것에 불과했다. 이에 비해 건륭제의 정책은 영혼까지 여지없이 묵살하는 것이었다. 명나라에도 태조 홍무 연간부터 서원을 폐지하거나 선비들을 박해했던 기록(장거정조차 이 일에 가담했다)이 남아 있긴 하지만, 학자들의 집요한 고집을 완전히 소멸시키지는 못했다. 없애기는커녕 오히려 갈수록 부채질했다. 그들은 집요하게 물고 늘어지는 성격이어서 채찍을 가할수록 더욱 완고하게 돌아섰다. 덕분에 계란으로 바위 치기에 불과했던 반청 운동이 일어날 수 있었다. 그러나 청 말기에는 그와 같은 모습을 찾을 수 없었다. 혁명당革命黨이 반란을 일으키고, 원세개袁世凱(청 말 군인 겸 정치가. 신해혁명 발발 때 청 조정의 실권을 잡고 임시 총통에 취임해 독재 체제를 확립했음-옮긴이)가 조정을 압박하는 순간에도 사가법이나 황도주, 염응원과 같은 인물은 등장하지 않았다.

어쩌면 너무도 당연한 현상이었다. 사회가 전반적으로 언론을 억압하고 침묵을 강요하는 분위기다 보니, 구성원들 모두 조정 일이라면 쉬쉬하며 입을 닫았다. 정권의 흥망이 걸린 일에도 아예 관심을 가지지 않았다. 다급한 순간이 되어서야 돌아선 학자들의 마음을 돌리자니 어림도 없었다.

게다가 도움을 주고 싶어도 도와줄 수 없었다. 영혼은 억눌릴 대로 억눌리고, 몸을 사리지 않고 이치를 고수하는 학자 정신도 이미 사라져 버렸기 때문이다. 당시 사회에는 독립적인 사고방식과 원칙을 향한 집념 대신, 줏대 없이 남의 의견에 따라 움직이는 모습과 비굴한 알랑거림만 난무하고 있었다. 모두들 솔직하게 말하기를 꺼려하며, 거짓말과 아부성 발언만 남발했다. 아편전쟁 기간에는 청나라 군대를 이끌던 장수들 대부분이 거짓말을 하거나 군사 사정을 허위로 보고했고, 이 때문에 도광제道光帝는 매 순간 거짓말만 믿고 의사 결정을 해야 했다. 그러니 군대가 어찌 패하지 않고 견디겠는가? 그러한 국가가 어찌 망하지 않을 수 있었겠는가?

그러나 건륭제가 사람들의 입을 틀어막기는 했지만 학문에 대한 의지까지 꺾을 수는 없었다. 책을 읽고 학문을 쌓으면 자연히 이치에 대해 수긍하게 되고, 누군가는 그 이치에 대한 집념을 보일 것이다. 그러한 사람이 증국번曾國藩이라면 다행이지만, 쑨원孫文이라면 일이 꼬이게 된다. 물론 선통제宣統帝와 융유태후隆裕太后가 겪은 불행은 곧 중화 민족의 행운이었다. 전제 왕조가 마침내 몰락하면서 2천여 년을 이어 온 전제 정치도 막을 내릴 수 있었기 때문이다.

예를 잃으면 초야에서 찾는다

증국번은 청 왕조의 구원 투수였다. 1850년에 홍수전洪秀全이 광서성廣西省에서 일으킨 금전기의金田起義 이후 태평천국太平天國의 군대는 청 조정의 관군이 미처 손도 쓰지 못할 정도로 승승장구하며 거침없는 공세를 퍼붓고 있었다. 그들의 파죽지세에 제동을 건 것이 증국번이었다. 증국번이 없었다면 청 왕조와 중국의 역사가 어떻게 바뀌었을지 모를 일이다(그러나 홍수전의 반란이 성공했다면 분명 제2의 주원장이 되었을 것이다). 증국번이 청나라 조정을 위해 세운 공로와 공헌은 사가법이 명나라 조정에 세운 공로를 훨씬 능가하는 것이었다.

그런데 이상한 일이다. 앞서 언급한 논리에 따르면, 그 무렵에는 돕겠다고 나서는 학자들이 없어야 맞는 게 아닌가? 어떻게 증국번이라는 인물이 등장할 수 있었을까?

'예를 잃으면 초야草野의 민가에서 찾는다'는 공자의 말에 해답이 있다.

증국번은 호남湖南 사람이다. 호남 지역은 예로부터 형만荊蠻(남쪽 지역의 오랑캐가 살던 지역이라는 의미-옮긴이)에 속했으며 '삼묘三苗'라고도 불렸다. 역사적으로 이곳은 거칠고 황폐한 황무지였다. 청대 이전에 동한 시대의 채륜蔡倫, 당대의 구양순歐陽詢, 북송의 주돈이周敦頤가 배출된 것을 제외하고는 거의 문화의 사각지대였다. 수당대 들어 과거제로 관리를 선발한 후로도 근 300년이 넘도록 호남 지역 출신 인재는 단 한 번도 과거에 급제하지 못했다. 그래서 '천황天荒(천지가 미개한 때의 혼돈한 모양-옮긴이)'의 땅이라는 별명이 생기기도 했다. 훗날 당 대중大中 4년(서기 850년) 장사長沙 출신의 유세劉蛻가 우여곡절 끝에 처음으로 진사에 합격하자 천황을 깬 자가 나왔다 하여 '파천황破天荒'이라고 했다. 그러나 그 후 몇백 년간 역사서에서 호남 출신 인사들의 자취를 찾아볼 수 없었다. 명나라 말에서 청나라 초에 왕부지王夫之(명나라 말에서 청나라 초에 근대적 사상을 전개한 사상가 겸 문학가-옮긴이)가 출현하기 전까지 그들의 공백은 계속되었다.

형양衡陽 사람인 왕부지는 절강 여요 출신 황종희, 강소 곤산 출신 고염무와 마찬가지로 기의起義하여 청나라에 항거하였다. 패배한 후 요동瑤洞으로 피신한 그는 산속에 숨어 살며 학문 연구와 저작에만 몰두했으며, 끝까지 단발과 청나라 복식으로 갈아입기를 거부했다. 이렇게 황량하고 거친 불모지 호남 지역에서도 민족의 기둥이 될 인재들이 서서히 부각되기 시작했다.

그러나 호남 출신 인사들이 괄목상대할 만한 위력을 발휘한 시점은 청 말기 함풍咸豊, 동치同治 연간 이후였다. 이때부터 중국은 '호남인의 시대'로 접어들었다. 도주陶澍와 위원魏源이 첫 테이프를 끊었다면 증국번, 좌종당左宗棠, 호림익胡林翼, 곽숭도郭嵩燾가 그다음 주자로 활약했으며, 뒤이어 담사동譚嗣同과 당재상唐才常을 비롯해 황싱黃興, 차이어蔡鍔, 쑹자오런宋敎仁, 천톈화陳天華가 등장했다. 또한 그 계보를 마오쩌둥毛澤東, 류샤오치劉少奇, 펑더화이彭德懷, 허룽賀龍, 뤄룽환羅榮桓, 런비스任弼時, 리리싼李立三이 계속해서 이어 갔다. 양창지楊昌濟(중국 교육의 선구자로 마오쩌둥의 고향 선배이자 스승이기도 함-옮긴이)는 이를 다음과 같이 묘사했다.

"호남성湖南省에 갑작스레 불어닥친 사풍士風이 천하를 뒤흔들었으니 함풍, 동치 때부터 배출된 인재가 감히 다른 지역에서는 따라오지 못할 정도였으며, 전에 없던 현상이었다."

이처럼 중국 역사에 많은 영향력을 행사했던 호남인들에게는 이념이나 주장, 소속이 달라도 한 가지 공통적으로 흐르는 정신이 있었는데, 그 정신적 기질을 '패만覇蠻'이라 한다. 일개 유생에 지나지 않았던 증국번이 군대를 이끌고 출정해 끈질기게 투쟁했던 것도, 차이어가 2천 명의 제자를 이끌고 원세개의 10만 원군군대와 사투를 벌였던 것도 모두 그들 특유의 집요한 '패만' 정신에서 비롯되었다. 이 '패만' 정신이 없었다면 왕부지가 요동의 산속에 40여 년을 은거하며 저작 활동에만 몰입한 일도 불가능했을 것이다. 집요하게 밀어붙이는 '패만' 정신은 바로 호남인 고유의 정신이다. 호남 출신 사람들이 입버릇처럼 외치는 "만일 중화 민족이 망한다면 가장 마지막까지 살아남을 생존자는 분명 호남 사람이다"라는 구호에서도, "이백 년 동안 살 수 있다면 나의 투쟁 무대는 삼천 리가 되리라"라는 마오쩌둥의 시구에서도 호남인들끼리 공유하는 '패만'의 기질이 생생하게 엿보인다.

그렇다면 '패만'이란 구체적으로 어떠한 성격을 말하는가? 모두가 불가능하다고 고개를 젓는 일을 끝까지 고수하면서 끝내 성사시키고 마는 기질이다. 그런 점에서 '패만 정신'은 이치에 집착하는 서생들의 근성, 혹은 이치에 대한 집념을 전제로 이 원리를 행동으로 옮기는 정신이다. 이처럼 탁상공론을 하는 데서 멈추지 않고 행동으로 몸소 실천하는 것은 호남 지역 사인들의 주된 특징이기도 했다.

하지만 그 전에 전제되어야 할 것은 바로 '이치에 대한 인정'이다. 증국번이 삼강오륜과 같은 유교의 구태의연한 도덕관념을 인정하지 않았다면, 필사적으로 의용군을 이끌고 나가 청 조정의 정규군도 쩔쩔매던 태평천국군과 상대할 리가 없다. 또한 이미 쇠퇴 일로를 걷고 있는 이민족 왕조를 지켜내기 위해 그토록 적극적으로 나서지도 않았을 것이다. 증국번은 정신력의 힘을 굳게 믿었다. 의용군을 모집할 때도 그는 이렇게 강조했다.

"건장하고 성실한 젊은 농민을 우선으로 받아들여라. 교활하게 꾀를 부리는 시정잡배나, 관직에 종사하던 자는 모집 대상에서 제외하라."

시국이 어지럽고 국가와 민족이 위기에 처한 역사적 시기에 증국번, 담사동, 쑹자오런 등은 서로 다른 정치적 견해를 가지고 있었고, 서로 다른 구국의 방법을 선택했다. 하지만 그들이 보여 준 정신력은 똑같은 원형에 뿌리를 두고 있었다. 이러한 정신이 특히 호남 지역에서 두드러진 배경에는 중앙 조정과 멀리 떨어진 황무지였다는 지리적 조건도 어느 정도 작용했을 것이다. 아편전쟁 이전까지 호남 지역에는 대관료와 대상인이 가뭄에 콩 나듯 했고, 순박한 농민과 어수룩하고 진솔한 서생들뿐이었다.

이곳에는 관료 사회와 상업 문화의 영향력이 거의 미치지 않았고, 건륭제가 휘둘렀던 채찍의 매운맛도 제대로 경험하지 못했다. 그러니 훗날 구국과 혁명에 대한 염원이 싹틀 만도 했다. 청나라 조정이 위기에 처해 속수무책이었을 때, 멀리 호남성 출신의 투박하고 촌스러운 증국번이 나라를 구하겠다고 나선 것은 명나라 말 청나라 초에 국가의 혜택을 누린 고관대작들이 줄줄이 전향한 데 반해 평소 뜻을 이루지 못한 재야인사들이 거세게 청에 항거했던 것과 같은 맥락이었다. 이는 아마 건륭제조차도 예상하지 못한 변수였을 것이다.

시골 출신 의용군을 끌고 나와 출사표를 던진 증국번이 훗날 호남군의 세력을 주력군에 견줄 만큼 확장시킬 수 있었던 주요 비결은 '투박함'이다. 투박함은 거친 욱기의 또 다른 표출 방식이다. 욱기가 용기로 변형되고, 용기가 다시 오기로 발전하는 일련의 과정을 거쳐 다소 복합적인 '패만' 기질이 굳어졌을 것이다. 하지만 무엇보다 중요한 힘은 그들의 '서생 기질'에 있었다. 증국번은 원래 서생 출신이었고, 그의 신변 혹은 수하의 장수들, 즉 좌종당, 호림익, 팽옥린彭玉麟 등도 모두 서생이거나 '국사國士'로서 자부심을 느끼는 이들이었다. 어느 통계에 따르면, 당시 호남 출신 상군湘軍(증국번이 자신의 고향인 호남성에서 조직한 민병대-옮긴이) 내 고위 장수들 중에서 서생 출신의 비중이 60퍼센트에 달했다고 한다. 그중 나택남羅澤南은 '말에 올라서는 적과 필사적으로 싸우고, 말에서 내려서는 틈틈이 학문에 정진하는' 본보기를 보여 주기도 했다. 즉, 상군은 문인 사대부들이 이끈 지방의 무장 세력이었다. 이것이 바로 다른 군대와는 확연히 다른 상군만의 차별적 특징이었으며, 그들이 청의 녹영병綠營兵(군사 요충지의 수비 임무를 맡은 지방 군대-옮긴이)과 홍수전洪秀全의 태평천국군보다 강한 전투력을 지닐 수밖에 없었던 근본적인 이유다.

물론 '호남인의 기질'이 형성된 배경이기도 하다.

투박함과 서생 기질

근현대 들어 상군이 뒷심을 발휘할 수 있었던 원동력은 바로 '투박함'과 '서생 기질'에 있었다. 예禮를 잃으면 초야에서 찾는다고 하지 않았던가! 초야에서 구하는 것은 곧 투박함이고, 예에서 구하는 것은 곧 유생의 본분이다. 따라서 국난에 처한 위급한 시기에 나라의 운명을 위해 선뜻 나설 수 있는 자는 대부분 '국사'임을 자청하는 사람들이다. 그들 중에는 황도주와 같은 대학자도 있을 수 있고, 염응원과 같은 전사나 손조규 같은 의용군이 섞여 있을 수도 있다. 다만 신분을 막론하고 그들이 지닌 공통점은 굽히지 않는 곧은 기개의 소유자라는 것이다. 이들은 '투박함'을 지녔거나, '서생 기질'을 지녔거나, 아니면 두 가지 성향을 모두 지닌 사람들이다.

서생 기질은 사인士人들이 지닌 고유 특징을 말한다. 이는 증자曾子와 맹자孟子 이래 천하를 뒤덮었던 '호연지기'이자, 증국번, 좌종당, 차이어, 황싱 이래 삼상三湘(호남성 악양岳陽 부근의 상향湘鄉, 상담湘潭, 상음湘陰을 일컬음-옮긴이) 지역에 만연하던 '패만 정신'이기도 하다. 마오쩌둥은 진심으로 그들을 흠모하는 마음을 담아 이렇게 말했다.

"오, 호남이여! 육웅鬻熊이 초나라를 개국한 이래 서서히 막이 올라 드디어 빛을 발하고 있구나. 증국번과 좌종당은 우리의 선현이요, 차이어와 황싱은 나라의 본보기도다."

사실 마오쩌둥도 "천하를 눈앞에 두고 배움에 불을 지폈으나 당시의 썩은 세상에는 잡배만이 들끓었도다指點江山, 激揚文字, 糞土當年萬戶侯"라는 시를 읊으면서, 유생으로서의 기개가 가슴 가득 차올랐을 것이다. 그의 시에 나오듯이 '재기 만발하고 기개 넘치는 젊은 시절恰同學少年, 風華正茂'이라야 '서생들의 뜻과 기상이 하늘을 찌르는書生意氣, 揮斥方遒' 법이다. 마찬가지로 서생 기질은 '온 산에 드리운 붉은빛이 숲을 켜켜이 물들이고, 푸른 강물에 뭇 배들이 유유히 떠다니는看萬山紅遍, 層林盡染, 漫江碧透, 百舸爭流' 순수한 땅에만 존재할 수 있다. 그러나 속세의 때에 찌들지 않고 마냥 그렇게 평온하기만 한 세상은 없다. 고로 순수한 서생 기질은 늘 '투박함'과 공존할 수밖에 없었다.

서생 기질에는 자강불식自强不息, 포용과 의지, 실사구시實事求是, 개척 정신이 내포되어 있다. 『주역周易』에서는 "하늘의 운행이 강건하니 군자는 그것을 본받아 스스로 힘쓰고 쉬지 않는다"고 했고, 증자曾子는 "사는 포용력이 넓고 의지가 강해야 하니 그 책임이 무겁고 갈 길은 멀다"고 했다. 자강불식의 정신과 포용력이 선비의 필수 덕목임을 강조하는 말들이다. 자강과 포용을 실천하려면 일단 왕성한 기개가 있어야 한다.

이러한 기운이 바로 '서생 기질'이다. 따라서 진정한 서생이라면 반드시 기개를 품어야 한다. 특히 세상에 둘도 없는 국사가 되려면 하늘을 찌를 듯한 불굴의 기상을 갖춰야 한다.

자강과 포용이 서생의 역사적 전통이라면 실사구시와 개척 정신은 현대적인 정신이다. 이러한 정신에서는 앞서 말한 호남인들이 특히 독보적이었다. 차이어와 황싱은 두말할 필요도 없었고, 증국번, 좌종당도 구습에 얽매이는 수구파와는 거리가 멀었다. 증국번이 수구 세력이었다면 훗날 양무파洋務派의 수장이 된 이홍장李鴻章을 제자로 받아들이지도 않았을 것이다. 그들은 당시 상황에서 모두 시류를 타고 앞으로 나아가야 했다. 개척 정신은 근현대를 살아간 유생들에게 꼭 필요한 생존법이었다.

그러나 가장 중요한 것은 역시 실사구시 정신이었다.

실사구시란 '거짓 없이 사실대로 말하는 것'이 아니라 '실천을 통해 진리를 추구하는 정신'을 가리킨다. 즉, '실질적인 행동(실천)'으로 '옳은 것(진리)'을 추구하는 것이다. 사실에 근거하여 실천하면 공리공론空理空論으로 끝나지 않으며, 진리를 추구하면 원대한 이상이 생긴다. 이상을 품고 실천에 힘쓰는 것이야말로 근대 호남인들의 공통된 특징이었다. 그들은 실사구시 정신을 앞세워 자강불식과 포용력으로 무장함으로써, 중국 근현대사에 한 획을 긋는 중요한 인물로 자리매김해 나갔다.

물론 증국번, 좌종당, 담사동, 쑹자오런, 차이어, 황싱 등이 추구했던 '진리'가 객관적으로 믿을 만한 진리였는지는 좀 더 따져 봐야 한다. 증국번이 태평천국군을 공격하고 청나라 조정의 편에 서야 했는지, 담사동이 망명보다 죽음을 선택한 것이 과연 옳았는지, 또한 쑹자오런이 그토록 악착같이 헌정憲政을 고수할 필요가 있었는지 등도 논의가 필요한 부분이다. 하지만 뜻을 절대 굽히지 않는 악바리 같은 '패만' 정신은 분명 긍정적으로 받아들여야 한다. 특히 이것이 진리의 추구를 위한 집념이라면 더더욱 그렇다. 즉 그들이 주장하는 진리의 내용에 공감하지 못한다 해도 한 가지 뜻을 끝까지 지키려는 자세까지 비난해서는 안 된다. 또한 진리를 추구하는 과정에서 그들이 보여준 강인한 투지와 집념에 돌을 던져서는 더욱 안 된다.

무언가에 집착하는 것이 항상 옳지는 않다. 그러나 그러한 정신이 결여된 사람은 어떠한 일도 제대로 해낼 수 없으며, 끝까지 관철시키지 못한다. 보잘것없는 대중의 의견이라고 해서 항상 쓸모없는 것은 아니듯이, 학자(또는 지식인)라고 해서 그들의 견해가 100퍼센트 정답은 아니다. 하지만 서생 기질에 박수를 보낼 수밖에 없는 것은 그들이 많은 지식과 진리를 터득해서가 아니라, 끝까지 포기하지 않고 견지하는 끈기가 가상해서다. 물론 이는 자신과 다른 견해까지 인정하고 감싸는 것을 전제로 한다. 물론 그 견해가 틀렸을 수도 있고 황당무계할 수도 있지만, 단지 그 이유만으로 존재의 권리까지 박탈할 수는 없다.

진실과 선, 아름다움은 거짓, 악, 추함의 상대적인 개념으로 존재한다. 이들은 서로 부딪치고 대립하는 과정에서 점점 다듬어지고 발전해 간다. 따라서 옳은 것과 그른 것의 공존을 인정하지 않으면, 결국 진리가 설 자리도 사라지고 만다. 진리는 불변하는 것이 아니다. 부단한 탐색과 추구, 한결같이 견지하는 마음속에서만 살아 숨 쉴 수 있다. 이러한 의미로 보면 탐색과 추구, 견지 그 자체가 바로 진리인 셈이다.

따라서 진리를 변함없이 추구하려면 오류와 잘못도 용납해야 한다.

오류까지 인정해야 하는 이유는 무엇인가? 오류가 없으면 진리를 제대로 파악할 수 없기 때문이다. 그 오류가 실제로 잘못되었음이 판명되고 사회에 해악만 끼친다면, 그 순간부터 사람들은 더 이상 거기에 집착하지 않을 것이다(어떻게든 체면 유지를 하려는 것은 또 다른 문제다).

만일 오류를 옹호하는 누군가가 여전히 존재한다면, 이는 그 오류가 거짓임이 아직 증명되지 않았거나, 진리가 사람들에게 공감을 얻지 못하고 있다는 뜻이다. 후자의 경우라면 인내심을 가지고 설득하는 것 말고는 뾰족한 수가 없다. 물론 이 과정에서는 상대방의 견해를 존중해야 한다. 타인의 입을 막아 버리거나 상대방을 인정하지 않으면, 결국 자신의 진리에도 아무런 득이 되지 못한다. 어떠한 논리가 오류라고 증명되지 않았거나 증명할 방법이 없다면 실제로 오류가 아닐 가능성이 높다. 때문에, 이때는 더더욱 상대방의 논리를 인정하고 포용해야 한다.

진리를 추구하는 과정에서는 참과 거짓이 명확히 구분되지 못하는 경우가 빈번히 발생한다. 게다가 진리는 몇몇 소수의 눈에만 발견될 확률이 높다. 이때 사회적으로 관대한 분위기가 조성되어 있지 않다면, 소수의 사람들이 견지하는 진리는 빛도 못 보고 파묻혀 버릴 것이다. 설령 믿었던 진리가 잘못되었음이 판명 난다고 해도 크게 상관할 필요는 없다. 선인들의 숱한 오류와 시행착오가 없었다면, 후세들의 '성공'도 장담할 수 없었을 것이다. 그러므로 오류의 인정은 진리를 얻기 위해 반드시 지불해야 할 대가다.

그런데 만일 누군가 이 점을 악용해 소란을 야기하거나, 대중을 현혹한다면 어떻게 해야 할까? 물론 방법은 있다. 일단 진리의 힘을 믿고, 사상과 언론, 행동의 경계를 확실히 해야 한다. 사상과 언론은 비교적 자유럽지만 행동은 자유롭지 못하다. 좀 더 직설적으로 말한다면, 아무렇게나 생각하고 아무렇게나 말을 내뱉을 수는 있지만 아무렇게나 행동할 수는 없다. 행동은 법률의 제약을 받기 때문이다. 공권력을 쥐고 있는 사람은 법률의 제약은 물론 민주주의의 감독을 받기 때문에 더욱 행동에 신중해야 한다. 민주주의와 법치야말로 혼란과 화를 방지하는 보증 수표다. 하지만 이 주제는 여기서 다룰 문제가 아니니 일단 접어 두기로 한다.

제6장

아편의 전쟁과
전쟁의 아편

출세를 꿈꾸는 패전병

아편전쟁은 중국인들에게 고통의 기억이다.

하지만 냉정히 말하자면 전쟁의 통증은 나중에 찾아온 것이었다. 당시만 해도 중국인들은 그다지 아픔을 느끼지 못했다. 오히려 1841년 여름, 전쟁에서 패한 광주廣州에서는 온 도시인들이 기쁨과 환희를 감추지 못하며 자축하고 있었다(마오하이젠茅海建, 『천조의 붕괴天朝的崩潰』, 三聯書店, 1995년).

수석 지휘관 혁산奕山은 공적을 인정받아 백옥의 모자 장식을 하사받았다. 다른 관병들도 공로를 인정받거나, 승진하거나, 정식으로 관리에 임용되는 등 적절한 혜택을 누렸다. 이렇듯 그들 사이에는 미래에 대한 기대와 자축의 분위기가 농후했다. 영국군과의 전쟁을 이끌었던 혁산이 '전쟁의 공적'을 조정에 보고하면서 공신功臣 554명을 중앙에 천거했기 때문이다. 이는 광주 지역의 모든 관리를 아우르는 수였다.

겉보기에는 승리자들의 떠들썩한 자축 잔치와 별반 다르지 않았다.

하지만 혁산과 그의 동료들은 전쟁에서 엄연히 패하고도 조정의 명령에 거스르는 행동을 공공연히 행하고 있었다.

당시 혁산의 직함은 정역장군靖逆將軍이었다. 정역장군은 무원장군撫遠將軍과 달리 토벌(영군국 무력화)의 의무만 있을 뿐 협상(휴전, 화의 체결)의 권리는 없었다. 도광제가 그에게 내린 명령은 영국군을 토벌해 체포하고, 다시는 중국 해역에 얼씬하지 못하게 봉쇄하라는 것이었다. 이를 위해 황제는 호남성, 강서성, 호북성湖北省, 광서성廣西省, 운남성雲南省, 귀주성貴州省, 사천성四川省 7개 성의 대군과 연합하여 영국 세력을 몰아내라고 당부했고, 200만 냥의 군비를 한 번에 선뜻 내주었다.

당시 혁산이 이끄는 청군의 규모는 대단했다. 위내대신衛內大臣 겸 어전대신御前大臣인 혁산을 필두로, 군기대신軍機大臣 겸 호부상서戶部尚書였던 융문隆文, 호남성 제독提督 양방楊芳, 사천성 제독 제신齊慎, 전前 형부상서이자 현 양광兩廣(광서성과 광동성) 총독總督인 기공祁貢까지 합세해 다섯 사람이 군대를 이끌었다. 영국군 축출에 대한 도광제의 의지와 기대가 얼마나 컸는지 짐작된다.

하지만 이처럼 간절한 황제의 염원과는 달리 일은 어그러져 갔다. 영국군을 단숨에 소탕하기는커녕, 청나라군은 오히려 전패하는 수모를 당했다. 영국군은 더욱 기세등등해져서 혁산을 협상 테이블로 끌어들였다. 그들이 내놓은 요구안은 '혁산을 비롯한 모든 군대가 광주성城 밖으로 200리 이상 물러나고, 일주일 이내에 600만 냥을 바치면 요새를 돌려주겠다'는 것이었다. 혁산은 영국군의 모든 협상 조건을 순순히 받아들이고, 약속 날짜보다 이틀이나 빨리 600만 냥을 챙겨 주었다. 결국 영국군의 뒤를 봐준 대가로 광주성을 도로 찾은 셈이었다. 양국의 통상도 자연스럽게 재개되었다.

그렇지만 정전이나, 협상, 통상 동의는 모두 조정의 뜻에 거스르는 것이었고, 영국군을 위해 600만 냥을 헌납한 것은 더욱 나라를 욕보이는 행동이었다. 그런데도 혁산 일당이 황제의 포상을 받았다니 이렇게 황당한 일이 어디 있는가? 또한 세상 천지에 그렇게 어리석은 황제가 어디 있단 말인가?

이는 혁산이 황제에게 거짓말을 했기 때문에 가능했다.

광주성에서 영국군에 항복하던 5월 26일, 혁산은 도광제에게 관군이 5월 23일부터 25일까지 '혁혁한 전공'을 세웠음을 알리는 상세한 보고문을 올렸다. 영국 기선을 격추해 침몰시키고 함대를 불태웠다는 내용이었다. 6월 4일, 즉 정전 협정을 체결한 지 9일 후 영국군이 광주에서 물러나자 혁산 일당은 다시 상소를 올려 '영국군의 수장이 진심으로 사죄하고 있으며, 부디 황제께서 너그러이 은혜를 베풀어 거래에서 손해 본 돈을 상환하고 통상을 허락해 주기를 바라고 있다. 영국군은 이 두 가지만 허락되면 즉시 호문虎門에서 물러나 요새들을 돌려주고 다시는 소란을 야기하지 않겠다고 약속했다'고 거짓 보고했다. 사실 여기서 손해 본 돈이란 영국군에게 광주성을 돌려받는 조건으로 내주었던 600만 냥을 의미했다. 혁산은 5월 31일에 이미 군비를 탈탈 털어서 그들에게 내준 상태였다.

통상 재개 역시 이미 기정사실이 되어 있었다. 도광제만 까마득히 몰랐던 것이지, 혁산과 먼저 조정에 도착한 참찬대신參贊大臣 양방楊芳 등은 진작부터 묵인하고 있었다. 그런 줄도 모르고 황제는 선심 쓰듯 이렇게 지시했다.

"그 야만인들은 원래 인간 이하라 함께 논쟁할 가치도 없다. 이미 조정 차원에서 따끔하게 본때를 보여 주었고, 영국 오랑캐들도 그렇게 예를 갖춰 은혜를 애걸하고 있다니, 내 그대들의 노고와 고충을 감안하여 그들과의 통상을 허용하고 손해 본 액수를 갚아 주겠노라!"

거짓말이 약효를 보이자 혁산은 7월 14일에 또다시 상소를 올려 황제에게 장단을 맞춰 주었다.

"영국군이 황제의 뜻을 전해 듣고 크게 기뻐하며 진심으로 예를 다해 감복하고 있습니다. 그들은 광동에서 다시는 분란을 일으키지 않겠다고 공언하였습니다."

영국군의 전멸이라는 청 조정의 당초 기대에는 상당히 벗어났지만, 도광제는 일단 영국군으로부터 소란을 자제하겠다는 다짐을 받아 낸 것만으로도 소기의 목적을 달성한 셈이라고 여겼다. 그래서 혁산을 비롯한 장수들에게 후한 포상을 내렸던 것이다.

그 후, 거짓말의 효력을 체감한 청의 관리들은 허위 보고에 맛을 들였는지 뻔뻔스럽게 거짓말을 일삼았다.

실제로 아편전쟁 당시에는 거짓말을 한 번도 안 해 본 관원과 장수를 찾아보기가 힘들 정도였다. 양광총독 이리포伊里布도, 흠차대신欽差大臣 기선琦善도, 참찬대신 양방도 모두 한통속이었다. 특히 양방은 종1품의 관직에 과용후果勇侯의 작위를 얻은 청나라 명장이었다. 그런 그도 광주에 파견된 후로는 거짓 보고를 남발했다. 영국군에 대항할 때는 전혀 과감하지 못했으면서, 황제에게 거짓말을 할 때는 참으로 대담하기까지

했다. 한번은 부하 하나가 영국군의 작은 배 한 척을 발포해 물러가게 했는데, '영국군 삼판선 두 대를 침몰시키고, 함대의 돛대 하나를 부러뜨렸으며, 영국군 다수를 사살했다'고 잔뜩 부풀려서 보고했다.

물론 양방의 거짓말은 혁산에 비하면 새 발의 피였다. 결과적으로 따져 보면, 가장 심한 거짓말을 하고 죄질이 나빴던 혁산은 가장 후한 대접을 받고, 혁산보다 거짓말 수준이 조금 낮았던 양방(부분적으로는 진실을 보고했다)은 면직당하고 유임되었으며, 상대적으로 양심적이었던 임칙서(전혀 거짓말을 하지 않았다)와 기선(진실만 말하다가 후에 거짓말을 했다)에게는 각각 변방 좌천과 참수형이라는 가혹한 처벌이 내려졌다. 거짓말을 안 한 사람이 오히려 죄인이 되는 세상이었다.

거짓말 때문에 신세를 망친 사람 중에는 이리포도 있었다. 하지만 이리포에게 운이 따르지 않았던 이유는 거짓말이 발각되어서가 아니라, 그의 거짓말이 너무나 생생했기 때문이었다. 1841년 2월 24일, 영국군이 자발적으로 주산舟山에서 철수하자 이리포는 거저먹기로 정해현성定海縣城을 수복했다. 게다가 영국군이 이미 떠난 성을 접수하기 위해 동원된 사람은 이리포의 하인과 하급 군관 두 명이 전부였다. 그러나 그는 도광제에게 보고할 때 사실과는 달리 자화자찬과 거짓말을 잔뜩 보태고, 심지어 없는 이야기까지 꾸며 내는 교활함을 보였다. 그의 보고 내용은 다음과 같았다.

"아군의 병사가 24일 정오 정해현에 일제히 도착하니(실제로는 26일이 되어서야 집합하여 주산으로 움직였다) 영국군의 반은 성안에, 반은 배 안에 있었습니다. 아군이 당도하자 영국군 우두머리는 즉시 성지를 반납하였고, 군사들도 속속 물러갔습니다. 아군 진영은 성내로 진입한 후 서양 오랑캐들이 지은 건물을 모두 불태웠습니다(그러나 사실은 26일 성에 진입하자마자 서로 공을 내세우느라 여념이 없었다). 정국홍鄭國鴻 등이 폐하의 깊은 뜻을 전달하며 영국군 포로를 석방하여 돌려보내고, 즉각 닻을 올려 퇴각하라 일렀습니다(사실 포로는 이미 영국군에 의해 구출된 뒤였고 성안에는 아무도 없었다). 그러자 영국군의 수장은 머리를 조아리며 사죄하고, 성을 돌려준 후 전면 철수했습니다(실제로는 이미 한참 전에 철수한 상태였다)."

시간과 장소, 등장인물이 분명하고, 앞뒤 잘 맞아떨어지는 상황 설정과 상세한 설명까지, 그야말로 완벽한 시나리오였다. 그중 백미는 '영국군의 반은 성안에, 반은 배 안에 있었다'는 대목이다. 마치 현장에서 직접 목격한 장면을 묘사하는 것처럼 정확하고 생생했다. 소설가로 직업을 바꿔도 전혀 손색이 없을 솜씨였다.

그의 완벽한 거짓말에 모두가 속아 넘어갔다. 하지만 이 진짜 같은 거짓말이 오히려 도광제의 화를 돋우고 말았다.

"이리포를 협판대학사協辦大學士의 자리에서 파면하고 잠시 양강총독 자리에 유임시키노라. 계속해서 징계 처분을 풀지 않고, 향후 8년간 죄를 짓지 않아야만 복직을 허락해 행동 개선 여부를 지켜보겠다."

이상한 일이다. 이리포가 비록 거짓말은 했지만 어쨌든 빼앗겼던 땅을 다시 찾은 것은 부인할 수 없는 사실이었다. 혁산은 광주성을 되찾는 조건으로 온갖 손해를 다 감수하고 게다가 600만 냥까지 넙죽 내주었다. 그러나 두 사람에게 돌아온 보답은 정반대였다. 한 사람은 승진했고, 한 사람은 해직되었다. 그 이유는 무엇일까?

이 실마리를 풀기 위해서는 우선 그들이 왜 거짓말을 했는지를 살펴봐야 한다.

강요된 거짓말

이리포는 원래 거짓말을 하지 않아도 되었다.

그는 예사롭지 않은 가문 출신이었다. 귀족 혈통이었던 그들 가문의 역사는 누르하치의 아버지인 타쿠시까지 거슬러 올라간다. 게다가 정도를 거쳐 벼슬에 올라와 가경嘉慶 6년 이갑二甲 진사에 급제한 그는 만주족 관리들 중에서는 보기 드문 과거제 출신 관리였다. 관운 역시 좋아서 4년 동안 승진을 7번이나 했고, 황제의 총애를 받아 도광제가 가장 아끼는 4대 총독 중 하나(나머지 세 명은 양강총독 도주, 직례총독 기선, 湖廣總督 임칙서)로 꼽히기도 했다.

그러다가 후에 운귀총독云貴總督에서 양강총독으로 진급하였는데, 민심 수습 능력이 뛰어나고 운남에서 주변 지역 오랑캐들을 능숙하게 상대하기로 정평이 나 있기 때문이었다. 무엇보다 중요한 것은 오랑캐는 무조건 토벌해야 한다는 그의 생각이 애초부터 도광제의 의중과 잘 맞아떨어졌다는 것이다. 군신의 마음이 하나로 통하니 중간에 암중 모략이 개입될 필요도 없었다. 오히려 이리포 입장에서는 흠차대신의 신분으로 양강 지역(강서성, 강소성, 안휘성 일대-옮긴이)에서 절민浙閩 지역(절강성과 복건성-옮긴이)에 이르는 군사 업무를 총괄하는 것이 명성을 떨칠 절호의 기회가 될 수 있었다.

하지만 그는 절강성 전선에 도착한 후 현지 상황이 만만치 않음을 감지했다. 시기적으로도 애매했지만 오랑캐의 수준이 여느 때와 달라도 너무 달랐다. 견고한 함대와 대포를 앞세워 바다를 건너온 영국군은 내륙의 '오랑캐(운남의 소수민족)'와는 비교조차 할 수 없었다. 어르고 위협하는 정도로는 그들을 진압할 수 없었다. 주산반도를 건너 정해定海 지역을 되찾기가 말처럼 쉽지 않았다. 이리포는 오랜 시간 국경 일선에서 몸담아 온 경험을 바탕으로, 절강성이 초유의 전쟁 형국에 처한 만큼 황제가 자신에게 하달한 임무를 완수할 가능성이 희박함을 직감했다.

그렇지만 황제에게 있는 그대로 고할 수는 없었다. 그는 황제에게는 물론 조정의 문무 대관들에게도 진실을 은폐했다. 그렇다고 아무런 행동도 결행하지 않고 묵묵부답으로 일관할 수만은 없었다. 얼렁뚱땅 넘겨 조정의 눈을 속이거나, 행동을 취하더라도 사소한 방해 공작을 시도하는 선에서 그쳤다.『천조天朝의 붕괴』에서는 나름대로 고심한 흔적이 역력한 이리포의 소심한 계략들을 상세히 기술해 놓았다. 그는 겉으로는 황제를 극진히 받드는 척하면서, 한편으로는 영국군에게 은밀히 협상 카드를 제시했다. 심지어 흥정 조건을 내세울 때도 '조정 대신'이라는 신분을 벗어던지지 못하고, 상대편을 마치 같은 왕조의 관료 대하듯

했다.

"우리 쪽에서 일을 처리할 때 섭섭하지 않게 하여, 당신들이 고국으로 돌아가 보고를 할 때 체면이 깎이지 않도록 해 주겠소. 당신들도 적당히 물러나 우리가 황제 폐하를 안심시킬 수 있도록 해 주시오."

이 말에는 '더 이상 싸우지 말고 우리 둘이 몰래 흥정하여 조금씩 양보하고, 각자 이익을 챙긴 후 돌아가서 거짓으로 보고하자'는 속뜻이 담겨 있었다.

이는 광주 대황교大黃嶠 포대의 수비 장수가 전쟁 전에 영국군과 "나도 대포를 발포하지 않을 테니 그쪽도 대포를 쏘지 마시오. 대신 황제 폐하의 체면도 있고 하니 포탄이 없는 대포만 여섯 번 쏘겠소"라며 흥정했던 것과 흡사하다.

안타깝게도 영국군은 이리포의 제안을 시큰둥하게 받아들였다. 게다가 도광제도 생각보다 그렇게 아둔하지 않았고, 조정의 다른 관리들도 모두 무능하지 않았다. 절강순무巡撫 유운가劉韻珂, 강소순무 유겸裕謙, 민절총독閩浙總督 안백도顏伯燾 등이 줄줄이 상소를 올렸으며, 수도 내 언관言官들의 상주문도 계속 이어졌다. 결국 1841년 2월 10일, 도광제는 이리포를 흠차대신 사자에서 파면시키고, 그 자리에 영국과의 전면전을 주장하던 강소순무 유겸을 대신 앉혀 영국군 전면 토벌을 명했다.

이리포의 마음은 복잡했다. 황제의 불신에 상처받은 그는 어떻게든 정해현을 되찾아서 추락한 신뢰를 회복하고 싶었다. 바로 그때 그에게 기적 같은 일이 벌어졌다. 영국군이 갑자기 자진 철수의 뜻을 밝혀 온 것이었다. 이 같은 횡재를 유겸에게 양보할 수 없다는 생각에 이리포는 앞서 말했듯 즉시 상소문을 꾸며 냈다. 그는 황제가 오랫동안 바라던 희

소식을 듣고 기쁨을 감추지 못할 거라고 예상했다.

하지만 자신만만했던 그의 행동은 오히려 도광제의 화를 부채질하고 말았다.

"짐은 진작부터 토벌을 명했건만 그대는 꾸물거리며 군대를 움직이지 않았다. 아직 시기가 무르익지 않고 준비가 덜 되었다는 핑계만 늘어놓지 않았는가? 그런데 이제는 그나마 모두 섬멸할 수 있었던 오랑캐를 멀리 내보내다니 어리석기 짝이 없도다!"

마오하이젠茅海建은 이런 결론을 내렸다.

"처음에는 이리포도 양심적이고 성실했다. 후에 조정에 영국과의 교섭 결과를 보고할 때도, 비록 약간의 과장이 섞이긴 했지만 대체적으로 있는 그대로의 사실을 상주했다. 주산을 공격하라는 도광제의 계속된 명령과 압박에 못 이겨, 그의 상주문은 갈수록 진실에서 멀어져 갔다. 또한 자신의 파면 소식을 들은 후부터는 온통 거짓말 일색이었다."

이리포는 거짓말을 할 수밖에 없었다. '다른 노선을 절대 인정하지 않고 획일만을 강요하는 정치 제도와 군주'야말로 거짓을 양산하는 촉진제가 아닐까? 그렇게 본다면 이리포의 거짓말은 어쩔 수 없이 강요된 것이었다.

양방과 혁산도 마찬가지다.

양방과 혁산이 광주에 파견되기 전, 기선은 이미 해고된 상태였다. 기선의 파면은 두 사람에게 적나라한 본보기가 되었다. 게다가 도광제가 내린 글은 나라의 은혜를 저버리고 양심을 등진 기산의 행동을 통렬히 비난하고 있었다. 도광제는 "기선은 적군의 협박이 두려워 광주의 상황을 허위로 보고하였다. 지리적으로 수비가 힘들고, 병기 시설이 조악하다고 멋대로 이야기하는가 하면, 병력이 약해 민심이 흔들린다는 망언을 하였다. 온갖 폐단을 낱낱이 들추며 과격한 말을 서슴지 않으니, 그자의 진심이 의심스럽다"라고 했다. 이것이 현실이었다. 있는 그대로 솔직히 진술하면 망언을 남발하는 자로 취급당하고, 실사구시를 추구하면 나라를 저버리는 배은망덕한 행동으로 매도되었으며, 사실을 말하면 비양심적인 사람으로 낙인찍혔다. 그러니 양방과 혁산도 날조와 허위 보고 외에는 별다른 선택의 여지가 없었다.

그들의 거짓말 행각은 광주 전선에 투입되자마자 시작되었다. 이리포처럼 상황이 급박해지고 나서야 허둥지둥 짜깁기 거짓말을 만들어 내는 오류를 범하지 않았다. 그들의 허위 보고는 그야말로 계획적이고 체계적이었으며, 사전 모의 단계를 거쳐 치밀하고 신중하게 진행되었다.

양방이 광주에 도착하고 얼마 후 청나라 군대가 대패하고, 파주琶洲, 엽덕獵德, 이사미二沙尾 포대가 함락당했다. 하지만 양방은 이러한 사실을 완전히 은폐하고 '영국 전초군前哨軍이 성 밖 십여 리 떨어진 곳에서 순찰하고 있다'는 식으로 거짓말을 했다. 그러면서 자신이 방어 병력을 배치해 황제의 근심을 덜어 드리겠다고 호언장담 했다. 멀리 북경에 있는 도광제가 광주의 상황이 실제로 어떻게 돌아가는지 확인할 방법이 있었겠는가? 그저 상황이 양호하다는 말만 믿고 '그대의 보고를 들으니 근심이 한결 가라앉는다'라는 회답을 보냈을 뿐이었다.

이는 1841년 3월 6일의 일이었다. 3월 12일과 17일, 양방은 또다시 허위 상소를 올려 청나라 군대가 적군에 대승했다는 희소식을 전했다. 흥분의 감정에 사로잡힌 도광제는 정역장군 혁산에게 연합 군대를 결성해, 수단과 방법을 가리지 말고 적의 퇴로를 차단해 전멸하라는 명령을 내렸다. 도광제가 이러한 내용의 조서를 내린 것은 4월 2일이었다. 그러나 이미 3월 18일에 광주성은 영국군에게 함락되어 매우 위태로운 상황이었다. 궁지에 몰린 양방은 할 수 없이 3월 22일에 광주장군 아정아阿精阿, 광동순무 이량怡良과 함께 도광제에게 상소문을 올려 영국과의 통상 재개를 허락해 달라고 청했다.

보고 내용은 대략 이러했다.

"서양의 오랑캐들이 아군의 맹렬한 공세 속에서 함부로 경거망동하지 않고 있으나, 다만 평소대로 무역만 하게 해 달라고 희망하고 있습니다. 그러니 상대의 계략을 역이용하여 그들을 사지로 유인하면, 아군의 초토화 계획을 달성할 수 있습니다."

조정의 회답이 없어 애가 단 양방과 이량은 4월 3일에 통상 재개를 재촉하는 상주문을 재차 올렸다.

"한시적으로 상대를 구슬리는 회유책을 써서 시간을 벌고, 그 사이 침착하게 전략과 계책을 세워 만전의 준비를 해야 합니다."

아군이 수세와 패전을 반복하고 있지만, 그 딴에는 적어도 황제의 체면에 흠이 가서는 안 된다는 생각이 있었던 듯하다.

그러나 예상과는 달리 도광제는 노발대발했다. 사실 그가 분노할 만도 했다.

"그렇게 쉽게 무역을 허용할 거라면 애초에 뭐하러 그렇게 많은 장수와 병사들을 징발했겠는가? 또한 굳이 기선을 체포해 문책할 이유도 없었을 것이다."

도광제의 반격에 양방 일당은 입을 다물고 말았다. 그렇다고 '영국군을 상대할 능력이 안 되니 통상을 허용하는 것 외에는 다른 방도가 없다'라고 대놓고 직언할 수는 없었다.

결국 양방 역시 황제의 미움을 사 파면 처분을 받아야 했다.

거짓말의 고수

그에 비하면 혁산은 운이 아주 좋은 편이었다. 물론 여느 사람들보다 거짓말을 하는 능력이 뛰어나기도 했다.

혁산의 거짓말도 그가 광주에 도착하자마자 시작되었다. 게다가 대담함으로 따지자면 양방보다 한 수 위였고, 수준으로 봐도 이리포를 훨씬 능가했다. 혁산은 이리포처럼 그럴듯하게 이야기를 꾸며 내는 재주가 있었다. 객관적으로 실력을 비교한다면 그가 이리포를 거뜬히 앞섰다. 내용과 에피소드도 더욱 풍부하고 생생했고, 문학성과 가독성까지 완벽하게 갖췄다. 이리포가 어설픈 아마추어 작가 수준에 불과했다면 혁산은 프로 작가였다.

혁산의 '대표작'은 6월 4일의 상소문이다. 이 상소를 올리게 된 배경에 대해서는 앞서 잠시 언급하였다. 5월 24일 광주 공격을 감행한 영국군은 다음 날 광주성 전역을 장악한 뒤, 월수산越秀山 포대를 점령하고 야전군 포대를 설치했다. 혁산은 26일 영국군에 협상을 제안했고, 27일에 정전 협정을 맺어, 31일에 영국군에게 배상금 전액을 헌납했다. 당시 상황에서 혁산에게 남은 과제는 도광제를 잘 구슬려, 이미 기정사실이 된 배상금과 통상 재개를 허락받는 것뿐이었다.

황제를 설득하기 위해 혁산은 다음과 같은 이야기를 꾸며 냈다.

성문 수비병으로부터 성 밖의 서양 오랑캐가 무슨 할 말이 있는 듯 손을 흔들고 있다는 보고를 받았다. 참장參將 웅서熊瑞가 내려다보니 오랑캐 두목 몇몇이 손짓 발짓을 동원해 뭔가 설명하려고 했다. 그들의 의중을 파악하지 못한 웅서는 통역관을 불러다 물었다. 그때서야 그들이 긴히 간청 드릴 일이 있어 대장군을 만나고 싶어 한다는 것을 알았다. 군대의 총책임자인 단영복段永福이 이 소식을 듣고 크게 소리쳤다.

"어디서 감히 대청 제국의 대장군을 만나기를 청하느냐? 우리는 황제 폐하의 명을 받들어 네놈들을 공격해 싹쓸이할 것이다."

이 말에 오랑캐 두목이 허겁지겁 모자를 벗고 좌우를 물리쳤으며, 무기를 모두 땅에 내려놓은 뒤 성벽을 향해 정중히 예를 갖추었다. 통역관이 내려가 "당신들은 대청 제국에 항거하고 온갖 악행을 서슴지 않으니 도대체 무슨 사연이오?"라고 물었다. 사연인즉슨, 그들의 유일한 생계 수단인 무역이 금지되어 화물이 유통되지 않으니, 자본 손실이 막대하고 손해액을 보상받을 길이 없어 막막하다는 것이었다. 그간 무력으로 이를 해결하고자 했지만, 자신들의 뜻이 전달되지 않아 할 수 없이 여기까지 왔다고 했다. 그들은 "대장군께 조정에 상소를 올려 제발 거래에서 생긴 손실분을 보상하고, 통상 재개를 허용해 달라고 간청해 주십시오. 그것만 해결되면 호문 밖으로 물러나 각 요새들을 돌려주고, 다시는 분란을 일으키지 않겠습니다"라며 하소연했다.

물론 이것은 혁산이 되는대로 지어낸 사실무근의 이야기였다. 심지어 승리자와 패배자의 관계를 완전히 뒤집어 놓았다. 돈을 줘 가면서 협상을 요구한 패자는 여유 있고 거만한 강자의 모습으로 그려지고, 신식 무기와 위협적인 병력으로 무장한 영국군은 오히려 불쌍하게 구걸하는 약자의 모습으로 전락되었으니 기가 막혀 더 이상 할 말이 없을 정도다.

그러나 세부적인 묘사는 너무나 생생하고 사실적이었다. 손짓 발짓 하며 무슨 말을 하려고 했다는 둥, 모자를 벗어 예를 갖췄다는 둥, 좌우를 물리치고 무장 해제를 했다는 둥, 정말 있었던 일을 묘사하는 듯 표현이 사실적인 데다 '할 말이 있는 듯 성을 향해 손을 흔들었다', '의중을 파악하지 못한 웅서가 통역관을 불러와 물었다'와 같은 자연스러운 상황 설정까지 가미하니 감쪽같이 속아 넘어가지 않을 수 없었다.

이처럼 능청스럽고 완벽한 거짓말도 한몫했지만 혁산의 주된 '성공' 비결은 도광제의 심경에 변화를 불러일으켰다는 데 있었다. 도광제는 야망이 없고 되는대로 살아가는 평범한 황제였다. 솔직히 그에게는 영국군과의 전쟁에 대해 꼭 이길 거라는 확신도 없었고, 반드시 이겨야 할 이유나 명분도 없었다. 그의 최대 관심사는 어떻게든 전쟁을 빨리 끝내는 것이었다. 그는 행여 전쟁이 장기전으로 이어질까 봐 걱정했고, 지나친 재정적 출혈이 내내 마음에 걸렸다. 그가 이리포에게 "내륙의 병사들과 국가의 재정이 이렇게 소모되어서야 쓰겠는가?"라고 말한 것만 봐도 알 수 있다.

도광제는 원래 통상 허용을 협상 조건으로 내걸어 전쟁을 종식시킬 생각이었다. 이리포에게 쓴 조서에서도 그러한 결심을 밝힌 바 있었다.

"다행히 저들의 목적이 통상에 있다고 하고, 이미 억울한 사정을 하소연하며 사죄했으니, 짐이 수월하게 일을 처리할 수 있게 되었다. 단 몇 마디로 해결할 수 있는 것을 십만 병사들을 동원할 필요가 있겠는가?"

그렇게 따지면 배상금을 지급했다는 것 외에 혁산에게도 특별히 잘못이 없는 셈이었다.

그렇다면 회유책을 써서 통상을 재개하자는 이리포와 양방의 주장이 먹히지 않았던 이유는 무엇인가? 도광제는 내심 통상 재개를 마지막 보루로 남겨 두긴 했지만, 무엇보다 상대가 진심으로 사죄하고 호소하기를 기다리고 있었다. 하지만 오랑캐들은 황제에게 실망감만 거듭 안겨 줬다. 애달프게 사정을 하기는커녕, 오히려 고삐 풀린 망아지처럼 난리를 쳤다. 황제는 통상의 문을 열기에 앞서, 철없이 설쳐 대는 그들을 정면으로 공격해 호된 맛을 보여 주고 싶었던 것이다. 그러니 이리포가 잃어버린 땅을 되찾아 와도 만족하지 못하고, 양방이 통상 재개를 미끼로 그들을 소탕하자는 제안을 해도 시큰둥할 수밖에 없다.

그러나 혁산이 오랑캐와 협상을 맺을 쯤에는 도광제의 마음도 어느 정도 수그러들어서, 더 이상 상대를 전멸시켜야 한다는 오기를 부리지 않았다. 그래서 적을 공격하는 시도만 해도 그럭저럭 넘어갔다. 게다가 혁산은 그 누구보다 거짓말과 둘러대기의 명수가 아니었던가! 황제가 그토록 적의 굴욕적인 모습을 바란다면, 오랑캐가 애타게 하소연했다는 한마디만 추가로 집어넣으면 그만이었다. 어차피 상대가 자신이 올리는 상주문을 와서 확인할 수 있는 것도 아니었다. 그러고 보면 거짓말도 쉬운 일이 아니다. 첫째, 기술이 있어야 하고, 둘째, 운이 따라야 한다. 결국 혁산의 '성공' 비결은 무엇보다 운이 좋아 황제의 마음을 제대로 간파한 데 있었다.

그러나 거짓말은 거짓말일 뿐이다. 실제로 청 조정에 하소연한 적이 없는 영국군이 혁산의 말처럼 자중하며 얌전히 있을 리가 없었다. 기고만장한 그들의 횡포는 오히려 갈수록 심해졌다. 1841년 4월 30일, 영국 내각은 그동안 영국 정부를 대표해 중국과 교섭을 벌였던 주중駐中 무역 감독관 찰스 엘리엇Charles Elliot을 전격 해임했다(이 사실은 8월 8일에 통보되었다). 8월 10일, 영국의 신임 전권대신 포틴저Pottinger는 광동에 도착해 마카오에 머물렀다(당시 신임 원정군 해군사령 파커Parker도 함께 왔다). 그는 도착 당일 협상 재개를 요구하며 영국 측이 만족하기 전까지 공격을 멈추지 않겠다고 공언했다. 8월 21일, 영국군은 북상을 강행했고, 마카오에 있던 포틴저도 22일 군함을 타고 북으로 진격했다. 그들은 마치 지금까지는 몸 풀기 게임이었다는 듯 본격적인 공세를 시작했다.

실제 상황은 혁산이 올린 상주 내용과 정반대로 흘러가고 있었다. 그럴수록 혁산의 거짓말은 계속 되풀이되고 수법도 교묘해졌다. 그는 황제에게 이렇게 둘러댔다.

'엘리엇이 몇 년간 불법으로 병사를 동원한 전적이 있어서(사실은 그 반대였다. 엘리엇의 해임 사유는 추진력이 없고 소극적이었기 때문이었다) 불안한 마음에 청나라 황제가 이미 통상을 허락했다는 사실을 포틴저에게 일부러 알리지 않았다. 현지 사정을 몰랐던 포틴저는 청나라 측이 무역 재개 건에 대해 함흥차사로 일관하자 기다리지 못하고 성급히 출동했는데, 이는 엘리엇의 함정이었다. 엘리엇은 포틴저가 북상하여 개항을 요구하며 전쟁을 개시하리라는 점을 노렸다. 일단 전쟁이 벌어지면 그도 엘리엇과 같은 죄를 범하는 셈이니, 결국 자신의 죄를 포틴저에게 떠넘길 수 있을 거라고 생각했다. 다행히 광주지부知府 여보순余保純이 포틴저의 서기관에게 황제 폐하의 뜻을 전달하여 행동을 삼가라고 경고하니, 그 자는 포틴저를 따라가 반드시 황제 폐하의 깊은 뜻을 전달하겠다고 약속했다.'

이 역시 전혀 근거가 없는 새빨간 거짓말이었다. 그러나 도광제는 이번에도 순순히 그의 말을 믿었다. 관리들 간의 그러한 아귀다툼은 청나라 문무 대신들 사이에도 늘 벌어지는 일이기 때문이었다. 게다가 혁산 일당이 보내온 보고문에 따르면, 엘리엇이나 포틴저의 서기관 등 대부분의 영국군들은 청 조정에 꽤 고분고분한 자세를 취하고 있었으므로 도광제는 당시 광주에서 벌어지는 일을 그다지 대수롭게 생각하지 않았다.

이렇게 해서 혁산 일당은 또 한 번 속임수를 써서 고비를 넘겼다.

사실상 혁산의 거짓말은 계속될 수밖에 없었다. 한 번의 거짓말로 모든 진실을 완전히 덮을 수는 없었기 때문이다. 새로운 거짓말로 앞서 했던 거짓 보고의 허술한 빈틈을 메워 나가고, 그다음에는 더욱 수준 높은 거짓말을 꾸며 내야 했다. 이러한 거짓말 잔치가 언제쯤 끝날지는 그들도 알 수 없었다. 그때그때 상황에 따라 즉흥적으로 거짓 연극을 하는 데 충실할 뿐이었다.

거짓말과 강경 노선

혁산의 거짓말은 황제에게는 통했지만 이웃들까지 속일 수는 없었다. 광주성의 상하급 관리들이 자축의 분위기에 젖어 있을 때 인접한 지역의 민절총독 안백도는 혁산이 광주의 전쟁 상황을 허위 보고했다며 탄핵 상소를 올렸다. 포틴저가 북상할 때도 안백도는 혁산의 거짓말에 속아 넘어가지 않았다. 혁산의 궤변을 불신한 그는 영국군에 대한 경계를 늦추지 않고 하문廈門의 방어를 강화했다.

그러나 안백도 역시 전쟁에서 패한 이후부터는 거짓말을 동원해야 했다.

하문전쟁에서 청의 관군은 만반의 준비에도 불구하고 참패를 당했다. 1841년 2월 17일, 안백도는 복주福州에 도착하자마자 본격적인 전쟁 준비에 돌입했다. 3월 2일 하문에 도착한 그는 방어 시스템을 전면 개혁

했다. 전쟁을 개시한 8월 하순 전까지 장장 5개월 동안, 은 150만 냥을 들여 하문 지역을 대청제국에서 가장 강대한 해안 방어 요새 중 하나로 변모시켰다.

그러나 최강의 병력을 자랑하던 이 방어 요새는 일격을 견디지 못하고 허망하게 무너져 내렸다.

전쟁의 포성이 처음 울린 것은 8월 26일이었다. 오후 1시 45분, 영국 군함이 항구 주변에 거센 바람을 일으키며 공격해 왔다. 안백도는 성안에 앉아 하문의 남쪽 연안과 고랑서鼓浪嶼, 서자미嶼仔尾 수비군에게 삼면에서 동시에 반격하라고 지시했다. 1시간 20분이 지난 후 고랑서의 포대 세 곳이 적군에 함락되었다. 전쟁이 시작된 지 두 시간이 지난 오후 3시 45분경, 하문 전역은 영국군에 의해 완전히 장악되었고, 15분 후에는 석벽石壁 진지도 함락되었다. 얼마 후, 섬 내 모든 진지들의 방어선이 줄줄이 무너졌다. 안백도는 잿더미로 사라졌다는 말이 어떤 상황인지를 그때 처음 실감했다. 게다가 잿더미로 변한 것은 상대편이 아니라 그가 공들여 세워 놓은 방어선이었다.

절망한 안백도는 흥천영도興泉永道(흥화興化, 천주泉州, 영춘永春 일대를 관할하던 도대道臺) 유요춘劉耀椿과 함께 대성통곡했고, 결국 문무 관리들을 이끌고 동안同安으로 야반도주했다. 성을 수비하던 병사들도 뿔뿔이 흩어졌다. 다음 날 새벽 영국군은 가뿐하게 하문성城을 점거했다. 이 전쟁에서 청나라 관군은 군대 총책임자 1명과 부장副將 이하 군관 7명이 전사했으며, 희생된 병사들의 수를 헤아리기 힘들 정도였다. 반면 영국군은 사망 1명, 부상 16명의 경미한 피해만 입었다. 그러나 안백도는 황제에게 자신이 영국 기선 1척과 군함 5척을 침몰시켰다고 허위 보고했다.

그때부터 그도 거짓말을 하기 시작했다.

하문전쟁에서 패한 후 안백도는 한때 탄핵을 시도했던 혁산과 한통속이 되어 거짓말에 맛을 들였다. 물론 이러한 거짓말은 황제와 조정에 보고할 때만 해당되었다. 그러면서 사적인 자리에서는 "서양 오랑캐의 무기와 병력이 워낙 강력하고 규율이 엄격해서, 우리 군사가 상대할 수 있는 적수가 아니다"라고 말하고 다녔다. 이 말을 들은 주변 사람들은 겉과 속이 다른 그의 이중적 태도에 조소를 보냈다.

그가 두 얼굴로 변한 것은 그전부터 고수해 오던 강경 노선이 발단이었다.

안백도는 원래 오랑캐의 전면 토벌을 강력히 주장했었다. 1841년 초 민절총독으로 막 부임했을 당시, 절강순무 유운가와 함께 '해임된 임칙서를 재기용해 이리포와 연합해서 오랑캐를 총공격하도록 하자'는 내용의 상소를 올리기도 했다. 이는 곧 이리포가 오랑캐를 토벌할 만한 능력이 없다고 비난하는 것이었다. 이리포는 안백도가 운남에 있을 때 몇 년간 모셨던 옛 상사였다. 이처럼 옛정까지 외면한 것으로 보아, 그는 기회만 엿보면서 행동을 미루는 이리포의 우유부단한 태도에 상당한 불만을 지녔던 것 같다. 또한 이는 그의 마음속에 아직 나라에 보답하고자 하는 충정이 살아 있었다는 증거이기도 하다. 당시만 해도 안백도는 유운가, 유겸 등과 같이 강경파 노선을 걷고 있었다. 이들 강경파 관리들은 모두 우국충정이 깊은 충신들이었다.

그러나 하문전쟁 패배를 계기로 그는 강경한 색채의 발언을 더 이상 입에 올리지 않았고, 대신 아주 자연스럽게 거짓말을 내뱉었다. 그가 강경파 노선에서 이탈한 이유는 아주 간단하다. 전쟁에서 영국군이 도저히 당해 낼 수 없는 강력한 적수임을 몸소 체득했기 때문이었다. 그렇다고 사실을 공개적으로 밝힐 수는 없었다. 적어도 황제와 조정 대신들의 귀에 들어가지 않도록 해야 했다. 결국 궁여지책으로 거짓말을 택할 수밖에 없었던 것이다.

당시 안백도와 비슷한 처지의 관리나 장수들은 꽤 있었다. 안백도의 후임으로 민절총독에 파견되었던 광동순무 이량 역시 그중 하나였다. 임칙서의 절친한 친구였던 이량은 기선을 탄핵하는 상소문을 올려 유명해졌다. 하지만 언제 그랬냐는 듯, 강경한 태도를 바꾸어 양방과 함께 나서서 영국군과 협상했다. 민절총독으로 재직할 때는 고랑서를 치라는 도광제의 명령을 받고도 겉으로만 따르는 척하며 얼렁뚱땅 넘어갔다. 그는 심지어 부하에게 이렇게 경고했다.

"삼엄한 방어 태세를 유지하되, 절대 공을 얻을 요량으로 먼저 도발하지 마라. 우리가 먼저 발포하면, 상대는 절강성에 있던 군함을 철수해 우리와 전면전을 벌일 것이다. 그러면 우리 복건성은 절강성의 방패막이 신세밖에 되지 않는다."

민절총독이라면 절강성 역시 그의 관할 구역이었다. 당시 절강성의 군사 업무가 그의 담당 영역이 아니라는 이유로 화를 이웃 성으로 떠넘겼던 것이다. 도광제의 말처럼, 정말 엉큼하고 비열한 방법이었다.

사실 이량은 사태의 심각성을 인지하고 있었다. 그가 지인과 사적으로 주고받은 서신에는 "오랑캐는 평정하기 어렵고, 복건성의 사태도 걷잡을 수 없이 심각하다오. 군대를 철수할 수도, 계속 잔류할 수도 없으니 참으로 난감하오"라고 적혀 있었다.

하지만 진심은 사적인 편지에서나 털어놓을 수 있을 뿐이었다.

실제로 전방의 전쟁을 직접 겪은 관리들은 거의 대부분 전면 토벌을 주장하는 강경파에서 회유책을 선호하는 온건파로 변해 갔다. 이량과 안백도가 그러했고, 기선, 이리포, 양방, 혁산은 물론 나중에 전쟁에 합류한 기영耆英, 우감牛鑒 역시 마찬가지였다. 당초 기영과 우감도 각각 성경장군盛京將軍과 양강총독으로 파견되었을 때, 영국군을 전면 압박해야 한다는 주장을 견지했다. 하지만 기영은 절강에 도착한 후에, 우감은 오송吳淞에서 패배한 후에 철저한 온건파로 돌변했다.

마오하이젠은 당시 상황을 이렇게 설명했다.

"전쟁이 한창이던 광동성, 복건성, 절강성, 강소성에서는 실질적인 책임을 맡은 관리들이 모두 회유를 주장하는 온건파로 돌아섰다. 비非교전 지역 관리들 중에 온건파를 찾을 수 없었던 것처럼, 교전 지역에서는 강경파를 찾을 수 없었다."

그는 이것이 전쟁 지역의 지방관들은 실질적인 책임을 맡고 있어, 비교전 지대의 관리들처럼 무책임하게 목소리만 높일 수 없었기 때문이라고 말한다. 여기에 덧붙여 또 한 가지 간과할 수 없는 이유가 있었다. 교전 지대의 지방관들은 현장 경험을 통해 청 제국이 감히 서양 오랑캐에 대적할 수 없으며, 승리할 가능성도 희박하다는 사실을 누구보다 생생하게 알고 있었다.

문제는 그들 모두 진실을 은폐한 채 침묵했다는 것이다. 사실대로 말한다면 '간신'이니, '매국노'니 하는 비난의 화살만 되돌아올 것이 뻔했다. 그들은 어쩔 수 없는 왕조 시대의 관리였다. 전제주의 아래에서는 언론의 자유가 보장되지 않았다. 그 시대를 살아온 사람들에게는 할 수 있는 말과 할 수 없는 말의 경계가 명확했고, 획일적인 통념이 존재했다.

당시 상황에서 그들이 고수한 통념이란, '대청 제국은 유일무이한 제국이고, 대청의 강산은 난공불락의 요지며, 대청의 관군은 절대 패하지 않고, 대청 제국의 황제는 영원히 현명하다'는 것이었다. 때문에 그들의 영역을 침범하는 적들은 반드시 소탕해야 할 대상이었다. 청나라 사람들에게는 대청 제국은 '위대한 천자의 나라'이고 영국은 '작은 섬의 이민족 오랑캐'에 불과하다는 인식이 팽배했다. 그러니 오랑캐의 힘이 너무 강대해 맞설 수 없다는 소리를 했다가는 바로 매국노로 낙인찍힐 수밖에 없었다.

자신의 목숨이 달려 있는데 누가 감히 진실을 털어놓을 수 있겠는가?

결국 실질적인 책임이 없는 관리들은 뭣 모르고 목소리만 높였고, 현장에서 책임을 맡은 관리들은 습관처럼 거짓말을 반복했다. 거짓말과 강경 노선은 동전의 양면이나 다름없었다. 거짓말을 하기 전에는 누구나 강경 일변도를 걸었고, 강하게 나서다가 결국 거짓말에 물들게 되었다. 대부분의 거짓말은 큰소리만 쳤던 기존의 강경 노선으로 인한, 어쩔 수 없는 것이었다. 여기서 얻은 결론은 간단하다. 거짓말을 차단하기 위해서는 일방적이고 호전적인 매파 성향부터 근절해야 한다는 것이었다.

알고는 있지만 말할 수 없는 것

그러한 전제하에서 유운가라는 인물은 흥미로운 경우다.

유운가는 당시 국경을 수비하던 관리들 중에서 별종으로 통했다. 그는 만주족 출신도 귀족 출신도 아니었고, 과거제로 벼슬길에 입문하는 정식 과정을 밟지도 않았다(그렇다고 천거된 것도 아니었으며 당초 국자감國子監의 발공拔貢에 불과했다). 평범한 집안 환경에 인맥도 그다지 넓지 않아, 가문의 덕을 본다거나 뒤를 봐주는 든든한 후원 세력이 있었던 것도 아니다. 그러나 그의 승진은 고속으로 이어졌다.

14년 동안(부친상으로 3년간 여묘했던 시기도 포함) 7품의 하급 관리부터 시작해서 주사主事, 원외랑, 낭중, 지부, 도원道員, 안찰사按察使, 포정사布政司까지 한 계단씩 올라가, 1840년 8월에는 마침내 절강순무로 파견되어 진정한 실세로 자리 잡았다. 마오하이젠은 그의 이러한 출세 비결이 성실함과 영리함에 있었다고 말한다. 매사 성실한 일 처리로 황제의 마음을 사로잡았고, 영리한 머리로 주변 동료들에게도 인정을 받았다. 하지만 유운가가 출세할 수 있었던 결정적인 비결은 국가를 향한 '유별난 열정'이었다.

유운가의 '유별난 열정'은 아편전쟁이 시작될 무렵부터 두드러졌다. 당시 순무였던 유운가는 명의상으로는 절강 지역의 최고 군정 장관이었으나, 실제로는 주도적인 실권을 지니지 못했다. 위로 세 명의 흠차대신(이리포, 유겸, 기영)과 한 명의 장군(혁경奕經)이 버티고 있었기 때문이다. 유운가는 그렇다고 상사의 눈치만 보며 수수방관하지 않았다. 주도적으로 일을 처리할 때가 많았고, 수고를 아끼지 않으면서도 공치사를 바라지 않아, 황제와 장관들로부터 두터운 신임을 얻었다. 이 부분에 관해서는 『천조의 붕괴』에서 상세하게 다루고 있으니 여기서는 생략하기로 한다. 중요한 점은 그의 그러한 열정 덕분에 모두가 쉬쉬했던 진실을 공론화할 수 있었다는 것이다. 게다가 그의 제안은 성공적으로 받아들여졌다. 이러한 점에서 그는 확실히 여느 사람들보다 별나고 특이했다.

앞에서도 말했지만, 아편전쟁 시작 당시만 해도 조정 대신들은 서양 오랑캐를 회유하기보다는 전면 소탕해야 한다고 주장했다. 기본적으로 승리를 장담하는 분위기였다. 그러나 그런 분위기는 결국 숱한 거짓말들을 양산하고 말았다. 전방이 초토화되고 많은 이들이 역부족임을 깨달았지만, 후환이 두려워 아무도 입을 열지 않았다. 모두들 파면이나 사형을 당할까 봐 노심초사할 뿐, 용감하게 나서서 진실 밝히기를 꺼렸다.

바로 그때 유운가가 팔을 걷어붙이고 나섰다.

하지만 진심을 말하기란 결코 쉬운 일이 아니었다. 든든한 배후 세력이 있는 것이 아닌 이상, 입 한번 잘못 놀렸다가는 당장 죽을 수도 있었다. 더군다나 그 역시 당초 안백도처럼 영국군의 완전 소탕을 강력하게 주장해 왔고, 절강성의 국방 업무를 강화하기 위해 부단히 애를 써 왔다. 그런 그가 갑자기 회유 쪽으로 입장을 바꾼다는 것은 타인은 말할 것도 없고 스스로의 양심으로도 용납할 수 없는 일이었다.

그러나 전세가 수습하기 힘들 정도로 엉망이 되면서, 그도 더 이상 환상을 품을 수 없었다. 정해, 진해鎭海, 영파寧波가 연이어 점령당하고, 진지를 지휘하던 갈운비葛云飛(정해), 왕석붕王錫朋(수춘壽春), 정국홍(처주處州)이 잇따라 전사했으며, 흠차대신 유겸도 패배의 충격으로 자살했다. 청천벽력처럼 날아드는 비보와 패전 소식에 유운가도 놀라서 어리둥절해졌다. 놀라움과 충격에 휩싸인 그는 그때서야 냉정히 현실을 돌아보기 시작했다. 정해와 진해의 방어선마저 적의 무차별 공세에 맥없이 무너지고, 유겸, 갈운비, 왕석붕, 정국홍과 같은 충신들조차 역적의 기세를 누르지 못하는데 무슨 희망이 있겠는가 싶었다. 결정적으로 양위장군揚威將軍 혁경이 절강성 동부에서 패하고 항주杭州로 도주했다는 소식이 들리자, 유운가는 열정을 완전히 접고 현실을 직시하기 시작했다. 진심으로 나라와 민족이 걱정되었던 그는 조정에 상황을 보고하고 정책을 수정하기로 결심했다.

하지만 무작정 진실 그대로 말하면 되는 것이 아니라, 설득력 있게 잘 말하는 것이 중요했다. 다행히 유운가는 말재주가 뛰어났다. 그는 상소문에서 '소탕'이니 '회유'니 하는 말을 아예 들먹이지 않았다. 단지 전쟁을 계속 강행할 경우 심히 우려되는 열 가지 위험 요소들을 하나하나 나열했을 뿐이다. 1842년 3월 21일, 그는 '열 가지 우려'에 관한 이 상주문을 조정에 올렸다. 그중 도광제의 마음을 가장 흔들어 놓은 것은 바로 아홉 번째 조항이었다. 그 내용은 대략 이러했다.

"작년 심한 폭설 피해를 입은 절강성은 봄 곡식을 파종하지 못하여 식량 물가가 날로 치솟고 있으며, 백성들이 곤궁한 나날을 보내고 있습니다. 민심이 술렁이고 도적들이 사방으로 날뛰는데, 지방관들은 전쟁에 힘을 쏟느라 이를 돌볼 겨를이 없습니다. 나라가 혼란하니 이 시기를 틈타 사악한 무리들이 창궐하지 않으리라는 보장이 없지 않습니까?"

충분히 설득력 있는 설명에 도광제는 가슴이 철렁 내려앉았다. 전제주의 사회의 군왕으로서 가장 중요한 일은 황권을 지키는 것이었다. 서양 오랑캐가 괘씸하긴 하지만, 그들은 어차피 통상 재개와 손해 배상, 영토 할당만을 요구할 뿐 청나라를 멸망시킬 뜻도 없었고 국가의 기반을 송두리째 흔들어 놓지도 않았다. 그러나 민중들이 마음먹고 반란을 일으키면, 황제의 권력이 땅에 떨어지는 것은 순식간이었다. 도광제 입장에서는 결코 소홀히 할 수 없는 문제였다.

"청 조정의 통치자들은 이 문제에 있어서만큼은 반드시 정신을 바짝 차려야 합니다."

여기까지 읽은 도광제는 위기의식에 바짝 긴장되었다.

오늘날 사람들은 유운가의 이러한 관점이 '청 왕조의 통치자를 두둔하기 위한 것'일 뿐이라며 비난하기도 한다. 그러나 그런 비난은 비논리적이고 억지스럽다. 유운가는 누가 뭐래도 대청 제국에 소속된 관리였다. 그가 청나라 조정의 통치자가 아니면 누구의 편을 들겠는가? 어찌 되었건 그가 이러한 주장을 펼친 것은 결국 도광제를 설득하기 위함이었다. 만일 그의 주장에 청 조정을 위하는 마음이 묻어나지 않았더라면,

도광제가 과연 그것을 진심으로 받아들였을까?

결과적으로 그의 제안은 도광제의 마음을 제대로 흔들었다. 황제는 주비朱批에 이렇게 썼다.

"상주한 내용이 구체적이고 일리가 있으니 그대로 준수하라."

여기서 마오하이젠은 "진실을 말하는 데는 약간의 용기와 지조가 필요하다"고 결론 내렸다. 내 소견으로는, 전제 정치 제도에서라면 여기에 어느 정도의 기교와 기지도 더해져야 할 것 같다. 유운가의 사례가 이를 뒷받침해 준다. 여야의 관리들이 근거 없는 강경 노선을 취하거나 거짓말로 화를 모면하는 분위기 속에서, 그는 오히려 흐름을 역행해 진실한 견해를 털어놓았다. 그런데 황제의 미움을 사기는커녕, 절강순무에서 민절총독으로 승진되는 행운을 누렸다. 내친김에 한마디 덧붙이자면, 그는 영국과의 교전이 한창이던 지역의 순무와 총독 중에서 황제의 노여움을 사지 않고 승진에 성공한 유일한 사람이기도 했다. 모두 그가 영리하고 지혜롭게 처신한 덕택이다.

그러나 유운가의 이러한 기교와 기지는 후에 스스로에게 낭패를 안겨 주기도 했다. 민절총독에 임명된 후 그는 계속해서 황제와의 맞대응 방법으로 간접적인 구국의 심정을 표현했고, 영국군에 대해서는 표리부동의 이중적 계책으로 맞섰다. 표면적으로는 조약을 준수하고 복주의 항구를 열어 주는 척하면서, 뒤로는 영미英美 상인들이 무역에서 이익을 건지지 못하도록 여러 가지로 손을 썼다. 그 결과 1855년 복주의 무역액은 겨우 37만 위안에 불과했고, 1856년과 1857년에 이르자 외국 선박들은 아예 얼씬하지 않았다.

유운가는 가시적으로 드러나는 효과를 보며 스스로 뿌듯해했고, 이 사실을 도광제에게 득의양양하게 보고했다.

"복주에서는 더 이상 통상이 이루어지지 않고 있으며, 몇 년 후면 서양 오랑캐들도 실망해서 돌아갈 것입니다. 이제 앞으로 어떠한 이민족도 성안의 요새를 함부로 건드리지 않을 것입니다."

안타깝게도 그의 이러한 방법은 함풍제 정권에서는 통하지 않았다. 즉위한 지 얼마 안 된 함풍제는 은밀하고 교활한 술법으로 적을 교란시키는 것이 아닌, 확실하고 정정당당한 승리를 원했다. 게다가 여야의 대신들도 영국군에게 알랑거리는 유운가의 태도가 그렇지 않아도 못마땅했던 참이었다. 결국 유운가는 낯선 분위기에 적응하지 못하고 병을 핑계로 휴가를 요청했다. 그의 속셈을 간파한 함풍제는 이를 역이용해, 그에게 아예 고향에 내려가 요양을 하라고 지시했다. 그런 다음 12년이 흐르도록 다시는 그를 찾지 않았다. 그는 동치제同治帝 때가 되어 재임용되긴 했지만, 그때는 이미 예전 실력이 녹슬어 두드러진 활약을 하지 못했다.

똑똑함이 지나쳐 오히려 그 술책에 자신이 걸려 넘어진 격이었다.

유운가의 비극은 곧 시대의 비극이자 제도의 비극이었다. 유운가와 동시대를 살던 전제 정치 시대의 관리들에게 요구된 인간으로서의 최고 경지는 영리함이었다. 영리한 사람이 생각해 낼 수 있는 승리 전략과 묘책은 대부분 은밀하고 음흉한 수단에 국한되었다. 그러니 당초 이런 방법으로 관료 사회를 휘저었던 유운가는 아마 물 만난 고기의 모습이었을 것이다. 그러나 이러한 방법은 주변 환경이 바뀌면 더 이상 통하지 않는다. 설령 함풍제가 그를 고향으로 돌려보내지 않았다 해도, 그는 언젠가 다른 어딘가에서 낭패를 봐야 했을 것이다.

두 얼굴의 가면

일을 처리하는 것조차 벅차다고 한다면 형국을 다스리는 것은 더욱 어렵다.

황제의 명령으로 '오랑캐 달래기'에 나선 흠차대신 기영은 난처한 상황에 처해 있었다. 기고만장한 오랑캐의 공세는 쉽게 잦아들 줄 모르고, 안하무인의 황제도 절대 물러서지 않을 기세였다. 양쪽이 팽팽하게 대치한 가운데 영국군은 무력으로 그를 괴롭혔고, 황제는 권세를 앞세워 그를 압박했다. 중간에서 샌드위치 신세가 된 기영은 양방향에서 심한 압력에 시달렸다. 결국 그의 태도는 이중성을 띠게 되었다. '서양 침략자'에게는 호의를 베푸는 척하고, '황제'에게는 상황을 은폐하기 위한 교묘한 속임수를 썼다.

기영과 그 주변인들이 영국군을 어떻게 대했는지는 『천조의 붕괴』에 상세히 묘사되어 있다. 그중에서 가장 우습고 황당한 것은 양강총독 우감이 1842년 8월 6일에 영국 전권대신 포틴저에게 보낸 각서다. 우감은 각서에 이렇게 적어 보냈다.

"양쪽이 서로 화해하고 통상을 재개하자는 제안은 양위장군 혁경도 감히 내놓지 못한 것이요. 나 우감이 후환을 감수한 채 목숨을 걸고 세 번이나 상주 드려서 겨우 황제 폐하의 허락을 받아 냈소. 그런데 강화를 맺으려는 찰나, 당신들은 군함을 이끌고 와서 우리의 호의를 무색하게 하며 전쟁을 일으키고 있소. 당신들에게는 신뢰도 의리도 없소이까?"

제 딴에는 당당하고 자신만만했겠지만 지금 보면 참으로 우습기 짝이 없다. 우감의 논리는 대략 이렇다. '내가 목숨을 걸고 황제에게 상소를 올리지 않았더라면(실제로는 전혀 상소를 올린 적이 없었다) 당신들이 아무리 평화 협정 체결을 요구해도 결코 성사되지 못했을 것이다. 그렇다면 죽음까지 불사한 나의 체면을 봐서라도 좀 정중하게 굴었어야 했다. 그런데 배은망덕하게 군함을 앞세워 쳐들어오다니, 이렇게 무례해서야 되겠는가? 우리의 체면을 구기고 평화 분위기를 깨려고 작정한 게 아니라면 이럴 수는 없다. 당신들의 도발 행위는 우리의 호의를 완전히 무시하고 깔아뭉갠 것이 아니고 무엇이냐?'

이 방법은 국가 대 국가 차원의 외교라고 보기엔 너무 허술하고 수준이 낮다. 거의 강호 세계의 건달들이 찻집에 앉아 시비를 가리고 화해하는 수준에 지나지 않는다. 게다가 상대방이 평화 분위기를 깼다고 화내는 것은 순전히 중국인들의 입장이었다. 그러니 상대방에게 통할 리 없었다. 결국 이러한 우감의 경고는 쇠귀에 경 읽기에 불과했다.

더욱 괘씸한 점은 그가 자신을 정당화하기 위해 황제와 동료들까지 팔았다는 것이다. 그의 주장만 보면, 황제는 절대 평화 협정을 할 생각이 없었고, 동료들은 감히 황제에게 상소를 올리지도 못했다. 결국 그를 제외한 나머지는 모두 악인으로 돌변한 셈이다. 그 당시에 이를 자세히 따지는 사람이 없었기에 망정이지, 이 사실만으로도 우감은 처형 감이었다.

그리고 보면 당시 우감은 꽤 다급했던 것 같다.

기영은 아예 처음부터 거짓말 작전으로 양쪽의 비위를 맞춰 나가고 있었다. 1842년 5월 17일, 영국군이 사포乍浦에 근접했다는 소식을 들은 그는 대경실색했다. 칙명을 주청할 겨를도 없이 바로 이리포를 보내 '상황을 살펴 어떻게든 적을 구슬리고, 천자의 위엄을 내세워 대의를 보여 주라'고 주문했다. 그러나 서양 오랑캐는 '천자의 위엄'이나 '대의'를 운운하는 그들 앞에서 전혀 꿈쩍하지 않았다. 오히려 오만한 태도와 강경한 어조로 일관하며, 청의 황제가 자신들의 요구 조건을 수용할 것을 요구했다. 영국군의 요구를 들어줄 수도, 사실대로 상부에 고할 수도 없었던 기영은 결국 거짓말로 위기를 모면해야 했다.

29일 조정에 올린 상주문에서 그는 듣기 좋은 말만 선별해 "그자들도 자신들의 감정이 격해 있음을 잘 알고 있으며, 통상만 허락해 달라고 간청하고 있습니다(사실 이는 영국 측의 요구 조건이 아니었다). 말하는 태도는 꽤 공손하고 순종적이었습니다(영국군의 어조는 협박에 가까웠다)"라고 적었다. 기영은 그들을 다스리는 대책에 관해서는 이렇게 말했다.

"역적들이 점점 극성을 부리고 있어 공격과 방어 모두 어려운 상황입니다. 이럴 때는 함부로 진압해서도 안 되며 회유에만 의지해서도 안 됩니다. 그들의 힘이 쇠진해 어느 정도 진정되기를 기다렸다가 기회를 보아 움직여야 합니다."

그러나 이는 모두 상황을 모면하기 위해 지어낸 거짓말이었다.

사실 상대가 진정되기를 기다리는 것은 불가능했다. 오송으로부터 사포가 함락되었다는 급보를 전해 들은 기영과 이리포는 발등에 떨어진 불을 끄느라 정신이 없었다. 그들은 항주에서 가흥嘉興, 왕강경王江涇, 강소 곤산에 이르기까지 영국군의 뒤꽁무니를 졸졸 쫓아다니며 평화 협정 맺기를 애원했다.

그러나 상대는 호락호락 받아들이지 않았고, 황제 역시 쉽게 동의하지 않았다. 마침내 7월 9일에는 도광제의 공격적인 명령이 하달되었다.

"회유책은 국가의 힘만 소진할 뿐, 해결에 전혀 득이 되지 않는다. 기영과 이리포는 우감과 함께 조금도 주저하지 말고 오랑캐 격퇴에 전념하라."

이에 대해 기영은 황제의 명령을 따르지 않기로 결심했다. 현실적으로 격퇴가 불가능한 데다, 영국군이 재공격을 안 하는 것만으로도 감지덕지해야 할 상황이었다. 게다가 돌아가는 상황으로 볼 때 한발 물러서야 할 쪽은 청 조정이었다. 명령을 내린 다음 날 도광제는 과연 주춤하는 모습을 보였다. 영국군의 '대원수'가 보산현寶山縣 성내에 붙여 놓았다는 공고문 때문이었다.

이 공고문은 누군가에 의해 위조된 것으로 보인다. 영국군은 '대원수'라는 호칭을 전혀 사용하지 않는 데다 그 인물의 정체를 파악할 길이 없기 때문이다. 심지어 일본학자 사사키 마사야佐佐木正는 기영이 위조한 것이라고 주장하기도 했다. 마오하이젠은 그에 동의하지 않았지만, 누가 위조를 했든, 기영 일당이 황제의 마음을 돌리려고 꾸민 수작이었음은 분명하다.

공고문의 내용은 대략 이러했다.

"5년 전 본국의 무역선이 실수로 광동 상인 세 명을 해쳤다는 이유로 청국에서는 무역을 거부하고 있소. 이에 영국 정부가 평화 협정 체결을 위해 나를 파견하였으나, 어떤 자(청나라의 간신을 암시한다)가 나를 속이고 뜻을 조정에 전해 주지 않았소. 이에 할 수 없이 군사를 동원해 그자들을 처단하고자 하오. 그러나 결코 청나라 백성들을 괴롭힐 뜻은 없으니, 당신들은 당황하지 말고 평소대로 나라의 안위에 힘쓰시오. 본국의 군사들은 열흘 내에 전군을 정비하여 우리를 속인 탐관들을 해치운 뒤, 바로 수도로 올라가 평화 협정을 맺을 것이오. 그러니 괜히 겁내거나 일을 크게 만들지 않기를 바라오."

어디로 보나 중국인의 입장과 사고방식에 맞춰진 '민심 다스리기'용 공고문이었다. 특히 '탐관오리들만 처단하려 할 뿐 황제에게 반기를 들 의사는 없다'는 내용은 중국의 논리에 매우 부합하고, 전쟁에 대한 청 조정의 본래 취지와도 잘 들어맞았다. 청나라는 아편전쟁이 시작될 때부터 무력을 동원해 협박하는 영국군을 그저 무역 금지 처분 해제를 호소하러 온 외국 세력일 뿐이라고 여겼다. 1840년 영국 수상 파머스톤 Palmerston의 선전 포고 각서도 황제에게 억울함을 씻게 해 달라고 부탁하는 내용(사실은 황제에게 배상과 개정을 요구하는 내용이었다)처럼 번역되었다. 이를 이용해 기영 일당은 이번에도 그들이 황제에게 억울한 사정을 고하러 온 것처럼 위장했던 것이다. 그러기 위해서는 적절한 근거와 상황 설명이 필요했다.

사악한 지방관이 자신들의 진심을 조정에 상주해 주지 않아 할 수 없이 수도로 직접 가서 이야기하겠다는데, 황제도 믿지 않을 수 없었다. 게다가 '본국에서 평화 협상 체결을 위해 나를 파견했다'는 대목은 듣던 중 반가운 소리였고, '간신들이 나를 속였다'는 말도 충분히 있을 수 있는 상황이었다. 다만 직접 수도로 올라와 담판을 짓는 것은 황제로서 그다지 원하는 일이 아니었다. 그래서 황제는 즉시 기존의 명령을 거두고 다시 지시했다.

"그러한 사정이라면 그들을 잘 달래어 일을 원만하게 매듭짓도록 하라."

그러나 도광제도 만일의 사태를 대비하여 최후의 수단은 남겨 두었다. 그는 기영에게 "방어해야 할 때는 방어하되, 공격이 필요하거든 거침없이 공격하라. 절대 두려워하지 말라. 군사들의 전투 의지가 해이해지지 않도록 하는 것이 가장 중요하다"라고 귀띔해 두었다. 영국 측의 조건에 대해서도 그는 바로 수락하지 않고, 기영 등에게 다시 흥정하도록 했다. 순진하게도 그는 '기왕 오랑캐들이 억울함을 호소하러 왔으니, 이번 기회에 서운하지 않게 대하면 자기편으로 끌어올 수 있으리라'는 환상까지 품고 있었다.

이쯤 되자 더욱 다급해진 우감은 할 수 없이 사실을 고할 수밖에 없었다.

"사실은 현재 일촉즉발의 위급한 상황입니다. 부디 폐하께서는 조속히 계책을 세워 백성들을 구해 주시옵소서."

그제야 도광제는 모든 상황을 눈치챘다. 억울함을 호소하느니, 평화 협상을 맺느니 하는 것은 모두 꾸며 낸 소리였고, 적이 고분고분하다는 것도 모두 거짓이었음을 깨달았다. 적을 도저히 당해 낼 수 없는 것만이 진실이었다. 하지만 도광제는 그 와중에도 천조의 황제인 자신이 일개 작은 섬의 오랑캐들에게 무릎을 꿇어야 한다는 사실을 수긍하지 못했다.

사실 영국군은 전쟁을 하든 협상을 하든 그렇게 먼 길을 왕래하면서까지 황제를 알현할 필요가 없었다. 그들은 큰일 작은 일 할 것 없이 모두 황제의 허락을 받아야 하는 중국인들과는 달랐다.

그러므로 그들은 애초부터 거짓말을 할 필요가 없었다.

아편 복용, 그 끝은 어디인가

마오하이젠의 『천조의 붕괴』에서 가장 인상 깊었던 장면은 전쟁 내내 계속된 전방 관리들의 거짓말 잔치였다. 최고 권력을 지닌 도광제는 그들의 거짓말과 빈말만 믿고 의사 결정을 해야 했다. 그러니 전쟁의 패배는 예고된 결과였다. 아편전쟁 기간에 거짓말은 대부분의 청나라 조정 군신들을 마비시켰던 지독한 아편이었다. 청나라가 이 전쟁에서 실패하고, 마침내 와해될 수밖에 없었던 이유 중 하나는 바로 관리들 모두가 '거짓말'이라는 아편에 중독되었기 때문이다. 그들은 이 아편이 없으면 하루도 살아갈 수 없었고, 결국 과다 복용과 중독 증상에 시달려야 했다. 따라서 당시 나라를 구할 수 있는 유일한 희망은 아편을 끊는 것뿐이었다.

그러나 아편에서 헤어 나오기란 결코 쉽지 않았다.

쉽지 않았던 이유는 여러 가지다. 무엇보다 오랜 습관은 좀처럼 바뀌지 않는다. 아편에 맛을 들인 사람은 하루라도 아편을 하지 않으면 살아갈 수 없다. 거짓말에 습관을 들인 사람에게 거짓말을 못 하게 하는 것은 하늘에 있는 별을 따기보다 어렵다. 사실대로 털어놓으면 결국 거짓말이 드러나게 되므로 어쩔 수 없이 끝까지 속이게 되는 것이다. 혁산을 비롯한 전방의 장수들도 모두 그런 경우였다.

그렇다면 아예 처음부터 진실을 말할 수는 없었을까? 이것도 불가능했다. 전제 정치 제도에서는 황제의 눈치를 봐 가며 말을 해야 했고, 심지어 바로 상사들의 눈치도 살펴야 했다. 상대가 듣고 싶은 말만 골라서 하고, 들어서 기분 나쁠 말은 아예 빼거나 숨겨야 했다. 도저히 숨길 수 없는 경우에는 거짓말로 대충 둘러댔고, 그래도 안 되면 더욱 고단수의 거짓말을 동원하는 악순환이 되풀이되었다.

그러므로 혁산을 비롯한 관리와 장수들에게는 거짓말이 필연적이었다. 그들의 거짓말은 하나같이 적의 강한 병력과 위협적인 기세를 은폐하는 데만 집중되었다. 상식적으로, 전쟁에 패했을 때는 적군의 실력이 막강하다는 사실을 부각해야 조금이라도 책임을 덜 수 있다. 하지만 청나라 관리들은 정반대였다. 서양 오랑캐가 공손하게 예를 갖췄다느니 억울한 사정을 하소연했다느니 비굴하게 고개를 숙였다느니 하는 말만 반복했을 뿐이었다. 이유는 단지 황제를 비롯한 조정의 대신들이 그런 말을 듣고 싶어 했기 때문이었다.

여기서 의문점이 생긴다. 청나라의 군신들은 왜 그런 말이 듣고 싶었던 것일까?

바로 그들 모두가 심각한 아편 중독자였기 때문이다. 다만 그들 스스로 인정하지 않을 뿐이었다. 그들은 그것을 오히려 '천조의 체면'이라고 불렀고, 심지어 '애국주의' 혹은 '영웅적 기개'로 미화하기도 했다.

상당히 오랜 시간 동안 중화 민족은 '천조대국天朝大國'이라는 자부심에 흠뻑 빠져 살았다. 인류가 거주하는 광범위한 지역이 '천하天下'라면, 천하의 중앙에 살고 있는 그들은 '중국中國'이었다. 그들은 중국의 황제를 하늘의 아들이라며 '천자天子'라고 불렀고, 천자의 왕조는 세상에서 가장 위대하므로 '천조天朝'라고 했다. 천조의 신하와 백성들은 세상에서 제일 우수하다 하여 '화하華夏'라고 구분 짓고, 천자와 멀리 떨어져 있는 주변 민족들은 천조의 예악을 배울 수 없어 미개하고 야만적이라 하여 '만이蠻夷'라고 불렀다. 그들의 인식 속에 '화하'와 '만이'는 '군신' 관계 혹은 '문명인'과 '야만인'의 관계이므로 전혀 등급이 달랐다. '만이'가 '중국'에 온다면 이는 조공을 바치거나 의식에 참가하기 위함이었으며, 그것도 아니라면 '은혜'를 구하거나 억울함을 호소하러 오는 것이라고 생각했다. 때문에 '천조'에는 '외교'라는 개념이 전혀 없었고, 오직 '중국'과 '속국'의 일을 처리한다는 개념만 존재했다.

기영이 성 아래에서 영국군과 동맹을 맺을 때, 상대에게 '은혜'를 베푼다는 표현을 태연하게 사용한 것도 다 이러한 통념 때문이었다. 상대편에서 불평등 조약 체결을 강요하는 마당에, 오히려 자신들이 은혜를 베푼다고 합리화하다니 스스로를 속이는 것이 아니고 무엇인가?

그러나 은혜를 베푼다고 표현할 수밖에 없었다. 그렇게 하지 않으면 불경죄를 짓는 것이었고, 즉시 매국노로 전락했다. 마찬가지로 오랑캐가 겁을 먹고 굴복했다거나, 그들의 실력이 별 볼 일 없다거나 하는 말들을 지어내지 않을 수 없었다. 그렇게 말하지 않으면 '겁쟁이'라는 비난이 돌아오거나 적의 폭력 행위를 눈감아 준다는 누명을 쓸 게 뻔했다.

물론 적의 현황을 과장해서 보고한 적도 있었다. 1841년 2차 정해전쟁 때였다. 그 전쟁은 여러 역사서에서 장렬히 싸우다가 전사한 영웅들의 감동적인 이야기로 묘사되어 왔다. 정해 지역을 총괄하던 세 명의 군 지휘관(정해진定海鎮 총사령관 갈운비, 절강 처주진處州鎮 총사령관 정국홍, 안휘 수춘진壽春鎮 총사령관 왕석붕)이 5천 명의 병사를 이끌고 1만여 명의 영국군과 일주일 밤낮으로 혈전을 벌이다 결국 수적 열세를 극복하지 못하고 모두 전사했다는 내용이다.

감동적이긴 하지만 이것 또한 완전한 사실이 아니다. 그들이 군대를 이끌고 항전했다거나, 용감하게 싸우다가 전쟁터에서 순국했다는 것은 모두 틀림없는 사실이다. 하지만 마오하이젠의 검증에 따르면, 당시 적군의 수는 1만 명이 아니라 4~5천 명에 불과했다. 또한 일주일 밤낮으로 혈전을 벌인 것이 아니라 하루도 못 가 무너졌다. 전투는 1841년 10월 1일 새벽에 시작하여 오후 2시경에 일단락됐다. 이 싸움에서 청나라 군대는 제대로 저항하지도 못했고, 영국군은 사망 2명, 부상 27명 정도로 피해가 아주 적었다. 적의 상황을 부풀린 것은 물론 허무맹랑하게 청나라 군대를 영웅화한 면도 없지 않다.

적의 상황을 과장해 보고한 이유는 여러 가지다. 그중 하나가 청나라 관리들 사이에 보고서 조작이나 허위 보고가 이미 습관화되어 있었다는 것이었다. 이것은 아편 중독과 다름없었다. 이러한 상황은 더욱 정확한 검증이 필요하긴 하지만, 당시에는 거의 기정사실로 간주되었고, 일부 엄격한 학풍을 추구하는 학자들도 허위 보고를 진실이라고 믿어 의심하지 않았다.

아편의 독소는 이미 그때의 중국인들의 뼛속 깊숙이 퍼져 있었던 듯하다. 황제부터 평범한 백성에 이르기까지 하나같이 거짓말 듣기를 좋아했으니 말이다. 이들은 모두 귀가 즐거운 말이나 덕담, 공치사나 아부성 발언만을 듣고 싶어 했다. 그 말의 진위 여부나 진심 여부는 다음 문제였다. 그러니 그들의 귀에 들려오는 정보는 대부분 사전에 선별 과정을 거친, 왜곡된 것들이었다. 이러한 정보는 어느 정도 사실이 가미되었다 해도 완전한 진실이 될 수는 없었다. '지피지기면 백전백승'이라는 말이 있다. 진실이 결여된 정보만 믿고 전쟁을 지휘하는데 과연 승리를 장담할 수 있겠는가?

기왕 전쟁에서 패했다면 남은 것은 상대에 대한 도덕적 비난뿐이다. 중국인들이 1840년에 일어난 전쟁을 굳이 '아편전쟁'이라고 부르는 데에도 그러한 심리가 작용되었다. 사실 영국인들이 전쟁을 일으킨 궁극적인 목적은 절대 아편의 밀거래에 있지 않았다. 영국 수상 파머스톤도 중국 주재 사절단에게 명령을 내리면서 이 점을 재차 강조한 바 있다.

"우리 영국 정부는 중국 정부가 아편의 수입을 금지할 권리가 있으며, 외국인 혹은 중국 백성들이 중국 영토 내로 밀반입한 아편들을 몰수할 권리가 있다는 사실을 결코 부인하지 않는다. 여왕 폐하께서는 그 사안에 대해 어떠한 요구도 제시하지 않았다."

'남경조약'에도 아편 무역을 개방한다는 조항이 전혀 없었다. 영국 입장에서 당시의 전쟁은 아편 수입을 강요하기 위한 것이 아니라 통상을 요구하기 위한 것이었기 때문이다.

페이정칭費正淸의『중국: 전통과 변천中國: 傳統與變遷』이라는 책에는 이런 구절이 나온다.

"사실 영국은 외교적 평등과 통상 요구라는 측면에서 당시 모든 서방 국가들의 희망을 대변하는 입장이었다. 영국이 나서지 않았다면, 다른 국가들도 똑같은 방법을 취했을 것이다. 영국이 중국과의 교역에서 찻잎이나 다른 상품이 아닌, 아편을 주거래 품목으로 삼은 것은 단지 역사적 우연일 뿐이다."

하지만 외교적 평등과 통상을 요구하는 방법이 전쟁이라는 극단적인 선택뿐인가 하는 문제는 영국 내부에서도 이견이 많았던 부분이다. 그래서 영국 정부가 입안한 대對중국 전쟁 사안은 당시 271표 대 262표라는 근소한 차이로 겨우 통과되었고, 심지어 반대파들은 의회 변론에서 이를 '아편전쟁'이라고 부르며 심하게 반발했다. 결국 '아편전쟁'이라는 표현은 영국인들이 그들 정부를 풍자하면서 탄생한 말이었다. 영국 반대파들이 사용했던 표현을 그대로 써도 문제 될 것은 없지만, 만일 그것을 정말 '아편전쟁'이라고 여김으로써 일종의 도덕적 우월감을 얻고자 한다면, 그 자체가 아편 중독의 증후는 아닐까?

제7장

비전형적 부패

비전형적 부패의 전형적 사례

서기 1839년, 청 도광道光 19년에 산서성山西省 관청에서 이상한 일이 벌어졌다. 임林씨 성을 가진 개휴현介休縣 현령(당시 정식 명칭은 지현知縣이었다)이 성省 정부에 일부 관리들의 문란한 일상과 위법 행위를 고발하는 상주문을 올려, 검토 후 중앙 정부로 올려 달라고 부탁했다. 총 22가지 조목으로 구성된 그의 폭로 문서에는 성내 모든 주요 관리는 물론, 대학사(탕금교;湯金釗)와 상서(융운장隆雲章)까지 연루되어 있었다.

명청 시대에는 재상이 없고 내각만 있었다. 따라서 내각의 대학사는 대단히 지위가 높았고, 실제로 관리 사회나 민간에서는 재상으로 여겨졌다. 한편 상서는 각 부의 최고 관리였다. 당시 중앙 정부에는 이부吏部, 호부, 예부, 병부, 형부, 공부工部 등 6개 부만 있어서 상서의 지위가 꽤 높은 축에 속했다. 품계상으로 보면 내각대학사는 정1품, 상서는 종1품으로 모두 최고 대우를 받는 관직이었다. 명단에 언급된 관리들의 계급이나 범위로 볼 때 개휴현 현령의 상주문은 상당한 파장을 일으킬 수 있었다. 일단 조정에 접수되면 한바탕 소란이 일어나 많은 이들의 목이 날아갈 수도 있었다.

산서성 번대藩臺 장풍중張灃中은 그의 보고를 받고 너무 놀라 간담이 서늘해졌다. 심지어 며칠 동안 잠을 이루지 못했다. 임현령의 고발문 내용 안에 얽혀 있는 내막들을 너무나 잘 알고 있었기 때문이다. 그러나 일단 정식 공문으로 발송된 이상 묻어 둘 수도 없었다. 증거가 확실하니, 거짓으로 위조하거나 오리발을 내밀 수도 없는 노릇이었다. 잡아떼고 위조할수록 더욱 궁색해질 뿐이었다. 그렇다고 그대로 묻어 두면 황제를 기만하는 것이었다. 자기도 관련이 있기 때문에 그냥 위로 올릴 수는 더더욱 없었다. 이리저리 생각하던 그는 할 수 없이 이 사실을 새로 부임한 순무 양국정楊國楨에게 보고했다.

여기서 우리는 청대의 관직 제도에 대해 좀 알고 넘어갈 필요가 있다. 청대 제도에 따르면 성省 1급 지방관은 부府, 주, 현과는 달리 번대와 얼대臬臺 두 종류였다. 번대와 얼대는 직권 범위만 다를 뿐 둘 다 성의 실권자들이었다. 번대의 정식 관명은 승선포정사承宣布政使로, 줄여서 포정사라고 불리기도 했다. 포정사는 성 일대의 민정과 재정을 주로 담당했고, 그 외 성내 관리의 승진과 인사이동도 이론적으로는 포정사의 몫이었다. 얼대의 정식 관직 명칭은 제형안찰사提刑按察使였다. 안찰사라고도 불렸던 그들은 성 일대의 사법과 감찰을 주관했고, 우편 관련 사무와 시험 감독도 맡아 했다.

포정사와 안찰사는 모두 각각의 아문衙門이 있었고, 직속 부서들도 있어 일급 지방 정부의 모습을 완벽히 갖추고 있었다. 포정사와 안찰사의 아문은 각각 포정사사布政使司(번사藩司)와 안찰사사按察使司(얼사臬司)라고 했고, 둘을 합쳐서 이사二司라고도 호칭했다. 급이 엇비슷한 단위(번사의 지위가 조금 높다)였던 이사는 평소 각자 시스템에 따라 행정을 처리하다가, 큰일에 봉착할 때는 공동으로 사안을 협의했다. 번사와 얼사가 연합해야 비로소 완벽한 성 정부 기능을 할 수 있었으므로, 번대와 얼대 모두 성장省長이나 다름없었다.

그러나 번대와 얼대는 성 정부의 일인자와 이인자가 아니었다. 그들 위로 순무라는 관직이 또 있었다. 순무야말로 지역의 진정한 실세였다. 순무가 성과 관련된 사무를 통괄하기 때문에 성장에 해당한다는 주장도 있으나 이는 정확하지 않다. 실제로 순무는 총독과 마찬가지로 중앙 정부가 지방에 파견해 주둔하는 '성내 상급 관원'이었다. 그들은 지방관이 아니라 중앙 관리에 속했으므로 중앙 정부의 직함을 사용했다.

총독은 도찰원 우도어사右都御史를 겸임해 성의 최고 감찰권을 행사했고, 순무는 도찰원 우부도어사右副道御史를 겸하며 감찰부 차장 역할을 했다. 중국 역대 왕조에는 모두 감찰부가 있었는데, 초반에는 모두 어사대御史臺(한나라 초기에는 '어사부御史府'라 함)라고 부르다가 명 태조 홍무 연간에 '도찰원'이라고 개칭했다. 도찰원의 최고 관직은 도어사였고, 그 바로 아래가 부도어사副都御史였으며 모두 좌우로 나뉘었다. 좌직佐職은 중앙에 남아 감찰부(도찰원)의 일상 업무를 맡아 하고, 우직右職은 지방으로 파견되어 중앙 정부를 대신해 지방의 관리들을 감찰했다. 이처럼 총독과 순무는 원래 지방관 소속이 아니라 중앙에서 특별 파견된 관리였다.

총독과 순무는 감찰관이면서 군사관이기도 했다. 총독은 감찰부의 부장과 차장 외에도 병부의 상서 직함을 겸하고 있어, 명의상 국방부 장관이었다. 순무는 병부의 시랑이나 상서를 겸해 명의상 국방부 차관 내지는 국방부 장관에 해당했다. 순무와 총독은 중앙 정부가 지방에 파견한 '성 감찰관'이었으므로 그들의 아문에는 일반 말단 관리와 개인적으로 초빙하는 '막우幕友(비서)'만 있을 뿐 직속 기능 부서는 없었다. 그래서 일급 지방 정권이나 정부로 치지 않았다. 제도적으로 말하면 번사와 얼사 두 기관만 성 정부에 속했다.

중앙의 파견 관리인 총독과 순무는 당초 비상임직 형태여서 일이 있을 때만 지정 파견되었으나, 시간이 흐르면서 상임으로 굳어졌다. 청대에는 대개 순무가 하나의 성을 관할하고 총독이 두세 개의 성을 관리했다. 단, 직례直隸(경부京府에 직속되어 있던 지구-옮긴이)와 사천 지역은 예외였다. 직례와 사천은 총독만 있고 순무는 없었다. 또한 총독이 하나의 성만을 관리했다. 따라서 순무는 성 내 최고 실세가 되었고 번대(포정사)는 이인자로, 얼대(안찰사)는 삼인자로 바뀌었다. 청대 성 지역을 책임지는 최고 관리는 정2품의 순무, 종2품의 번대, 정3품의 얼대 세 명이었다.

다시 화제로 돌아와서, 이인자에 해당하는 번대 장풍중은 성 내에서 발생한 이 중차대한 문제를 마음대로 결정할 수 없었다. 따라서 바로 최고 권력을 쥔 순무 양국정에게 보고했다. 산서성으로 부임한 지 얼마 되지 않았던 양국정은 안북雁北(당시에는 삭평부朔平府라고 불렸다) 지역에서 시찰을 돌고 있던 중이었다. 그는 임현령의 폭로 문건을 받아 보고 대경실색했다. 보고의 대체적인 요지는 다음과 같았다.

"태원부太原府는 흠차대신들이 산서성에 올 때마다 판공비 명목으로 산서 번사(성 정부)에서 은 2만 냥을 빌려 접대비로 사용하고, 그 돈을 사후에 부하들에게 할당해 부담시키고 있습니다. 게다가 매번 부담시키는 금액이 3~5만 냥에 육박하니 이는 명백한 위법 행위입니다. 조정에서는 각급 관리들에게 공무를 중히 여기고 법을 준수하라고 수차례 당부했고, 지나친 사치와 뇌물 수수도 엄격히 금해 왔습니다. 흠차대신이 천자를 대신해 순시를 도는 것은 당연한 의무이거늘, 어찌 솔선수범하지 않고 그렇게 교만하고 사치스러울 수 있단 말입니까? 한 번 접대하는 데은 2만 냥이 든다니 공무상 밥 한 끼 먹는데 그렇게 많은 돈이 필요합니까? 남은 돈은 혹시 흠차대신들의 주머니로 들어가지 않았을까 의심이 됩니다. 또한 접대비로 2만 냥이 든다면서 정작 관리들에게 거두어들이는 돈은 3~5만 냥에 달하니 그 돈의 행방이 궁금합니다. 장풍중을 비롯한 상부 관리들이 사복을 챙기는 데 쓰지 않았을까 우려됩니다."

은 3~5만 냥은 결코 적은 액수가 아니었다. 우쓰吳思의 계산에 근거하면 그것은 인민폐 1,000만 위안元에 상당하여 강남 일대에서 정방正房과 편방偏房이 있는 정원 200~300곳을 살 수 있는 돈이었다. 당시 관리의 봉록을 기준으로 본다면 1품 관리가 200년 동안 받는 봉록에 해당했다. 보고서에서 의문을 제기한 점들이 사실로 판명된다면 장풍중이나 탕금쇠湯金釗, 융운장隆雲章 등은 목이 날아가거나 관복을 벗어야 할 상황이었다.

그러나 장풍중 일당의 대담한 행동은 그들 스스로 만들어 낸 풍토가 아니었다. 이는 당시 중국의 모든 지방 정부에서 통용되는 현상이었다. 각 지역의 빈부 격차에 따라서 은량의 액수가 다를 뿐이었다. 청의 관리들은 자신들의 운명과 미래가 상급 관리의 손에 달려 있다는 사실을 잘 알고 있었다. 청대의 행정 구역은 크게 18개 성省으로 나뉘어 있었다. 각 성마다 포정사 한 명, 안찰사 한 명씩 있다고 치면 모두 32명이었다. 그

밖에 순무는 각 성에 한 명씩(직례와 사천에서는 총독이 순무직을 겸했다) 배치되어 총 16명이었고, 총독은 직례, 양강, 민절, 호광湖廣(호북성과 호남성-옮긴이), 섬감陝甘, 사천, 양광, 운귀雲貴 지역에 한 명씩 있어서 총 8명이었다 (산동, 산서, 하남에는 총독관이 없었다). 이렇게 성의 상급 관리들만 56명에 달했다. 황제 입장에서는 이들만 빠짐없이 잘 통제할 수 있어도 다행이었다. 황제가 지방 관리들까지 일일이 통제하고 관리할 수는 없었다. 그러니 총독, 순무, 번대, 얼대에게 그들에 대한 관리를 위임할 수밖에 없었다. 이러한 사정은 도道, 부府, 주州, 현縣 등의 지방 정부들이 모두 잘 이해하고 있는 부분이었다.

문제는 상급 관리들이 백성들과 직접 대면하지 않기 때문에 부당하게 짜낼 수 있는 이득이 그리 많지 않다는 데 있었다. 게다가 관직이 높을수록 백성들과의 거리는 점점 멀어지므로 백성들의 고혈을 짜내기가 더욱 어려웠다. 그러니 하급 말단 관리들이 바치는 '효경孝敬(중국 관료사회의 관리들이 안위를 보장받기 위해 때마다 챙겨 주는 뇌물-옮긴이)'에 의지해야 했다. 제국의 관리는 중앙 관리와 지방 관리, 두 가지 유형이 있으며, 지방관은 또 백성을 다스리는 목민관牧民官과 관리를 다스리는 목관관牧官官으로 나뉘었다.

주와 현 정부의 관리들이 백성을 상대하는 '목민관'이라면, 총독, 순무, 번대, 얼대, 지부는 하급 관리들을 다스리는 '목관관'에 속했다. 전자의 경우는 지위와 권력은 보잘것없으나 부당 이익을 많이 취할 수 있었고, 후자는 그 반대였다. 따라서 하급 관리를 다스리는 고위 대신들은 목민관의 '효경'에 희망을 걸었고, 중앙 정부의 관리들은 지방관들의 '효경'을 기대했다. 반면 지방관은 개인 소유의 토지가 있었는데, 이 토지로는 농사만 지을 수 있는 게 아니라 돈과 여자들도 사들일 수 있었다. 지방관들은 땅을 조금만 움직여도 손쉽게 재물을 획득할 수 있었다. 백성들이 '양羊'이라면 지방관은 양을 기르는 '목자牧者'에 해당했다. '목자'가 '양'의 몸에서 털 몇 가닥 뽑는 거야 지극히 당연하고 일상적인 일이 아니겠는가?

그러나 지방 관리들이 공공연하게 양을 부릴 수 있으려면, 상급 관리들의 보살핌이 필요했다. 그러니 약간의 양털을 떼어 주어도 전혀 아깝지 않았다. 시찰 나온 상급 관리를 섭섭지 않게 접대하는 것은 지방관의 본분이었다. 또한 지방의 말단 관리들은 어느 정도 출혈을 감수하고라도 자기의 상사들이 상급 관리를 접대하는 데 도움을 주는 것이 당연하다고 여겼다. 예를 들어 성省 차원에서 중앙 관리를 접대해야 한다면 당연히 현에서 돈을 내야 했다. 중앙 관리가 현에서 갹출한 뇌물을 직접적으로 받는 것은 아니지만, 어쨌거나 성에서는 지원금을 거두어들였다. 사실 현령은 그것만으로도 충분했다. 현령 입장에서는 성장省長의 기분만 맞춰 주면 앞날이 평탄했기 때문이다. 그러니 돈을 내라고 요구해도 별다른 이견을 제기하지 않고 순순히 응했다. 설령 요구 액수가 예상을 훨씬 넘어서도 호들갑 떨 필요는 없었다. 향鄕과 백성들에게 각종 세금과 비용을 징수할 때 더 받아 내서 공백을 메우면 되기 때문이다.

따라서 장풍중의 수법은 그가 독창적으로 만들어 낸 새로운 수법이 아니었다. 관료 사회에서 이미 불문율처럼 용인되는 잠재적 규칙에 따랐을 뿐이었다. 당시에는 이러한 규칙을 '누규陋規', 혹은 '규례規禮'라고 불렀다. 오히려 임현령의 폭로 행위야말로 그들만의 규칙을 거스르는 일종의 탈선행위로 여겨졌다. 버젓이 성행되어 그리 새삼스러울 것도 없는 일을 공개적으로 고발하다니, 관직을 포기할 작정이 아니고서야 차마 상상조차 못 할 일이었다. 당시 장번대의 보고를 받은 양순무도 함께 시찰 나온 삭평지부 장집형張集馨에게 기가 막힌다는 듯 소리쳤다.

"이곳 산서성 관리들의 분위기가 왜 이렇게 엉망인가?"

그렇게 '엉망'이 된 데는 황당한 이유가 숨어 있었다. 성 정부가 사건 조사차 우虞씨 성을 가진 지부知府를 개휴현에 파견했을 때 임현령은 하라는 대로 고분고분 다 했다. 심지어 우지부가 여자를 원하자 임현령은 재빨리 미녀를 물색해 대령했고, 그의 주머니에 두둑이 뇌물을 찔러주기까지 했다. 그러나 일을 마치고 성으로 돌아간 우지부는 임현령에 대해 좋게 말하기는커녕, 그의 결점을 들춰내며 장성장에게 중앙에 보고하라고 부추겼고, 종국에는 그의 관복까지 벗겨 버렸다.

임현령이 그토록 손바닥을 부비며 아부를 했던 것은 떡고물이라도 얻어 보려는 심산에서였다. 벼락출세까지는 아니더라도 지금의 자리를 계속 보전할 수 있다면, 그것만으로 그에게는 큰 수확이었다. 승진의 희망이 물거품 되는 것은 물론, 말단 관리인 현령 자리마저 빼앗길 것을 미리 알았다면 그렇게 쫓아다니며 비위를 맞췄겠는가? 억울한 임현령은 어떻게든 복수를 하고 자신이 잃은 것을 다시 찾고 싶은 생각뿐이었다. 그 역시 장성장이 자신의 폭로문을 차마 상부에 넘기지 못하리라는 것을 잘 알고 있었다. 그에게는 '무슨 수를 써서든 말단 관리들도 함부로 건드릴 대상이 아님을 똑똑히 알게 해 주겠다'는 오기만 생겼다. 잃을 것이 남지 않은 사람은 누구도 두렵지 않은 법이다. 모든 것을 다 잃은 이상, 임현령도 더 이상 두려울 것이 없었다.

이 사건은 2품 관리가 임현령에게 고개를 숙여 거금을 쥐여 주고 고

발을 취하하게 함으로써 마무리되었다. 구체적인 조건은 임현령에게
은 1만 냥을 내주고, 그가 임기 동안 낸 결손 부분을 모두 취소해 주고
후임에게 부담시킨다는 것이었다. 내막을 알고 있었던 삭평지부의 장
집형은 그의『도함환해견문록道咸宦海見聞錄』에서 이 사건의 전말을 기록
했다.

우쓰의『잠재 규칙: 중국 역사의 진실 게임潛規則: 中國歷史中的眞實遊戱』이
라는 책에서도 이 사건을 인용했다. 이 사례와 그 외의 다른 증거 자료
를 바탕으로 우쓰가 내린 결론은 다음과 같다.

"사실상 역대 중국의 정치판은 중앙의 이념과 조정에서 하달된 문건
에 따라 운영된 것이 아니라, 성문화되지는 않았지만 사회적 관습으로
굳어져 은연중에 통용되는 일련의 규칙에 의해 유지되었다."

이러한 규칙을 우쓰는 '잠재 규칙'이라고 명명했다. 그렇다면 이러한
잠재 규칙으로 인해 가시화된 부패는 '비전형적 부패'라고 불러야 할 듯
하다.

좋지 않은 규칙도 규칙이다

'비전형적 부패'란 겉보기에는 전혀 부패 같지 않아 보이거나, 보편적으로 부패라고 인식되지 않는 부패를 말한다. 상술한 '잠재 규칙'이 초래한 부패가 바로 부패라고 인식되지 않는 부패다. 양순무가 장번대의 보고를 접했을 때 보였던 첫 번째 반응을 생각해 보라. 그가 그 순간 내뱉은 말은 '산서 지역의 부패가 어째서 이렇게 심한가?'가 아닌 '산서성 관리들의 분위기가 왜 이렇게 엉망인가?'였다. 양순무의 눈에 그 정도의 부조리는 부패 축에도 끼지 않았던 것이다. 오히려 이러한 부패를 폭로한 행동 자체가 황당무계한 것이었다. 고발해도 비웃음만 당할 정도에 이른 부패라면 이미 '전형적 부패'가 아니다.

명나라든, 청나라든, 다른 어떤 왕조도 부패를 모두 쉬쉬하며 덮어 둔 것은 아니었다. 과거 시험에서 시험 문제를 빼돌리거나, 뇌물을 받고 법을 어기거나, 무고한 사람을 죽이거나 하는 등의 비리들은 반드시 밝혀내 근절하고자 했다. 자신과 크게 관계된 것이 아니라면, 이러한 잘못을 은닉하거나 비호해도 된다고 여기는 사람은 아무도 없었다. 설령 숨기고 감싸 준다 할지라도 엄청난 위험을 감수해야 했으며, 은닉 사실이 발각되면 많은 이들의 비난과 질책에 시달려야 했다. 이러한 부패가 바로 '전형적 부패'다.

그러나 앞에서 흠차대신을 접대하기 위해 돈을 차출한 것은 다른 차원이다. 만일 우지부가 규칙을 잘 지키는 올곧은 인물이고, 임현령 역시 다루기 만만치 않은 교활한 관리였다면, 이 일은 폭로되지 않았을 것이다. 게다가 오히려 임현령의 고발 행동을 탐탁지 않게 여긴 것을 보면, 그 정도쯤은 부패라고 생각하지도 않았던 듯하다. 그러나 설사 그런 일이 관행처럼 굳어졌다 하더라도 그것은 법에 저촉되고, 백성들의 부담을 가중시켜 사회 분위기를 흐리는 일이었다. 그러니 부패가 아니라고 단정하기에도, '전형적 부패'라고 하기에도 어딘지 부족한 면이 있었다. 그래서 이러한 현상을 따로 '비전형적 부패'라고 명명한 것이다.

비전형적 부패는 다양한 양상을 띤다. 그중 가장 대표적인 것이 바로 우쓰가 '잠재 규칙'이라고 표현하기도 했던 '누규'다. 이는 오래전부터 흔히 볼 수 있었다. 지방에 파견 나온 관료는 고급스러운 접대를 받고 뇌물과 전별금餞別金(정식 명칭은 '정의程儀'이며, '여비'라는 뜻이다)을 챙기는 것을 당연시했다. 하급 관리가 상급 기관에 가서 일을 처리할 때도 어김없이 성의 표시를 해야 했다. 이때 지방 정부에 주는 돈은 '사비使費'라 하고, 중앙에 보내는 돈은 '부비部費'라고 했다. 여기서 짚고 넘어가야 할 점이 있다. 하급 관리들이 상급 부서에서 처리하는 일은 대부분 공무에 속했다. 나라를 위해 일을 하는데 자기 주머니에서 돈을 꺼내 줘야 한다니, 잘 납득이 되지 않는다. 중앙 정부가 부部를 설치하거나 지방 정부가 사司를 설치한 것은 모두 공무를 효율적으로 처리하기 위함이다. 그런데도 공무원들이 나라의 봉록을 받기는커녕, 돈을 따로 내며 일해야 한다니 말이 되는가? 전별금의 존재는 더더욱 황당하다. 상급 관리가 일을 마치고 떠날 때는 교통수단도 준비되어 있고, 숙박비도 필요가 없다. 그런데 무슨 전별금이 필요하단 말인가?

그러나 지방의 관리들은 이러한 관례를 모두 납득하고 수용했다. 부비와 사비를 내면서도 전혀 억울한 기색이 없었다. 지방관이 중앙으로 올라가 하는 일은 국가의 공무였고 더군다나 중앙 정부에 유리한 업무들이었다. 예를 들어 납세 업무는 절대 부정이 있어서는 안 되며, 적어도 원칙적이고 공정하게 처리해야 하는 일이다. 그러나 과거 중국에서 '공정하게 처리한다'는 종종 '처리하지 않는다'와 같은 뜻이었음을 아는 사람은 다 안다. 물론 대놓고 처리를 미루면 안 된다. 하지만 일이 많고 바빠서 천천히 처리할 수밖에 없다고 나오면 할 말이 없다. 설령 처리해 준다고 해도, 꼼꼼하지 않다거나, 오자가 있다거나, 공문이 규격에 맞지 않는다거나 하는 트집을 잡으며 다시 제출하라고 돌려보내는 경우도 많았다. 이렇게 왔다 갔다 하고 실랑이를 벌이다 보면, 일 처리가 계속 뒤로 미뤄졌다.

그렇지만 지방관 입장에서는 공무 처리를 하염없이 질질 끌 수만은 없었다. 하급 관리가 상급 기관에 가서 하는 일들에는 보통 시간제한이 있었고, 시간이 지체되면 처벌을 받았기 때문이다. 시간 제약이 없더라도 무한정 성 정부나 중앙 정부에 머무를 수는 없었다. 시간을 마냥 소모할 수는 없었고, 지출 부담도 적지 않았으며, 타지에 나와 있으면 아무래도 심적으로 불안하기 때문이다. 만일 누군가 그 기회를 틈타 배후에서 수작이라도 꾸민다면, 문제는 더 커질 수 있었다. 그러므로 빠르고 원만한 일 처리를 위해서는 뇌물 공세가 필수 조건이었다.

상급 관리에게 전별금을 주는 것에도 그들 나름대로 합당한 이유가 있었다. 첫째, 지방관 입장에서는 상급 관리가 친히 방문한다는 것 자체가 주목을 받는다는 의미이므로 그들을 섭섭지 않게 대접하는 것이 당연했다. 둘째, 상급 관리가 임무를 완수하고 떠나는 것은 그동안 그가 그 지역을 위해 애썼다는 뜻이었다. 그러니 아쉬움과 감사함의 표현으로 가는 길에 여비를 보태 줘야 한다는 것이다. 셋째, 지방 관리들은 바쁜 업무로 관내에만 머무는 상급 관리들을 쉽게 볼 수 없었다. 성의 표시를 하고 싶어도 쉽사리 대면할 기회를 찾지 못한 그들에게 작별의 순간이야말로 눈도장을 찍을 수 있는 절호의 기회였다. 공들여 접대하고 뇌물을 두둑이 챙겨 주면, 상급 관리는 그 지방관을 좋은 이미지로 기억할 테니 결국 장래를 위한 투자인 셈이었다. 그러므로 비록 시간과 노력과 돈이 많이 들긴 하지만, 상급 관리들을 접대하는 것이 결코 손해 보는 장사는 아니었다.

그렇다면 상급 관료와 중앙 기관은 이를 어떻게 받아들였을까? 그들도 그러한 접대에 내심 만족해했고 심지어 당당하기까지 했다. 지방에서 올라와 처리하는 업무는 대부분 납세나 결산 보고, 보조금 신청과 같은 공무가 대부분이었다. 하지만 공무라서 오히려 더 공평하기 어려웠다. 지방관들은 하나같이 공무 처리를 목적으로 찾아오기 때문이었다. 누구의 것을 먼저 처리해야 할지, 누구의 업무가 많고 적은지, 혹은 쉽고 어려운지 판단하기는 쉽지 않았다. 그에 대한 규정이나 원칙이 있는 것도 아니었지만, 대체로 결정권은 실무 담당자에게 있었다. 재해 지역이라느니, 어려움이 많다느니, 지방관들은 모두 나름대로의 사정을 토로할 것이다. 하지만 중앙의 재정 지출 한도는 정해져 있었고, 업무 처리 시간도 한정되어 있었다. 그렇다면 과연 무엇에 근거해 보조금 지급 여부를 결정하고, 업무 처리의 우선순위를 결정했을까? 상급 기관 입장에서는 어떤 쪽으로 결론이 나든 직접적으로 돌아오는 이득이 없었다. 지방관들처럼 세금을 거둘 때 추가 징수를 하거나, 결산 보고를 할 때 지출 내역을 부풀릴 수 있는 것도 아니었고, 확정된 경비 내에서 마음대로 돈을 쓸 수 있는 것도 아니었다. 중앙 관리로서는 애써 업무 처리를 해도 별다른 혜택을 누리지 못했다.

이러한 사실을 당시 지방관들도 잘 알고 있었다. 중앙 정부의 관리가 특정한 성이나 현만을 위한 기관이 아닌 이상, 자기 지역만 잘 챙겨 달라고 요구할 수는 없다. 그저 챙겨 주는 것만으로도 감지덕지해야 한다. 일단 챙겨 주는 기미가 보이면, 여기에는 이미 '사사로운 성분'이 약간은 개입되어 있다는 뜻이다. 이쯤 되면 은밀히 손을 쓸 필요가 있다. 지인에게 도움을 청하거나 동향인에게 사정을 이야기해 상급 기관을 찾아가 청탁을 넣는 것이다. 하지만 무엇보다 실제 담당자와 선이 닿는 게 우선이다. 지인, 동향인, 상급 관료들이 직접적으로 그 일에 관여할 수는 없기 때문이다. 그러니 직접 관련 기관과 거래하는 게 낫다. 지방관들 역시 이런 요령을 잘 알고 있었던 것이다.

지인, 동향인, 상급 관료를 찾아가도 성의 표시를 안 할 수는 없지 않은가? 아마 적지 않은 지출이 발생할 것이다. 그러니 직접 관련자를 찾아가 청탁하는 것이 훨씬 수월하고 영향력이 있었다. 청탁받는 당사자도 별로 거리낄 게 없다. 어차피 써야 할 돈이라는 사실을 잘 알고 있기 때문이다. 그들에게 바로 전해 주는 게 지방 관리 입장에는 돈을 절약하는 것이었다. 게다가 그들이 처리해야 하는 일의 비중으로 볼 때 그 정도 지출은 아무것도 아니었다. 평소 배불리 포식하는 지방관들이 아쉬운 상황에서 선심 쓰듯 좀 덜어 주는 것일 뿐이니, 뇌물 수수라고 할 수 없었고 부패 축에도 끼지 못했다. 중앙 관리들은 이를 당연한 이치인 양 받아들였다. 사실 중앙과 상급 기관이 한 명의 지방관에게서 받는 뇌물의 양은 그리 많지 않았다. 하지만 거느리는 하급 관리들은 대단히 많았고, 차곡차곡 모으다 보면 상당한 규모의 이익을 챙길 수 있었다. 결국에는 서로 대등하게 득을 본 것이다.

이쯤 되면 남은 것은 서로에게 암묵적으로 적용할 만한 규칙을 세우는 것뿐이었다. 이를테면 각 기관마다 일의 종류나 분량에 따라 어느 정도의 '부비'나 '사비'를 준비해야 하는지에 대해 대략적인 규칙을 세워 두는 것이다. 하급 관리 입장에서는 상급 관리들이 터무니없는 액수를 요구할까 봐 걱정이고, 상급 관리 입장에서는 비슷한 수준의 다른 관리들에 비해 상대적으로 뒤처지지 않을까 하는 우려가 생기기 마련이다. 똑같은 사관司官이면서도 누구는 매번 100냥씩 챙기는데 본인은 20냥밖에 못 챙긴다면 심리적으로 공허감을 느끼지 않겠는가?

양쪽은 모두 일종의 게임을 하고 있는 셈이었다. 어느 한쪽이 불균형을 느끼면 게임은 성사되지 못한다. 그러니 반드시 규칙이 있어야 했다. 액수에 상한선을 두는 것은 물론, 항목을 정하는 데도 나름의 선별이 필요했다. 일이 있을 때나 없을 때나 무턱대고 뇌물이 성행하면 관료 사회의 분위기는 너무 난잡해진다. 또한 평소에는 거들떠보지도 않다가 긴히 일 처리를 부탁할 때만 성의 표시를 하는 것도 속 보이는 일이었다.

따라서 관리들 사이에는 암묵적인 관행과 규칙이 정해져 있었다. 그 일환으로 지방관들은 겨울과 여름에 중앙에 각각 탄경炭敬과 빙경氷敬을 보냈다. 이는 중앙의 상급 관리들에게 땔감과 얼음을 사라고 주는 난방비와 냉방비의 일종이었다. 게다가 세 번의 명절(설, 단오, 추석)과 생일(상급 관리와 그 아내의 생일) 때도 뇌물을 바쳐야 했다. 이는 정해진 상규常規였다. 그 외에 임시로 처리해야 할 일이 생기면, 업무의 경중과 난이도에 따라서 그때그때 가격을 매겨 뇌물을 보냈다.

그러나 하급 관리에게 무엇보다 중요한 것은 정해진 시기마다 상납하는 상규였다. 이러한 상규 덕분에 하급 관리들은 언제 돈을 보내야 할지 감을 잡을 수 있었고, 상급 관리들은 언제 수입이 들어올지 예상할 수 있었다. 하급 관리들은 과다 출혈을 막을 수 있어서 좋고, 상급 관리들은 쌈짓돈을 챙기지 못할까 걱정하지 않아도 되니 누이 좋고 매부 좋은 격이었다. 이는 마치 관료 사회의 '계획 경제'와도 같았다.

더욱 중요한 것은 '누규'가 '통용 규칙'으로 바뀌면 '악습'이라는 오명을 벗을 수 있다는 점이었다. 통용 규칙으로 굳어지면 당사자의 의사에 상관없이 누구나 그 관례에 따라야 하기 때문이다. 행여 거부라도 한다면 그 사람은 아예 관료 사회에 발을 붙일 생각을 하지 못했다. 임칙서 같은 반듯한 관리도 관료 사회의 관행에 따라 뇌물을 받았다. 그가 섬서성陝西省 순무에 재직할 당시 섬서 독량도督糧道가 매년 명절과 생일, 그 외 업무 처리비로 그에게 바친 돈만 해도 은 5,200냥은 족히 되었다. 당시 이러한 관행에 따르지 않은 관리는 극소수에 불과했으며, 관행을 거부한 자들은 늘 비극적인 결말을 맞았다. 해서의 경우, 뇌물을 주지도 받지도 않기로 유명했다. 그런 이유로 그는 관료 사회에서 어딜 가나 미운 오리 새끼 취급을 받았다. 그처럼 몇몇 소수를 제외한 나머지 관리들은 웬만하면 모두 관례에 따랐다.

결국 '비전형적 부패'는 공공연한 관행이었다. 모두가 당연하다고 생각했기 때문이다. 너도나도 당연하게 실행하다 보니 어느새 합리적이고 합법적인 현상으로 자리 잡게 된 것이었다. 이것이 곧 중국 문화의 법칙이다. '누규'를 주고받는 것쯤은 이제 너무도 자연스러운 모습이라 '부패'라고 규정하기도 애매했다. 심지어 어떤 사람들은 그러한 현상을 '비전형적 부패'라고 따로 분류하는 것에도 공감하지 못한다.

'누규'가 암암리에 관행으로 굳어지면서 악행도 선행으로 둔갑할 수 있었다. 예를 들어 뇌물 수수가 '정당한 돈벌이' 수단으로 변하는 것이다. 이치는 아주 간단하다. 비록 당시에는 누구나 상급 관리와 기관에 예를 차리는 것이 당연하다고 여겨졌지만, 자기 돈이 나가는 것을 반기는 사람은 없었다. 관행을 잘 알아도 재정 능력이 모자라는 경우도 있었다. 이를 해결할 방법은 단 하나였다. 하급 관리들에게 할당하는 것이었다.

대부분의 관리들은 상납하고 남은 부분을 자신이 챙기려는 속셈으로 할당액을 최대한 많이 책정했다. 산서성에서도 흠차대신의 접대비가 2만 냥이라면서 실제로는 하급 관리에게 무려 3만 5천 냥을 거두어들였다. 그 차액은 분명 중간 관리의 주머니 속으로 들어갔을 것이다. 지방관들이 이처럼 대담할 수 있었던 이유는 이미 그 방법이 관례가 되어 아무도 트집 잡거나 고발하지 않았기 때문이다. 태원부의 상관은 직접 서신을 보내 각 현에 돈을 요구하는 대담함도 보였다. 결국 그 때문에 임현령에게 결정적인 꼬투리를 잡힌 것이었다.

사실 우지부가 규칙을 깨지 않았다면, 임현령도 그렇게 등을 돌리지는 않았을 것이다. 임현령 역시 상급 관리의 접대비 할당에 수긍하는 입장이었고, 나름대로 금전을 확보할 대책도 마련해 두고 있었다. 평소 정기적으로 바쳐야 하는 뇌물에 대해서도 별로 걱정할 필요가 없었다. 그들에게도 합법적이고 관행적인 별도의 수입이 있었기 때문이다. 그것이 바로 '모선耗羨'이었다.

알다시피 왕조 국가의 재정 수입은 주로 납세에 의존한다. 이러한 세수稅收는 통상 은과 곡식 두 가지 형태로 징수했다. 국고까지 운반된 세수에는 은도 있었고, 곡식도 있었다. 곡물의 경우, 지방에서 중앙의 창고까지 먼 길을 운반하다 보면 벌레 먹거나 상하는 경우가 빈번했다. 또한 백성들이 납세한 은은 대부분 부스러기이거나 깨진 것이 많아 보관의 편의를 위해 창고에 입고하기 전에 녹여서 큰 덩어리로 만들었는데, 이러한 정련 과정에서도 손실이 있게 마련이었다. 그러나 호부에서 요구하는 은과 곡물의 양은 정해져 있었다. 그렇다면 중간에 발생하는 손실분은 누가 메워야 할까? 각급 관리들이 자비로 채울 수는 없었으므로 은과 곡식을 거둘 때 약간씩 더 거두어들일 수밖에 없었다. 이를 '미모米耗'와 '화모火耗'라고 불렀고, 합쳐서 '모선'이라고 했다.

지방관은 중간에 예상되는 손실분을 계산할 때 딱 떨어지게 계산하지 않고, 조금 넉넉하게 값을 매겼는데, 이렇게 하면 별도의 수입이 생길 수 있었다. 이러한 수익은 주와 현만이 누릴 수 있는 특권이었다. 명청 시대에는 주와 현만이 백성들을 직접적으로 상대할 수 있었기 때문이다. 주, 현 정부는 정기적으로 걷는 세비 외에 여러 가지 다른 명목을 내세워 세금을 추가로 징수했다. 이는 지방에서 받아들이기만 하면 문제가 없었다. 주와 현은 이렇게 합법적인 별도 수익에 의지해 부府와 도道에 돈을 바쳤고, 부와 도에서도 별도의 수익을 거두어 순무와 총독에게 돈을 바쳤다. 순무와 총독 역시 하급 관리들로부터 챙긴 별도 수익으로 중앙 정부의 관리들에게 뇌물을 바쳤다.

비전형적 부패의 성행은 이러한 경제적인 뒷받침이 있었기에 가능했다. 게다가 그 출처가 '합법적 수익'으로 공인된 '모선'이었기 때문에 그 뒤로 이어지는 일련의 '효경'들도 기껏해야 '누규'의 일종일 뿐, 뇌물 수수라고 단정할 수 없었다.

선한 사람도
악행과 비리에 물드는 사회

지금 생각하면 '누규'라는 단어의 뉘앙스 자체가 참 묘하다. 이 단어는 '은밀한 부패'라는 뜻의 '누陋'와 '규칙, 규율'을 의미하는 '규規'가 합성되어 이루어졌다. 사실 적어도 명청 시대에는 누규가 이미 관료 사회에서 통용되는 관행이었다. 바르고 양심적인 관리들도 어느새 동화되어 관행에 따를 수밖에 없었다. '모선' 외에 다른 돈을 거두어들이지 않거나 '규례' 외에 새로운 수를 꾸미지 않는 것만으로도 '백성들을 자식처럼 사랑하고 하급 관리들을 세심히 배려해 주는 관리'라는 소리를 들을 수 있었다. 그러니 암묵적으로 통용되고 있는 각종 명목의 봉투들은 그냥 받아도 되는 분위기였다. 그렇다면 도대체 그 이유가 무엇인지 궁금해진다.

일각에서는 강요에 의해 조성된 사회적 분위기라고 주장한다.

일리가 없는 말도 아니다. 이러한 관계官界의 누규는 주로 명청 시대에 성행했다. 명청대는 관리들의 봉록이 가장 낮은 시기였다. 우쓰의 『잠재 규칙』에 계산된 내용을 보면, 현령의 한 달 봉록은 지금의 인민폐 1,130위안에 불과했다. 당시 그들의 봉록은 오늘날의 봉급과 좀 다른 개념이었다. 명청대 관리들의 봉록은 다른 사람들의 월급을 지불하는 데 쓰였다.

총독과 순무의 경우는 직속 기능 부서가 없어 자체적으로 '막우'를 초빙해 조언을 구했다. 그에 따른 비용은 조정에서 지원하지 않으므로 자기 주머니에서 꺼내 써야 했다. 주와 현은 정부와 요속僚屬, 이원吏員이 있긴 했으나 별 도움이 되지 않았기 때문에 스스로 '사야師爺'를 청해야 했는데 적어도 인원이 두 명 이상(형명사야刑名師爺와 전량사야錢粮師爺로 각각 사법, 치안과 재정에 관한 전반 업무를 담당했다)이어야 했다. 사야는 주관州官, 현관縣官과 고용 관계였다. 사야는 주관과 현관을 '동가東家(주인-옮긴이)'라 불렀고, 주관과 현관은 사야를 '선생先生'이라 했다. 그들은 수직 관계가 아니었다. 또한 사야도 조정에서 임명하거나 고용한 관리가 아니었다. 그들의 월급은 주관과 현관이 알아서 지급해야 했다.

사법과 재정 두 가지 주요 부문을 책임지는 사야 외에도 주와 현 정부는 '서계書啓(서신과 공문의 초안 작성을 담당)', '괘호掛號(공문, 서류 관리를 담당)', '장방賬房' 등의 개인 비서를 두어야 했다. 그들의 월급도 당연히 주와 현 정부 관리의 몫이었다. 이렇게 고용비 지출만 해도 만만치 않은 액수인데다가, 개인적으로 부모와 처자식을 부양하고, 주변인들을 챙기고, 이런저런 업무까지 봐야 하는데 그 정도 박봉으로 견딜 수 있었겠는가?

그 밖에 관리들이 조정에 알현하러 가거나 타지로 출장 가거나 부임할 때도 조정에서는 따로 여비를 내주지 않아 당사자가 알아서 조달해야 했다. 당시에는 회피回避 제도(관리 임명 시 공정을 기하기 위해 관리의 본적지나 기류지 등에 지방 관리로 파견하는 것을 금하는 제도-옮긴이)가 엄격해서 관리들은 대부분 고향이 아닌 타향으로 근무지를 배정받았다. 그러니 중도에 거쳐 가는 지방의 관리들에게서 여비를 충당해야 했다.

이는 대부분의 관리들이 겪어야 하고 공감하는 문제였기 때문에 접대를 하지 않을 수 없었다. 지금 접대를 소홀히 하면, 유사한 상황에서 자신도 제대로 대접받지 못할 공산이 크기 때문이다. 물론 접대의 수준은 격에 맞추면 됐다. 총독과 순무가 오면 그 격에 맞게 호의를 베풀고, 주관이나 현관이 오면 또 그에 맞는 접대를 했다. 단, 누가 오든지 간에 관리가 그 지역을 지나가는 한 접대는 필수였다. 어차피 그들의 관직 등급은 최하위 말단이었기 때문에 누구든 그들의 상급 관리에 해당했다. 그러니 부담이 만만치 않았다.

장집형의 『도함환해견문록』에 따르면 도광 22년, 민절총독이었던 안백도가 해직된 후 광동으로 돌아오면서 장주에 들렀는데, 장주현의 현령이 자그마치 은 1만 냥을 접대비로 썼다. 그는 이를 군사비 명목으로 허위 보고해, 군량과 급료를 받아 결손을 메웠다. 명청대 지방관들의 고충이 만만치 않았던 듯하다.

게다가 명절과 생일 때마다 보내는 떡값, 겨울 땔감비인 '탄경', 여름 얼음비인 '빙경'을 비롯해 윗사람을 방문할 때 문지기에게 찔러 주던 '문경門敬', 관리의 수행원에게 사례하는 '근경跟敬', 관리가 떠나기 전에 그동안 보살펴 주어 감사하다는 의미로 주는 '별경別敬' 등 온갖 명목의 접대 문화와 누규가 만연해 있었다. 장집형은 삭평지부에서 섬서 독량도

(서북 지역의 군량미를 담당하던 지방관)로 배치받았을 때 북경에서만 '별경'으로 17,000냥을 썼다. 이는 그가 한 해 동안 받는 연봉의 100배(당시 총독의 연봉은 180냥)에 육박하는 액수였다. 수입과 지출이 이렇게 현저한 차이를 보이니 애꿎은 백성들의 주머니라도 쥐어짜지 않으면 안 되었다.

이러한 뇌물의 고리를 아예 무시해 버리면 어떻게 될까? 당연히 안 될 말이다. 우선 중앙 관직인 경관京官들의 응답이 느려진다. 명청대의 경관들은 아주 빈궁했다. 직위도 낮고 권력도 미미하다 보니 하루하루를 근근이 살아갔다. 대관들의 상황도 나을 게 없었다. 박봉의 수입에 지출은 늘 초과였기 때문이다. 집 마련, 하인 고용, 의장 마련, 손님 접대, 황제와 황후에게 바치는 생일 선물 등 지출 항목은 넘쳐 났다. 명대 정2품 6부 상서의 연봉은 문은紋銀(함유량이 가장 높은 은·옮긴이) 152냥이었고, 청대의 1품 관리는 180냥이었다. 지출에 비해 턱없이 부족한 액수였다. 그러니 지방관들이 바치는 뇌물 봉투에 희망을 걸 수밖에 없었다.

물론 끝까지 양심을 지키며 뇌물을 거부할 수도 있다. 그 대신 업무 심사를 할 때 숱한 무시와 차별을 감수해야 했다. 중앙 기관에 와서 업무를 보려고 해도 대부분의 문서 업무가 거부당하거나 심의에서 통과되지 못할 것이다. 누군가에게 고발을 당해도 중간에서 편들어 줄 사람이 없어, 지체 없이 고소장이 접수될 것이다. 마지막 결과가 어떨지는 당사자가 더 잘 알 것이다. 황제에게도 독설을 퍼부었던 해서를 제외하면 경관에게 뇌물을 바치지 않는 지방관은 하나도 없었다. 왜구에 대항했던 명장 척계광戚繼光은 재상 수보 장거정에게 성性 상납도 서슴지 않았다고 전한다. 비록 확실한 증거는 없지만 그의 유난스러운 뇌물 바치기 전력을 증명할 만한 기록들은 여럿 발견되었다.

총독과 순무는 경관에게 봉투를 바쳐야 했는데, 이 역시 하급 관리들에게서 수수한 뇌물에서 충당했다. 그렇지 않으면 어디에서 돈을 구하겠는가? 게다가 그들도 지출할 곳이 많았다. 수도로 들어가 황제를 한 번 알현하려고 해도 돈이 줄줄이 새어 나갔다. 조정에서는 그러한 경비를 나 몰라라 했고, 그렇다고 관리들에게 다른 수입원이 있는 것도 아니었다. 하늘에서 뚝 떨어지기를 기다릴 수도 없었다. 그러니 그 부담은 하급 관리들에게 고스란히 전가되었다. 경관은 총독과 순무의 주머니를 털고, 총독과 순무는 주와 현 관리의 주머니를 털다 보니 주와 현 관리들은 어쩔 수 없이 백성들의 주머니를 쥐어짜야 했다. 중국의 왕조 사회는 백성들에게서 더 이상 짜낼 게 없어지는 순간, 붕괴될 수밖에 없는 구조였다.

그렇다면 어째서 관리들을 이처럼 돈에 집착하게 만들었을까?

박봉에도 박봉의 이유가 있었다. 그 이유는 바로 '도덕 원칙'이다. 중국 고대 사회에서 도덕은 최고의 덕목이었다. 도덕은 나라를 세우는 근본이자 치국의 방도였다. 즉 국가 정권은 도덕으로 세워지고, 국가의 정치 이념과 강령도 도덕에 따라 집행된다는 뜻이다. 따라서 국가 정치 강령의 선포자이자 집행자인 각급 관리들은 이론적으로 도덕성의 모범이 되어야 한다. 그들은 절약을 몸소 실천하고 청렴과 공정이 몸에 배어야 했다. 물론 물질주의와 사치, 향락에 물들지 않도록 지나치게 높은 봉록을 받아서도 안 된다. 그들이 근검절약하고, 황제와 시름을 함께하고, 백성들의 귀감이 된다면 나라는 부강해지고 평온해질 것이다.

게다가 비록 관리들의 봉록이 낮았지만 정신적으로 보상을 받았다. 중국에서는 관직에 오른다는 자체가 굉장한 일이다. 중국 속담에 "모든 일이 다 하찮은 것이고, 단지 독서만이 최고다"라는 말이 있을 정도다. 왜 독서만이 최고일까? 학문을 익혀야 벼슬에 오를 수 있기 때문이다. 그러므로 '독서만이 최고이다'라는 말은 사실 '관직에 오르는 것만이 최고이다'는 의미다. 관리가 되면 이미 다른 사람들보다 한 단계 위에 있음이 증명되기 때문에 봉록이 낮아도 대수롭지 않았다. 박봉이 싫으면 관복을 벗으면 그만이었다. 하고 싶은 사람들은 많았다.

'덕으로 나라를 다스린다'는 대전제와 '정신적 보상'이라는 소전제가 있었으므로, 조정에서는 관리들에게 아주 당연하다는 듯이 박봉을 줬고, 그마저 체불되거나 깎는 경우가 허다했다. 오늘날 일부 사회에서 문제가 되고 있는 임금 체불 갈등이 고대에도 엄연히 존재했다는 사실은 놀라운 일이다. 게다가 지방 관리, 말단 관리는 물론 중앙 조정의 대신들까지 체불 문제로 마음고생을 했다. 고대 관리들의 봉록은 종종 실물로 지급되었다. 봉록이라고 모두 은이 아니라 그중에는 쌀, 옷감, 심지어 후추도 섞여 있었다. 후추가 어떻게 돈으로 대체될 수 있는가? 게다가 무엇으로 지급했든 이것들은 모두 쌀로 환산해서 계산되었고, 환산 방법은 조정이 알아서 했다.

명나라 성화成化 연간에 호부에서는 시중 가격이 은 3~4냥인 일반 옷감 한 필을 은 20냥에 상당하는 쌀 30석으로 환산해 지급했다. 이것만 보더라도 조정이 관리들의 봉록을 얼마나 깎았는지 짐작이 간다. 인력을 거저 부리려는 날강도 심보가 아니고 무엇인가?

조정이 강도처럼 행동하니 관리들도 악질로 변할 수밖에 없었다. 물론 모든 관리들이 도둑이 될 수 있었던 것은 아니다. 도둑이 될 수 있는 것은 주관과 현관뿐이었다. 그러나 주와 현 정부는 교묘한 수단이나 무력으로 백성들의 재산을 직접적으로 갈취할 수 있었지만, 착취를 공공연히 할 수 있는 '허가증'은 상부의 비준이 있어야 했다. 결과적으로 주와 현 정부 관리의 각급 상부 관리들은 보호비 명목으로 일정 비율을 떼어 가는 암흑사회의 보스가 되었다. 주와 현 관리들이 백성들을 갈취하면 총독과 순무는 가만히 앉아서 재물을 나눠 가지고, 경관들은 또 이를 사기 쳐서 갈취하는 악순환의 되풀이로 관료 사회는 도적의 소굴처럼 변질되어 갔다.

물론 모든 지방관들이 관직에 오르자마자 도적으로 돌변한 것은 아니었다. 일반적으로 과거 출신의 신임 관리들은 처음 부임했을 때만 해도 청렴한 이미지를 유지한다. 그들 중 도둑이 되고 싶은 사람은 아무도 없었다. 그들이 꿈꾸던 인생과 전혀 부합되지 않기 때문이다. 당초 이들은 유가의 경전과 사서四書를 붙잡고 살면서 '물은 배를 띄우지만 뒤집을 수도 있다'는 이치를 깨닫고, 군주를 섬기고, 백성들을 사랑하고, 부국강병과 치국평천하에 힘써야 한다는 생각뿐이었다. 그러나 그들이 관료 사회에 들어와 어느 정도 '실전 경험'을 하고 나면, 기존의 이상이 부질없음을 깨닫게 된다.

이상과 현실의 괴리가 너무 심한 데다, 조정에서는 그들이 이상을 펼칠 만한 충분한 경제적 능력을 보장해 주지 않았다. 때문에 실질적인 문제를 전혀 해결하지 못하는 도덕적 설교는 접어 두고, 대신 관료 사회에서 그들의 돈줄을 보장하는 비전형적 부패에 동화되어 간다. 그나마 양심적인 사람은 '모선'이나 '누규'에 대해 더 이상 호들갑 떨지 않고 마음 편하게 받아들이는 정도에서 그친다. 그러나 좀 더 악한 사람은 극악무도한 도적 혹은 탐욕스러운 강도로 돌변할 가능성이 높다.

이는 '비판의 무기는 무기의 비판으로 대체할 수 없다'는 간단한 이치에서 비롯된다. 체불과 공제가 반복되는 쥐꼬리만 한 봉록으로는 처자식을 부양하기에도 빠듯한 현실에서, 해서처럼 조정이 주는 돈에만 의지해 살려는 관리가 과연 몇이나 될까? 게다가 조금만 생각을 바꾸면 고생하지 않고 편히 살 수 있었다. 세수를 거두어들일 때 조금 더 추가해서 징수하고, 하급 관리들이 은밀히 덧붙여 징수해도 그냥 못 본 척 눈감아 주기만 하면 된다. 직접 손을 쓰지 않아도 모든 일을 알아서 챙겨 주는 사람이 있고, 손가락질 받거나 처벌되지는 않을까 걱정할 필요도 없었다. 모두들 그렇게 하고 있으니까. 그러니 그런 유혹을 거부할 관리가 과연 얼마나 있었겠는가?

그러니 주원장이 관리들의 타락을 보며 탄식할 만도 하다. 그는 이렇게 말했다.

"짐이 즉위한 이래, 옛 법에 따라 관리를 임명하고 한족과 이민족을 정돈하였다. 그런데 처음 발탁할 때는 충성을 다할 것처럼 하더니, 시간이 오래되어 자리에 익숙해지자 모두 간사하고 탐욕스럽게 변했도다. 내외 관료들조차 직분에 충실하지 않고 흔들리니, 끝까지 올바른 길을 가는 자는 적고, 신분과 지위를 욕되게 하는 자는 많구나."

우쓰는 『잠재 규칙』에서 이러한 현상을 '신임 관리 타락의 법칙'이라고 명명한 바 있다. 원래 깨끗했던 신임 관리나 청렴 관리들이 서서히 탐관오리로 타락해 가는 데는 복잡한 원인이 있다. 주원장의 낮은 봉록 제도 역시 그 원인 중 하나였다.

낮은 봉록 제도는 실제 집행 과정에서 실효성을 구비하지 못했다. 실효성이 결여된 제도는 정치적으로 실패하게 되어 있다. 그러면 실효성이 부족한 이유는 무엇이었을까? 지원 체계가 부재했기 때문이다. 물론 주원장은 도덕과 도덕 교육이 이러한 지원 체계의 역할을 충분히 한다고 생각했다. 하지만 도덕은 뭐든지 해결해 주는 만능열쇠는 아니었다.

곡물 창고가 충분히 채워져야 영욕이 눈에 들어오는 법이다. 빈곤함이야말로 악의 근원이다. 허기진 관리들에게 나라를 위해 헌신하기를 바랄 수는 없다. 물론 시대와 장소를 불문하고 낮은 임금에 만족하고, 심지어 돈을 주어 가면서 관리를 하는 사람들은 존재했다. 그러나 한 가지 분명히 해 둬야 할 점은 이들은 평상시에 생활고를 겪지 않는 사람들이라는 것이다. 그들에게는 땅이나 가업 또는 유산과 같은 믿을 구석이 있었다. 그들이 관리를 하겠다고 나서는 것은 정치적 이상을 실현하거나 인생의 가치를 실현하기 위함이지, 결코 생계를 모색하기 위해서는 아니었다.

그러나 대부분의 관리들은 봉록으로 생계를 꾸려야 하는 형편이었다. 특히 농촌 출신의 가난한 관리들이 어려운 형편에서 고생을 마다하지 않고 학문에 정진했던 것은 단순히 명성을 위해서가 아니라 인생을 바꿔 좀 더 나은 미래를 만들기 위해서였다. 그들은 과거에 급제하여 벼슬에 나가는 것만으로도 고생한 부모와 아내, 주변의 지인들에게 어느 정도 보답이 될 거라고 생각했다. 또한 가난했던 시절에 빌린 각종 빚들을 청산할 수 있고, 관리로서 최소한의 체면 유지는 될 거라는 기대에 부풀었다. 그러나 정작 조정이 지급하는 봉록은 지위에 비해 너무 초라했다. 봉록에만 기댈 수 없게 되자, 그들은 수중의 권력에 유일한 희망을 걸 수밖에 없었다. 권력을 이용해 뒷거래를 하면 쏠쏠한 돈을 챙길 수 있으니 마다할 이유가 없었다.

높은 봉록 ≠ 청렴한 관리

권력으로 돈을 챙길 수 있다는 것은 누구나 공감하는 사실이다. 그 방법에 대해서도 다들 잘 알고 있을 테니 더 이상 언급하지 않겠다. 지금 고민해야 할 것은 해결 방법이다.

이는 아주 현실적인 의의를 지닌다. 명청 시대뿐만 아니라 오늘날 불거지는 부패 현상도 어느 정도는 낮은 월급과 연관이 있다. 지금의 성장省長이나 현장縣長들은 옛날처럼 자기 돈으로 '막우'나 '사야'를 초빙할 필요가 없고, 파견 근무를 나갈 때 여비를 자신이 충당하지 않아도 되고, 여기저기 뇌물 봉투를 바치지 않아도 되지만, 월급 명세서 상의 액수는 여전히 낮은 편이다. 물론 그들은 봉록 외에 많은 복리 혜택을 향유할 수 있다. 집이나 자동차는 무상으로 제공받고, 다양한 의료 혜택을 누리며, 먹고 마시고 즐기는 데도 돈이 들어가지 않는다. 월급은 월급대로 받고, 식사나 술, 담배는 그야말로 접대와 뇌물로 해결하면 되는 것이다. 그러나 이러한 혜택은 재직 중에만 누릴 수 있다. 일단 관직에서 물러나면 모든 것이 사라진다.

게다가 관리라고 해서 누구나 상술한 혜택을 누릴 수 있는 것은 아니다. 지방마다 빈부의 차가 존재하는 만큼 관직에 따라 생활수준도 다르다. 일부 비핵심 부문의 관리들은 대부분 매우 청빈하게 살고, 핵심 기관이더라도 검찰, 감사 등과 같은 간부들은 기율이 엄격하여 생활 자체가 빠듯한 편이다.

따라서 명청대 관료 사회의 누규와 유사한 비전형적 부패는 많은 지역과 부문에서 은밀히 부활해 기승을 부리고 있다. 물론 공공연히 '사비', '부비', '문경', '근경'을 징수할 수도 없고, 지방 시찰에서 지방관들이 여비를 찔러주는 일도 사라졌다. 만일 있다면, 그것은 '전형적 부패'로 간주될 것이다. 대개 비전형적 부패는 절묘한 방식으로 부패 행위가 합리화되기 때문에 이를 운운하거나 조사할 만한 빌미가 없다. 그러므로 내용은 변하지 않아도 형식과 방법은 변신을 거듭해도 무관하다. 예를 들어 거액을 들여 집을 수리해 주면서 상징적으로 약간의 '재료비'만 받거나 시찰 명목으로 해외여행을 보내 주는 것도 일종의 방법이다. 그 밖에 마작이나 골프 모임에 초청하거나(승자는 누구인지는 안 봐도 훤하다) 기념 글자나 원고를 청탁한 후 후한 윤필료와 원고료를 보내는 방식도 있다. 방법은 수도 없이 많다. 일일이 나열할 수 없으니 다음 기회로 미루겠다.

요즘에는 과거처럼 드러내서 '모선'을 요구하는 것도 불가능하다. 마음대로 수취하고 할당하거나 자금을 모으는 것은 명백한 불법 행위다.

그러나 프로젝트나 투자 유치를 위해 중앙 정부에 로비를 해야 하는 일들은 종종 생긴다. 그에 따른 지출 또한 적지 않다. 지방 정부에서 그 돈을 전적으로 부담하기는 어렵다. 그렇다고 지방 관리가 선심 쓰듯 사비를 털지는 못할 것이다. 이 경우에도 방법은 있다. 기업으로부터 자금 지원을 받고 프로젝트를 따 오면, 그 기업에 일임하게 하는 것이다.

속사정이 어떻든 일단 겉으로 볼 때는 공평하고 합리적인 방법이므로 논란의 여지가 없다. 기업은 돈을 냈으니 당연히 프로젝트를 맡아야 하고, 지방 관리는 그 기업이 사업 기회를 따내는 데 일조했으므로 적절한 사례를 받아도 문제가 없다. 화려한 접대를 받거나, 호화 건물을 제공받거나, 결산 보고에 넣기 애매한 항목들을 기업이 대신 해결해 주는 등등의 행위들은 결국은 '모선' 징수와 다를 바 없다. 실제로 주요 고객에게 식사나 유흥, 사우나 등을 접대한 후 점주와 합의하에 돈을 내지 않는 것은 일부 지방 관리들 사이에 통하는 관행이자 공공연한 비밀이다.

종합하자면, 임금에 비해 지출해야 할 곳이 너무 많았기 때문에 관리들은 어쩔 수 없이 간접적인 구제법과 그럴듯한 편법들을 동원해야 했다. 그러니 비전형적 부패가 다시 고개를 들 수밖에 없다.

이에 대해 일각에서는 월급을 올려 청렴한 관리들을 양성해야 한다고 주장하기도 한다.

그러나 높은 연봉으로 청렴한 분위기를 조성하는 방법은 결코 새로운 주장이 아니다. 역사적으로 이미 이러한 방법을 시행한 사례가 있었다. 그 주인공은 바로 청대의 옹정제雍正帝다. 옹정제는 즉위하자마자 청렴한 정치 풍토를 조성하기 위해 세 가지 부정부패 근절책을 제시했다. 모선의 공유화, 후한 봉록을 통한 청백리의 양성, 누규의 단속이 그것이었다.

옹정제는 민정을 속속들이 파악하고 있던 황제였다. 그는 정상 세수 외에 거두어들이는 모선이 합리적인 징수 근거가 없음에도 근절하기 어렵다는 것을 알고 있었다. 엄격하게 단속하면 관리들의 살길이 막막해지기 때문이다. 그렇다고 그대로 방치하자니 황제로서 지나치게 고식적이고 방관하는 태도로 일관하는 것 같았다. 그래서 옹정제가 고안한 묘책은 모선을 공유화하는 것이었다. 즉 과거에 주관과 현관이 사적으로 징수하고 사용했던 모선을 성省 단위 창고에 통째로 상납하도록 한 후 성에서 다시 주와 현에 분배해 주는 방식이었다.

이러한 개혁은 의미가 남다르다. 우선 모선을 공공 재산으로 돌리면 정부에서는 정당한 규범(징수 비율 규정 등)을 마련할 수 있었다. 그러면 주와 현 정부 입장에서는 많이 거두었다고 득 될 것이 없으므로(어쨌든 성에서 정해진 액수만 받기 때문이다) 멋대로 아무렇게나 할당하지 않을 것이고, 이로써 무작위 징수의 구멍을 차단할 수 있었다. 다음으로 모선이 공유화된 이후 주와 현의 모선 징수는 업무 완성의 연장이 되었다. 상사가 모선을 반환하는 것도 수당 지급이라는 명분을 지닐 수 있었다. 쉬쉬하며 뇌물을 주고받는 것이 아니니 양쪽 모두 떳떳했다. 뇌물이 아닌 이상, 인정에 연연할 필요도 없었다. 주와 현 관리들은 상급 관리에게 뇌물을 바쳐야 한다는 핑계로 착취를 일삼을 수 없었고, 상급 관리들도 당당하게 하급 관리들을 관리할 수 있었다. 이는 부패의 싹을 애초에 자르기 위한 방도였다.

또한 정부 기관으로 회수한 모선은 손실을 메우고 공금으로 쓰는 것 외에 '양렴은養廉銀(지방관의 부패를 막기 위해 정해진 봉록 외에 공식적인 제도에 의해 추가로 받던 특별 수당-옮긴이)'으로 사용되었다. 관리들에게 거두어들인 돈이긴 하지만 이런저런 명목으로 뇌물을 바치는 데 쓰는 것보다 훨씬 공평하고 합리적이었다. 이는 '부패 척결'과 '청렴 장려' 두 가지 효과를 동시에 노린 조치였다.

옹정제 시대에 발급된 양렴은은 그 액수가 어마어마했다. 당시 총독의 평균 연봉이 백은 180냥이었다면 절민총독이 받았던 양렴은은 그 100배인 18,000냥에 달했다. 매년 45냥을 받는 현관의 양렴은은 최소 400냥, 많으면 최대 2,000냥에 육박했고, 그 배로 받는 경우도 적지 않았다. 이부, 호부, 병부, 형부, 공부 5부의 상서, 시랑과 부서 업무를 관장하는 대학사에게는 관봉을 두 배로 올려 주었다. 별도로 양렴은을 지급받지 않는 그들이 권력을 이용해 외지의 지방관들과 은밀히 돈 거래를 하지 않도록 하기 위해서였다.

기타 경관들에게도 수당을 지급했다. 1품 관리들의 경우 관봉 180냥에 '은봉恩俸'이라고 해서 추가로 270냥을 지급받았다. 비록 추가 수당 액수가 외지 지방관들에 한참 못 미쳤지만 그들은 접대비 지출이 극히 적었으므로 어느 정도 균형이 맞는 셈이었다.

양렴은이 제도로 정착되자 옹정제는 누규를 단속할 적절한 기회를 노렸다. 당시 곳곳에는 누규가 독버섯처럼 퍼져 있었다. 산동 지역의 주관과 현관은 순무를 한 번 방문할 때마다 아문에 문포門包(고위 관리나 상급자를 방문할 때 문지기에게 주던 돈-옮긴이) 16냥씩을 내야 했다. 게다가 은 1,000냥을 세금으로 납입하면 30냥의 수속비를 별도로 지불해야 했다. 하급 관리가 상급자를 방문할 때는 공무 처리를 위한 것임에도 불구하고 따로 '입장료'를 내고, 납세자가 납세의 의무를 다하면서도 오히려 징수인에게 사례비를 챙겨 줘야 한다니 말도 안 되는 일이었다. 이에 옹정제는 전국에 대대적인 단속령을 내렸다.

"사적으로 뇌물을 수수하는 자는 중죄로 다스릴 것이며, 그자를 관리하는 총독과 순무 역시 엄중히 처벌한다."

옹정제의 이러한 일련의 조치들은 논리적이고 현실적이었다. 그러나 그 효과는 지극히 미미했다. 서기 1735년, 옹정제가 세상을 뜨고 아들인 건륭제가 황위를 이었다. 그가 정권을 잡으면서 청은 또다시 곪아 가기 시작했다. 어느새 부활한 각종 누규들이 무성하게 번져 나갔다. 앞서 언급했던 장집형은 도광 27년에 사천성 얼대로 파견될 때 북경에서만 무려 은 15,000냥의 '별경'을 지출했다. 그중 군기대신軍機大臣(실질적 재상)에게는 각각 400냥, 6부의 상서들은 각각 100냥, 시랑들은 각각 50냥, 군기처軍機處 비서들에게는 각각 16냥씩 지불했다. 그 후 각 지방에 들를 때마다 각 아문, 관리들에게 사비, 부비, 문경, 근경 등의 별도 수입을 챙긴 것은 물론이다. 이 정도는 '비전형적 부패'에 속한다. 노골적으로 행해진 전형적 부패의 강도는 더욱 심했다.

건륭제 때의 대학사 화신和珅은 재산이 8억 냥에 달했다. 이는 당시 청 조정의 10년 재정 수입과 맞먹는 액수였으며, 프랑스 황제 루이 14세가 가진 개인 자산의 14배였고, 옹정 5년의 국고 내 은 비축량의 16배, 강희제 말년의 국고 은 비축량의 100배에 달하는 수치였다. 후한 봉록이 곧 청렴한 관리를 양성할 것이라는 예상을 보기 좋게 깨는 결과가 아닐 수 없다.

높은 봉록이 왜 청렴한 관리를 양성하는 데 일조하지 못했을까? 높은 봉록 외의 유혹들이 양렴은의 액수를 훨씬 능가하기 때문이다. '아무리 청렴한 관리라도 지사 생활 3년이면 은 십만 냥이 모인다'는 말도 있으니 그 엄청난 돈의 유혹을 뿌리칠 수 있는 사람이 얼마나 되겠는가? 그나마 청렴한 관리니 이 정도에서 그쳤지, 탐욕에 눈이 어두운 관리였다면 양렴은 정도는 아예 눈에 차지도 않았을 것이다. 그러므로 높은 봉록으로 청렴을 장려하는 제도는 일부 양심적인 관리들에게 약간의 보상을 해 주고, 그들이 직무를 충실히 수행할 수 있도록 도와주는 역할을 하는 데 그쳤다. 탐욕의 본능을 감추지 못하는 관리들에게는 무용지물이었다. 그러니 관료 사회에 뿌리박힌 부정부패를 근절하기에는 역부족이었다. 기껏해야 급한 불 끄기용 임시방편에 불과했다.

문제는 절개 있고 청렴한 관리라 하더라도 비전형적 부패에 대한 유혹까지 억제하지는 못했다는 점이다. 장집형이나 임칙서가 그나마 양심적인 경우였다. 그러나 그들 역시 봉투를 거절하지 않았고, 필요한 경우 봉투를 내밀었다. 그러한 '예'가 곧 그들만의 행동 규칙이었고, 게임의 법칙이었기 때문이다. 관료 사회에서 무사히 살아남고 싶다면 그들만의 규칙을 무시할 수 없었다.

누구도 겉으로 드러나는 명목에는 전혀 악의가 없는 듯했고, 오히려 인간적인 면까지 담고 있었다. 겨울에 주는 탄경이나 여름에 주는 빙경, 과경만 봐도 그렇다. 땔감과 얼음을 사는 데 보태라고 주는 돈을 뇌물이라고 매몰차게 정의하기도 애매하다. 이는 명백한 뇌물, 착취 행위를 온정이 담긴 행위로 미화하고 포장하는 중국 정치인들 특유의 지혜였다. 이들은 결과적으로 봉투를 주지 않을 수도, 받지 않을 수도 없게 만들었다. 주지 않으면 세상 이치를 모르는 것이고, 받지 않으면 인정이 메마른 것이었다. 도리와 인정에 무딘 사람은 인간 구실을 할 줄 모른다고 비난받는 마당에 관리는 할 수 있겠는가?

또한 본인이 돈에 관심이 없고 승진에 목을 매지 않는다 해도 딸린 식솔과 부하들을 생각하지 않을 수는 없다. 가족과 시종, 수행원들이 먼 타지까지 따라온 이유가 무엇이겠는가? 또한 서리書吏, 아역衙役, 문지기들이 동분서주하며 수고하는 이유가 무엇이겠는가? 그들은 성인聖人과는 거리가 먼 사람들이다. 사서오경을 배운 적도 없고, 천하를 다스리겠다는 이상을 갖고 있지도 않다. 그들이 단맛 쓴맛을 다 봐 가며 관리들을 쫓아다니는 것은 떡고물을 바라서다. 관리 자신이 돈이나 승진에 관심이 없다고 그들에게까지 이를 강요할 수는 없다. 모시는 관리가 빈털터리라면, 그들도 외면하고 냉정히 돌아설 것이다. 중국인들이 시장 경제 관념이 없을 거라 생각하면 오산이다. 그들 역시 어떤 사람에게 정착해야 이득이 돌아올지 나름대로 계산기를 두드리고 있음을 알아야 한다.

게다가 상급자의 부하들은 무성의하게 대할 수 없었다. 상급 관리를 보러 가면 문지기에게도 돈을 찔러주고 수행원들에게도 돈을 찔러줘야 했다. 모른 척했다가는 상급자와의 대면은 꿈도 꾸지 못하고, 온갖 악담과 유언비어만 상급 관리의 귀에 들어가게 된다. 때문에 지위가 높은 군기軍機의 재보宰輔(재상-옮긴이)조차 때로는 황제의 총애를 받는 태감들을 적절히 구슬릴 필요가 있었다. 태감은 9품 이상의 벼슬은 아니었지만 황제의 곁을 지키는 사람이다. 곁을 지키는 측근이라면 누구보다 황제와 친밀하고, 편한 사이였다. 그의 말 한마디에 희비가 엇갈리고 목숨이 오락가락할 수 있는 마당에 어떻게 소홀히 대할 수 있겠는가? 마찬가지로 최고 관직의 측근들 역시 성의 있게 대해야 하는 존재였다.

설령 관리 자신이 상급 관리의 부하에게 이미 밉보였다고 해도 수하의 부하들에게까지 그들을 무성의하게 대하라고 강요하거나, 뇌물을 받지 말라고 금할 수는 없었다. 그렇다면 너무 비인간적이다. 게다가 이는 대놓고 부패라고 말하기도 힘들었다. 호텔의 벨보이들도 팁을 받지 않는가! 그들의 팁은 단지 서비스의 질에 따라 결정되지만, 여기서의 문경이나 근경은 그 액수가 상급 관리의 직급에 따라 결정된다는 차이가 있을 뿐이다. 이 역시 중국 사회의 특색이다.

이 역시 이상할 것이 없다. 각종 누규들은 비록 범위나 액수의 차이가 있지만 모두 하나의 구심점을 향해 있기 때문이다. 그 구심점은 바로 권력이다. 총독과 순무가 어째서 군기의 재보들에게 봉투를 내밀어야 했을까? 하급 관리들이 어째서 상급자의 비서들과 인연을 만들고자 했을까? 그들이 권력의 중심과 근접해 있기 때문이다. 그러므로 뇌물 봉투의 액수는 관직 등급을 기준으로 책정되는 것이 원칙이었다.

물론 어느 정도 변수는 있었다. 장집형은 섬서성 독량도에 재직할 당시 총독보다 순무에게 더 많은 뇌물을 바쳤다. 그들은 한 해 동안 순무에게는 계절마다 1,300냥씩 4번에 걸쳐 5,200냥을 주었고, 총독에게는 명절(설, 단오, 추석) 때마다 1,000냥씩 3번에 나누어 3,000냥을 주었다. 이는 총독의 관직이 순무보다 높기는 하나 직속 상급자가 아닌 데다 같은 지역(섬서성, 감숙성甘肅省 총독은 난주에 주재하고, 섬서 독량도는 섬서성 순무과 같이 서안西安에 머물렀다)에 거주하지 않아 그에게 미치는 권력과 영향력이 상대적으로 약했기 때문이다. 급할 때는 고위 관리보다 직속 관리가 더 낫다는 말이 괜히 나온 것이 아니다. 마주한 관리가 지위가 낮더라도 자신의 업무가 그의 관할이라면 어떻게든 그에게 잘 보이는 것이 현실적이다. 막상 급한 일이 생겼을 때 높은 사람을 찾아간들 별 도움이 되지 않기 때문이다. 여기서 힘을 발휘하는 것은 바로 권력이다. 특히 직접적인 영향력을 행사할 수 있는 권력 말이다.

감시 시스템도 무용지물

부패는 권력과 관련이 있다. 내 경험에 비추어 보건대 권력 관계가 존재하는 곳에는 비전형적 부패의 가능성이 늘 존재한다. 나는 서북 지역의 군간농장軍墾農場(중화인민공화국 성립 이후 일부 인민해방군이 변경과 연해 지구의 황무지를 개간하여 조성한 농장-옮긴이)에 10년 정도 머문 적이 있었다. 당시 우리는 설이나 되어야 1년에 한 번 쌀밥 구경을 할 수 있었고, 이때 쌀밥의 배급에는 권력이 개입되었다. 물론 쌀밥은 배급표에 따라 정량만 공급되었으니, 이론적으로는 매우 공평했다. 하지만 밥그릇에 담긴 쌀밥이 양에 찰 정도로 충분한지 여부는 취사병의 마음먹기에 달린 문제였다. 유난히도 쌀밥을 좋아하는 남방 출신 청년들은 취사병에게 잘 보이기 위해 헤죽거리며 입에 발린 소리를 했다. 더 교묘한 사람들은 아예 과자나 사탕류의 먹거리를 찔러주면서 사전 로비를 하기도 했다. 그렇게 해서 그들은 쌀밥이 약간 남았을 때 주방에서 볶음밥이라도 좀 더 얻어먹는 특권을 누렸다.

이러한 권력과 이익의 교환은 중국인이라면 누구나 다 아는 이치다. 책 속에서 터득하는 게 결코 아니다. 농민들조차 일을 맡을 때 작업반장에게 담배라도 한 대 건네야 뒤탈이 없다는 사실쯤은 다 알고 있다. 역시 군간농장 시절의 일이다. 어느 해 가을, 몇 사람이 모여 이야기를 하는데, 한 여성 지청知靑(문화대혁명 당시 농촌으로 하방下方됐던 지식인 청년-옮긴이)이 갑자기 탄식하며 말했다.

"올겨울은 목화 열매 벗기는 일이나 했으면 좋겠네."

군간농장의 겨울철 농사일은 주로 목화 열매 벗기기와 모래 끌어오기(모래언덕의 모래를 땅으로 끌어와 토양을 개량한다) 두 가지였다. 모래를 끌어오는 일은 영하 수십 도의 엄동설한에 나가서 일을 하는 거라 고되고 힘들었다. 반면, 목화 열매를 벗기는 일은 밖에 나가지 않고 실내에서 불을 쬐면서 할 수 있었다. 그러자 누군가 끼어들며 말했다.

"그러고 싶으면 고향에 다녀올 때 연대장 몫으로 고체 간장이라도 챙겨 와야 할걸."

당시 농장에서 간장은 매우 귀한 음식이었다. 먹으려면 청년들이 도시에서 고체로 된 간장을 가져오는 수밖에 없었다. 이 정도를 부패라고 하기엔 무리라고 여길 수도 있겠지만, 내용만 다를 뿐 원리는 같다. 청나라 군기의 대신이나 이부의 상서들이 보기에는 주와 현 관리들이 주는 수천 냥에 달하는 은표銀票 한 장이나 고체 간장 한 봉지나 별반 다르지 않다. 일을 배정받을 때 빈곤한 지역에 파견되느냐와 부유한 지역에 파견되느냐는 곧 모래 끌어오기 작업을 하느냐 목화 열매 벗기는 작업을 하느냐의 차이와 유사하다.

지식인 청년들이 연대장에게 바치는 고체 간장도 결국은 '효경'의 허울을 쓴 일종의 뇌물이나 다름없다. 차라리 '간장경'이라고 이름 붙이면 어떨까? 연대장에게 '간장경'을 바칠 줄 아는 사람은 과거에 태어나 주나 현의 관리가 되었다 해도 순무나 총독에게 당연하다는 듯 '빙경', '탄경'을 바칠 것이다. '비전형적 부패 바이러스'를 양산하는 온상은 도처에 숨어 있다.

실제로 권력만 있으면, 또한 그 권력이 타인에게 도움을 주거나 해를 입힐 수 있다면, 권력의 소유자와 그 권력의 수혜자(혹은 피해자) 간에는 권력과 이해의 교환 관계가 발생하기 마련이다. 그러나 권력이란 쉽게 없어지는 것이 아니다. 그렇다고 구성원이 적은 원시 부족 사회로 시간을 되돌릴 수도 없으므로 부패 근절의 유일한 대안은 권력에 대한 감독과 통제뿐이다.

'감시 없는 권력이야말로 부패의 근원'이라는 말이 있다. 그러나 이 말에도 여전히 어폐가 있다. 이러한 논리라면 감시만 잘하면 부패는 사라져야 한다. 그러나 현실은 그렇게 호락호락하지 않았다.

중국은 감찰 제도를 도입한 최초의 국가 중 하나로, 진한 시대부터 전문 감찰 기관이 존재했다. 서한 시대에는 이를 '어사부御史部'라 명명했고, 동한 이후에 '어사대'로 불리다가 명청대에 '도찰원'으로 개칭되었다. 어사대나 도찰원이나 모두 황제 직속의 독립 기관이었다. 이들 기관은 다른 부문과 관리들의 제약을 전혀 받지 않으면서 오히려 관리들을 감독하는 권한을 지녔다.

어사대나 도찰원이라는 명칭에 상관없이 감찰권을 쥔 관리는 모두

어사라고 불렀다. 한대에서 원대에 이르기까지 어사대의 관리는 직위에 따라 어사대부, 어사중승, 감찰어사로 구분되었다. 명청대 도찰원의 관리는 도어사, 부도어사, 첨도어사僉都御史, 감찰어사 순이었다. 어사대부와 도어사가 감찰 기관의 수장이었다면, 어사중승과 부도어사는 부수장이었다. 청대의 순무가 '중승'이라고 불리기도 했던 것은 도찰원 우부도어사를 겸임했기 때문이다.

감찰 기관의 지위는 감히 범접할 수 없었다. 한대에는 어사대부가 부재상을 겸임했고, 원대에는 어사대부가 1품 관직에 속하는 데다 보통 황태자나 황제의 인척이 겸임했다. 물론 높은 품계는 어사대나 도찰원의 수장들에게 해당되었고, 다른 감찰관들의 품계는 그다지 높지 않았다. 명청 시대의 경우 감찰어사는 정7품에 그쳤고, 이부, 호부, 예부, 병부, 형부, 공부 6부의 업무에 따라 일대일 형식의 감찰권을 지녔던 '육과급사중六科給事中' 역시도 정7품이었다.

그러나 이들 감찰어사와 육과급사중은 낮은 품계에 비해 권력이나 지위가 대단했다. 무엇보다 외형적인 권한이 막강했다. 위로는 황제와 재상, 중신, 귀족에서부터 아래로는 총독, 순무, 주와 현 관리, 사관, 말단 관리, 심지어 다른 감찰 간부와 감찰부 수장까지 모두 탄핵할 수 있었다. 그들이 비리와 부정부패를 저질렀을 때는 물론, 근무 태만의 소지가 포착되어도 여지없이 탄핵 대상 명단에 올릴 수 있었다. 반면 책임 부담은 상대적으로 적은 편이었다. 감찰어사와 육과급사중에게는 이른바 '풍문주사風聞奏事'의 특권이 있었다. 이는 항간에 떠도는 소문, 심지어 유언비어까지도 상주할 수 있는 제도였다. 사실 여부를 확인할 책임도 없었고, 혹 사실과 어긋난다 해도 전혀 처벌받지 않았다.

또한 그들은 독립성이 강했다. 어사가 관리를 탄핵하는 일은 관련 부서에 정식으로 통지하지 않아도 되었고, 직속 상급자에게 비준을 받을 필요도 없었다. 당나라 장안 4년(서기 704년), 감찰어사 초지충肖至忠이 소미도蘇味道라는 3품 관리를 탄핵한 일이 있었다. 이 일을 알게 된 어사대부가 그를 불러 비난했다.

"이렇게 중요한 일을 상사와 한마디 상의도 없이 결정하다니 말이 되는가?"

소지충은 의연하게 대답했다.

"어사대 업무를 처리하는 데 상사는 없습니다."

감찰 부문은 다른 기관과는 달리 상사와 부하의 관계가 서로에게 이끌려 다녀서는 안 된다는 의미였다. 감찰 기관의 구성원들은 누구나 독립적으로 일을 처리하고 황제에게 직접적으로 상주했다. 그러면서 초지충은 또 반문했다.

"만일 어사들의 탄핵안을 매번 상사에게 물어봐야 한다면 비준될 경우는 문제가 없으나, 거부될 경우에는 어찌 해야 합니까?"

감찰 업무의 특수성을 상기시키는 물음이었다. 어사대부는 그의 말에 전적으로 일리가 있음을 인정하고, 그의 충성심과 강직함을 높이 칭찬했다.

어사가 독립적으로 감찰권을 행사할 수 있도록 조정에서는 엄격한 절차와 예법을 규정했다. 그러나 중대한 탄핵안에 대해서는 어사가 '해치관獬豸冠'이라는 모자에 흰색 안감에 붉은색 천을 덧댄 두루마기를 입고, 황제와 문무 대신들 앞에서 '기소장'을 낭독했다. 이때 탄핵이 지명된 관리는 즉시 일어나 처벌을 기다렸다. 조회에 이러한 관복 차림의 감찰원이 들어오면 영문을 모르는 관원들은 누구에게 불똥이 튈지 몰라서 벌벌 떨어야 했다.

그러니 감찰 관리의 힘이 얼마나 대단했는지 알 만하다.

그렇다면 과연 효과는 어떠했을까? 이 역시 급한 불 끄기용 대책에 불과했고, 심지어 발등의 불도 제대로 끄지 못했다. 관리들의 '부패' 유전자는 대를 거듭해도 계속 이어졌다. 설상가상으로 관리에 대한 감찰마저 새로운 차원의 부패로 변질되었다.

감찰어사나 급사중은 권력이 아주 막강했다. 또한 조정에서는 간혹 임시로 일부 감찰 관원을 지정해 지방에 파견할 수 있었다. 일례로 순안어사巡按御史나 흠차대신이 사건 조사차 지방에 내려가는 경우가 그러했다. 이들의 권력 역시 매우 컸다. 죄 지은 관리를 현장에서 해직하는 것은 말할 필요도 없고, 심할 경우 군대를 동원해 관리를 체포할 수도 있었다. 이는 원래 엄격하고 신속한 감찰 업무를 보장하기 위한 조치였다.

감찰은 통제와 감독의 틀에서 벗어나 영향력을 행사할 수 있는 일종의 특권이었다. 이러한 권력을 두려워하지 않을 사람은 없었다. 이치는 간단하다. 성인군자가 아닌 이상, 잘못 한 번 안 해 본 사람이 어디 있겠는가? 중죄를 범하는 것까지는 아니더라도 털어서 먼지 안 나는 사람은 없다. 개휴현의 임현령 역시 사소한 잘못 하나 때문에 관복을 벗어야 했다.

그러므로 감찰 관리가 한번 떴다 하면, 지방에서는 천둥에 뛰어든 개처럼 어쩔 줄 몰라 했다. 아니 땐 굴뚝에 연기가 피어오르지 않듯, 아무 이유 없이 상부에서 감찰관을 파견할 리는 없기 때문이다. 감찰관 입장에서는 아무런 문제점도 찾아내지 못하고 돌아가면 조정을 대할 면목이 없어진다. 양쪽 모두가 만족할 수 있는 최상의 결과는 사소한 문제점을 찾았는데 이미 모두 해결되었거나, '원인은 있되 조사 결과 확실한 증거가 없다'는 식으로 마무리 짓는 것이었다. 그러기 위해서는 적절한 로비가 선행되어야 했다. 좋은 식사와 공연 대접은 기본이고, 그들이 외로워한다 싶으면 절세 미녀도 대령해야 했다. 물론 '별경'이니 '정의程儀'니 하는 기본적인 뇌물 봉투도 빠짐없이 챙겨야 했다. 순안과 흠차의 수행원들에게도 일일이 성의 표시를 해야 함은 물론이었다. 결국 상부에서 감찰을 한번 나오면, 아랫사람들은 호된 홍역을 치르는 것이나 다름없었다.

감찰 횟수가 많아질수록 지방관들의 정신적, 육체적 고충은 더욱 심해졌다. 앞서 이야기했던 임현령도 운 나쁘게 걸려든 경우였다. 실질적인 증거가 없는 사건인데도 감찰부 내 왕汪씨 성을 가진 처장이 황제에게 '풍문주사'를 올리는 바람에 수사가 여러 차례 진행되었다. 먼저 장도대가 한 번 조사하고, 그다음에는 융상서가 다시 조사하고, 마지막에 우지부가 수사를 나갔다. 감찰관이 세 번이나 방문하는 동안, 개휴현은 접대 비용을 대느라 엄청난 출혈을 감수해야 했다. 결국 이 돈에 대한 부담은 고스란히 개휴현의 백성들에게 돌아갔다.

이는 아주 작은 사례일 뿐이다. 지방에서 사건이 일어나면, 매번 감찰관들이 파견되었다. 결국 수사를 한 번 할 때마다 백성들의 허리는 휠 수밖에 없었다. 그때 만일 백성들에게 발언권이 있었다면 그들은 분명 조정에 이렇게 하소연했을 것이다.

"부탁이니 제발 관리들의 부정부패에 칼을 대지 말아 주십시오. 부패를 근절한답시고 나라에서 날을 세울수록 그들의 부패 수위는 더욱 높아집니다. 제발 그냥 내버려 두세요. 관심을 가질수록 우리가 더욱 힘들어집니다."

감찰 관리들이 아무리 청렴하고 양심적이라 하더라도 전형적 부패를 감시할 수 있을 뿐, 비전형적 부패까지는 손대기 힘들다. 아예 접근할 방법이 없는 것이다.

또 식사 대접의 경우는 감시 자체가 힘들다. 관리들은 손님과 함께 식사하는 일이 다반사인데 일일이 따라다니면서 조사할 수는 없지 않은가? 그렇다고 감시하지 않으면 공금으로 터무니없이 비싼 요리를 먹을지도 모르는데 방임할 수도 없었다. 너무 터무니없다고 판단될 때만 감시하면 되지 않느냐고 반문할지도 모르겠다. 그렇다면 그 터무니없음의 기준을 어떻게 정할 것인가? 설령 기준을 정한다 해도 관리들이 알아서 대응책을 마련할 것이다.

네 가지 요리에 탕 요리 한 가지로 접대 음식의 가짓수를 제한했다고 하자. 그렇다면 호주산 랍스타, 동북 지역의 곰 발바닥 요리, 전복 요리, 티베트산 송이 요리에 불도장佛跳牆(중국 광동 지방의 최고급 요리로 스님이 담장을 넘게 할 정도로 맛이 좋다고 해서 이런 이름이 붙여졌음-옮긴이)을 주문하고 가짓수를 맞췄다고 우길지도 모른다. 심지어 접시 하나에 요리를 여러 개 담아 낼 수도 있다. 넓적한 접시에다 여러 음식을 모아 놓으면 정해진 접시의 수에서 음식 가짓수는 얼마든지 늘릴 수 있다. 테이블당 접대 비용의 상한선을 1,000위안으로 제한해 놓아도 그들은 나름의 대처법이 있다. 두 사람이 한 테이블에 앉아 999위안어치를 먹으면 된다.

돈 봉투를 받지 말라고 규제한다면, '나는 돈 봉투를 받은 적이 없다. 그저 공예품, 특산품 정도를 받았을 뿐이다'라고 당당하게 나올 것이다. 게다가 '나도 보답의 의미에서 그들에게 글을 써 주었다'고 큰소리칠 것이다. 뇌물로 받은 공예품이나 특산품이 지나치게 진귀하고 호화스럽지 않으냐고 반문한다면, 그들은 자신이 써 준 글씨가 그만큼의 가치가 충분하다고 잡아뗄 것이다. '위에 정책이 있으면 아래엔 대책이 있다'는 말처럼 어떤 규제를 가하든 아랫사람들은 다 빠져나올 구멍을 마련해 둔다.

그러나 이러한 방법은 중국에서나 가능했지 다른 나라에서라면 별로 통하지 않았을 것이다. 자칫 잘못했다가 매스컴에 덜미가 잡혀 접대를 주고받는 장면이 대서특필될 수도 있고, 보답으로 써 주었다는 글씨가 만천하에 공개돼 감정가가 적절한지 난상 토론이 벌어질 수도 있기 때문이다. 이러한 일련의 현상으로 보건대 문제는 감찰을 하느냐 안 하느냐의 여부가 아니라 누가 감독을 하고, 어떤 방식으로 감시하는가에 있다.

중국 역대 왕조들과 같은 수박 겉 핥기 식 감시는 하나 마나다. 역대 왕조에서 관리가 관리들을 감시하는 것은 결국 자기가 자기를 감시하는 것이나 마찬가지였다. 그러니 엄격한 통제 자체가 무리였다. 감시할수록 부패의 골만 더욱 깊어질 뿐이었다. 그래도 끝까지 감시 체제를 동원해야겠다면, 감독 비용을 국가가 감당할 수 없을 정도까지 늘려야지 그렇지 않으면 별 효과가 없다.

백성들에게 감찰권을 넘겨준다면 어떨까? 결과는 상이할지도 모른다. 적어도 사건을 처리하는 비용이 훨씬 낮아질 것이다. 백성들이 스스로 그 돈을 각출해야 하기 때문이다. 행여 기회를 틈타 허례허식하고 싶어도 스스로에게 부담이 되돌아오니 꿈도 못 꿀 것이다.

그러나 이조차도 그리 낙관적이지 않다. 중국의 백성들이 과연 감독 역할을 제대로 해낼 수 있을까? 그들이 감독권을 가질 수 있을지 여부는 차치하고라도 현실적인 감시 체제를 갖출 수 있을지도 장담할 수 없다. 설령 가능하더라도 효과는 그다지 높지 않을 것이다.

나는 최근 출간한 『중국인에 대한 한담開話中國人』(上海文藝出版社, 2003년)에서 중국인들이 부패를 바라볼 때 보통 이중의 잣대를 둔다고 지적했었다. 타인이 부정부패를 저지르면 통렬히 비난하면서, 자신이나 일가친척이 부정부패를 저지르면 관대해진다. 그들이 타인의 비리에 분노하는 이유는 자신들에게 돌아올 몫이 없기 때문이다. 공금을 유용한 접대 행위는 누가 봐도 손가락질받을 일이다. 하지만 누구든 접대를 받는 입장이 되면, 희색을 띠며 흔쾌히 받아들인다. 또한 중국인들은 전형적인 부패에는 반기를 들지만 비전형적 부패에 대해서는 눈감아 준다. 아예 적극적으로 동참하기도 한다. 일례로 의사에게 붉은색 돈 봉투를 챙겨 주는 문화는 아무리 해도 통제가 안 된다. 오히려 환자들이 통제를 반기지 않는다. 억제하려 할수록 더 주려고 안달인데 그들에게 의사를 감시하라고 맡겨 둘 수 있겠는가?

06

제도는 만능이 아니다

의사들의 돈 봉투 챙기기 현상에 대해 분석해 보자.

양심적으로 말하면, 나는 의사들의 돈 봉투 수수 현상을 연민의 눈으로 바라보게 된다. 중국 옛말에, 황금은 귀해도 의사는 아무런 가치가 없다는 말이 있다. 사람의 목숨은 하늘에 달려 있으며, 목숨 하나 구하는 것이 7층 석탑을 짓는 것보다 낫다고도 했다. 생명은 가장 고귀하고 소중한 것이다. 그러니 의사가 의술과 품성이 모두 뛰어나 환자들의 병을 척척 고친다면, 높은 연봉에 격려금까지 주어야 마땅하다. 그러나 중국에서는 의사들이 그만큼의 대우를 받지 못하는 실정이다. 그나마 격려금도 환자들이 쌈짓돈으로 챙겨 주는 것이 전부다.

그러나 한편으로는 환자가 규정에 따라 이미 의료비를 납부했는데도 다시 격려금 봉투까지 얹어 줘야 한다면, 명청대에 세금에다 '모선'까지 더해 주는 것과 다르지 않다. 게다가 격려금의 기본 취지와는 달리, 그들의 돈 봉투는 사전에 잘 봐 달라고 찔러주는 것이다. 그러니 '빙경', '탄경'과 무슨 차이가 있겠는가? 따라서 이 역시 일종의 비전형적 부패다. 문제는 정부에서 아무리 통제령을 하달하고 매스컴에서 매질을 해도, 막상 수술받을 환자의 가족 입장이 되면 절박한 심정에 의사, 간호사, 마취사에게 봉투를 쥐어 주면서 매달리게 된다는 데 있다. 그러니 아무리 막으려 해도 방법이 없다.

즉 환자와 그 가족들의 불안한 마음이 의사들의 부패를 통제할 수 없게 하는 것이다.

환자가 수술대에 오르는 순간, 그의 목숨은 고스란히 의사의 손에 내맡겨진다. 수술 결과는 환자 본인이 장담할 수 없다. 이론적으로 수술 결과의 가능성은 세 가지다. 성공하는 경우와 성공했지만 후유증이 남는 경우, 그리고 실패하는 경우. 이처럼 세 가지 결과로 나뉘는 이유는 물론 여러 가지다. 그러나 의학에 문외한인 환자 입장에서는 모든 것이 의사의 순간 판단에 달려 있다고 여기게 된다.

이는 그들이 오랫동안 정부 기관의 관리들과 부딪히고 겪으면서 터득한 생존법이다. 그들이 보기에 환자가 수술을 받는 것은 평범한 사람이 재판을 받는 것과 별반 다를 게 없다. 생사여탈권을 쥐고 있는 생면부지의 누군가에게 자신의 보잘것없는 목숨(환자는 육체적 생명을, 평민들은 정치적 생명을 맡긴다는 차이일 뿐)을 내맡기고 결과만을 기다려야 하기 때문이다. 그 결과가 어떨지 본인은 알지도, 통제하지도 못하니 마음을 놓지 못하는 게 당연하다.

사실, 관청에서 안건을 판결하는 과정을 보면 임의적인 경향이 짙다.

'판결은 열 가지로 갈릴 수 있다'고 했듯이, 세상에는 많은 경우의 수가 있으므로, 안건을 잘 다듬으면 해당 안건을 합법으로 뒤집는 것은 쉬운 일이다. 이때 판결 결과는 모두 담당자의 주관적 의견에 좌우된다. 상급 관리가 하급 관리를 심사할 때는 더욱 그렇다.

상사가 일단 통과라고 말했으면 자격이 없어도 무사히 통과되는 것이고, 불합격이라고 선언했으면 자격이 충분해도 떨어진다. 관여하는 업무 범위가 너무 많은 관리를 부지런하다고 칭찬할 수도 있고, 괜히 일만 만들어 아랫사람들을 못살게 군다고 타박할 수도 있다. 반면 관여하는 업무가 너무 적은 경우, 근무 태만이라는 부정적인 평가와 '무위이치無爲而治'의 훌륭한 능력을 지녔다는 긍정적인 평가가 엇갈릴 수도 있다. 입이란 원래 놀리기 나름이라서 어떻게 말을 하느냐에 따라, 그리고 누가 말을 하느냐에 따라 영향력과 결과가 달라지게 마련이다.

그러니 사전에 경계하고 점수를 따 둘 수밖에 없다. 실제로 사람들이 뇌물을 건네는 것은 더 많은 이득을 차지하려는 목적도 있지만 대부분 피해 대상에서 비켜나기 위해서다. 중국 전통 사회에서는 권력을 쥔 사람들이 평민 한 명을 해치우는 것쯤은 손쉽고 가뿐한 일이었다. 이 점에 대해서는 우쓰의 『잠재 규칙』에서 생동감 있는 다양한 사례를 찾아볼 수 있으니 따로 언급하지 않겠다.

나와 친분이 있었던 페이샹링裴響鈴이라는 노인은 원래 한 신문사의 기자였다. 그런데 평소 눈에 거슬렸다는 이유로 상사가 '반우파투쟁反右派鬪爭'을 빌미로 그를 노동교도勞動敎導(문제 청소년을 수용하여 생산 노동과 정치 교육을 통해 갱생시키는 제도-옮긴이)로 보내 버렸다. 사전 통보는 물론 중간 심사 절차나 비준도 거치지 않았다. 반면, 피해자가 된 그는 자신이

당한 불공평한 처사를 알리기 위해 백방으로 노력했다. 훗날 이 노인은 그 과정을 담아『나의 일생我這一生』이라는 책을 출간했는데, 관심 있는 독자는 한번 읽어 보길 바란다.

역사적 지식이 조금 있는 사람이라면 누구나 과거 민초들에게는 '관아에 고발하는 일' 자체가 고행이었음을 잘 안다. 관리의 수레를 막고 억울함을 호소하면 따귀부터 날아오는 게 기본이었고, 관가에 가 북을 치면 일단 곤장 50대를 맞아야 했고, 고소장을 올릴라치면 쇠못 판을 구르는 고통(못이 가득 박힌 나무판자에 엎드려 고소장을 낭독해야 했으니 한 글자도 제대로 읽을 수 없었다)을 감수해야 했다. 그러니 정말 원통하고 억울한 사정이 아니면 백성들은 아예 관청에 호소할 생각도 못 했다. 설사 그렇게 어려운 과정이 아니라 해도 절차가 산 넘어 산이었다. 길고 복잡한 절차를 겨우 다 끝낸 뒤에는 이미 상대가 죽었거나, 감옥에 잡혀서 죗값을 다 치르고 난 후거나, 고소한 당사자가 재산을 모두 탕진했기 일쑤였다. 차라리 돈 봉투를 건네는 쪽이 더 실리적이고 속 편하지 않겠는가? 봉투만 건네주면 문제가 해결되거나 피해를 입지 않는데, 과연 안 주겠다고 버티는 사람이 몇이나 되겠는가.

그러고 보면 뇌물 봉투는 비교적 적은 대가로 최대한의 공평성과 안전을 보장받을 수 있는 경제적 수단이자, 중국인들이 수천 년 역사 속에서 피의 대가로 얻은 인생 경험이다. 사회 전체가 합리적으로 바뀌지 않는 한, 이처럼 뒷돈 거래가 만연하는 뇌물 문화를 대놓고 비난할 수만은 없다.

기왕 이러한 뇌물 공세가 용인되는 분위기라면, 그래도 대략의 전례와 규칙이 있는 편이 낫다. 적어도 돌아가는 사정을 몰라 막막해하는 일은 없을 것이기 때문이다. 사람들은 뇌물을 주는 문화가 사라지기를 바라는 것이 아니라, 주기는 주되 어느 정도 선을 긋는 규정이 마련되기를 바란다. 그러한 규정에는 다음과 같은 내용이 포함되어야 한다. 첫째, 도를 넘지 않는 선의 합리적인 금액이 얼마인지, 그러한 금액을 귀띔해 줄 수 있는 편리한 루트가 어디인지를 정해야 한다. 둘째, 당사자들이 봉투를 건네주는 방법, 상대방에게 잘 전달되었는지, 상대방이 액수에 불만을 가지지 않았는지 여부를 확인할 수 있어야 한다. 셋째, 봉투를 전달함으로써 당사자의 권익이 확실히 보장되어야 한다. 이 세 가지 기준에 따라 일이 처리될 수만 있다면 모두들 넙죽 엎드려 절을 하면서라도 고마워할 것이다. 중국인들에게 봉투 문화 자체를 없애는 것은 생각조차 못 할 일이다.

그렇다면 제도적인 장치 마련을 통해 돈 봉투 관행을 아예 없애고, 사람들의 권익을 보장하거나 공평한 대우와 공정한 평가를 받게 해 줄 수 없을까? 물론 그렇게 되도록 노력해야 한다. 정확히 말하자면, 이미 숱한 노력을 해 왔다. 부정부패는 원래 아무리 억압해도 어느 순간이 되면 또다시 기승을 부린다. 많은 사람들은 그 이유가 불완전한 제도의 빈틈을 노리고 악용하는 데 있다는 것에 공감하며, 하루빨리 완벽한 제도의 구축을 서둘러야 한다고 외친다. 옳은 주장이다. 그러나 완벽한 제도만 있으면 만사형통이라는 생각은 지나친 낙관주의다. 아무리 좋은 제도라도 '기술적 장치' 그 이상도 그 이하도 아니다. '기술技術'이 아무리 업그레이드되어도 근본적인 '도道'가 변하지 않으면 무의미하다. 게다가 제도 장치의 틈이 촘촘해질수록 부패의 강도는 더욱 심해질 뿐이다.

이는 괜한 위협도, 쓸데없는 기우도 아니다. 모두 내 경험에서 나온 것이다. 학술계에도 근 몇 년간 숱한 제도들이 탄생했다. 직위 평가, 박사 지도 교수의 임용 심사, 박사 학위 수여 기관의 선정, 중점 학과 선정, 수상자 심사 등에도 제각각 자질구레한 수많은 세부 규정들이 달려 있다. 또한 '익명 심사'니 하는 이른바 '과학'적인 제도들도 도입되었다. 그렇다면 결과는 호전되었을까? 개인적으로 볼 때, 여전히 정작 올라가야 할 사람은 떨어지고, 함량 미달인 사람들은 기회를 얻는 경우가 많았다. 게다가 그 정도가 예전보다 심해졌으면 심해졌지, 더 누그러지지는 않았다.

직급 평가의 경우, 예전에는 교수 회의를 열어 교수들이 직위 상향 조정 여부를 결정했다. 그러나 후에 주관성 개입의 문제가 불거지면서 '법치法治' 시스템으로 전환되고 자격 요건을 규정하는 각종 조항들이 생겨났다. 이를테면 교수가 되려면 권위 있는 간행물에 논문을 몇 편 이상 실어야 하고, 주요 간행물에 몇 편 이상 게재해야 한다는 식의 규정들이었다. 그러다 보니 교수들의 직급 평가에서 간행물의 입김이 세게 작용하는 방향으로 어긋나고 말았다.

교수들은 판매 부수가 많거나 권위 있는 간행물의 편집장을 찾아가 관계를 맺고 뒷거래를 하려고 안달이었다. 일단 '하드웨어'가 든든해지면, 수준 이하의 사람들도 논문이랍시고 가져와 당당하게 직위를 올려 달라고 요구할 수 있었다. 이들 '논문'의 수준이 어느 정도인지, 대리 집필, 표절 의혹이 없는지에 대해서는 아무도 관여하지 않았다. 때문에 제도를 실시한 이후로는 학술계의 수준이 향상되기는커녕, 오히려 추락하고 있는 실정이다.

'익명 심사' 역시 속 빈 강정처럼 실속이 없기는 마찬가지였다. 자료를 보낼 때 신청인이 익명으로 보내고, 심사자가 자료를 재송부할 때도 이름을 밝히지 않는 것은 틀림없었다. 자료가 누구에게 송부되었는지, 자료의 주인공이 누구인지는 배송 담당자만 알 수 있는 일이었다. 그러니 신청인과 배송 책임자의 관계가 심사에 결정적인 작용을 하기도 했다. 그러니 이쪽에서는 아직 자료를 발송하지도 않았는데, 심사자 쪽에서는 이미 그를 잘 봐 달라고 청탁하거나 음해하는 전화를 받는 경우가 종종 발생했다.

박사 학위 수여 기관의 심사나 중점 학과 선정, 수상자 선정의 경우라면 아예 선물 꾸러미를 짊어지고 방문하는 사람도 적지 않았다. 중국은 인정을 중시하는 사회이니만큼 매몰차게 인정을 외면하기 힘들다. 오랜 친구나 지인, 옛 동창, 심지어 전에 나에게 도움을 줬던 누군가의 등을 냉정하게 떠밀 수 있겠는가? 지나치게 터무니없는 경우가 아니라면, 원칙보다는 정에 더 기울어지는 게 사실이다.

그렇다 해도 제도에 전혀 위배될 것은 없다. 심사 위원에게 부탁하거나 고발하는 경우를 제외하면, 청탁은 거의 드러나지 않는다. 특히 발표 논문이 몇 편 이상이면 교수가 될 수 있다는 조항에 대해서는 더더욱 논란의 여지가 없다. 외관상 자격을 갖췄음에도 심사에 통과하지 못하면 불만을 품는 사람들이 속출하므로, 결국 함량 미달의 교수들이 '합법'이라는 미명하에 버젓이 배출되고 있는 실정이다. 그들을 두고 '돈으로 교수직을 매수한 가짜 교수'라고 해야 할지, '편법을 자행하는 비리 교수'라고 해야 할지 판단이 잘 서지 않는다. 어쨌든 비합법적인 수단으로 교수 집단에 끼어들어 온 '돌연변이 교수'임에는 틀림없지 않을까?

이는 학위를 날조하는 것보다 더욱 끔찍한 결과를 초래한다. 가짜 학위는 조사해서 캐낼 수 있지만 비리 교수들은 그럴듯한 알리바이와 시나리오로 제자들을 완벽하게 속이는 것은 물론, 학술계의 전체 물을 흐려 놓을 수도 있기 때문이다.

일각에서는 이러한 현상 역시 불완전한 제도에서 기인한다고 말한다. 물론 틀린 말은 아니다. 그러나 아무리 완벽하고 빈틈없는 제도라 해도, 결국은 사람의 손으로 운영하는 것이다. 사람 자체가 변하지 않으면 제도가 아무리 좋아도 소용없다. 위에서 정책을 만들면 아래에서는 열심히 대책을 마련하는 악순환만 되풀이될 뿐이다. 그러므로 근본적인 문제를 해결하려면, 사회 자체를 뜯어고치고 국민성을 바꿔야 한다. 이는 경제 체제 개혁이나 정치 체제 개혁보다 훨씬 더 중요하다. 하지만 중간 과정에서 감수해야 할 고통은 훨씬 더 많으니 아직도 갈 길이 멀다.

비전형적 부패는 비전형 폐렴(사스SARS)과 마찬가지로 속수무책일 수밖에 없다. 심지어 비전형적 부패가 사스보다 더 대처하기 어렵다고들 한다. 이는 중국인들이 오랜 세월 동안 앓아 온 고질병이다. 오랫동안 치료해 왔지만 완치는커녕, 대부분의 사람들이 바이러스 보균자가 되어 버린 실정이다. 그 원인은 과거에 썼던 처방전이 대부분 병의 본질을 다스리지 못하고 지엽적인 외상만 시술하는 데 그쳤기 때문이다. 그러니 잠복 바이러스가 웬만한 약에는 끄떡도 하지 않는 것이다. 이처럼 사후 약방문만 반복하고 병폐의 뿌리를 잘라 내지 못했던 이유는 병의 근원을 찾지 못했기 때문이었다. 그러므로 비전형적 부패를 근본적으로 치유하려면, 그 현상에 대한 병리적 분석이 필요하다.

조금만 분석해 보면, 비전형적 부패가 사실은 국지적인 현상임을 쉽사리 발견할 수 있다. 원시 사회에는 부패 현상이 없었고, 선진국에도 그리 많지 않다(물론 부패가 있긴 하지만 비전형적 부패는 거의 없다). 부패 바이러스가 전염된 곳은 주로 개발도상국이다. 그중에서도 전제주의 전통이 남아 있는 아시아 개발도상국이 특히 심하다. 범위를 좀 더 좁혀 보면, 전형적 부패든 비전형적 부패든 주로 권력 관계 사이에서 싹이 튼다.

전쟁터에는 부패 현상이 없지만 경기장에는 있고, 재계에서는 부패의 기미를 좀처럼 찾아보기 힘들지만 정계에서는 흔하다. 전쟁에서는 무력에 의존하고, 재계는 재력에 의존하니 굳이 권력에 기댈 필요가 없다. 재계에서 부조리가 있다면 십중팔구 비즈니스 활동과 권력 기관이 연관된 경우일 것이다. 정부와 거래를 하거나 정부의 비준을 얻어야 하는 경우가 이에 해당한다. 이러한 현상은 국제적인 통례다. 서방 선진국에서도 이와 유사한 스캔들이 종종 터져 나오곤 한다. 전쟁터에서 부정부패 행위가 있다면, 필시 진정한 전쟁이 아닐 가능성이 다분하다. 진정한 전쟁이 아니라 함은 어느 한쪽이 전쟁할 마음이 전혀 없어 전투가 비대항적으로 흘러가는 경우를 말한다(미국과 이라크 전쟁이 그렇다). 반면, 경기장에서 벌어지는 시합은 원래 공연적 요소와 상업적 요소를 동시에 지닌 일종의 '시뮬레이션 전쟁'이므로 거래나 비리가 쉽게 발생한다.

부패는 긴밀하게 연관된 권력과 이익 사이에서 벌어지는 일종의 거래다. 권력 관계가 존재하는 곳에는 어디든 부패 가능성이 잠재되어 있다. 이러한 권력 관계가 은밀하다면, 비전형적 부패의 형태를 띠게 된다. 권력을 돈으로 매수할 수 있는 분위기가 형성되면, 부정과 부패의 유착 고리는 필연적으로 발생한다. 매수 가능한 권력의 존재가 사회 곳곳에 퍼져 있다면, 정상적인 방법으로도 해결 가능했던 문제들까지 권력에 의존해야 하는 지경에 이른다. 게다가 정상적으로 유지되던 인간

관계에도 권력 매수라는 불순물이 끼어들고, 권력에 빌붙는 부정부패가 습관으로 자리 잡게 되면서 비전형적 부패는 치료조차 불가능한 불치병으로 굳어진다.

부패는 불치병이 아니다

비전형적 부패는 이미 '습관성 부패' 혹은 '관행적 부패'로 자리매김했다. 이는 부패를 은폐하는 형식(전형적 부패는 공인된 형식이다)이자 권력에 대한 '습관성 매수 행위'다. 즉, 권력 관계가 발생하면 으레 매수를 해야겠다고 생각하거나 의무적으로 해야 한다고 당연시하는 현상이다. 설령 상대방이 해야 할 본분을 이행하고, 당사자의 요구 사항이 깨끗하고 정당하다 할지라도 말이다.

비전형적 부패는 그런 점에서 전형적 부패와는 사뭇 다르다. 전형적 부패는 특수한 조건과 요구 수위가 있다. 잘못을 해놓고 빠져나갈 구멍을 만들거나, 몰래 기밀을 누설하거나, 사실을 은폐하고 흑백을 전도하는 등 사사로운 정에 얽매여 법을 어기고 비리를 저지르는 행동들은 전형적 부패의 범주에 속한다. 그러나 비전형적 부패는 뒷문으로 몰래 들어가 물밑 거래를 하는 것이 아니라 당당하게 공인된 규정에 따라서 문을 두드리기만 하면 된다. 다만 문고리는 상대편이 쥐고 있기 때문에 문이 열릴 것인가의 여부는 본인 마음대로 결정할 수 없다. 중간에서 미리 손을 써야 한다.

이는 결코 '분수에 어긋나는 생각'이 아니다. 지극히 일반화된 '습관적 행동'의 일부일 뿐이다. 누군가 문을 지키고 있는 것을 보면, 습관적으로 봉투를 찾게 된다. 이처럼 자연스럽게 몸에 밴 습관은 시간을 거듭할수록 관례로 굳어지고, 어느덧 규범으로 안착된다. 그래서 '규례'와 '누규(잠재 규칙)'와 같은 명칭도 생겨난 것이다. 악습이 규범이 되고 부패가 습관화되니, 문제의 심각성은 누차 강조하지 않아도 잘 알 것이다. 이러한 교묘한 방법과 규범들은 전형적인 부패도 아니고, 수사대를 동원할 만큼 중대한 사안도 아니지만, 사회 분위기를 망치는 주범이 된다.

이러한 '습관'이 정착되는 데는 세 가지 전제 조건이 필요하다. 첫째, 국가 전체에 권력 지상주의가 만연해 있어야 하고, 둘째, 권력 매수의 풍토가 국민들의 공감을 얻어야 하며, 셋째, 전형적 부패로 이어지지 않는 권력 매수를 모두가 일상 행위로 여겨야 한다. 2천여 년간 이어진 중국의 전제주의 정치 제도는 절묘하게도 상술한 세 가지 조건을 모두 만족시켰다.

무엇보다 중앙 집권이 든든한 배경이 되었다. 2천여 년 전 진 시황이 만든 정치 제도는 중앙 집권 형태의 전제주의 체제였다. 이렇게 형성된 사회는 전형적인 전제주의 사회이면서 말 그대로 권력 사회였다. 이러한 사회에서는 정권, 재산권, 생명권을 포함해 명예, 지위, 생존 조건까지 모두 권력의 손안에서 좌지우지되었다. 황제는 신하를 죽일 수 있었고, 아버지는 자녀를 팔아넘길 수 있었으며, 남편은 아내를 내쫓을 수 있었고, 현관은 세금을 추가 징수할 수 있었다. 어쨌든 권력을 쥔 사람이 무조건 하늘이었고, 권력이 없는 사람은 그 아래에서 굽실거려야 했다. 때문에 조건이 되는 사람들은 권력을 빼앗고, 조건이 안 되면 돈으로라도 권력을 매수했다. 강탈하지도 매수하지도 못하는 사람들은 어쩔 수 없이 남들에게 착취당하거나 유린당해야 했다. 그러니 권력은 사람들이 늘 동경하는 대상이 될 수밖에 없었다.

권력을 쥔 자들은 대부분 관리들이었다. 황제의 권력이 가장 크다고는 하지만 백성들과는 너무 격리되어 있기 때문에 그 힘을 잘 느끼지 못했다. 백성들이 피부로 가장 선명하게 느낄 수 있던 권력은 각급 관리, 특히 지방관들이었다. 백성들은 직접 경험을 통해 자신들의 모든 것이 관리들의 손에 달려 있음을 느끼고 있었다. 관리들이 특혜를 베풀지 벌을 내릴지와 같은 결정은 손짓 하나, 말 한마디면 끝날 만큼 간단한 일이었다. 비록 황제가 부여한 대행권한이긴 했지만, 관리들의 권력은 백성들에게 실로 대단한 위력을 발휘했다.

더군다나 대행권이기 때문에 더욱 두려운 대상이었다. 관리들은 마음만 먹으면 국가의 역량까지 동원해 가산 탕진에 패가망신까지 시킬 수 있었다. 황제는 모든 대행 관리들을 감시할 수도, 통제할 수도, 백성들의 억울한 사연에 일일이 귀 기울일 수도 없었다. 그러니 말단 관리나 백성들은 뇌물 공세를 펼쳐서라도 관리들의 권력에 의지해야 했다. 따라서 관리가 되면 곧 재물 방석에 앉는 셈이었다. 그러다 보니 관리는 모든 이들에게 선망의 대상이었다.

황제는 아무나 될 수 있는 것이 아니다. 그러므로 권력을 얻으려면 벼슬을 얻는 방법이 가장 유력했다. 관리는 많은 이들이 꿈꾸는 이상적인 직업이었다. 물론 모든 사람들이 그 꿈을 실현할 수는 없었다. 하지만 그들이 관료 사회를 모델 삼아 관직, 관위, 직함, 관리의 등급을 사회 가치 계산의 기준으로 삼고, 관료 사회의 규범과 형식을 모방하는 것까지 막을 수는 없다. 이것이 바로 '관官 중심' 문화다.

권력 중심주의를 기반으로 한 '관 중심' 문화는 윤리를 중시하는 문화이기도 하다. 도덕과 윤리에 따른 치국은 기본적으로 '아들은 아버지에게 복종하고, 아내는 남편을 따르고, 하급 관리는 상급 관리에게 복종하고, 나라의 백성들은 황제에게 복종하는' 원칙을 중시한다. 이는 모든 윤리 관계에 권력의 관계를 적용한 것으로 도덕적 관계(임금은 인을 베풀고, 신하는 충성하며, 아버지는 자애를 베풀고, 자식은 효도한다는 논리)를 권력적 관계(아버지가 자식에게 죽으라 하면 아들은 죽어야 한다는 논리)로 바꿔 놓았다. 현실적으로 아들이 아버지에게 반기를 들지 않듯이, 민중들도 관리들에게 대놓고 맞서지 않는다. 관리들은 그들의 부모나 다름없는 존재이기 때문이다. 따라서 '권력 중심'과 '윤리 중심'을 한데 묶어 '관 중심'으로 표현할 수 있다.

관료 사회는 사회 전체의 본보기다. 관료 사회에서 권력의 매수를 허용하면 일반 사회에서도 권력은 매수의 대상이 될 수 있다. 관료 사회에서 권력 매수가 이미 자연스러운 현상으로 자리 잡았다면, 일반 사회에서도 공공연히 행해지고 있을 공산이 크다. 관료 사회에서 '사스'가 시작되면 그 바이러스는 순식간에 퍼져 어느새 사회 전체를 전염시킨다.

그러니 발병의 근원지는 관료 사회다.

관료 사회는 권력의 집산지다. 관료 사회에서는 모든 관계가 권력 관계로 얽혀 있으며, 어떠한 관계든 권력 관계로 환원될 수 있다. 권력은 모든 것을 지배하고 통제한다. 권력을 쥐고 있다면 타인에게 혜택을 줄 수도, 피해를 줄 수도 있다. 이 점은 관료 사회에서 유난히 더 심하다. '벼슬이 높으면 사람도 눌러 죽인다'는 말이 있을 정도로 권력의 압박은 대단하다. 사람들은 '일단 권력을 손에 쥐면 무엇이든 호령하고 부릴 수 있다'는 말에 적극 공감한다. 따라서 권력이 주는 이점을 최대한 챙기는 것은 관리가 되는 목적 중 하나다. 관료 사회만큼 권력이 신성시되고, 유혹이 곳곳에 도사린 공간도 없을 것이다. 또한 권력을 사용하고 매수하는 데 관리들만큼 능수능란한 계층도 없을 것이다. 관료 사회에서 권력의 매수는 아주 흔한 현상이다.

문제는 어떤 왕조와 정부도 몰락하기 직전이 아닌 이상, 전형적 부패의 확대를 절대 용납하지 않았다는 데 있다. 이는 그들이 표방하는 도덕적 원칙과 어긋날 뿐 아니라, 근본적으로 국가의 장기적인 이익을 저해할 수 있기 때문이다. 전형적 부패가 널리 확산되면 국고가 고갈되고, 민생이 피폐해지며, 사회가 혼란해져, 결국 국가의 기반이 흔들린다. 안목 있는 통치자라면 이를 어떻게든 막으려고 할 것이다.

그러나 비전형적 부패라면 용인해 줄 수 있다. 그 이유는 다음과 같다. 첫째, 비전형적 부패라면 새삼스럽게 놀랄 일이 아니며, 직접적인 피해도 그렇게 크지 않기 때문이다. 둘째, 조정은 관리들의 내통을 엄격하게 금하지만, 한편으로는 그들이 일치단결해 주기를 바란다. 이 또한 그들의 교류를 반대할 수 없는 이유다. 식사 대접이나 오가는 선물까지 금지한다면, 너무 매몰차고 야박하다. 셋째, 조정에서도 관리들이 박봉만으로 가족들을 먹여 살리기 힘들고, 백성들에게 세금을 더 받아 내거나 뇌물을 받지 않으면 생계가 힘들다는 사실을 잘 알고 있었다. 넷째, 권력이란 원래 많은 것을 얻어 낼 수 있는 수단이다. 이러한 권력의 이용 가치가 관리들만의 매력이자 특혜라는 데 아무도 토를 달지 않는다. 이러한 혜택마저 누리지 못하게 한다면, 관리들의 적극성을 유발할 수 없다. 대신 규칙을 정해 적정 수위를 유지하고, 정당한 명목을 세울 필요는 있었다.

명목은 이미 여러 가지가 존재하고 있었다. 탄경, 빙경, 별경, 문경이라는 명칭은 인간미마저 물씬 풍긴다. 규정을 정하는 일은 황제가 우려하지 않아도 관리들 스스로 알아서 했다. 관료 사회는 규칙을 엄밀히 따졌다. 이러한 규칙에는 '잠재 규칙'만 있는 것이 아니라 '가시 규칙'도 있었다. 이를테면 상사를 만나면 어떠한 예를 갖춰야 하는지, 어떻게 호칭하고 대답하는지, 어떻게 앉고 서는지, 앉을 때 자리 배열을 어떻게 해야 하는지, 걸어가는 순서는 어떠해야 하는지 등과 같은 사항들이다.

관료 사회에 발을 들여놓기 위한 첫걸음은 이러한 규칙을 배우는 것이었다. 규칙을 간과하면 비웃음거리로 전락하고, 심지어 관료 사회에서 퇴출될지도 몰랐다. 옛말에 규칙을 따르지 않으면 법칙이 서지 않는다고 했다. 관료 사회에서 가장 중시하는 것이 바로 '법칙'이다. 제국은 윤리와 도덕에 따른 치국 원칙을 지향한다. 윤리와 도덕을 따지는 것은 곧 규칙을 따지고, 순위와 서열을 따지고, 질서를 중시하는 것이다. 관료 사회에서 원칙이 무너지면 천하의 백성들은 어떻게 되겠는가?

더군다나 권력의 장인 관료 사회는 관료들 각자가 살상력이 뛰어난 무기를 하나씩 품고 있다. 그러니 게임의 법칙이 부재하면 도처에 시체가 나뒹굴지도 모른다. 관료 사회는 강호와 마찬가지로 규칙을 가장 중시한다. 이것이 청렴 정치를 주장하는 황제와 청백리들이 비전형적 부패를 인정할 수밖에 없었던 이유 중 하나다. 돈 봉투라는 '윤활제'로 인해 관료 사회에는 마찰과 잡음이 확연히 줄었다. 게다가 이들 '윤활제'에는 인간적인 냄새까지 배어 있어서 갈등을 해소하는 데 적잖은 도움이 되었고, 관료 집단의 안정에도 유리하게 작용했다. 안정은 모든 것을 압도한다. 이 때문에 생겨난 부작용에 대한 언급은 다음 기회로 미루겠다.

관官이 중심이 되면 관료 사회는 본보기가 된다. 일단 본보기가 되면 그 영향력은 실로 무궁무진하다. 관리들 사이에서 접대와 선물, 돈 봉투 문화 등 비전형적 부패가 성행하면, 민간에서도 자연히 이를 모방하게 된다. 하지만 민간에는 권력이 전혀 없거나, 아주 미미한 권력(예를 들면 아버지와 아들 사이)만 존재하기 때문에 이런 약간의 권력조차 관의 지배를 받아야 한다. 권력을 최고 가치로 삼는 사회에서는 권력이 없으면 옴짝달싹하지 못한다. 때문에 민간에서는 관료 사회보다 더욱 권력의 힘에 기댈 수밖에 없다.

이러한 점을 중국의 백성들은 대부분 살아가면서 알아서 터득한다. 예의를 중시하는 중국에서 접대와 선물 문화는 누구나 이수해야 하는 인생의 필수 과목이었다. 중국 옛말에 '천 리 밖에서 보내온 거위의 털'이라는 말이 있다. 비록 선물 자체는 보잘것없으나 그 안에 담긴 마음은 두텁다는 뜻이다. 이는 중국인들이라면 쉽게 공감하는 이치다. 다만 실제로는 '거위 털' 대신 '빨간 돈 봉투'를 보냈을 뿐이다.

지금까지 우리는 비전형적 부패의 속사정을 대략 짚어 보았다. 부패가 발생하는 이유는 권력을 돈으로 매수할 수 있기 때문이다. 비전형적 부패가 성행한 까닭은 권력의 매수가 습관화되었기 때문이다. 또, 그러한 현상이 습관화될 수 있었던 이유는 사회생활의 대부분이 권력 관계로 이루어져 있기 때문이다. 사회 곳곳이 권력 관계로 얽힐 수밖에 없는 것은 2천여 년 동안 유지되어 온 전제주의 전통과 권력 사회의 역사, 그러한 제도와 사회가 빚어낸 문화적 심리와 행동 습관, 즉 국민성 때문이다.

지금은 전제주의 시대가 아니지만 어떠한 새로운 제도를 도입해도 옛 제도와의 문화적 연계를 끊을 수 없으며, 오랜 '문화유산'에서 벗어날 수 없다. 움직이는 사물에는 관성이 있게 마련이다. 지네는 몸이 동강 나도 여전히 꿈틀대며 절대 굳지 않는다고 한다. 하물며 천 년에 걸쳐 기생했던 바이러스가 쉽게 사라지겠는가? 가라앉았던 앙금이 재차 일어나고 꺼져 가던 재가 다시 불타오르는 것처럼, 비전형적 부패는 사라지는 듯했다가 다시 부활할 수밖에 없었다.

다행히 신해혁명 이후에는 전제 정치가 역사의 뒤안으로 사라졌다. 중간에 원세개의 칭제稱帝 주장과 장훈張勳의 복벽復壁 운동으로 전제 정치의 잔재가 잠깐 고개를 드는 듯했으나, 그 이후로 대부분의 정권은 지역을 막론하고 전제주의에 반대하고 민주주의를 지향했으며, 군주나 군헌제를 배척하고 공화제를 도입했다. 이는 부패 현상을 근본적으로 진단하는 정치적 기반이었다. 비전형적 부패는 난치병이나 불치병이 아니라, 증상에 따라 유연하게 약을 투입하면서 장기간 치료해야 할 하나의 질환일 뿐이다.

'증상에 따른 유연한 처방'에는 두 가지 방법이 있다. 하나는 권력 매수를 근절하는 것이고, 다른 하나는 권력 사회를 비非권력 사회로 전환하는 것이다. 매수 가능한 권력이 사회의 구석구석에 침투하지 않도록 하고, 정상적인 방법으로도 충분히 해결할 수 있는 문제에 권력이 개입되지 않도록 하며, 정상적인 인간관계에 권력매수라는 불순물이 흘러들어 오지 않도록 막고, 권력을 이용한 거래가 습관화되지 않도록 감시해야 한다.

　이는 물론 하루아침에 완성될 수 없으니 몇 세대에 걸쳐 꾸준히 노력해야 한다. 우선순위를 매긴다면, 그중에서 먼저 권력 관계와 권력 의식을 희석하는 일부터 시작해야 할 것이다. 예를 들면 정부 행정 부문이 조직하고 주관하는 각종 학술 심사(수상, 직위 심사, 지도 교수 심사, 중점 학과 심사, 국가 사회과학 기금 심사 등)는 하루빨리 사라져야 한다. 이 점에 대해서는 다른 부분에서 언급되니 이쯤에서 갈음하겠다.

제8장

좋은 제도와
나쁜 제도

01

전제 정치 제도

첸무의 『중국 역대 정치의 득과 실中國歷代政治得失』(三聯書店, 2001년)은 초지일관 다음과 같은 입장을 고수한다.

"어떠한 제도라도 폐해가 전혀 없을 수는 없으며, 영원히 존재할 수도 없다. 그러나 제도가 처음 생길 때는 단점보다 장점이 더 많이 부각되므로 겉으로 보기에 완벽하다."

첸무는 공적인 취지에서 만들어져야만 비로소 제도라고 부를 수 있고, 이면에 사심이 개입되어 있으면 법술法術(방법과 권모술수)에 불과하다고 여겼다. 법술은 일의 수단일 뿐, 정치라고 규정하기 어렵다는 것이다. 따라서 그는 인류 역사의 모든 정치에서 '제도'라고 불리는 것들은 처음에는 쓸 만하고 좋아 보이지만, 시간이 지날수록 서서히 변질되어 변법과 개혁의 필요성이 대두된다고 했다.

그의 이러한 논리는 '왜'라는 궁금증을 자극한다는 점에서 상당히 흥미롭다. 이에 대한 첸무의 해석은 이러했다.

"아무리 좋은 제도도 영원히 좋기만 하다면 정치는 발전 없이 늘 제자리에서 맴돌 것이며, 후세들이 애써 정치를 할 필요조차 없어진다."

물론 이 역시 답이 될 수 있겠지만 어딘가 부족한 느낌을 지울 수 없다. 이 정도로 궁금증이 해소된다면 역대 정치의 득실은 더 이상 논할 필요도 없다. 후세 사람들이 계속 노력해서 제도를 개선하도록 장래에 나쁘게 변할 만한 여지를 남겨 두어야 하거나, 아무리 좋은 제도도 일이백 년 후에는 나쁘게 변한다면, 변질된 후에 다시 논하면 되지 당장 논의할 필요가 있겠는가?

이 말은 첸무의 본심이 아닌 것 같다. 그리고 설령 그렇다 하더라도 역대 정치의 득실에 대해서는 충분히 검토해 볼 만하다. 이는 사람이 나이를 먹으면 늙고 죽는 게 당연한데도 생로병사의 원인에 대한 연구가 꾸준히 지속되는 것과 같다. '인간은 누구나 죽는다'가 그 연구의 결론일 수 없듯이, 역대 정치 제도에 대한 연구도 '아무리 좋은 제도도 결국 변질된다'는 식의 허망한 결론으로 마무리해서는 안 된다. 그 과정에서 확실히 알아내야 할 점은 세 가지다. 첫째, 좋은 제도가 어떻게 나쁜 제도로 변하는지, 둘째, 좋은 제도가 왜 나빠질 수밖에 없는지, 셋째, 좋은 제도의 변질을 방지할 수는 없는지다.

상술한 세 가지 과제에 대한 해답에는 다양한 견해와 방법이 있을 수 있다. 첸무는 과거 사람들의 입장에 서서, 당시 사람들의 경험을 근거로 비평하는 것을 '역사적 의견'이라고 했고, 현대인의 입장에서 현재 처한 여건과 필요에 따라 비평하는 것을 '시대적 의견'이라고 했다. 그렇다면 연구자의 입장에서 개인적 사견을 발표하는 것은 무엇이라고 불러야 할까? 이에 대해서는 별다른 언급이 없었으니 일단 '개인적 의견'이라고 해 두자.

상술한 세 가지 과제 중 첫 번째는 역사적 사실과 직결된 것이므로 '역사적 의견'이 필요하고, 두 번째는 인식과 관련된 문제로 '시대적 의견'이 반영되어야 할 것이다. 세 번째 과제에 대해서는 나의 '개인적 의견'을 피력할 수밖에 없을 듯하다. 이것이 미리 밝혀 두어야 할 첫 번째 사항이다.

또 하나 양해가 필요한 부분은 앞으로 논의하게 될 내용이 어디까지나 중국 전통의 정치 제도일 뿐이라는 점이다. 외국이나 오늘날의 기준을 일단 배제한 것임을 미리 알려 둔다. 또한 여기서 논하는 전통의 정치 제도란 진한대에서 명청대에만 국한된다.

본 내용은 첸무의 저서에 대한 서평의 성격이 강하므로, 그가 정한 테두리를 따를 것이다. 게다가 첸무가 정한 범위가 전혀 일리가 없는 것도 아니다. 그 근거는 다음과 같다. 우선 현재의 중국에 직접적으로 영향을 끼친 것은 진대 이후의 제도지, 진대 이전의 제도가 아니다. 또한 중화 민족은 진한대에 이르러서야 정식으로 통일 국가의 형태를 갖추었다. 그 전에는 여러 국가가 난립하는 형태였다. 진 시황이 여러 국가들을 하나의 국가로 통합시킨 후에야 중국은 통일 국가의 기반을 다졌다. 물론 중간에 분열과 반란도 많았고, 예측하지 못한 변고도 있었고, 다민족 정권이나 동일 민족의 복수 정권이 공존한 시기(한대 말기에는 위, 촉, 오 세 한족 정권이 동시에 존재했고, 송대에는 송, 요遼, 금金, 서하西夏, 대리大理 등 여러 정권이 공존했다)도 있었지만 중국인들은 여전히 한, 당, 송, 명, 청과 같은 통일 왕조를 정통으로 쳤다. 이를 감안한다면, 중국의 전통 정치 제도를 이들 다섯 왕조의 정치 제도와 동격으로 보아도 무리가 없을 것 같다.

한, 당, 송, 명, 청나라 제도의 원조는 진나라의 제도다. '백대에 걸쳐 진의 정치를 시행했다'는 말은 그냥 하는 말이 아니라 역사적인 사실이며, 과학적인 증거를 바탕으로 한 결론이다. 따라서 좋은 제도가 나쁜 제도로 변질되는 과정을 논하기에 앞서 진나라의 제도를 먼저 살펴볼 필요가 있다. 진나라가 어떤 식으로 혁명을 전개해 어떠한 제도적 기반을 만들었는지 분명히 알아야 한다.

이쯤에서 먼저 나의 '개인적 의견'을 몇 자 적어 볼까 한다.

중국은 역사적으로 국가 제도에 세 번의 거대한 변화를 겪었다. 그 변화 곡선의 꼭짓점이 바로 서주西周의 봉건제, 진나라의 6국 통일, 신해혁명이다. 이 세 가지 사건은 모두가 새로운 국가 제도를 구축했다는 점에서 커다란 의미를 지닌다. 신해혁명은 '공화제共和制'라는 새로운 시스템을 낳았고, 진나라는 천하 통일 후 '방국제邦國制'라는 획기적인 제도를 시도했다.

방국邦國은 연방제 혹은 국가 연합과 유사한 제도다. 굳이 유사하다는 표현을 쓴 이유는 방국제가 연방 혹은 국가 연합과 겉모습은 비슷하나 실질적인 내용에는 이질적인 부분이 있기 때문이다. 연방과 국가 연합 체제에는 헌법이라는 공통분모가 있다. 국가 연합을 구성하는 각국은 나름의 헌법을 가지며, 연방제의 경우도 자치권을 지닌 각 주州마다 주 헌법을 제정하고 시행한다. 물론, 연방제에는 전체적으로 통합 적용되는 연방 헌법이 있다. 그러나 방국은 그렇지 않다. 서주와 동주東周 시대에도, 춘추전국 시대에도 헌법이 따로 있는 경우는 없었다.

대신 방국에는 '공동의 주인', 즉 '천자天子'가 있었다. 천자는 말 그대로 '천하天下'를 소유했다. 여기서 말하는 '천하'의 범위가 현재의 중국처럼 그렇게 광범위하지는 않았다. 하지만 그때의 중국인들에게 이 '천하'는 전 세계나 다름없는 개념이었다. 당시 사람들의 마음속에 새겨진 천자는 국왕이 아니라 전 세계의 왕이었다. 오히려 제후들이 국왕의 개념에 더욱 가까웠다. 단지 직접적으로 '왕'이라고 호칭할 수 없어 '군君'이라고 불렀을 뿐이다. 왕이라는 호칭은 나중에 붙여진 것이었다.

황제가 제후들에게 떼어 준 영토는 '국國'이었는데, 이를 '방邦'이라고도 불렀다. '국' 아래로는 제후가 대부大夫들에게 나누어 준 '가家'라는 하부 통치 구역이 있었다. 당시 중국인들의 머릿속에 그려진 세계는 '천하, 국, 가' 이 세 가지 요소로 구성되어 있었다. 그중 가장 중요한 것은 제후들의 '국'이었다. '천하'는 '여러 국의 연합체'일 뿐이고, '가'는 '집거지'(국가로 발전한 것은 이후의 일이다)에 불과했지만, 제후들의 '국'은 유일하게 국가적 특성을 가지고 있었다. '국'은 영토와 주권은 물론 정부와 군대까지 보유하고 있었고, 상호 간에 외교 활동(당시에는 이러한 외교 활동을 '방교邦交'라 불렀다)을 전개할 수도 있었다. 조약의 체결, 동맹, 통상, 전쟁이 모두 가능했고, 불가피할 경우 합병도 종종 이루어졌다. 각 '국' 간에는 언어와 문자도 상이하고 의관, 예법, 법률도 달랐지만, 하나의 '국' 내에서는 모두 통일되어 있었다. 당시에는 '방'이 곧 '국가'의 개념이었던 것이다. '방국'이라는 명칭이 생겨난 배경이 여기에 있다.

방국이 연방, 국가 연합과 다른 점은 또 있다. 연방, 연합국은 연합해서 형성된 시스템이지만 방국은 천자의 땅을 나누고 제후를 세움으로써 나타난 현상이었다. 황제가 제후들에게 땅을 나누어 주는 이러한 제도를 '봉건封建'이라고도 한다. 여기서 '봉封'은 봉토, 즉 경계의 구분을 의미하며, '건建'은 건국, 다시 말해 제후국의 군주를 지정해 세우는 것을 말한다. 천자만 제후들에게 봉건을 할 수 있는 것은 아니었다. 제후들도 채읍采邑을 하사하거나 가군家君을 설립하는 형태로 봉건을 할 수 있었다.

이로써 방국제의 가장 중요한 특징은 바로 '제후들에게 땅을 나누어 주고 나라를 세우게 하는 데 있었음을 알 수 있다. 이것이 곧 방국제의 탄생 배경이고, 방국제의 본질이자 '봉건'이라는 단어의 어원이다. 이 장에서도 이러한 의미에 국한해서 '봉건'이라는 단어를 사용할 것이다. 통상 알려진 '봉건 사회'의 의미와 어긋나는 부분이 있을 수 있음을 미리 밝혀 둔다.

진 시황이 6국을 통일한 후부터는 더 이상 '봉건'이 존재하지 않았다 (사실 통일 전에도 진은 봉건제를 채택하지 않았다). 이로써 중국 대륙은 '복수 국가'에서 하나의 단일 국가('천하'와 동일한 의미)로 통합되었다. 각자 독립적으로 분산되어 있던 '국'과 '가'는 통합 후 '군'과 '현'으로 바뀌었다. 이것이 바로 군현제다.

군현제와 봉건제의 차이점은 다음과 같다. 첫째, 봉건 시대의 '국'과 '가'는 제후와 대부에게 땅을 나누어 준 것이어서 이들은 해당 영토에 대한 주권을 가지고 있었고, 그 토지와 백성들도 모두 그들의 소유였다. 반면 군현 시대의 '군'과 '현'은 통일 왕조에 속한 행정 구역이므로 구역 내 토지와 백성들은 국가 소유였다. '군'의 행정 장관(군수郡守)과 '현'의 행정 장관(현령)은 해당 지역에 대한 주권을 가질 수 없었다.

둘째, 제후와 대부는 세습이 가능한 종신제였다. 이는 '국'이나 '가'가 그들의 소유이기 때문에 가능했다. 그러나 '군'과 '현'의 행정 장관은 관할 지역에 대한 소유권이 없었기 때문에 임명제로 파견되었고, 인사 이동이 유동적이었다.

셋째, 제후와 제후, 국과 국의 사이는 등급(공公, 후侯, 백伯, 자子, 남男)이 있긴 했지만 상호 독립적이었고 서로에게 종속되지 않았다. 그러나 '군', '현'은 최고 당국과 종속 관계였다. 현은 군에 종속되고, 군은 조정에 종속되고, 결국은 모두 황제 아래 종속되어 있었다. 황제의 명령이 떨어지면 조정은 군말 없이 받들어야 했고, 조정이 명령하면 지방의 군현도 복종해야 했다. 황제는 통일 국가의 국가 원수이자 최고 지도자였으며, 유일한 수장이었다(방국 시대에는 '국'의 수에 따라 국왕의 수도 달라졌고, 상부에 최고 원수가 있어도 황실의 세력이 약하면 각자 오합지졸로 따로 행동했다). 황제가 천하를 통합하면서 모든 군현은 황제의 관할지로 편입되었고, 백성들도 그에게 귀속되었다. 그 당시의 중국은 철저한 '하나의 국가, 하나의 주권, 하나의 정부, 하나의 수장' 시스템을 도입했다. 국가의 상징은 제후가 아닌 황제로 바뀌었고, 국가의 실체도 제후국의 집합체가 아니라 황제가 통일한 천하였다. 이러한 형태의 제도는 '방국제'보다 '중앙 집권제'라는 타이틀과 더 잘 어울렸다.

그러니 진나라의 6국 통합은 옛 제도를 철저히 뒤엎고 새로운 제도를 세운, 전대미문의 커다란 혁명이었다. 당시 새롭게 구축한 제도들은 신해혁명 이전까지 줄곧 실행되었다. 진한부터 명청에 이르기까지 많은 우여곡절을 겪었고, 제도의 구체적인 내용에도 변화의 기복이 심했지만, 하나의 황제를 섬기고(정무에 관여했는지 여부는 일단 차치한다) 더 이상 제후에게 땅을 나누어 주지 않는다는(하사할 일이 있어도 땅이 아닌 작위를 하사한다) 두 가지 원칙은 변함없이 지켜졌다. 서주 봉건제에서 춘추전국 시대까지가 방국 시대(봉건 시대)였다면, 진한에서 명청까지는 전제주의 시대(군현 시대)였다. 지금 우리가 논의해야 할 것은 군현 시대의 제도, 즉 전제주의 제도들이다. 무엇보다 '좋은 제도'가 '나쁜 제도'로 변질되는 과정에 초점을 맞추어 원인을 짚어 내야 한다.

중앙 기관

새로운 제도의 도입을 통해 봉국을 군현으로 바꾸고, 흩어진 '복수 국가(방국)'들을 '통일 국가(제국)'로 전환하기 위해서는 강력한 중앙 기관이 필요하다. 첸무는 이 기구를 '중앙 정부'라고 정의했고, 군현의 기관들을 '지방 정부'로 구분했다. 이해의 편의를 위해 이렇게 정의했겠지만 다소 '현대화'되었다는 느낌은 지울 수 없다.

　여기서 우리는 중국 고대의 정권 기구가 지금의 정부와는 전혀 다른 개념이었음을 알아 두어야 한다. 엄격한 의미에서 전자는 '정부'라고 부르기에 부족한 감이 있다. 오늘날 정부와 같은 관리, 서비스의 직책과 기능을 온전하게 갖추지 못했기 때문이다. 당시의 중앙 기관은 단순히 통치의 기능만 할 뿐이었으므로 차라리 '아문衙門'이라고 부르는 쪽이 더 옳을지 모른다. 아니면 중앙을 '조정朝廷', 지방을 '아문'이라 구분하는 것도 하나의 방법일 수 있다. 그러나 이것도 썩 개운하지는 않다. 중앙 기관에는 '조정'만 있는 것이 아니라 '궁정宮廷'도 있었기 때문이다. 당시 '궁정 사무'는 국가 공무뿐 아니라 황제 가문의 사적인 일까지 포괄하고 있어, 공과 사의 구분가 명확하지 않았다. 이처럼 모호한 구분 때문에 궁정과 조정이 합쳐진 기구를 '중앙 정부'라 부르는 것은 어딘가 억지스럽다.

'아문'이라는 호칭에도 문제가 있다. 지방의 기관들은 어디로 보나 아문이 분명하지만 중앙의 각 부서(부部, 원院, 부府, 대臺)들도 아문의 성격이 아니던가? 따라서 대충이나마 '중앙 정부'와 '지방 정부'라고 획을 그을 수밖에 없을 듯하다. 하지만 이 정부가 오늘날 사용하는 정부의 개념과 다르다는 점은 분명히 말해 둔다. 그들의 역할은 현대적 의미의 '정부'와 천양지차다. 부득이한 경우가 아니라면 고대의 제도를 다루면서 이 두 가지 호칭은 되도록 피해 가는 게 좋겠다.

진한 시대 중앙 통치 기구의 제도들은 꽤 합리적으로 설계되었다. 그중에서도 가장 두드러진 특징은 궁정과 조정, 즉 황권과 재상권을 확실히 구분했다는 점이다. 한대에는 제도상으로 국가 최고 수장이 황제와 재상 둘이었다. 황제가 거처하는 곳은 '궁(황궁)'이었고, 직속 비서실로 '상(상의尚衣, 상식尚食, 상관尚冠, 상석尚席, 상욕尚浴, 상서)'이라는 기관이 있었다. 이 6개 기관 중에서 그나마 정치와 약간 관계가 있는 곳은 상서뿐이었고, 나머지 다섯 곳은 황궁의 일상생활에 관여하였다.

이에 반해 재상이 거처하는 곳은 '부(府, 상부相府)'였고, 업무를 처리하는 비서 기관으로 '조曹'를 두었다. '조'의 수에 대해서는 6조라는 설도 있고, 13조 혹은 15조라는 주장도 있다. 어쨌거나 그들의 직무는 관리들의 인사, 농업, 양잠업, 제례 의식 관장, 서류 및 상소문 처리, 민사 소송, 우편 및 교통, 곡물 창고, 조공 물품 운반, 화폐, 소금, 철, 치안, 형벌, 병역 등 공적인 일들이 주를 이루었다. 황제 직속의 '상'이 주로 사적인 일을 처리했다면, 재상의 '조'는 공적인 업무를 전담했다.

당시 사람들은 황제를 수장으로 하는 궁정은 공과 사의 양면성(국가를 대표하는 동시에 황제 개인과 직결되었다)을 모두 지니고 있는 반면, 재상이 이끄는 조정은 별다른 사심 없이 오로지 국가를 위한 공무에만 몰입하므로 진정한 중앙 정부라고 여겼다. 따라서 두 기관은 경비 출처도 달랐다. 조정의 경비는 대사농大司農이 관장하는 전부田賦(토지에 부과하던 조세-옮긴이)의 수입에서 조달했는데, 액수가 커서 정부용 '공금'으로 활용되었다. 황제의 '개인 경비'로 지출되는 궁정의 경비는 주로 소부少府(산과 바다, 호수, 늪의 세를 받고 궁중에서 필요로 하는 수공 제품의 제조를 주관하던 기관-옮긴이)가 담당하는 소액의 공상 세수에서 충당했다.

이처럼 한대의 제도는 대체적으로 공과 사의 구분(이는 어디까지나 '대체적인 경우'를 말하며, 엄격히 따지자면 모호한 부분도 적잖이 있었고 그 때문에 훗날 문제가 빚어지기도 했다)이 명확한 편이었다. 또한 기구의 설립에 있어서도 각 부문의 직무와 권한이 확실히 구분되어 있는 편이었다. 황제는 국가의 원수로 통일 국가의 상징적인 역할을 했고, 재상은 정부의 수장으로서 관리들을 이끌고 실제로 나라를 운영하면서 정치적인 책임도 모두 짊어졌다. 비유를 하자면 황제는 오늘날 기업의 이사장이고, 재상은 실질적 CEO인 셈이었다.

재상 아래 어사대부는 오늘날의 감사부장과 부사장의 역할을 겸했고, 비서관인 어사중승을 비롯해 시어사侍御史(중앙 감찰)와 부자사部刺史

(지방 감찰)라는 직속관을 두었다. 또한 기업과는 달리 CEO(재상)와 감사 부장(어사대부) 외에도 군사 부문을 책임지는 태위가 하나 더 있었다. 당시 행정을 총괄하는 재상, 군사를 책임지는 태위, 감찰을 관리하는 어사대부를 통칭하여 '삼공三公'이라 했다. 이들은 왕조의 최고 관리로서 황제와 나라를 공동으로 책임졌다.

이는 굉장히 짜임새 있고 합리적인 제도임에 틀림없었다. 이러한 제도를 시행하면 황제는 권한을 하부로 이양해 책임 일선에서 물러날 수 있고, 재상은 책임을 지되 실질적인 주권이 없으므로 양자 간의 팽팽한 관계 속에서 균형을 유지할 수 있었다. 무슨 일이 생겼을 때 황제는 권한 수여자의 명분으로 재상과 정부에 책임을 추궁할 수 있었으며, 재상과 정부도 정치적 책임을 피해 갈 수 없었다. 즉, 재상을 수장으로 한 정부는 오늘날의 내각과 유사한 형태였다. 반대로 황제가 권한을 독점하고 스스로 행정을 하면 일이 생겼을 때 책임 추궁 자체가 무색해진다. 권력을 수여한 당사자가 없으니 황제를 문책하겠다고 나설 사람도 없을 것이고, 재상에게 책임을 돌리려 해도 적절한 책임 전가의 명분이나 이유가 없다. 결국 수隋 양제煬帝처럼 "짐이 나라를 지키지 못하고 무너뜨렸다"고 탄식하는 전철을 밟게 될 것이다.

그게 아니라면 사면초가에 처한 황제가 취할 수 있는 시나리오는 다음의 세 가지뿐이다. 첫째, 스스로 사죄하는 조서를 하달하는 것이다. 이를테면 '모든 죄는 짐에게 있다'고 화끈하게 책임을 인정하는 것이다. 하지만 그것으로 끝이다. 황제는 그에 따른 어떠한 처벌도 받지 않고 졸속으로 사태를 매듭지으려 할 것이다. 둘째는 책임을 뒤집어씌울 속죄양을 만드는 것이다. 그러면서 황제는 '망국의 주범은 군주가 아니라 신하늘이다'라는 식의 떠넘기기로 일관하며, 실제로 문제가 있거나 눈에 차지 않았던 신하들을 골라 죽일지도 모른다. 이는 무책임함의 진수를 보여 준다. 세 번째 방법은 더욱 악질이다. '나라의 흥망성쇠는 백성들에게 책임이 있다'며 모든 책임을 무고한 백성들에게 물리는 것이다. 그러나 무책임과 발뺌으로 일관하는 정권은 오래 못 가 무너진다. 안정된 정권을 유지하려면 황제가 행정의 수장으로 나서서는 안 된다. 량치차오梁啓超도 책임에 대해 이렇게 말한 적이 있다.

"국가의 원수는 모든 책임을 내각에 이양해야 하며, 군주는 모든 책임을 신하들에게 넘겨야 한다."

이처럼 한나라 초반에는 이상적 제도의 기틀이 잡혀 있었다. 유방은 천하를 평정할 때 직접 군대를 이끌지 않고 구체적인 사안을 모두 장량, 소하, 한신에게 넘겨 처리하도록 했다. 또한 유방의 몇몇 후계자들도 '무위 정치'를 숭상하며 신하들을 믿고 기꺼이 권한을 이양해 주었다. 그래서 진 제국의 잔재는 사라지고 대신 한나라 사람들이 그 자리에서 새로운 기풍을 확립하며 활약하기 시작했다. 그러나 아쉬운 점이 없는 것은 아니었다. 궁정과 조정, 혹은 황실과 정부의 이러한 독립적 관계가 도의적으로 명확히 구분되어 있지 않았고, 제도상에도 아무런 명시가 없었다. 오늘날의 서방 국가들처럼 '황제는 정부의 일에 지나치게 간섭해서는 안 된다'는 식의 명문화 규정이 없었다.

그러다 보니 결국 한 무제가 즉위하면서 이러한 암묵적인 현상에 변화가 일기 시작했다. 한 무제는 '뛰어난 재능과 원대한 계략'을 지닌 인물이었다. 그런 인물은 무엇이든 직접 칼자루를 쥐려는 성향이 강하다. 한 무제 시대에 재상은 순식간에 장식품으로 전락했다. 한 무제는 혼자 이사장과 CEO의 자리를 독차지하고, 선수와 심판의 영역을 모두 장악하려고 했다. 그의 권력욕으로 인해 조정에서는 혼선이 빚어졌고, 기존의 제도들이 망가지면서 갖가지 부작용들이 꼬리를 물었다. 제도가 흔들리자 외척의 전제 정치와 환관의 실세 장악(후자는 전자로 인해 발생한 부작용이었다)이라는 악순환으로 이어졌고 결국 한 왕조는 나락으로 떨어졌다. 그러고 보면 황제가 너무 잘나도 좋은 징조는 아니다.

재능과 지략에 뛰어난 황제들은 대개 독단적인 경향으로 흐르기 쉽고, 안하무인으로 기존의 법과 제도들을 무시하기 일쑤다. 물론 황제가 너무 어리석거나 아둔해도 안 된다. 가장 이상적인 황제의 이미지는 사리 판단이 분명하면서 공적에 연연하지 않고, 정부에 전적으로 권한을 위임할 줄 아는 것이다. 그러나 이는 마음대로 되는 일이 아니다. 첸무는 제도를 무시하는 사람들을 비난하며 이렇게 말했다.

"그들은 황제가 있기에 황실이 존재하고, 정부가 있기에 황제가 존재할 수 있다는 사실을 너무 모른다."

내가 보기에도 이러한 이치를 깨달은 황제는 한 명도 없었다. 전제주의란 원래 황제 중심이라는 전제가 깔린 제도이므로, 황제의 최고 지위와 권력은 정식으로 보장되어야 했고, 황제 역시도 자신의 권력을 쉽사리 넘겨주지 않았다. 또한 황제들은 재상과 정부의 권한까지 모조리 거두어들여 거대 권력의 독재자로 군림해 갔다.

동한 이후 위진 남북조 시대부터 황실은 재상의 권력을 박탈하기 시작했다. 당 초기에 이르러 황실이 남용했던 권력이 다시 정부로 환원되기는 했지만 한 초기의 이상적인 상태로 회복되지는 못했다. 첸무는 이에 대해 이렇게 설명했다.

"한나라 재상은 수장제를 채택했지만, 당나라 재상은 위원제를 채택했다. 바꿔 말하면, 한나라에서는 재상 한 사람이 전국의 행정권을 장악한 반면, 당나라에서는 재상의 권한이 여러 부분으로 분할되었다. 그러니 모든 일은 각 부서의 회의를 거쳐 결정해야 했다."

충분히 가능한 형태였지만, 군주의 권력은 한 사람에게 집중되는 데 반해 재상의 권력은 여러 갈래로 쪼개지다 보니 권력의 비중이 자연히 황제에게 기울어졌다.

당나라 때의 재상이 비록 한나라 때보다 못한 것은 사실이나, 후대에 비하면 그래도 권력이 센 편에 속했다. 당대의 상부相府에는 세 개 아문(재상에 상당하는 관리의 수는 더 많았다)이 있었는데, 정식 명칭은 중서성, 문하성門下省, 상서성尚書省이었다. 중서는 조칙, 명령의 하달을 담당했고, 문하는 이를 심의하고 점검했으며, 상서는 결정된 내용을 집행했다. 외관상으로는 입법, 사법, 행정 삼권 분리의 형태와 유사하다. 단지 입안하고, 심의하고, 집행하는 대상이 '법'이 아니라 '조칙'이라는 점이 좀 다를 뿐이다.

당시 왕조의 중요 조칙은 중서성에서 입안했고, 완성된 기획안을 '숙의熟擬'라고 불렀다. 황제는 그 위에 확인 표시만 하면 되었는데, 이를 '인화印畫'라 했다. 즉, 의사 결정권은 모두 재상에게 있고 황제에게는 동의권만 허용되었다. 물론 문하성도 중서성이 입안하고 황제가 동의한 조칙에 반박할 수 있었다. 그러나 문하성도 어디까지나 재상 기관이었고, 문하성의 부결권도 재상의 권리였다. 이것만 봐도 당나라 때의 재상권이 꽤 강했음을 알 수 있다. 황제가 중서성, 문하성을 거치지 않고 바로 명령을 하달하면 위법으로 간주했으니 말이다.

송나라의 상황은 전혀 달랐다. 송대에는 주요 조직의 최종 결정권이 재상이 아닌 황제에게 있었다. 심지어 그 시대 재상들은 조회에 참석할 때도 진, 한, 수, 당나라처럼 앉아서 국사를 논의하지 못하고 내내 서 있어야 했다. 명청대는 더욱 심해져서 재상이 아예 사라졌으며, 그 자리를 6부와 내각이 대신했다. 6부는 원래 상서성에 속해 있었고, 상서성의 최고 관리는 중서성 문하성의 최고 관리와 함께 재상으로 추대받았다.

그런데 주원장은 즉위 후 중서성과 문하성을 폐지하고, 상서성만 남겨 두었다. 그마나 명맥을 유지하게 된 상서성도 최고 관리직을 없애고 6부의 상서들을 황제의 직속으로 두었다. 이는 오늘날로 치면, 총리 없이 대통령이 각 부처의 장관들을 직접 관리하는 미국의 체제와 비슷했다. 다만 차이점이 있다면 미국의 대통령은 선거를 통해 결정되며, 국회, 법원, 매스컴, 여론 등 그를 견제하고 감독하는 눈이 있어서 무슨 잘못을 저지르면 하야 요구를 받을 수 있다는 점이다. 기업에 빗대면 미국의 대통령은 이사장이 아닌 CEO이다. 그러나 명청대의 황제들은 이사장과 CEO의 역할을 동시에 탐냈다. 게다가 그들을 감시하고 제어하는 세력조차 전무했으니 그 결말이 어떠했을지 눈에 훤하다.

내각으로 재상의 공백을 대신하게 한 조치는 돌이킬 수 없는 오류였다. 명청대의 내각은 오늘날처럼 총리, 부총리, 장관으로 구성된 국무원이나 정부의 형태가 아니라 황제의 자문단, 기껏해야 비서실 정도에 불과했다. '내內'에는 '내정內政', '대내大內'의 의미가 있고, '각閣'은 궁내의 전각을 뜻한다. 뜻만 봐도 내각이 조정이 아닌 궁정의 소속이었음을 알 수 있다.

내각의 구성원은 대학사라 했고, 관직의 품계는 5품에 해당했다. 상서가 2품, 현령이 7품임을 감안할 때 5품은 부사副司급에 지나지 않아 재상 자리에는 이름도 못 내밀 직급이었다. 그렇지만 명대에는 내각에 들어가기만 해도 재상 대접을 받았다. 제도는 그야말로 유명무실한 빈껍데기만 남아 있었다.

청나라에 이르러서 옹정제는 내각조차 믿지 못하고 '군기처'를 만들었다. 이는 더욱 황당한 조치였다. 황제가 이사장, CEO만으로도 모자라 내친김에 군 사령관까지 독차지하려 든 것이다. 솔직히 이 정도가 되면 정치 제도가 아니라 황제 독재라고 봐야 한다. 물론 강희제, 옹정제, 건륭제 세 황제는 완벽한 카리스마와 정치적 포부로 100년에 가까운 태평성세를 이루고 영토, 인구, 국력을 한과 당에 버금갈 정도로 번성시켰다. 하지만 이런 흐름은 결국 신해혁명의 불씨를 댕기고 말았다. 이 일은 자세히 이야기하자면 길어지니 다음 기회로 미루고, 계속해서 지방의 행정 상황을 살펴보자.

지방 행정

중국에서 '지방적'이라는 개념은 진나라 시대 이후에야 생겨났다. 군현제를 실시하는 광활한 통일 국가가 되어서야 비로소 중앙과 지방의 개념이 생기고, 중앙과 지방의 관계가 구축되었기 때문이다. 이러한 관계는 여전히 한나라 때 가장 이상적으로 유지되었다. 첸무는 "중국 역사상 지방 행정 제도 하면 한 왕조를 으뜸으로 쳤다. 양한兩漢 시대 관리들의 공무 집행은 후대의 좋은 본보기가 되었다"고 주장했는데, 전적으로 공감이 가는 말이다.

　한나라 지방 행정 제도의 우수성은 단순하면서도 명확한 시스템에 있었다. 당시의 행정 단위는 군과 현 2개가 전부였고, 중앙도 3개 급에 지나지 않았다. 단계가 적고 효율이 높으면 부패의 가능성도 작아지는 법이다. 다시 말해, 등급이 간단하면 친밀감이 유발된다. 현 위에 군이 있고, 군 바로 위에 중앙이 있으니, 첸무의 표현을 빌리면 중앙 정부가 아득하고 높기만 한 존재라는 느낌을 덜 수 있었다.

등급이 간단해서 좋은 또 다른 한 가지는 관직의 단계가 적어 승진이 빠르고, 그만큼 관리들의 미래가 밝아 일에 대한 적극성을 끌어올릴 수 있었다. 서한 시대 중앙 정부의 최고 관리는 사실상 '삼공'과 '구경' 두 등급뿐이었다. 총리에 해당하는 승상은 황금색 도장과 자주색 도장끈을 하사받았으며, 삼군 총사령 혹은 병마대원수兵馬大元帥에 해당하는 태위 역시 마찬가지였다. 부총리 겸 감찰부장에 해당하는 어사대부는 은색 도장에 푸른색 도장 끈을 하사받았다. 구경, 즉 9개 부서의 장관 혹은 '장관급 관리'(예를 들면 정위는 사법부장, 대홍려大鴻臚는 외교부장, 대사농은 재정부장)는 관봉 2천 석을 하사받았다.

지방도 2등급으로 나뉘었다. 가장 낮은 급수는 현이었다. 큰 현의 행정 장관인 현령은 관봉 6백~1천 석의 봉급을 받았고, 작은 현의 행정 장관인 현장縣長은 3백~5백 석을 받았다. 현 위의 군 단위 행정 장관은 처음에 수守라고 불리다가 경제 때 태수太守로 개칭되었는데, 관봉 2천 석을 하사받았다. 이처럼 군수는 중앙의 구경과 동등한 대우를 받았다. 서한 시대의 군은 대략 100여 곳에 이르렀고, 각 군당 10~20개 현을 관리했다. 이렇게 보면 당시 군수는 지금의 주지사와 흡사했다.

100여 명의 군수가 중앙의 구경과 동급 대우를 받은 것은 무슨 의미일까? 군수가 구경으로 발령받는 일은 결코 낯선 광경이 아니고, 구경에 있다가 군수로 발령받아도 전혀 억울할 게 없다는 뜻이었다. 관리 간의 문턱이 낮아 상호 개방적 이동이 비교적 용이했던 것이다. 즉, 중앙 정부의 장관은 비록 9명에 지나지 않았지만 지방의 군수들은 100명이나 되었다. 현장들(약 1,300명)은 구경의 장관이 될 수는 없어도 군수가 될 수 있는 희망은 있었다. 현장과 군수 사이를 가로막는 다른 장벽이 없었기 때문에 노력에 따라서 한달음에 고급 관리의 대열에 합류할 수도 있었다. 심지어 잘만 하면 중앙으로 진출할 수도 있었으니 현장들은 평소 노력을 아끼지 않았다. 실제로 한대 관리 제도의 최대 특징은 중앙보다 지방을 더 중시했다는 점이다. 그러므로 한대의 지방 정치 제도는 가장 이상적이었고, 관리들의 공무 집행도 체계적이었다.

그러나 좋은 시절은 오래 지속되지 못했고, 이러한 제도도 금방 변형되고 망가지기 시작했다. 문제를 일으킨 장본인은 바로 영웅적 기질을 지닌 한 무제였다. 한 무제는 원봉元封 5년(기원전 106년) 천하를 13개 주부州部로 나누고, 각 주마다 자사刺史를 파견했다. 학자들은 이를 근거로 한대의 지방 행정 구획이 주, 군, 현 3등급으로 구분되어 주가 군을 다스리고 군이 현을 다스리는 형태로 전환되었다고 여겼다.

그러나 실제로는 그렇지 않았다. 사실 자사는 행정관이 아니라 중앙이 지방관 감시를 목적으로 파견한 특별 감찰관이었다. 당시만 해도 그들은 황제의 조서를 받들어 감찰 업무만 수행할 뿐, 지방 행정에 관여할 수 없었다. 고정 관공서도 없었고, 봉록도 6백 석에 불과했다. 그런 그들이 지방관들에게 영향력을 행사할 수 있었겠는가? 자사는 1급 지방 관리가 아니었고, 주도 1급 지방 행정 단위의 개념이 아니었다. 한 무제 때만 해도 이로 인한 분란은 거의 없었다.

그러나 한 성제成帝 수화綏和 원년(기원전 8년)에 상황이 변하기 시작했다. 자사가 목牧이 되면서 봉록도 2천 석으로 올랐다. 이후 자사라는 명칭과 목이라는 명칭을 번갈아 가면서 사용했고, 그 사이 주도 점점 지방 행정의 실세가 되어 갔다(기주목冀州牧 원소袁紹, 형주목荊州牧 유표劉表, 연주목兗州牧 조조曹操는 모두 병력을 거느리고 할거한 제후들이었다). 그러다가 수 문제文帝 개황開皇 3년(서기 583년)에 이르러서는 군이 아예 폐지되고 주가 현을 통치했다. 주의 행정 장관은 '자사' 혹은 '목'이라고 불리거나 '태수'라고 불리기도 했다. 수당 시대의 주는 사실상 한대의 군이나 다름없었기 때문이다. 특수한 주(수도와 배도陪都)일 경우 따로 '부府'라고 칭하고, 그 행정 장관을 목(종2품) 혹은 윤尹(종3품)이라고 불렀다. 이러한 시스템은 당나라 사람들이 처음 도입해서 송나라 때까지 계승되었다. 단지 송나라 때는 '부府'가 당나라 때보다 수적으로 많았을 뿐이다. 이는 송대에는 약간의 특수성만 지녀도 주가 아닌 부라고 지칭했던 까닭이다.

당대 지방 행정 구획도 원래는 주부州府와 현의 2등급으로 구분되어 있었다. 그러나 당나라 때도 한나라와 마찬가지로 중앙에서 지방에 상급 관원을 파견하는 일이 잦았다. 한나라 때는 자사만 파견했지만, 당나라에 이르러서는 파견 관원의 수나 빈도가 더 많아졌다. 그중 가장 유력한 실세는 관찰사觀察使와 절도사節度使였다.

관찰사는 원래 한대 자사와 마찬가지로 중앙에서 지방 감찰을 위해 파견한 관리였다. 하지만 후에 상주 관리의 신분으로 지방에 들어앉게 되면서 지방 1급 행정 장관들의 영역을 침범하기 시작했다. 절도사도 중앙에서 특별 파견된 관원이었다. 관찰사들이 감찰을 담당했다면 절도사의 업무 영역은 주로 군사 쪽이었다. 그러나 시간이 지나면서 절도사들도 지방관들의 상사 노릇을 하려 들었다. 중앙 감찰관이 지방 행정관으로 돌변하는 것도 마뜩지 않은데, 군사 사령관까지 지방 행정관으로 합류하니 더욱 골치였다. 결국 절도사들은 지역을 할거하는 번진藩鎭

으로 둔갑해 당나라의 멸망을 가속화하는 주동자가 되었다.

당나라 때는 관찰사가 감찰하러 가는 지역을 '도道'라고 했는데, 송나라 때는 이를 '노路'라고 불렀다. 송나라는 당초 당나라의 지방 행정 구역을 그대로 답습하여, 주부와 현의 2등급 체제를 채택했다. 그러나 개국 얼마 후(송 태종 지도至道 3년, 서기 997년) 주부 위에 '노'라는 행정 구역이 첨가되었다. 게다가 행정 장관은 네 명이나 되었는데, 남송 시대에는 이 네 명의 장관을 수帥(안무사按撫使, 군사 담당), 조漕(전운사轉運使, 재정 담당), 헌憲(안찰사按察使, 사법 담당), 창倉(상평사常平司, 구휼 담당)이라고 불렀다. 당나라의 주현 정부는 관찰사 한 명만 잘 대접하고 받들면 되었지만 송나라 때는 상사가 무려 네 명이나 늘어났다. 지방관들의 부담도 네 배로 증폭되었다. 게다가 이 네 명의 관리는 각각 황제에게 직속되어 독립적으로 담당 업무를 처리했다. 따라서 송대 지방 행정 체제는 뒤죽박죽 얽힐 수밖에 없었다.

원나라에 들어서는 더욱 점입가경이어서 뜬금없이 '성省'이라는 구역이 등장했다. 성은 원래 중서성, 문하성, 성서성 등 중앙 기관의 관공서 명칭에 쓰이던 단위였다. 원나라는 송나라의 제도를 그대로 계승해 중서성을 최고 행정 기관으로, 추밀원을 최고 군사 기구로, 어사대를 최고 감찰 기관으로 삼았다. 다른 점이라면 이들 기관이 지방으로 이전되었다는 것이다.

지방으로 파견된 중서성은 '행중서성行中書省'이라고 불렸고, 지방으로 파견된 추밀원과 어사대는 각각 '행추밀원行樞密院'과 '행어사대行御史臺'라고 불렸다. 이들을 각각 줄여서 '행성行省', '행원行院', '행대行臺'라고 하기도 했다. 여기서 '행성'이란 '수도 이외 지역에 위치한 임시 중서성'의 개념이나 다름없었다. '수도가 아닌 다른 지역에 세운 임시 황궁'을 '행궁行宮'이라 부르던 것을 모방한 흔적이 역력하다. 이는 처음부터 지방 행정 구역의 명칭에 걸맞지 않은 억지 설정이라 할 수 있다.

그래서 명대 주원장은 홍무 9년(서기 1375년) 재상 제도 폐지에 앞서 먼저 지방의 '행중서성'을 모두 폐지하고, 이를 '승선포정사사承宣布政使司'로 개명했다. 이 기관의 장관은 '승선포정사' 혹은 줄여서 '포정사'라고 칭했다. 여기서 '사使'는 관직명이고, '사司'는 아문이라는 뜻으로 모두 행정 구역의 명칭과는 관련이 없다. 이로 볼 때 현재 중국에서 '성'이라고 불리는 지방 행정 구역은 사실 타당한 명칭이 아니다. 시, 현을 국局이나 처處로 부르면 어딘가 어색한 것처럼, '성'이나 '사'도 행정 구역을 나타내기에 적절한 명칭이 아니다. 차라리 '승선포정사구'라고 불러야 했다. 그러나 당시 조정은 아문(승선포장사사)만 설치했을 뿐 해당 지역을 행정 구역으로 승격시키지 않았다. 따라서 민간에 통용되는 호칭을 바꿀 명분이 모호해서 대충 '성'으로 굳어진 것 같다. 당초 행정 기관의 개념으로 쓰이던 '성(중서성)'의 본래 의미는 퇴색하고, 전혀 생뚱맞은 개념으로 대체되어 버린 셈이다.

명나라 때는 성의 1급 아문이 승선포장사사, 제형안찰사사提刑按察使司, 도지휘사사都指揮使司 세 곳이었다. 이들을 줄여서 각각 번사, 얼사, 도사都司라고 했으며, 합쳐서 '삼사'라 불렀다. 청대에는 도지휘사사가 없어지고 '이사二司' 체제로 변했다.

이사의 장관인 포정사와 안찰사는 오늘날의 성장과 같은 개념으로, 시쳇말로 번대와 얼대라고도 했다. 번대는 행정, 재정을 담당하고, 얼대는 사법과 감찰을 담당했다. 사실 안찰사를 '대'라고 부른 것도 어사를 '대'라고 불렸던 기존 관행에 따라 억지로 끼워 맞춘 것이었다. 그러니 포정사에 '대'라는 호칭을 붙이는 것도 어불성설이다.

그러나 청나라 때에는 번사와 얼사의 장관은 물론 그들이 파견한 직속 기관(분사分司)의 관리들까지도 '대'를 붙여 '도대道臺'라 불렀다. 호칭 문제는 차치하고라도 명청 시대에 한, 당, 송, 원나라의 전철을 그대로 밟으며 기존 지방 정권 기구와는 별도로 특별 기구와 관원들을 파견했다는 점은 분명 문제가 있었다. 한대에는 군과 현 위에 자사를 파견해 결국 주로 바뀌었고, 당대에는 주, 현 위에 관찰사와 절도사를 파견해 결국 도로 전환되었다. 송대에는 부, 주 위에 수, 조, 헌, 창을 파견해 '노'로 전환되었으며, 원대에도 '도'와 '노' 위에 파견된 행성, 행원, 행대가 결국 성으로 굳어졌다.

이렇게 해서 명청대에는 법적 행정 구역이 성, 부, 주현 3급 체제로 자리 잡았다. 부府는 당, 송, 원대에는 '특별 행정구'로 주와 동급이었지만 명청대에 이르러 성과 현 사이의 1급 정식 행적 구역으로 승격되었다. 지금의 지급시地級市(오늘날 중국에서 성과 현의 중간 행정 단위로 중심 시가지의 상주 비농업 인구가 20만 명 이상인 도시-옮긴이)에 상당하는 수준이었다. 명청 시대의 주는 더 이상 현의 상위 단위가 아니었고 행정 제도상으로 성에 직속되어 있거나(소수) 부에 예속되어 있었다(다수). 그래서 당시 주와 현은 상하 관계가 아니라 대등한 관계였다.

이 정도로 그쳤다면 더없이 좋았겠지만 명청 시대에 또다시 성 단위에 '특파원'을 파견한 게 화근이었다. 명나라 때는 총독, 순무, 순안을 파견했다. 초반에는 총독이 군사를 감독하고, 순무는 행정을, 순안은 감찰을 담당했다. 청대에 이르자 조정에서는 순안의 직책을 순무에 편입시켜 총독과 순무만 남겨 놓았다. 그러나 명나라의 총독, 순무, 순안은 임시의 비상설 관리였던 반면, 청나라의 총독과 순무는 아예 지방에 상주하는 상임 관리였다. 성장(포정사, 안찰사) 위에 '초급성장超級省長(순무)'이 올라앉고, 그들의 최상위에 '태상성장太上省長(총독은 2~3개의 성을 관리했고, 1개의 성만 관리할 경우 순무가 설치되지 않았다)'이 버티고 있는 형국이었다. 성 위에 성이 있고, 장관 위에 또 다른 상사가 더해지다 보니 행정 체계는 갈수록 복잡해졌다.

게다가 설상가상으로 성장省長들도 호락호락 당하고만 있지는 않았다. 그들 역시 나름대로 하부에 관원을 파견하였는데, 이를 일컬어 '분사분도分司分道'라 했다. 포정사가 파견한 관리는 분수도分守道라고 불렸고, 안찰사가 파견한 관리는 분순도分巡道라 불렸다. 그나마 이것은 명나라의 제도이고, 청나라는 더욱 복잡하다.

성과 부 사이에 행정 구역이 하나 더 끼어들면서 청대의 행정 체제는 총독 관할 구역, 성, 도, 부, 주현 총 다섯 개 급으로 세분화되었다. 그 결과 첸무가 지적한 대로 관리를 감독하는 관원들은 불어나는 데 반해 백성들을 관리하는 관원들은 갈수록 줄어드는 기현상이 출현하였다. 백성들을 관리하는 관원(현관, 주관)들은 수적으로도 열세였지만 지위나 권력도 보잘것없었다. 주현 위에 지부가 존재하고, 지부 위에 도대가 있고, 도대 위에 포정사, 안찰사가 버티고 있었으며, 포정사와 안찰사 위에 순무가, 순무 위에 총독, 총독 위에 조정이 있었다. 그러니 제일 아랫부분인 주관, 현관들의 부담이 만만치 않았다. 그들은 엄청난 무게로 압박해 오는 수많은 상사들을 상대하느라 진이 빠질 지경이었다. 그런 상황이다 보니 백성들을 보살필 시간이나 여력이 없었음은 당연했고, 지방 정치 또한 파국으로 치달을 수밖에 없었다.

관리의 선발

이번에는 관리의 선발에 관한 화제를 다뤄 보자.

제국은 황제를 중심으로 세워진 것이지만 황제 한 사람이 치국의 짐을 다 떠안을 수는 없다. 한 사람이 다스린다는 것은 불가능한 일이다. 넓은 영토와 수많은 인구를 지닌 만큼 처리해야 할 일도 산더미다. 그런 상황에서 일의 경중을 가리지 않고 황제 혼자 나서서 일을 처리하는 것은 누가 봐도 무리다. 가장 합리적이고 현실적인 대안은 관리들에게 대행 처리를 위임하는, 이른바 '관원 대리제'를 도입하는 것이다. 농장주가 목동을 고용해 양을 방목하듯이 말이다. 과거 황제를 대신해 방목에 나서는 사람을 '목민관'이라고 불렀고, 때로는 직접적으로 '목牧'이라고도 했다.

관원은 황권의 대리인 신분이므로 심사숙고해서 엄선해야 했다. 믿을 만하고 능력이 있어야 하며, 규칙을 엄수해야 했다. 그래서 관원의 선발은 역대 왕조의 중요한 과제였다. 이 업무를 고대에는 '선거選擧'라고 불렀다. '선選'은 선택한다는 뜻이고, '거擧'는 발탁한다는 의미다. 이는 오늘날 '선거'의 의미와 많이 다르지 않다. 다만 현대의 선거는 투표로 결정하는 '민선'이고, 고대의 선거는 투표 과정 없이 선발하는 '관선'이라는 차이점이 있을 뿐이다.

선거의 방식은 찰거察擧, 천거薦擧, 과거科擧 세 종류가 있었다. 이 중 찰거는 지방관이 시찰을 다니다가 인재를 발견해 조정에 추천하는 형식이었다. 천거는 중정관中正官(인재 선발을 전담하는 관원)이 각 지역에서 추천한 인재를 능력에 따라 아홉 등급으로 분류한 후 조정에 추천하는 방식이었다. 또한 과거는 분과의 시험을 거쳐 시험에 합격한 인재를 조정에 추천하는 방식이었다.

첫 번째 방식은 관찰한 후에 발탁한다고 해서 '찰거'라고 불렀고, 두 번째 방식은 추천을 통해 발탁한다고 해서 '천거'라 했으며, 세 번째 방식은 시험을 통해 선발된다 해서 '과거'라 했다. 양한 시대에는 찰거제를 시행했고, 위진 시대에는 천거제를, 수당 이후에는 줄곧 과거제를 시행했다.

그러나 엄밀히 말하면 수당 시대의 과거제만 '선거'의 본래 의미가 살아 있었다. 수당 시대에는 진사에 급제해도 추천을 받지 않으면 바로 관직을 하사받을 수 없었다. 이에 반해 송대 이후에는 진사 급제 후 바로 관원으로 합류했으므로 추천이라는 요소가 배제되어 선거라고 하기에 애매한 부분이 있었다.

이 세 가지는 과거 관리를 선발하는 주요 방식이었고 다른 표현으로

'정도正途'라고도 했다. 그 외의 방식들은 '잡도雜途'라고 구분해서 불렀다. 상대적으로 관리 선발 제도가 가장 완벽했던 시대는 한나라와 당나라 때다. 한나라 제도의 장점은 교육, 실습, 선거, 시험 네 가지 요소를 골고루 감안해 완벽한 프로세스를 구축했다는 데 있다.

한나라는 무제 때부터 태학太學을 설립해 운영했는데, 태학은 최초의 '국립 대학'이었다. 이 '국립 대학'은 정치 인재를 전문적으로 양성하는 전국 유일의 교육 기관이었기 때문에 '중앙 정부 대학'이나 다름없었다. 이것이 교육적인 측면이다. 태학의 학생들은 졸업 시험 성적에 따라 2등급으로 나뉘었는데, 1등급을 '갑과甲科', 2등급을 '을과乙科'라고 했다. 갑과는 지금의 본과本科(4년제 대학)에 해당하고, 을과는 지금의 전과專科(2년제 대학)에 해당한다고 보면 된다. 오늘날의 '본과'와 '전과'는 입학 성적에 따라 갈리는 데 반해 당시의 갑과와 을과는 졸업 성적에 따라 등급이 나뉘었다.

갑과 출신은 '낭郎'이 되고, 을과 출신은 '이吏'로 배정되었다. '낭'은 황궁 내 호위관이자 정부 관원의 후보군이었다. '이'는 지방 관원의 하급 관리로 지금의 일반 공무원에 해당한다. 해당 아문에 대한 인력 지원의 형태로 태학 졸업생들에게는 실습의 기회가 주어졌다. 태학 졸업생들이 일정 기간의 실습을 거치는 동안 중앙과 지방의 관원들은 그들의 실적을 보고 조정에 천거할지 여부를 결정했다. 여기에 바로 선거의 요소가 담겨 있다. 이것으로 끝나는 것이 아니라 추천받은 후보생은 다시 시험을 봐야 했다. 이처럼 완벽하고 복잡한 과정을 무난하게 소화해 내는 인재만이 정식으로 벼슬길에 올라 관원이 될 수 있었다.

이는 인재의 옥석을 가려낼 수 있는 굉장히 과학적인 시스템이었다.

이렇게 선발된 관원들은 정규 교육을 받아 전문 지식을 갖추었을 뿐 아니라, 일선 현장 실습을 통해 실질적인 훈련까지 받은 상태였다. 게다가 상급자의 눈에 들어 정식 관리 임용 시험도 통과했으니 우수할 수밖에 없었다. 문제가 있다면 당시 학문을 배울 기회가 매우 적었기 때문에 태학에 들어가기가 녹록지 않았다는 것이었다. 결국 지식의 독점 현상이 관직의 독점으로 변질되면서 위화감이 조성되었고, 위진 남북조 시대의 문벌 제도로 이어지게 되었다.

그 후 이러한 폐단을 바로잡기 위해 과거 제도가 실시되면서, 관료 사회의 문이 서서히 평민에게 개방되기 시작했다. 비록 개방의 범위가 제한적이긴 했지만(상공업에 종사하는 중인 신분은 시험에 응시할 수 없었다) 그래도 전반적으로는 굉장히 관대해진 셈이었다. 이 제도는 당나라 때 가장 이상적으로 행해졌다. 당나라 때는 예부에서 관장하는 과거 시험에 합격하면 진사 급제라 해서 관원이 될 자격이 주어졌다. 그러나 바로 관직을 수여받는 게 아니라, 이부에서 주관하는 시험을 한 번 더 거쳐야 했다. 이를테면 교육부에서 시험을 통해 인재를 엄선하면 인사부에서 다시 그들을 걸러 냈다. 예부의 시험이 인재들의 재능과 학식을 판단하기 위한 시험이라면, 이부에서는 실제 수행 능력에 초점을 둔 시험을 실시했다. 지식과 능력을 겸비해야 비로소 정식 관직을 하사받을 수 있었다. 이러한 방식은 한나라의 인재 선발 제도와 취지 면에서 일맥상통한다. 단지 방법에 차이가 있었을 뿐이다.

그러나 송나라 때 이러한 전통은 무참히 깨져 버렸다. 송나라 때는 과거에 급제하기만 하면 이부의 시험을 거치지 않고도 바로 관직에 임용되었다. 이는 분명 문제의 소지가 있었다. 학문에 능하다고 실질적인 업무 능력까지 다 갖추는 것은 아니기 때문이다. 국가를 위해 일할 관리를 선발하는데 어떻게 지식만을 평가 기준으로 삼을 수 있는가? 시험이라는 것은 원래 성적과 실습을 모두 포함하는 개념이다. 성적 없이도 시험에 응할 수 있고, 실습 과정을 거치지 않아도 관리에 임용된다면, 이는 시험의 원래 취지에 상당히 어긋난다.

게다가 과거 시험의 문턱을 낮춘 후 천하의 유생들이 벌 떼같이 몰려든다면 조정이 과연 이를 감당할 수 있겠는가? 실제로 당나라 때 평민들에게 관직을 개방한 이후 시험에 참가하려는 유생들은 눈덩이처럼 불어났다. 조정은 더 이상 하사할 관직이 없자 원외랑, 후보관 등을 따로 만들어야 했다. 결국 관직에 오르려는 유생의 수가 관직의 수를 훨씬 능가하는 바람에, 관직은 턱없이 부족하고 관리들의 봉록은 늘어나, 이부가 적잖이 골머리를 앓아야 했다. 첸무의 비유처럼 학문을 한 유생들이 '정치의 지방 성분'이 되어 '심장' 주위에 쌓여 가니 국가는 '심장병'에 시달리지 않을 수 없었다.

이에 따라 명청 시대에는 무슨 수를 써서라도 개혁을 단행해야 했다. 우선 과목을 통일시켰다. '과거'란 '과목을 나누어 시험을 보고 과별로 인재를 선발한다'는 의미다. 당나라 때는 시험 과목이 아주 많았고, 송나라 때도 10과목이나 되었다. 이들 과목 중 가장 권위 있고 난이도가 높은 시험이 진사였다.

당나라 사람들 사이에는 '삼십노명경, 오십소진사三十老明經, 五十少進士'라는 말이 유행했다. 서른 살이 되어서야 명경과明經科에 합격하는 것은 자랑할 만한 일이 못 되며, 진사에 급제하기는 쉰 살이 되어도 쉬운 일이 아니라는 뜻이다. 명경과에서 보는 시험은 달달 외워서 보는 시험이었고, 진사과에서 출제하는 시험은 실질적인 능력과 재주를 판가름하는 시험이었다. 명청 시대에 이르자 조정은 모든 과를 폐지하고 진사만 남겨 두었다. 시험 내용은 명경과와 진사과를 합한 것이었다. 왕안석이 주장한 개혁 방안이 명청 시대에 들어서야 채택된 셈이다.

그다음은 시험의 엄격성이었다. 당송 시대에는 주요 시험이 한 번밖에 없었으나 명청 시대에는 아래부터 위까지 시험의 연속이었다. '동시童試'라고 불리는 주현관 시험부터 성에서 보는 '향시鄕試', 부에서 보는 '회시會試', 궁에서 보는 '전시殿試'까지 시험의 수도 많았다. 또 매 심사 단계마다 선발과 도태의 과정을 반복해야 했다. 이처럼 많은 난관을 극복해야만 관리로서 출세할 수 있었고, 그러다 보니 평생을 시험장에서 소모하는 유생들도 적지 않았다.

세 번째는 등급의 세분화다. 동시에 참가한 수험생은 나이에 상관없이 일률적으로 '동생童生'이라고 불렸다. 시험에 합격하면 '생원生員'이 되고, 속칭으로는 '수재秀才'라고도 했다. 부, 주, 현의 입학 시험을 통과한 셈이었다. 이들은 부학府學, 현학縣學 등에 배속되어 학문에 정진하기도 했지만, 일단 성에서 주관하는 향시에 응시할 자격이 주어졌기 때문에 향시를 치르는 경우가 많았다. 향시는 3년에 한 번씩 8월에 치러졌다(그래서 추위秋闈라고도 한다). 세 개 영역의 시험을 거쳐 합격한 사람은 '거인舉人(중거中舉라고도 한다)'의 자격을 얻어 수도에 가서 회시에 참가할 수 있었다. 회시는 이듬해 2월(춘위春闈라고도 한다)에 시행되고 예부에서 주관했으며(따라서 예위禮闈라고도 불렀다) 합격하면 '진사'가 되었다. 진사는 마지막으로 황제(혹은 황제의 명의)의 주관하에 궁정에서 시험을 본 후 성적에 따라 1갑, 2갑, 3갑으로 분류되었는데, 이를 전시라 했다. 전시에 급제한 진사를 '갑방甲榜' 혹은 '갑과甲科'라고 했다. 이렇게 선발된 관료는 '천자의 문생門生'이라는 호칭을 얻었으며, 그 명단은 황금빛 비단으로 된 금방金榜에 써서 전국에 발표되었다.

이것이 곧 수재, 거인, 진사 3단계로 이루어진 등급 제도다. 진사도 세 등급으로 나뉘었다. 수석 합격자인 장원壯元, 차석 합격자 방안榜眼, 3석 합격자 탐화探花가 그것이다. 이들 3명은 최고 등급(1갑)으로 꼽혀 '진사 급제'라는 학위를 수여받았고, '정갑鼎甲(장원을 '정원鼎元'이라고도 했다)'이라고도 불렸다. 두 번째 등급인 제2갑 약간 명에게는 '진사 출신', 나머지 제3갑에게는 '동진사同進士 출신'이라는 학위가 각각 수여되었다.

진사에 급제하면 관례에 따라 경사에 남아 3년간 학문을 닦아야 했다. 이때 조정에서는 연륜 있는 진사를 파견해 교육을 담당하도록 했는데, 이들을 '산관散館'이라고 했다. 진사들은 3년이 지난 후 다시 시험을 쳐서 성적이 좋아야 한림원에 입관할 수 있었고, 그렇게 해야 비로소 마지막 관문을 넘어 정식으로 벼슬 자격을 갖게 되었다.

명청 시대에는 수재와 거인이 고위 관직에 오르기가 쉽지 않았을뿐더러 진사나 한림들이 하급 관리에 머무르는 경우도 극히 드물었다. 한, 당, 송대처럼 누구나 말단 관리부터 시작해 단계별로 올라가야 하거나, 노력에 따라서 고위 관직에 오를 수 있는 가능성이 열려 있는 게 아니었다. 이 점은 위진 남북조 시대와 약간 닮은 점이 있었다. 즉 고위 관직에는 가난한 집안 출신자가 없고, 말단 관직에 권세 가문이 없었다. 출신에 따른 상하 관직의 구분이 확실했던 것이다. 다른 점이라면 위진 시대의 '출신'은 혈통을 가리키고, 명청 시대의 '출신'은 공적을 뜻한다는 것뿐이다. 다시 말해 명청 시대의 진사나 한림은 이른바 출신 성분이 좋은 인재들의 집합체였고, 수재와 거인은 그렇지 못했다.

출신이 좋은 인재들은 중앙의 관리가 되었지만, 출신이 낮으면 만년 지방 관리에 머물러야 했다. 명청 시대의 아문에는 관직의 종류가 크게 관官, 요僚, 이吏 세 가지로 구분되어 있었다. 관은 정직 장관이었고, 요는 보좌관(좌이佐貳) 신분으로 하급 관리에 속했다. 이는 일선에서 업무를 처리하는 말단직으로 보통 서리胥吏라고 했다. 관과 요는 관원이었고, 품계(예를 들면 지현 정7품, 현승 정8품, 주부 정7품 등)도 있어서 '품관品官'이라 불렸다. 수나라 이후부터 관과 요는 중앙에서 일괄적으로 임명했으므로 '조정명관朝廷命官'이라고도 했다.

이는 9품 이상의 벼슬에 속하지 못했고, 주로 행정 장관이 별도로 임명하는 식이어서 평민 신분이 대부분이었다. 관료들이 '국가의 간부'들이라면, 이는 그들의 공무를 대신하는 고용인이었다. 그들은 관부의 부역에 종사하는 사람들이었고, 그 신분이 아역衙役(갱부更夫, 포쾌捕快, 옥졸獄卒 등을 말한다)과 별 차이가 없었다. 갱부, 포쾌, 옥졸 등은 노역이나 병역에 종사하고, 서리는 지식을 요하는 서비스를 제공한다는 차이가 있을 뿐이었다. 따라서 서리는 지위가 아주 낮았고('구리狗吏'라고 불리기도 했다) 대우도 형편없었다. 그 밖에 서리는 규정상 어사가 될 수 없고, 진사 시험에도 응할 수 없었다. 따라서 관과 이는 하늘과 땅 차이였다.

하지만 서리들의 정치적 영향력은 꽤 큰 편이었다. 국가 정무, 특히 지방 행정의 실질적인 처리자였기 때문이었다. 남부러울 것 없는 학식을 가진 진사, 한림 출신의 관원들도 실무 능력은 장담할 수 없었다. 그들은 자질구레하고 구체적인 사무들을 경시하는 경향이 강했다.

반면 서리들은 이 분야의 전문가였다. 이들은 별다른 출세의 길도 없고 관원들처럼 승진의 길이 열려 있지도 않아서, 행정 일선의 전문 분야에서라도 '전문가'로 인정받으려고 안간힘을 썼다. 결과적으로 국사와 지방 행정을 처리하는 데 있어서만큼은 서리들이 단연 '고수'였다. 명의상으로는 관원들이 서리들을 관리했지만, 실제로 서리들은 마음만 먹으면 얼마든지 문외한인 관리들을 조종할 수 있었다.

제국의 정책과 법령 조문은 대부분 원칙적이고 권위적인 문어체로 이루어져 모호하거나 뜻이 분명히 드러나지 않는 문장들이 많았다. 이에 대한 구체적인 해석은 모두 집행자의 마음에 달려 있었다. 고위 관리들은 현장의 돌아가는 사정을 잘 모르는 경우가 많아, 승진 여부나 처벌의 경중, 부세의 책정 수준, 공정의 증감 등과 관련된 사안들을 서리에게 전적으로 맡기거나 서리의 의견에 이끌려 가는 경우가 대부분이었다.

그래서 명나라 말기의 고염무는 "관리들은 대부분 허울뿐이며 국가의 운명을 잡고 있는 것은 서리 계층이다"라고 당시 상황을 설명했다. 청나라 말기의 곽숭도 역시 "천하가 온통 서리들 일색이다"라고 꼬집었다. 출세와는 거리가 먼 말단 관리들이 왕조의 운명을 좌지우지했다면 이는 제국의 암울한 운명을 예고하는 복선인 셈이다.

문제의 소재

앞에서는 대부분 중국 고대의 정치 제도가 변질되는 과정에 대해 살펴보았다. 그렇다면 왜 그 지경까지 이르렀을까? 첸무는 권력이 점차 중앙 정부로 집중되고, 중국 사회가 지나치게 평등했으며, 중국 백성들이 너무 자유롭고, 중국 정치가 법치를 지나치게 중시했다는 등의 결론을 내렸다.

사실 첫 번째 내용을 제외한 나머지 결론들은 고개를 갸웃하게 만든다. 하지만 그의 책을 좀 더 자세히 읽다 보면 그가 본래 의도한 개념이 우리가 상상하는 것과 전혀 다름을 발견할 수 있다. 그가 말한 '평등'이란 사실은 '천편일률적인 획일'을 뜻하고, '자유'는 '산만함'이었다. '법치'는 형식적 조문에 맹목적으로 집착하는 '교조주의'나 비현실적인 '원칙주의'를 비꼬는 말이다. 여기에 대해서는 토론의 여지가 없으니, 우선 첫 번째 결론인 중앙을 향한 권력 집중 현상을 살펴보자.

진한 시대에서 명청 시대에 이르기까지 제국의 중앙 정부가 권력을 차츰 중앙으로 이동시켰다는 것이 사실일까? 답은 '그렇다'이다. 지방 행정 제도는 처음 군과 현 2단위 체제에서 출발해 '주, 군, 현', '도, 주, 현', '노, 주부, 현', '성, 부, 주현' 등의 3단위 체제를 차례로 거쳐, 종국에는 명목상 '성, 부, 주현'의 형태를 취하면서 실제로는 '총독 관할구, 성, 도, 부, 주현' 5단위 체제로 운영되었다. 이러한 변화의 속내를 파헤쳐 보면, 중앙 정부가 기존의 제도를 조금씩 무너뜨리면서 지속적으로 지방에 관원을 파견하고 제도를 증설해 왔음을 알 수 있다. 다시 말해 이는 곧 지방의 권력을 중앙으로 흡수하는 과정이었다. 결과적으로 관리를 감독하는 관리는 점점 늘어나고, 백성을 관리하는 관리는 점점 줄었다. 그 과정에서 상급 조직은 갈수록 방대해지고, 지방의 정치는 갈수록 부패를 더하면서 관리 비용이 늘어났다. 그리고 그에 비례해 문제는 증가하고 효과는 적어졌다.

그렇다면 제국은 왜 중앙으로 권력을 집중시키려 했을까? 이를 밝히기에 앞서 우선 권력이 어디로 집중되었는지 분명히 해야 한다. 과연 '중앙 정부'로 집중된 것일까? 그렇지 않다. 사실은 재상을 수장으로 하는 '정부'의 권력도 동시에 잠식당하고 있었다. 동한 시대 재상의 권력은 서한보다 약해졌고, 수당 시대 재상의 권력은 동한보다 못했으며, 송원 시대 재상의 권력은 수당에 미치지 못했고, 명청 시대에는 아예 재상의 존재가 사라져 버렸다. 중앙 정부에는 수장이 부재한 채, 비서관과 부장들만 무더기로 남아 정무를 처리하는 낯선 현상이 벌어졌다. 과연 이러한 '정부'를 중앙 집권 정부라고 할 수 있을까?

진한에서 명청까지 그 흐름을 살펴보면 지방 정부의 권력이 약화되는 한편, 중앙 정부의 권력도 점차 박탈당했다. 그리고 그렇게 회수된 권력은 바로 황제 한 사람의 수중으로 집중되었다.

결국 전제 정치 제도에서 발생한 모든 문제의 발단은 황제에게 있었다.

황제는 없어서는 안 되는 존재다. 황제가 없으면 전제 정치라는 말 자체가 무색해진다. 첸무의 표현을 빌리자면 통일 국가에는 반드시 원수元首가 있어야 하며, 역사적 정황으로 볼 때 그 역할은 황제밖에 할 수 없었다. 물론 일리 있는 설명이다. 문제는 원수에는 형식적인 수장과 실질적인 수장 두 종류가 있다는 것이다. 제국 역시 명의상의 제국과 실질적인 제국 두 가지가 있다. 왕국, 공화국도 마찬가지다. 일례로 입헌 군주제 형태의 영국은 명의상 군주제이면서 실제로는 공화제를 채택하고 있어 국가 원수가 형식적으로만 존재한다. 사담 후세인 시대의 이라크는 명의상 공화국이면서 실제로는 왕국 혹은 제국 형태를 지향했으므로 국가 원수가 실질적인 권력을 쥐고 있었다. 그러므로 황제의 유무, 황제의 필요성 여부, 혹은 국가의 원수를 황제라 불러야 하는지 여부는 결코 중요하지 않은 듯하다. 중요한 것은 황제가 국가 원수로서 실질적인 권위를 가지느냐 아니면 형식적으로만 존재하느냐 하는 것이다.

첸무는 '황제가 형식적으로 존재하는 전제 정치 제도'를 가장 이상적인 제도로 꼽았다. 즉 황제가 국가를 대표하는 원수이되 실질적인 정권은 황실이 아닌 정부로 이양해 재상을 정부의 대표자로 내세워야 한다는 것이다. 황제는 국가 원수로서 통일 국가를 상징하고, 재상은 정부의 수장으로서 정치적 책임을 실질적으로 도맡아야 한다는 것이 그의 논리다. 첸무의 이러한 주장에도 충분히 일리가 있다. 하지만 이것이 중국인들의 '일관된 의견'을 대변하는지에 대해서는 좀 더 논의가 필요할 것 같다.

중국인들은 그동안 제국의 원수(황제)가 형식적으로만 존재해야 한다고 주장해 왔을까? 그렇지 않다. 만일 정말 그렇다면 제국이 생기지도 않았을 것이다. 제국은 어디에서 유래되었을까? 방국 제도에서 변화한 것이다. 방국 제도란 천하의 중심에 명의상의 국가 연맹 원수(천하 공주天下共主)가 있고, 각 지역에서 통치권을 행사하는 몇몇 제후국이 존재하는 체제이다(체제다). 여기서 천하를 하나의 국가라고 본다면 이 국가의 원수(천자)는 형식적인 존재나 다름없다. 천자는 명목상 존재할 뿐, 제후국의 왕들이 실질적인 권력을 행사했다. 그러나 이후에는 국가 연맹의 원수(천자)는 물론 연맹을 구성하는 각 국의 원수(제후)들도 형식적으로 변하면서 실질적 정권이 경대부卿大夫의 손으로 넘어가기 시작했다. 그렇다면 첸무의 주장은 고대에 이미 실현되었던 게 아닐까?

아쉽게도 이에 공감하는 사람은 아무도 없다. 아니라고 말하는 사람들은 아주 강한 어조로 이를 부정할 것이다. 진나라 통일 왕조와 전제 정치 제도만 봐도 그렇다. 전제 정치의 원조인 진나라에서 국왕은 단 한 번도 실질적 정권을 정부에 넘겨주지 않았다. 사실 진 왕국이 6국 통합 전쟁에서 승리할 수 있었던 이유 중 하나는 진 효공孝公이 상앙의 변법을 적극 반영해 봉건 세력을 몰아내고 정권, 재정권, 군사권을 모두 왕의 손에 집중시켰기 때문이다. 이러한 집권 제도의 혜택을 받아 제국을 건설한 진 시황이 황위에 오른 후 어떻게 정권을 재상에게 넘겨줄 생각을 할 수 있었겠는가?

물론 여기서도 의문점이 생긴다. 진 왕조와 전제 정치 체제의 구축은 과연 우발적 사건이었을까, 아니면 역사적 필연이었을까? 결과로 보자면 분명 후자가 맞다. 진나라의 정치 제도가 후대 왕조들의 본보기가 되었고, 한, 당, 송, 원, 명, 청 왕조도 또 다른 전제 정치 제도를 계승해 갔기 때문이다. 고로 제국은 필연적 산물이었다.

제국의 탄생이 역사적 필연이었다면, 백성들이 원하든 원치 않든 제나름의 규칙에 따라서 움직일 것이다. 그래서 온갖 명분의 변혁과 개혁이 등장하게 된 것이다. 한 왕조가 제후국 자치권 폐지를 위해 삭번 정책을 실시하고, 당나라가 중앙 최고 행정 기구를 재상부에서 상서, 중서, 문하 3성 체제로 전환하고, 송나라 때 문신들이 장수의 병력 통솔권을 회수하여 장악하고, 명 시대에 재상 제도를 폐지한 것도 다 그러한 맥락이었다. 이러한 변혁의 실체는 결국 모든 권력을 황제의 손아귀로 집중시키려는 권력 독점의 야욕이었다.

실제로 첸가 언급한 다른 문제들, 즉 송나라 이후 중국 전통 사회가 '획일적 사회'로 변모했다는 등의 현상들도 모두 그 때문에 야기된 것이었다. 첸무가 말한 '획일적 사회'란 귀족 계급이 없는 사회를 뜻한다. 귀족 계급이 없으면 군君과 신臣이라는 두 개의 등급만 남게 된다. 군은 한 사람이고, 나머지는 모두 신하이므로 그들의 지위도 천편일률적이 된다. 그래서 첸무는 '평등'(사실은 '강제적 획일성'을 뜻한다)이라는 표현을 썼을 것이다.

귀족 계급이 부재하자 관위의 세습제도 사라졌고 정권은 대외로 개방되었다. 시험에 합격하기만 하면 누구나 입관이 가능했다. 그러니 겉으로 보기에는 더할 나위 없이 '평등'(사실은 '균등함'을 뜻한다)해 보인다. 그러나 귀족 계급이 없으면 지방에 구심점이 될 핵심 인물이 없어 응집력이 약해진다. 이것이 첸무가 말하는 '자유'(사실은 '산만함'을 뜻한다)의 상태다.

기회가 균등하고 지위에 고하가 따로 없다 보니 상호 존중의 마음도 희석되어 인치人治에 의존하기보다는 강력한 법률과 제도를 동원한 통치를 할 수밖에 없다. 그러니 자연히 '법치'(사실은 '법률을 통한 규제'를 뜻한다)가 자리 잡았다. 첸무가 제시한 각종 폐단들은 이와 같은 귀족 정치의 폐지가 직접적인 발단이 되었다.

그렇다면 제국이 귀족 계급을 없앤 이유는 무엇일까? 귀족 제도와 전제 정치 제도는 물과 불처럼 본질적으로 상극 관계였기 때문이다. 전제 정치 제도의 본질은 '중앙 집권, 1인 전제 정치'에 있다. 여기서 '1인'이란 황제를 말한다. 황제의 권력을 '황권'이라고 하는데, 황권은 절대적 지위를 지닌 최고의 권력으로 어떠한 제약도 받지 않는다. 그러니 황제로서는 자신의 세력 범위 내에 타인이 침범하는 것이 영 못마땅한 일이다.

게다가 자신의 권력을 넘볼지도 모르는 재상과 귀족에게 '일인지하, 만인지상一人之下. 萬人之上'의 권력을 선뜻 내줄 수 있었겠는가? 그래서 결국 재상 제도를 폐지하고 귀족 계급도 없앴던 것이다. 귀족 계급이 사라지면서 관료 사회는 개방되었다. 세습제가 임명제로 대체되고, 찰거제와 천거제 대신 과거제가 주를 이루었다. 과거제는 귀족적 요소가 적은 지극히 평민적인 제도였다. 결과적으로 사회는 점차 '획일적 사회'로 변해 갔다. 그뿐만 아니라, 조정이 임명한 평민 출신의 관료들이 귀족 권력의 공백을 채우면서 일종의 '관료 정치' 풍토도 조성되었다.

귀족 정치가 방국 제도와 공생 관계에 있었다면, 관료 정치는 전제 정치 제도와 궁합이 딱 맞는다. 관료 제도는 황권 정치에 예속되어 있다.

다시 말해 황제라는 최고 권력이 없으면, 관리들의 권력도 없어지고 관료 정치와 관료 집단은 더더욱 무의미해진다. 실제로 태후나 외척, 권신, 심지어 태감이 황권을 대행한다고 해도 법적으로 권력은 엄연히 황제 한 사람의 소유였으며, 최종적으로는 황제에게 넘겨줘야 했다. 조조는 천자를 이용해 제후들을 호령했다가 역적으로 낙인찍혀 뭇 백성의 질타를 면치 못했다. 이러한 세상에서 황제가 모든 정권과 정치적 책임을 재상들에게 일임하고 상징적 존재로만 남는다는 게 가능하겠는가? 이는 첸무의 희망 사항일 뿐이다.

물론 이러한 '이상적 상태'의 징조가 전혀 없었던 것은 아니다. 서한 초기에는 이상적 전제주의 형태가 잠시나마 출현했었다. 그러나 이는 서한 건국 초반의 일이었다. 당시 사람들은 전제 정치 제도가 어떠한 제도인지 제대로 감을 잡지 못하고 있었다. 방국 제도의 흔적이 채 가시지 않은 데다 유방의 정권도 아직 확고히 자리를 잡지 못해서 '반봉건, 반군현' 혹은 '반방국, 반제국' 형태의 애매한 제도를 취할 수밖에 없었다. 이는 완전한 전제 정치 제도로 전환되기 직전의 과도기적 형태였다. 소하는 사람들이 제도의 변화에 적응하지 못하고 우왕좌왕하는 틈을 타, 재상을 위한 권력을 쟁취했지만, 이는 오래지 않아 황제들에게 박탈당하고 말았다.

당시 소하가 첸무가 제시했던 정치적 설계와 이상을 근거로 재상권을 강화하려고 했는지는 확인할 길이 없다. 하지만 당시 실질적 정치권력을 정부가 전담하는 식의 정치 모델이 확고하게 자리 잡혀 있지 않았음은 분명하다. 법적으로도, 이념상으로도 확실히 못 박은 바가 없었기 때문에 아니다 싶으면 언제든지 깨 버리고 무효화할 수 있었다.

이것이 바로 '좋은 제도'가 '나쁜 제도'로 변질할 수밖에 없는 직접적 원인이었다. 결국 주범은 황제다. 범접할 수 없는 최고 지위의 황권이 후대 모든 현상과 파문의 진원지였다. '좋은 제도'가 왜 '나쁜 제도'로 바뀔 수밖에 없는지에 대한 해답을 얻으려면, 중국 정부가 과거 2천여 년간 전제 정치를 실행했던 배경과 이유부터 파헤쳐 봐야 한다. 이는 비중이 크고 중요한 문제인 만큼 여기서 다루기보다 따로 책을 써야 답을 찾아낼 수 있을 듯하다.

제9장

나아갈 것인가,
머물 것인가

입세와 출세

쯔중쥔資中筠이 자신의 비학술 논문들을 묶어 『학자의 출세와 입세讀書人 出與入世』(中國社會科學出版社, 2002년)라는 논문집을 출간한 것은 의미심장한 일이다. 그는 중국 학자들의 '출처出處(벼슬에 나아감과 물러남-옮긴이)' 문제에 대해 줄곧 고민해 왔다. 어찌 보면 이는 우리 모두의 고민이기도 하다. 학문적 내공이나 깊이가 부족하더라도 일단 학자의 길에 들어섰다면, 입세入世(세속에 동참함-옮긴이)와 출세出世(세속을 떠남)의 문제는 누구나 직면해야 하는 공통 화제다. 피해 가려고 하면 오히려 더욱 꼬일지도 모른다.

그러나 진지하게 따져 보자면 또 짚고 넘어가야 할 부분들이 많다.

우선 문제의 주체가 왜 하필 '학자'인지에 궁금증이 생긴다. 왜 '지식인'이 아닌 '학자'인가 하는 점이다. 그다음으로는 왜 유독 학자들에게만 이러한 문제가 생기는지, 왜 학자들이 유난히 '출처'에 대해 고민해야 하는지도 하나의 의문점이다. 세 번째로 학자의 '출처 문제'를 두고 왜 '입세'와 '출세'라는 표현을 사용했는지도 의문이다. 이들은 구체적으로 밝히고 넘어가야 할 문제다.

'출세'와 '입세'에 대해 먼저 논해 보자. '세世'란 시간적 의미(세대, 세기 등)와 공간적 의미(세계, 세상)를 동시에 내포한 단어다. 여기서 일컫는 '세'는 인간 세상을 뜻하며, 세도世道(사회 상황), 세풍世風(사회 풍조), 세고世故(사회 경험), 세면世面(사회 경력)에서의 쓰임새와 유사하다. 그러나 이렇게 말하면 오해의 소지가 있다. 이러한 논리를 그대로 따르자면 모든 사람들은 이미 '입세'를 했다. 세상에 존재하기만 하면 출가를 했더라도 인간 세상에 존재하는 것인데 '열반'이 아니고서야 어떻게 세상 밖으로 나갈 수 있겠는가? 그러나 이 역시 잘못된 표현이다. '열반'과 '출세'는 전혀 다른 개념이다. 오히려 열반은 이승을 떠난다는 의미여서 대개 '거세去世' 혹은 '서세逝世'라고 한다.

학자들의 '입세'와 '출세'는 일반인들의 '재세在世(세상에 있음-옮긴이)', '거세'와 동일한 개념이 아니다. '재세'와 '거세'는 피동적(자살은 예외)이며, '입세'와 '출세'는 능동적이다. 여기서 말하는 '입入'이란 개입이라는 뜻인데, 주로 사회생활, 특히 국가, 정치와 관련 있는 공공의 일에 적극적이고 능동적으로 개입함을 나타낸다. '출出'이란 초월, 능가의 의미로, 인간 세상을 초월하고 세속에서 벗어나 조정의 정치에 참여하지 않음을 나타낸다. 때문에 이른바 '입세'와 '출세'는 학자들의 인생관과 직결되기도 한다.

안타깝게도 문제는 그렇게 간단하지 않다. '입세'와 '출세'가 단순히 인생관의 방향을 나타내는 데 그친다면 그것은 전혀 대수로운 문제가 아니다. 현대 사회에서는 학자나 지식인들이 국가 대사에 관심을 가지고 사회에 적극 참여할지 여부가 본인의 자유 의지에 달려 있다. 참여를 거부하며 뒷짐만 지고 있어도 되고, 각종 방식(저술 활동이나 논문 발표 등)을 동원해 참여 의사를 내보일 수도 있다. 그러나 전통 사회는 전혀 달랐다. 전통 사회의 학자들에게 정치에 참여할 수 있는 유일한 통로는 관리가 되는 것뿐이었다. '입세'와 '출세'가 '입관', '재야'(은둔하는 것과 벼슬을 하지 않는 것도 포함)와 거의 동격이었다. 이것이 곧 '출처(출은 벼슬에 나아간다는 출사出仕의 의미, 처는 벼슬에서 물러나 은거한다는 뜻)'의 구체적 내용이며, 때로는 진퇴進退와 거취去就라고도 불렸다.

'입세'와 '출세'에는 실제로 정치적 개념이 더해져 사회 정치에 대한 개입 여부, 참여 여부, 관심 여부, 심지어 벼슬에 나아가는지 여부를 가리켰다. 이쯤 되면 왜 중국 학자들이 이 문제를 유달리 심각하게 받아들이는지, 왜 유독 학자들만 이러한 문제로 고민해야 하는지 이해될 것이다.

중국 전통 사회에서 사회의 정치 업무에 참여하고 개입할 권리를 가진 사람은 두 부류였다. 황족(주로 황제를 말한다. 황제의 친인척은 가능할 때도 있고 불가능할 때도 있었다)과 사대부, 즉 학자들이었다. 사농공상 4대 계급(혹은 4대 계층) 중에서 농업, 공업, 상업에 종사하는 사람들은 아예 정치에 참여할 자격조차 주어지지 않았다. 하지만 황제와 황족들이 정치 업무에 관심을 가지고 적극 개입하는 것은 아주 당연한 현상이다. 천하가 원래 그들의 소유였기 때문이다. 이상한 점은 학자(사대부)들이 왜 정치에 개입하려 했으며, 왜 정치 참여 여부(즉, 출세와 입세)를 놓고 딜레마에 빠져야 했는지다.

중국 전통 사회 학자들의 이와 관련된 내막은 정확히 들여다볼 필요
가 있다.

학자와 지식인

쯔중쥔이 '지식인'이라는 표현을 지양하고 굳이 '학자'라는 개념을 사용한 데는 나름의 깊은 뜻이 숨어 있다. 전통적 의미의 '학자'는 오늘날 우리가 쓰는 '지식인'과 전혀 다른 개념이므로 호환 자체가 불가능하다. 현대적 의미의 '지식인'은 광의와 협의 두 가지 뜻을 지닌다. 넓은 의미에서 지식인이란, 지식 수준(통상 학벌이나 직위를 기준으로 함)이 높고 정신노동에 종사하는 사람들을 일컫는다. 이를테면 과학자, 엔지니어, 교육자, 의사, 편집자, 기자 등이 이에 속한다. 좁은 의미에서 지식인이란, 사회적 정의와 양심이 깨어 있는 사람을 말한다. 이러한 기준에 부합하지 못하면, 학벌이나 직위가 아무리 높아도 '정신노동자'에 그칠 뿐 지식인 대열에 합류하지 못한다. 사실 광의의 지식인 범주가 '학자'의 범주보다 더 넓다.

중국의 전통 사회에서는 낭중郎中(의사), 교장巧匠(엔지니어) 등이 '학자' 대우를 받지 못했다. 그들이 학자 출신의 의사, 직공이거나 주로 학문을 닦고 여가 시간에 의술을 펼치는 경우가 아니라면 말이다. 편집, 기자, 과학자 등은 당시로서는 전혀 들어 보지 못한 생소한 개념이었다. 그에 반해 협의의 지식인에서 규정한 범위는 '학자'의 개념보다 훨씬 좁다. 중국 고대 사회의 5천 년 역사를 통틀어 사회적 정의와 양심이 깨어 있었다고 할 만한 학자가 과연 몇이나 될까? 아마 그런 인물이 있었다면 영락없이 희귀종으로 분류되었을 것이다.

학자와 지식인이 대등할 수 없는 또 하나의 이유는 이 두 개념을 정의하는 기준 자체가 다르기 때문이다. 광의의 지식인을 정의하는 기준은 생계 도모 수단이다. 지식과 아이디어로 생계를 유지할 수만 있다면 (물론 어느 정도의 수준을 요한다), 일반적으로 넓은 의미의 지식인에 속한다. 반면 학자를 정의하는 기준은 생존 상태다. 즉, 학문을 생존 방식으로 삼아야만 비로소 학자라고 할 수 있다. 다시 말해 지식과 아이디어를 생계 수단(예를 들어 과거 시험을 통해 벼슬에 오르는 것)으로 삼느냐가 아니라, 학문을 하는지 자체를 더욱 중요시한다.

게다가 아무런 책이나 마음대로 읽었다고 되는 것이 아니라 반드시 경전經, 역사史, 자전子(여러 학자의 철학 서적-옮긴이), 문집集을 두루 섭렵해야 했다. 물론 다양한 영역의 책을 다독하는 것도 좋고, 천문지리의 이치와 의술을 익히는 것도 좋았다. 하지만 학자가 되기 위한 가장 중요한 조건은 경전에 능통하는 것이었다. 시서와 경전을 통해 학식과 경륜을 쌓아야만 '학자'로서 인정받을 수 있었다.

학문을 생존 방식으로 삼는 학자들에게도 '학문의 실제적 응용'에 대한 과제는 여전히 존재한다. 지식도 쓰임새가 있어 적재적소에 활용되어야지 그렇지 않으면 힘을 발휘하지 못한다. 전통 사회 학자들의 학문 범위는 사회 정치 윤리의 범주에만 국한되어 있어서 이를 활용하려면 정치 무대에 나가 정치에 개입할 수밖에 없었다. 이것이 바로 '입세'다.

서양에도 이러한 학자들이 있다. 대신 서양의 '지식인'들은 다양한 루트를 통해 정치에 참여할 수 있었다. 그러나 '학문을 익히는 목적은 황제에게 바치기 위함이다'라는 옛말도 있듯이 중국 전통 사회의 학자들에게는 벼슬을 통한 '입세'만이 세상에 참여하는 유일한 통로였다.

벼슬에 나아가 '입세'하는 것 자체는 전혀 나무랄 일이 아니다. 정치 윤리의 지식과 이상은 결국 정치무 대에서 실현할 수밖에 없기 때문이다. 그러니 관직에 나아가야 했다. 아무리 많은 학식을 쌓고 치국의 책략이 머릿속 가득히 그려져 있다 해도 들어 주고 인정해 주는 사람이 있어야 한다. 인정해 주는 사람이 없으면 열변을 토해도 아무런 소용이 없다. 하지만 인정을 받을 수 있는지 여부는 당사자의 마음대로 되는 게 아니었다. 관직에 오르는 것도 스스로 선택하고 결정하는 게 아니라 역대 왕조의 조정이 알아서 했다.

그런 점에서 보면 전통 사회 학자들의 운명도 참으로 기구했다. 학문에 정진하는 학자들은 헤아리기 힘들 정도로 많은데 수요자는 '황제' 단 한 사람뿐이었다. 그러니 그들의 신세가 깊은 별궁에서 황제의 은총에 목말라하는 애첩들과 다를 게 무엇이겠는가?

한비자韓非子는 "군주는 관직을 팔고, 신하는 지식을 판다"고 표현함으로써 관직의 임용을 공평한 거래의 일종으로 간주했지만 사실은 그렇지 않았다. 엄연한 불공정 거래였고, 거래의 성사 여부도 불투명해 대부분 운에 맡겨야 하는 실정이었다.

　벼슬에 나아갈 때 우선은 당시 시대적 상황을 중요시해야 한다. 전쟁이 끊이지 않는 대혼란의 시기라면, 그럭저럭 목숨을 부지하는 데 만족해야지 그 이상의 명예나 영달을 구해서는 안 됐다. 그다음으로는 정국을 살펴야 한다. 왕조의 교체기에 임박해 잡음과 혼란이 무성한 시기라면, 나서지 않고 바보인 척하는 게 신상에 가장 이로웠다. 어설프게 줄을 잘못 섰다가 생명의 위협을 받을 수도 있기 때문이다. 공자도 "나라에 도道가 있으면 지혜를 발휘하고, 나라에 도가 없으면 어리석게 굴어라"라고 말하지 않았던가(쯔중쥔은 '우愚'를 바보인 척하는 것이라고 해석했는데, 이는 '미친 척하다'는 표현보다 좀 더 부드럽고 함축적인 느낌이다). 세 번째로 살펴야 할 것은 바로 군주의 성향이다. 어딘가 모자라거나 아둔하거나 인재 식별 능력이 없는 황제라면 아무리 쓸 만한 인재라도 거들떠보지 않을 것이다.

　하지만 아무리 태평성세고, 현명한 군주가 황권을 쥐고 있다고 하더라도 황제의 개인적 취향이나 성정을 잘 파악해야 한다. 예를 들어 한 문제는 이른바 '문경지치文景之治(한나라 문제와 경제가 다스리던 기원전 180~147년에 이르는 시대-옮긴이)'의 태평성대를 이룰 만큼 현명한 황제였다. 가의는 그의 눈에 띄어 아낌없는 대우(대중대부大中大夫에 임명받았다)를 받았다. 그러나 문제는 백성들을 보살피기보다 인간 사후 세계나 귀신 신앙에 심취했고, 결국 가의를 장사로 보내 버렸다. 장사는 아름다운 경치와 여인, 산해진미가 넘쳐 나는 곳이었다. 가의는 그곳에서 통곡의 시간을 보내다가 죽었다.

　이백李白도 한때 궁내에서 화려한 시절을 보냈다. 그러나 그는 황제의 순간적 감정에 의해 초빙된 것이었다. 부름을 받은 후 그가 하는 일은 '구름은 날개옷인 양, 모란꽃은 예쁜 얼굴인 양雲想衣裳花想容', '이름난 꽃과 경국지색의 미인이 서로 마주 보는구나名花傾國兩相觀' 등의 시문을 지어 바치는 것이 전부였다. 황제의 '고급 광대' 노릇에 염증을 느낀 그는 '황제가 불러도 가지 않고 취중 신선을 자청하다가天子呼來不上船, 自稱臣是醉中仙' 결국 은둔해 속세와의 인연을 끊어 버렸다. 그마나 이 두 사람은 운이 좋은 편에 속했다. 이 정도가 운이 좋은 편이라면 다른 학자들의 삶은 어떠했을지 더 논할 필요도 없다.

이처럼 과거 학자들의 '출처' 문제는 늘 피할 수 없는 딜레마였다.

치세와 난세

쯔중쥔은 저서에서 많은 범례들을 들어 이 문제를 설명했다. 이들 범례들에 근거해 보면, 중국 전통 사회 학자들의 '출처'는 '시국 상황'과 '시운' 두 가지 지표에 따라 다양한 유형으로 나뉘었다.

먼저 시국은 크게 치세治世와 난세亂世로 분류된다. '치세'는 앞서 말했던 가의, 이백의 경우가 대표적인 사례다. '난세'의 전형적 사례는 두 가지다. 하나는 혜강嵇康, 완적阮籍과 같은 경우고, 또 다른 하나는 제갈량諸葛亮이나 사안謝安과 같은 경우다. 혜강과 완적은 비타협, 비협조적인 스타일이었다.

혜강은 차라리 대장장이가 될지언정 벼슬에 나가지 않겠다고 공언하며, 그 유명한 「여산거원절교서與山巨源絶交書」를 썼다. 완적은 하루 종일 술집에 눌러앉아 있는 게 일이라서 한번 취하면 한두 달은 몽롱하게 정신없이 지냈다. 하지만 혜강은 그 때문에 엄청난 대가(쯔중쥔은 '오만함 때문에 목숨까지 희생했다'고 묘사했다)를 치러야 했다. 완적 역시 취생몽사의 삶에서 헤어 나오지 못하다가 말년에 그나마 마음을 잡았지만 직접적으로 벼슬에 나서지 못했고, 나라에 대한 근심도 속으로 삭혀야 했다. 결국 두 사람은 학자로서 그다지 성공적인 모델은 아니었다.

성공의 본보기를 보여 준 인물은 제갈량과 사안이다. 그들은 난세에 시기적절하게 등장하여 공을 쌓고 자연스럽게 세상에 참여한 학자의 전형으로 후세들의 흠모와 존경을 받아 왔다. 당초 제갈량은 융중隆中에 있는 작은 초가집에 숨어 살며 조용히 때를 기다리고 있었다(마치 명문가의 규수가 과년하도록 혼인을 하지 않는 것처럼 말이다). 그 사이 유비는 그를 만나기 위해 세 번이나 직접 그의 누추한 집을 찾아갔다. 사안은 관직에서 물러나 동산東山에 20년간 은거하였으며, 세상이 시끄럽고 모두가 그의 복귀를 원하자 비로소 모습을 드러냈다. 침착하게 때를 기다리는 그들의 이러한 신비주의 전략과 재기 일화는 '삼고초려三顧草廬'와 '동산재기東山再起'라는 사자성어로 남아 오늘날까지 전해지고 있다.

하산 후 두 사람은 제대로 실력 발휘를 했다. 제갈량의 활약상은 이미 너무나 잘 알려져 있고, 사안 역시 '비수대전淝水大戰' 승리의 주역이었다. 그러나 제갈량의 명성이 높긴 하지만, 실제로 그의 성공은 사안에 미치지 못했다. 우리가 흔히 상상하는 제갈량의 이미지는 『삼국연의三國演義』에서 묘사된 것이기 때문에 실제 그의 모습과 약간 괴리가 있다. 이에 반해 사안의 이미지에는 아무런 포장이나 정제 과정이 없다. 때문에 오히려 더욱 솔직 담백하고 진실하다.

두 인물은 결코 동일한 유형이 아니었다. 사안이 제갈량보다 더욱 원만하고 침착했다. 다음의 일화가 그들의 성격을 대변해 줄 것이다.『위씨춘추魏氏春秋』에 따르면 오장원五丈原 전투에서 사마의司馬懿가 촉蜀의 병사에게 물었다.

"요즘 재상의 근황은 어떠한가?"

그러자 병사가 답했다.

"제갈공께서는 요새 쉴 틈이 없고 아침 일찍 일어나 밤늦게 주무십니다. 곤장 20대 이상의 송사는 모두 직접 처리하십니다."

이에 사마의가 말했다.

"그렇게 무리를 하니 공명도 오래 버티지는 못하겠구나."

반면 사안은 전혀 반대의 스타일이었다. '비수대전'처럼 중요한 전쟁에도 그는 직접 군대를 지휘하지 않고 자식과 조카들에게 맡겼다. 승전보가 전해졌을 때도 그는 아무런 동요 없이 바둑을 두었다. 바둑 친구가 궁금함을 참지 못하고 그에게 무슨 일이냐고 묻자, 그때서야 태연하게 입을 열었다.

"아이들이 적군을 무찔렀다는군."

제갈량이었다면 전혀 상상도 못 할 행동이었다.

사안은 인품이나 처세 면에서 노련미와 원숙미가 넘쳤으며, 그의 이러한 재능은 타의 추종을 불허할 정도였다. 그는 동산에서 은둔 생활을 할 때는 '출(세상에 나가 재상이 되는 일)'을 생각했고, 속세에 나가 실력을 발휘할 때는 다시 '처(공을 세우고 물러나는 일)'를 생각했다. 그래서 관직에 복귀한 후 그의 노장 철학은 부드러움으로 강함을 누르는 유연한 정치 수단으로 요긴하게 활용되었다. 또한 그는 관직에 재직할 때나 물러날 때나 화려한 전적을 세울 수 있었다.

그러나 내 생각에 사안의 최대 장점은 시기를 정확히 파악하여 시대의 흐름을 잘 탔다는 것이다. 그는 적절한 시기에 물러나고, 적절한 시기에 출사했으며, 심지어 죽는 순간의 타이밍도 적절했다. 공을 세우고도 자칫 토사구팽 신세가 될 뻔했던 찰나에 절묘하게 세상을 떠났으니 그의 재주를 감히 누가 따를 수 있을까?

반면 제갈량의 상황은 그와 많이 달랐다. 유비는 그에게 최대한 체면을 세워 주고 후한 대접을 해 주었지만, 전적으로 그를 신뢰하지 않았고 권력을 완전히 일임하지도 않았다. 유비가 살아 있을 때 의사 결정권은 유비 혼자 장악하고 있었다. 마지막 백제성白帝城에 고립되었을 때야 그는 이런 유언을 남겼다.

"그대는 재능이 조비의 열 배나 되니 반드시 나라를 안정시켜 대업을 완성할 수 있을 것이오. 만약 내 아들 유선에게 보좌할 만한 재능이 없다면 그대가 스스로 그 자리를 차지하도록 하시오."

겉으로는 공명정대하고 아주 획기적인 선언처럼 보이지만, 사실 이 유언은 제갈량에 대한 질투심을 드러내지 않으면서 그를 끝까지 자신의 충복으로 남겨 두기 위한 전략이었다. 결국 그의 유언은 제갈량의 입에서 "신은 고굉의 힘을 다하여 충절을 지켜 나갈 것이며, 황위를 잇는 일은 절대 없을 것입니다"라는 다짐이 나오게 만들었다.

후대인들은 제갈량이 말년에 왜 그렇게 미친 듯이 일을 하고 위나라를 정벌하겠다는 야심까지 보였는지 잘 이해하지 못했다. 아마 유비가 살아 있을 때 여러 가지 통제에 부딪혀 못다 이룬 일들을 조금이라도 더 만회하기 위함이 아니었을까 싶다.

그렇다면 제갈량의 명성이 사안보다 높은 이유는 무엇인가? 이유는 간단하다. 부풀려졌기 때문이다. 제갈량의 명성은 시대를 거듭하면서 뻥튀기처럼 부풀려졌다. 비록 그는 살아가면서 그다지 화려한 이력을 자랑하지는 못했지만, 두 가지만큼은 확실했다. 첫째, 유비가 그를 귀한 인재로 여겨 몸소 그의 초라한 초가집을 세 번이나 찾아갔다는 것은 역사적 사실이다. 둘째, 죽는 순간까지 나라를 위해 온 힘을 다 바쳤다는 것(효과 유무를 떠나서)도 틀림없는 사실이다. 이 두 가지면 충분하다. 통치자에게는 충성심이 남다른 역사적 귀감이 필요했고, 학자들에게는 차분히 때를 기다리면 언젠가 출세의 기회가 찾아온다는 전례가 필요했다. 나아가 그러한 본보기를 군신 간의 그럴듯한 미담으로 엮어 낼 수 있다면 금상첨화였다. 우상은 바로 이런 과정을 거쳐 탄생되었다.

따라서 제갈량이 출세와 입세에 성공한 학자의 전형이라고 보기는 힘들다. 사안은 본보기가 될 자격이 충분했지만, 아쉽게도 그에 대해서는 배울 기회도 적었고 정보를 구하기도 쉽지 않다.

벼슬에 대한 초월과 미련

'시운'도 중요하긴 마찬가지다. 심지어 시국보다 더 중요하다. 태평성대라 해도 알아주는 군주를 만나지 못한다면 모든 꿈이 수포로 돌아간다. 맹호연孟浩然은 원래 관직에 나아가기를 간절히 원했다. 그렇지 않고서야 "건너가려 하나 배와 노가 없고, 한가로운 삶은 성스러운 임금께 부끄럽구나欲濟無舟楫, 端居恥聖明"라는 간알干謁('간알'은 청탁하거나 뒷거래를 바라는 것이다)의 시를 지을 이유가 있겠는가. 그러나 그는 출사 직전에 "재주 모자라니 어진 임금도 나를 버리고, 병이 깊어 친구들과도 소원하도다 不才明主棄, 多病故人疏"라는 시구 때문에 황제의 노여움을 샀다. 그의 경박한 붓놀림에 황제는 불쾌한 심기를 노골적으로 드러내었다.

"그대가 스스로 짐을 구하지 않은 것이지, 짐은 그대를 버린 적이 없노라."

모처럼 찾아온 벼슬 기회를 놓친 맹호연은 눈물을 머금고 고향으로 돌아가 농사를 지어야 했다.

유영柳永 역시 "마지못해 부여잡은 헛된 명예, 차라리 술 마시며 낮은 소리로 노래하리라忍把浮名, 換了淺斟低唱"는 시 구절로 송 인종의 기분을 망쳐 놓았다. 그는 황제로부터 '차라리 가서 술이나 마시며 풍류나 즐기지, 헛된 명예를 구해 무엇 하려고 하는가'라는 쓴소리를 들었다. 결국 할 수 없이 출사에 대한 미련과 좌절의 한을 머금고 평생을 술과 함께 살아야 했다.

시운이 시국보다 더 중요함을 보여 주는 대목이다.

제갈량과 사안은 시운이 좋은 편이었다. 운이 좋아서 난세에도 공을 세워 이름을 날릴 수 있었다. 시운이 좋지 않았던 사례는 크게 두 가지 유형으로 나뉜다. 굴원, 가의처럼 벼슬에 미련이 많았던 경우와 소동파, 신기질辛棄疾처럼 벼슬에 초연했던 경우다. 가의는 앞서 언급한 그대로고, 굴원은 스스로 목숨을 끊었는지 여부가 확실치 않다. 나의 개인적 생각으로는 굴원이 누군가에 의해 살해당했을 가능성이 높다(그는 자루 속에 꽁꽁 묶인 채 멱라수汨羅水에 던져졌으며, 오늘날 중국인들이 쫑쯔粽子를 먹는 풍습은 기독교에서 떡과 포도주를 먹는 것처럼 굴원처럼 억울하게 죽은 이의 원혼을 달래고자 한 데서 유래되었다). 그러니 굴원과 가의는 이 정도로 하고 여기서는 소동파와 신기질에 대해 중점적으로 다뤄 보고자 한다.

소동파와 신기질은 벼슬에 연연하거나 걱정거리를 마음에 담아 두지 않는 성격이었다. 적어도 그들은 눈물과 탄식, 걱정으로 시간을 보내지 않았다. 오히려 답답한 심정을 호방하고 통쾌한 문장으로 표출해 냈다. 그러나 두 사람의 초연한 성향도 각각 개성이 있었다.

소동파는 치세에 활약했지만 시의적절하지 못한 정치적 견해로 집권파와 대립하는 일이 잦았다(왕안석의 신법에 반대하는가 하면, 사마광의 복벽復辟 주장에도 반대표를 던졌다). 사사건건 갈등하고 충돌하다 보니 그에 대한 비난의 목소리도 갈수록 커졌다. 이러한 상황에서 대개의 전통 학자들은 양극단으로 치우치기 십상이다. 분위기나 상황을 봐 가며 그때그때 장단을 맞추는 기회주의로 흐르거나 끝까지 고집을 꺾지 않거나 둘 중 하나다. 극단적인 방법을 원치 않으면, 차라리 울분을 참으면서 불만과 불평을 마음속에 한가득 쌓아 둔다. 소동파는 이 세 가지 유형 중 어디에도 속하지 않았다. 유교, 도교, 불교 세 학파에 두루 능통한 데다 우주와 인생의 심오한 이치를 이미 터득한 인물이었기 때문이다.

이를 증명하는 작은 일화가 있다. 송 신종 원풍 5년 '오대시안'이란 필화 사건으로 황주黃州로 유배를 떠난 소동파는 어느 날 외출 길에 소나기를 만났다. 다른 동행들은 낭패감에 허둥지둥하는데 그는 초연히 길을 걸으며 시를 읊었다.

"수풀을 꿰뚫고 잎사귀 때리는 빗소리 들어 무엇하리, 시 한 수 읊조리며 천천히 거닐어 보세. 죽장竹杖에 짚신이 말보다 경쾌한데 무엇이 두려우랴? 이슬비 속에 도롱이 쓰고 한평생 살겠노라莫聽穿林打葉聲, 何妨吟嘯且徐行, 竹杖芒鞋輕勝馬, 誰怕, 一蓑煙雨任平生."

빗속에서도 담담하고 의젓하게 살고 싶다는 이 시는 소동파의 인생관을 그대로 대변해 준다. 조정이 급변과 혼전을 거듭하고 자신도 무력하게 떠돌아다니는 신세지만, 마음만은 흔들림 없이 잔잔한 평온과 초연함을 유지하려고 했다.

신기질은 좀 달랐다. 위태로운 시국에 등장하여 우국충정이 남달랐던 그는 많은 계책과 열정을 품었지만 이를 효율적으로 추진하지 못하고 구두선에서만 그쳤다. '국가 안정을 위해 상주했던 만언서가 농부의 종수種樹 비법서만도 못하도다'라고 불평했던 것은 대범함이나 초연함이라기보다 분노의 표현이었다. 그는 젊은 시절 북벌의 포부를 펼쳐 충성을 바치고자 했고, 늘 '칼을 팔아 황금 송아지를 받아야 한다'는 생각이 간절했으며, 간신배의 손에 넘어간 조정을 보며 비분강개했고, 북벌의 정예 부대를 이끌어 호랑이 같은 기세로 중원을 호령하는 것이 오랜 숙원이었다.

신기질은 출처 문제에서 늘 진퇴양난의 난국에 빠졌다. 우주와 인생을 꿰뚫었던 소동파가 의연하게 행동했다면, 신기질은 그러지 못했다. 성패와 영욕이 연기처럼 금방 사라지는 것이라면 미련을 두고 연연해할 필요가 있겠는가? 하지만 신기질은 그러한 경지까지는 오르지 못했다. 그는 '공을 세워 뜻을 이룬 후에 물러나야 한다'는 편견의 족쇄에서 헤어 나오지 못했다.

때문에 산에 은둔하면서도 여전히 희망을 버리지 않았다. 그 역시 뜻을 다하면 물러나야 한다는 이치를 잘 알고 있었고, 이리저리 불려 다니며 필사적으로 일만 하다가 비웃음거리만 되는 결말을 원하지도 않았다. 하지만 은둔지사로 돌아가는 시기는 세상의 일을 모두 완벽하게 마무리한 다음이라야 한다는 것이 그의 생각이었다. 그러니 그는 백발성성한 예순의 고령이 되어서도 '염파廉頗는 늙었어도 쌀 한 말을 거뜬히 먹어 치웠다'고 말하며 일에 대한 욕심을 식히지 않았다. 소동파와 신기질, 이 두 사람의 방식 중 어떤 것을 선택할지는 개개인의 몫이다. 하지만 신기질이 그다지 초연한 성격이 아니었다거나, 담담한 척하면서도 끝내 미련을 떨치지 못했음은 사실인 듯하다.

호방함과 의연함의 진면목을 보여 준 인물은 도연명陶淵明이었다. 소동파의 초연한 성향이 인생을 달관한 듯한 태도에서 두드러졌다면, 도연명의 초연한 성향은 관료 사회를 손금 보듯 훤히 이해한 데서 비롯되었다. 도연명은 하급 관리에 임명된 지 며칠 만에 견디지 못하고 스스로 뛰쳐나왔다. 게다가 다시는 관직에 미련을 두지 않았다. 그의 「귀거래사歸去來辭」에 보면 "지난날 과오는 되돌릴 수 없으며, 앞으로 닥칠 일은 바른 방향으로 이끌 수 있음을 알았도다. 한때 길을 잃고 헤맸으나 다행히 멀리 가지 않았다. 어제는 그른 길을 갔으나, 지금은 내 선택이 틀림없이 옳도다悟以往之不諫, 知來者之可追, 實迷塗其未遠, 覺今是而昨非"라는 구절이 있다. 벼슬과의 인연을 단호하게 놓아 버린 도연명의 결연한 의지가 잘 담겨 있다. 과거 학자들 중에 벼슬길을 그릇된 길이라고 비유하는 자가 과연 몇이나 되겠는가? 아마 도연명뿐일 것이다.

그러니 후세의 문인(소동파, 신기질 등 포함)들은 속세에서 뜻을 이루지 못한다 싶으면 도연명의 삶을 들먹였다. 그러나 진정으로 벼슬을 돌보듯 하고 도연명의 인생을 닮고자 했던 사람은 거의 없다. 그 이유는 무엇일까?

도연명의 인생을 그대로 닮아서는 안 되기 때문이다.

신분과 천하

앞서 말한 여러 학자들 중에 절대 닮을 수 없는 두 가지 유형은 사안과 도연명이다. 사안을 닮을 수 없다는 것은 아무리 해도 그의 삶을 따라가기 힘들다는 것이고, 도연명을 닮을 수 없다는 것은 그의 인생 궤도를 따라가서는 안 된다는 의미다. 왜 닮으면 안 되는가? 그를 본보기로 삼으면 입신하여 뜻을 세우고자 하는 학자들의 본분을 잃어버릴 수 있기 때문이다.

이쯤에서 우리는 '학자'의 전반적인 내력에 대해 다시금 돌아볼 필요가 있다.

중국 전통 사회에서 학자란 '사士'가 변형된 개념이다. '사'의 전신은 '무巫'였다. '무'는 원시 사회의 '고급 지식인'으로 그 시대에 지식 수준이 가장 높은 사람이었다. 그들은 나랏일의 대부분에 관여하는 사회의 기둥과 같은 존재였고, 부락의 대사에 관한 의사 결정에 적극 참여했다. 따라서 원시 사회에도 관직이 있었다면, '무'가 바로 최초의 관원 중 하나였을 것이다(판원란范文瀾은 중국 문화에 '사관史官 문화'와 '무관巫官 문화'라는 두 가지 전통이 흐르고 있다고 했다). 이처럼 학자들의 관직 합류는 조상대부터 줄곧 이어져 온 전통이었다.

국가 시대에 진입하면서 '무'는 '사士'로 변했다. 당시 '사'는 귀족 계급에 속했다. 봉건 시대 귀족은 네 등급으로 나뉘었다. 첫 번째는 '천하'를 소유한 천자였고, 그 아래는 '국'을 소유한 제후, 그다음은 '가'를 소유한 경과 대부였으며, 마지막 네 번째가 '사'였다. '사' 계급은 몸 하나가 전 재산이었다. 하지만 그들은 엄연한 귀족 신분이었으므로 서인들처럼 어딘가에 얽매이는 처지는 아니었다.

사는 문사文士와 무사武士를 포함한다. 문사는 원시 시대 주술 의례나 상장喪葬 따위를 관장했던 무축巫祝 집단이 그 원류이며, 무사의 원형은 원시 사회의 전사戰士들이다. 문사와 무사는 모두 귀족 계급이었다. 귀족 신분이므로 성년이 되면 천자, 제후, 대부들처럼 정권의 상징인 '치관緇冠(검은색 천이나 종이를 몇 겹으로 두툼하게 붙여서 만든 관-옮긴이)', 병권의 상징인 '피변皮弁(흰 사슴의 가죽으로 만든 예관-옮긴이)', 제례 의식의 상징인 '작변爵弁(적흑색의 천으로 만든 관-옮긴이)'을 갖춰 쓰고 성년식을 치러야 했다. 또한 국가의 대사가 있을 때마다 이에 동참할 자격과 의무를 지니고 있었다.

다만 천자나 제후, 대부에게는 이러한 참여가 권리를 뜻하는 데 반해, '사'에게는 의무의 색채가 더 강했다. 사실 그런 의무를 부여받는 것만도 영광이었으므로 '사'에게 '관冠'은 생명의 일부나 마찬가지로 상당한 의미를 지니고 있었다. 공자의 수제자인 자로는 기원전 480년 내란으로부터 나라를 지키다 목이 날아가는 순간까지 두 손으로 관의 끈을 꽉 붙들고 있었다. 국가 대사에 참여할 수 있는 자격과 의무를 그만큼 소중히 여겼기 때문이다. 자로는 전형적인 '사'였으며, 그의 사상은 후대 많은 학자들에게 잠재의식으로 뿌리박혔다.

'사'는 귀족이었지만 천자, 제후, 대부와 결정적인 차이점이 있었다. 바로 땅이라는 '부동산'을 소유할 기회가 아주 없거나 극히 드물었다는 점이다. 그들은 천자처럼 천하를 거느리거나, 제후나 대부들처럼 봉국이나 채읍을 소유하지 못했다. 지식이나 무예, 즉 아이디어나 체력으로 승부를 해야 하는 그들은 몸으로 보국을 실현해야 했다. 그러니 '사' 계층에게 가장 중요한 것은 '수신修身'이었다. 선비가 고상한 품성과 더불어 뛰어난 학식이나 무예를 겸비한다면, 대부들의 채읍을 관리하는 조력자가 될 수 있었다. 이것이 곧 '제가齊家'이다. 제후가 영지를 관리하는 데 협조하는 것은 '치국治國'이며, 천자의 천하 정벌을 보좌하는 것은 '평천하平天下'이다.

사는 땅에 예속되어 있지 않으면서 귀족 신분이라 운신이 비교적 자유로웠기 때문에, 포부와 재능을 펼칠 수 있는 공간이 꽤 큰 편이었다. 같은 귀족이지만 제후와 대부의 임무가 국가를 보위하는 것인 데 반해, 선비들의 임무는 '수제치평修齊治平(몸을 닦아 집안을 바르게 하고 나라를 다스리며 세상을 평안하게 한다는 뜻인 '수신제가치국평천하修身齊家治國平天下'의 줄임말-옮긴이)'을 실현하는 것이었다. 결과적으로 품계가 낮은 선비가 오히려 제후, 사대부들보다 더 원대한 꿈을 품고 있었다(제후와 대부가 천하를 통치하겠다고 나선다면 모반을 획책한다는 혐의만 커질 뿐이다). 후대에 '국사'라고 자처한 학자들이 천하의 통치를 소임으로 삼고, 가정사와 국사에 두루 관심을 가질 수밖에 없었던 이유가 바로 여기서부터 유래되었다.

진나라는 6국을 멸한 후 천하를 통일하면서 봉건제를 군현제로 대체하고, 세습제를 임명제로 바꾸었다. 이후 문벌제는 과거제로 대체되었다. '국(봉국)'과 '가(채읍)'의 본래 의미도 변색되어 '국가'라고 합쳐서 부르고 '천하'와 동등한 의미로 사용되었다. 제후는 사라졌고, 세습으로 이어지던 대부는 조정이 임명했다.

과거제를 실행한 후에는 가난한 서생들에게도 벼슬길이 열렸다. 그래서 '국'과 '가'가 '국가'로 합쳐진 것처럼 '사'와 '대부'도 '사대부'로 통칭하게 되었다. 물론 '사'의 '신身'과 대부의 '가家'도 '신가身家'로 합쳐져 '천하'와 대응을 이루는 개념으로 자리 잡았다.

이렇게 해서 상고 시대 사의 계급에 있던 사람들은 '신가'를 우선순위에 놓을지, '천하'를 우선순위에 놓을지를 두고 선택의 기로에 서게 되었다. 천하를 자신의 소임이라고 여긴 학자들은 입세하여 천하를 돌보고 구제하는 데 힘썼다. 반면 명철보신을 선호하는 학자들은 '출세'를 택하여 속세와 떨어져 있었다. 소위 '출처'의 문제는 '천하'와 '신가' 중어떤 것을 더 중요시하느냐와 직결되는 문제였다. 이는 사대부의 문제이자 거의 모든 학자들의 고민이기도 했다. 이 점을 설명하기 위해서는 학자와 사대부의 관계를 명확히 규정해 둘 필요가 있다.

사대부와 학자

엄밀히 따지면 사대부와 학자는 별개의 개념이다. 사대부는 관료 계층을 가리킨다. 『고공기考工紀』에 따르면, "일어서서 일을 추진하는 자를 사대부라 부른다." 이에 대해서 정현鄭玄은 '친히 직무를 받들고 관직에 머무는 자'라고 주를 달았다. 이렇게 따지면 관직에 재직 중이거나 벼슬을 한 적이 있는 학자들만 사대부라고 할 수 있다. 벼슬과 인연이 없다면 사대부의 대열에 끼워 주지 않았다. 반대로 벼슬은 하되 학문을 익히지 않아도 사대부가 아니다. 전쟁에서 전공을 세워 작위를 수여받은 무사의 경우가 대표적이다. 그들은 관직에 있긴 하지만 타인으로부터 사대부로 인정받지 못했고, 본인들 역시 사대부라는 명함을 내밀지 않았다.

그렇다면 분명해진다. 학문을 하되 관직을 하지 않으면 '사'에 지나지 않고, 관직에 있지만 학문을 하지 않으면 '대부'일 뿐이다. 학문적 이력과 관직을 동시에 갖추어야 비로소 '사대부' 자격이 주어졌다. 중국의 전통 사회는 관 중심 사회였다. 관직에 오르면 지위와 명성이 따라왔다. 관직이 높으면 지위도 높아지고 그만큼 유명세를 탈 수 있었다.

사대부라는 말은 때로 지위와 명성이 있는 학자들을 일컫기도 한다. 이러한 학자들은 십중팔구 관료 사회와 끈이 닿아 있었고 인연이 깊었다. 따라서 전통 사회에서는 사대부들의 지위가 학자들보다 높을 수밖에 없었다. 시골에서 빈곤하게 생활해도 일단 글을 읽고 학문을 한다고 하면 어설프게나마 학자라는 호칭을 들을 수 있었다. 하지만 사대부의 명예를 얻으려면 어느 정도의 '정치적 자본'은 필수였다.

그러나 이것은 근래에 형성된 관념이다. 상고 시대에는 '사'들이 관직에 합류하는 일이 극히 드물었다. 설령 정치 사회적인 일에 개입한다고 해도 벼슬만이 유일한 방도는 아니었다. 춘추 시대의 조귀曹劌도 관직에 있지 않았다. 그렇지 않고서야 '육식자肉食者(고기를 먹는 사람들로 고관들을 뜻함-옮긴이)' 운운하는 말이 나올 리 없다.

선진先秦 시대 제자諸子들도 대부분 관직에 머물지 않거나, 관직에 나아가더라도 머무는 시간이 짧거나(공자), 두드러진 활약을 못하는(장자莊子) 경우가 많았다. 당시 '사'는 귀족이었으므로 정치에 개입하는 방법(유세를 하거나 제자들을 모으거나 책을 쓰기도 했다)이 많아서 굳이 관으로 나아가지 않아도 되었다. 그러나 진 이후에는 그러한 방법이 통하지 않았다.

첫째, 진 시대에는 '사' 계급이 평민으로 전락했다. 관직에 오르지 않으면 발언권이 주어지지 않았다. 사인士人들에게 참정의 기회를 줄 수 있는 사람이 황제 단 한 명뿐이었다. 그러니 춘추전국 시대처럼 빈번하게 섬기는 군주를 바꿀 수도 없었다. 둘째, 당시의 사인은 관직에 등용되는 것 외에 다른 출로가 없었다. 앞서 언급했듯이 권력도 자본도 없는 선비들은 상고 시대부터 '털'이나 다름없어서, '가죽'인 천자, 제후, 대부에게 의탁해야 비로소 가치를 발할 수 있었다.

다만 그때는 의지할 제후나 대부가 많았고, 선비들도 자유로운 신분이었기 때문에 한곳에만 목맬 필요는 없었다. 그러나 통일 국가인 진나라에 이르자 황제 외에는 의탁할 곳이 없었다. 벼슬에 나아가는 것 말고는 자신의 가치를 발산할 기회가 없었다.

관의 내부 사정에도 변화가 있었다. 세습제(서주 봉건제는 세습제였고, 위진의 문벌제는 준세습제였다)를 실시할 때는 관직과 학문이 별다른 상관관계가 없었다. 적어도 성적과 관위는 정비례 관계가 형성되지 않았다. 대부의 아들은 대부의 신분을 그대로 물려받았다. 비록 그들도 학문을 했지만, 그들이 벼슬에 나아갈 수 있었던 데는 학문 실력보다 신분적 요소가 더 결정적인 작용을 했다.

과거제를 시행한 후부터는 사정이 달라졌다. 작위를 세습 받거나 조상의 공로로 혜택을 받는 등 벼슬의 길은 여러 가지였지만, 과거제를 통한 선발만이 정도에 속했다. 그러므로 평민 출신의 가난한 선비들은 과거에 참여하는 것 말고는 다른 선택의 여지가 없었다. 바로 이 무렵부터 학문과 벼슬이 통일되기 시작했다.

또한 그 무렵 '배워서 여력이 있으면 벼슬을 하고, 벼슬함에 여유가 있으면 배워라'라는 말이 현실화되기 시작했다. 여기서 '우優'는 우수함이 아닌 넉넉함, 여유의 뜻을 지닌다. 곧 학문을 하다가 시간이나 힘이 남으면 벼슬로 나아가고, 관직에 올라서도 여유가 있을 때마다 학문을 게을리하지 말라는 의미다. 이를 가장 훌륭하게 해낸 것은 바로 송나라의 문인들이다. 범중엄, 구양수, 왕안석, 사마광만 봐도 알 수 있다. 그들은 벼슬과 학문이라는 두 마리 토끼를 확실히 잡은 이들이었다. 소동파도 벼슬길이 순탄하지만은 않았지만 꽤 좋은 대우를 받았고 문장 솜씨 또한 일품이었다. 이들이야말로 사대부의 전형이다.

이러한 경지까지 도달하지 못하면, 그냥 학자나 단순한 관리로 남을 수밖에 없었다. 단순한 관리는 관위는 있되 학식이 얕은 사람들이며, 학자는 학문만 하고 관직으로 나아가지 못한 사람들이었다. 이 두 부류 모두 사의 이상은 아니었다. 학문이 짧은 관리들이 사에게 부끄러울 것은 없었다. 하지만 학문만 하고 관직을 얻지 못하면 벼슬과 학문 사이를 여유롭게 드나들 수 없으므로 공허감을 느낄 수밖에 없었다.

벼슬 기회가 주어지지 않으면 만족하지 못하고 갈증을 느끼는 것이 당연하다. 소동파의 시 중에 "한스러워라, 내 몸이 내 몸이 아니건만 언제가 되어야 이토록 안달하는 삶을 잊을 수 있을거나長恨此身非我有, 何時忘却營營"라는 구절이 있다. 이는 자신의 신세를 한탄하면서도 관직에 대한 미련을 씻지 못하는 심적 갈등을 대변하고 있다. 그가 그토록 '안달을 했던' 이유는 무엇일까? 사대부가 되는 것이 학자들의 최고 이상이었기 때문이다. 학자로만 머무는 것은 본인의 의지라기보다 실력이 부족한 탓인 경우가 많았다. 그러니 벼슬에 있으면서 아무리 부딪히고 깨져도, 결국은 현실에 따라 관료 사회에 흐지부지 동화해 갈 수밖에 없었다. 비록 소동파도 "이 길로 작은 배에 몸을 싣고서, 강과 바다에 여생을 맡겨 볼거나小舟從此逝, 江海寄餘生"라고 공언했지만 평생 관직의 끈을 부여잡고 은둔지사가 되기를 거부하지 않았던가.

보국과 보신

소동파가 관직에 안달한 데는 또 다른 이유가 있다. 바로 사대부들의 '보국報國 심리' 때문이다.

중국 전통 사회의 학자들이 '사'에서 변형되었음은 앞서 여러 번 이야기했다. '사'는 원래 국가 대사에 참여할 자격과 의무가 있었고, 심지어 문무를 겸비한 사람들도 적지 않았다. 그러나 진 시황이 천하를 통일한 후 '사'는 학자 신분으로 변했다. 학문이 그들의 주요 생존 방식이었지만 '수신제가치국평천하'의 이상은 변함이 없었으며, 우국충정의 마음도 줄어들지 않았다. 전면에 나서서 황제를 보필하고 학문을 정치에 활용하고 싶은 것이 그들의 꿈이었다. 그들이 그토록 간절히 '입세'를 원한 것도 다 이러한 이유 때문이었다. 여기에는 이상과 포부, 책임과 의무가 복합적으로 엉켜 있었기 때문에 이를 단순히 세속에 대한 미련이라고 단정할 수만은 없었다.

오히려 출세와 고결함에는 의심스러운 부분이 있다. 쯔중쥔은 중국 전통 사회 학자들의 고결한 이미지는 대부분 강요된 것이라고 했다. 또 상당 부분은 꾸며 낸 것이기도 하다. 명망을 부풀리는 것, 종남산終南山에 은거하며 의도적으로 이름값을 올리는 것이 그러한 경우다. 심지어 일부러 엇박자를 내는 경우도 있었다. 관직을 얻기 위해 먼저 미운 짓을 자행하고 뉘우치는 척하면서 사면을 받는 것이다. 정견이 다르던 사람이 가장 적극적인 옹호자로 돌변하는 것은 순식간이었다. 모로 가도 서울만 가면 된다고, 넓은 대로든 구불구불한 오솔길이든 결국 벼슬길로 통하기만 하면 되었다. 다르다면 단지 어떤 이는 청운의 꿈을 품고 출세 가도를 달리고, 어떤 이는 간접적으로 나라에 헌신한다는 것뿐이다.

선인들의 문장을 읽을 때, 겉으로 드러난 내용을 그대로 순진하게 받아들여서는 안 된다. 중국 고대의 학자들 중에 고결함을 자부심으로 삼는 사람은 거의 없었다. 하지만 가짜로 위장하는 사람은 꽤 있었다. 중국 역사상 전대미문의 미남으로 알려진 반악潘岳(자는 안인安仁)은 서진 시대 시인이었으며, 그 유명한「한거부閑居賦」를 짓기도 했다. 이 작품에서 그는 마치 고상한 은둔지사처럼 표현되었으나, 사실 그 안에는 벼슬에 대한 그의 강한 집착이 숨어 있다. 그는 권신 가밀賈謐에게 잘 보이기 위해 그의 집 대문 근처에 죽치고 있으면서, 가밀이 외출하는 것을 보면 멀리 수레나 말의 먼지만 보고도 넙죽 절했다고 한다. 도연명과 같은 극소수의 학자들을 제외하고, 학자들이 고아한 모습을 지니는 것은 어쩔 수 없는 궁지에 몰렸기 때문이거나 은밀한 속내를 감추기 위함이다. 그러니 그들의 가식을 믿어서는 안 된다.

사실 관직에 오르고 싶은 마음 자체를 탓하자는 것은 아니다. 진한 시대 이래로 군현제를 시행하고, 특히 수당대에 이르러 과거제를 실시한 이후 정치 참여는 하나의 직업으로 바뀌어 갔다. 관직 진출은 농업, 상공업과 마찬가지로 생계를 도모하기 위한 수단에 불과했다. 귀천의 구분도 없었고, 관원이 되었다고 영광스러울 것도, 못 된다고 해서 부끄러울 것도 없었다.

그러나 안타깝게도 학자들은 이 점을 미처 깨닫지 못했고, 인식하고 있다고 해도 애써 부인하려고 했다. 그래서 겉으로는 고결한 척하면서 속으로는 권세와 잇속을 따졌다. 잇속이니 녹봉이니 하는 단어를 입에 올리기 수치스러워하면서도 내심 빈곤함을 못 견뎌 하고 가난을 경시했다. 이지李贄(중국 명나라의 사상가, 비평가-옮긴이)는 이처럼 가식적인 학자들을 통렬히 비난하며 이렇게 말했다.

"그들의 삶은 진실함이 없고 거짓과 가식 덩어리뿐이다. 그들은 옳은 행동을 주장하며 이를 몸소 실천하는 시정市井의 속인俗人들보다도 못하다. 장사를 하는 사람들은 오직 장사에 충실하고, 농사를 짓는 사람들은 오직 농사에만 충실해야 비로소 덕을 따르는 것이다."

관직에 입성하는 것 자체를 순수하다 혹은 불순하다고 판단할 수는 없다. 하지만 벼슬에 나아가 정치에 참여하고자 하는 동기에는 우열의 구분이 있다. 보국보민報國保民을 위해 관직에 들어서면 고상한 편에 속하지만 권력을 휘두르고 재물을 탐하기 위한 벼슬은 불순하다.

이 두 가지 유형은 역사적으로 항상 공존해 왔다. 채경, 엄숭 등이 후자의 대표 주자다(이들은 학문과 벼슬을 겸비한 사대부라고 할 수 있다. 채경은 유명한 서예가였고, 엄숭은 문장 실력이 탁월했다). 전자의 경우는 문천상文天祥, 사가법 등이 대표적이다. 그러나 문천상, 사가법과 같은 사대부는 수적으로 많지 않았고, 채경, 엄숭 같은 '간신'도 소수였다. 대부분 좋지도 나쁘지도 않은 중간 상태에 머물렀다.

이러한 점 때문에 '출처' 문제가 대두된 것이다. 채경이나 엄숭과 같다면 아예 처음부터 벼슬에 나아가기만 하고 물러날 줄 모를 것이며, 도연명처럼 행동하다면 아예 처음부터 은둔 생활을 하며 벼슬에 나아가지 않을 것이다. 물론 문천상이나 사가법과 비슷한 유형이라면 불의 앞에서 물불 가리지 않고 달려들 것이다.

문제는 대부분의 학자들이 채경, 엄숭도 아니고 도연명은 더더욱 아니었다는 점이다. 그러면서 평화 시대에 시시하게 생명을 바치기를 바라지도 않았다. 다시 말해 그들은 몸으로 보국을 실천하고자 할 뿐 정말 부득이한 경우가 아니라면 몸을 바쳐 순국하기를 원하지 않았다. 다르게 표현하면 그들은 나라에 보답하되 자신의 몸도 지키고 싶어 했다. 어설프게 자신의 보잘것없는 목숨까지 내걸어야 하는 일이라면 그들 대부분 사양했을 것이다.

더욱 중요한 것은 여기서 말한 '몸'이 육체적인 목숨은 물론 정신적 의지도 포함한다는 것이다. 학자들은 학식과 교양이 있고 이치에 밝다는 점에서 일반인들과 차별된다. 학식을 많이 쌓았다는 것은 곧 사인의 기질이 다분하다는 의미며, 이치에 밝다는 것은 고루하고 완고한 성향을 지울 수 없다는 것이다. 게다가 학자들은 자신의 재능만 믿고 안하무인으로 우쭐대거나 고상한 척하기 마련이어서, 강한 오기와 어리숙함, 심지어 무분별한 광기를 드러내기도 한다.

이러한 성향은 관료 사회의 게임 규칙과 전혀 어울리지 않는다. 물론 진심으로 벼슬을 하고 싶다면, 그러한 허점을 뜯어고치거나 잠시 몸을 사릴 수도 있다. 하지만 진정한 학자는 마음의 자유를 추구하고, 인격의 독립 유지를 희망하며, 적어도 정신적 영역과 마음의 세계에서 개인의 공간을 소유하고자 하므로 관료 사회에 쉽게 적응하기 힘들다. 반면, 충정으로 보국의 소임을 다하려면 의무적으로 몸과 마음을 나라에 바쳐야 했다.

그래서 그들은 항상 모순과 고통의 늪에서 갈등해야 했다. 관직에서 물러나자니 '몸은 강호에 있으나 마음은 위궐魏闕(옛날 백성들에게 알리기 위해 법령을 게시하던 궁문 밖의 쌍궐-옮긴이)에 있고', 관직에 나아가니 '몸은 조정에 있되 마음은 어느새 자연으로 향하고 있었다'. 관직에 매여 있으면 내 몸이 내 몸이 아니라는 생각이 들면서도, 막상 나오면 또다시 관직에 미련을 두었다. 이러한 갈등과 고민을 어찌 '벼슬길에 나아가면 천하를 구하고, 벼슬길이 막히면 홀로 수양한다達則兼濟天下, 窮則獨善其身'라는 말로 다 형용할 수 있겠는가?

게다가 갈등은 여기서 그치는 것이 아니었다.

군신과 사제

이치대로라면 학자들이 사대부가 되고 싶은 이상은 원래 실현하기 힘든 것이라고 해야 옳다. 학자들은 나라를 위해 힘을 보태기를 원하고 국가 입장에서도 학자들이 통치에 도움이 되어 주기를 바란다. 군주는 관작을 수여하고 신하는 지식을 파니 양자에게 득이 되는 거래고, 군왕은 지우知遇를 얻고 신은 충성을 다하니 명쾌한 합의임에 분명했다. 언뜻 보기에 여기에는 불협화음이 생길 만한 소지가 전혀 없는 듯하다. 그러나 이러한 거래 혹은 공조 관계는 성공하기 힘들거나 본래의 취지와 어긋나는 경우가 많았다. 이유는 거래나 공조의 당사자들이 서로 다른 의도와 속내를 품고 있기 때문이다.

학자들의 입장을 먼저 설명해 보자.

중국 전통 사회의 학자들은 야심이 없는 듯하면서도 있었다. 그들의 야심은 크지 않았지만 그렇다고 아주 작은 것도 아니었다. 그들이 야심이 부족하다고 하는 이유는 기본적으로 황위를 찬탈해 권력을 차지하겠다는 생각을 하지 않았기 때문이다.

중국 역사상 개국 황제들은 대부분 군벌(예를 들면 조광윤)이거나 무뢰배(예를 들면 주원장)였다. 황위 찬탈을 시도했던 사대부로 왕망王莽이 있긴 하지만 성공으로 이어지지는 못했다. 증국번의 경우도 차라리 상군을 해산하고 고향으로 돌려보낼지언정 황제의 자리를 노리지는 않았다. 그러한 생각을 한다면 학자로서의 자격이 없었다. "분서갱유의 재가 채 가시지 않았거늘 반란의 불씨는 타올랐도다. 유비와 항우는 밤낮 책만 파는 학자가 아니었으니坑灰未冷山東亂, 劉項原來不讀書"라는 시구가 이를 입증해 준다. 훗날 제국의 통치자들은 학자들만의 이러한 암묵적 규칙을 이해하기 시작했고, 이에 따라 송나라 이후에는 문관의 지위가 무관보다 높아졌다.

비록 황제가 되고 싶은 욕망은 없었지만, 학자들은 황제의 스승이 되기를 간절히 원했다. '왕의 스승이 되는 것'은 중국 학자들의 최고 이상이었다. 제갈량이 지금까지 추앙을 받는 이유는 '제왕의 스승'이라는 강한 이미지 때문이다. 그가 「출사표出師表」에서 보여 준 "어진 신하를 가까이하고 소인을 멀리했기에 전한이 흥성할 수 있었으며, 소인과 친하고 현신과 거리를 두었기에 후한은 몰락하였습니다", "아무런 까닭 없이 폐하 스스로를 박덕하다 여기시고, 이치에 맞지 않는 비유를 끌어내 충간의 길을 막아서는 아니 됩니다", "한쪽으로 치우쳐 내외의 법이 달라서는 안 될 것입니다" 등의 조언은 황제를 위한 상주문이라기보다 지적하여 가르침을 주려고 하는 여운이 더 강하다.

그러나 이는 특별한 시기(천하가 삼분되고 익주益州가 쇠미한 상황)에 특별한 인물(황제가 목숨처럼 아끼는 개국 공신)이 특별한 목적(한나라와 역적은 양립할 수 없고, 왕업은 천하의 한 모퉁이에서 만족할 수 없다는 취지)으로 취한 것이라 가능했지 일반적으로 적용될 수 있는 사례가 아니다.

일반적으로 황제는 학자들을 신복臣僕으로만 생각했다. 그나마 좀 나으면 충신, 수완가, 맹장, 총신寵臣 대접을 받으나, 열악한 상황에서는 군주의 장난감으로나 보이기 쉽다. 황제의 스승 노릇을 한다는 것은 어림도 없는 소리였다. 설령 실제로 황제를 일깨우는 스승이 되었다 하더라도 예우가 조금 더해질 뿐, 잘못하면 바로 잘리는 신세가 되었다(예를 들면 옹동화翁同龢). 그러니 평생 황제의 스승으로 남겠다는 생각은 하지 않는 편이 낫다.

만일 황제가 학자 출신이거나 스스로 스승이 되기를 자처한다면 문제는 더욱 꼬인다. 독선적이고 교만한 황제가 대권까지 장악했으니 자기보다 잘난 인재를 쉽게 용납하지 못할 것이다. 이러한 상황이라면 관리들은 황제가 천하제일의 지도 스승임을 인정해야 하며, 황제가 항상 옳다고 치켜세워야 하고, 언제 어디서든 황제가 트집 잡을 것에 대비해야 한다.

황제가 성상聖上으로 군림한다면, '스승'까지 못할 것도 없지 않은가? 전시殿試에 통과한 진사들을 '천자의 문생'이라고 부른 것도 다 이런 이유에서였다. 그러니 황제들은 마음만 먹으면 얼마든지 스승 노릇까지 할 수 있었다.

강희제, 옹정제, 건륭제가 바로 대표적인 경우다. 그나마 강희제는 좀 나아서 학식이 뛰어난 데다 동서양의 사정에 밝은 편이었다. 게다가 청나라 귀족들이 중화 문화에 애착을 가지던 '밀월기蜜月期'에 황위에 있었기 때문에 학자들에게 관대하고 정중하게 대했다. 물론 반목하고 틀어지는 경우가 전혀 없었던 것은 아니다. 학문과 기품 면에서 강희제보다 못했던 옹정제는 학자들에게 각박하고 잔혹했다. 하지만 그가 행한 문자은 정적들에게 본때를 보여 주기 위한 목적에 불과했다.

건륭제에 이르자 상황은 더욱 난감해졌다. 건륭제는 자부심을 넘어선 오만과 어긋난 질투심의 소유자였다. 때문에 그 시대에 행해진 문자옥은 그 어느 시대보다 강도가 세고, 빈도도 높았다. 그는 심지어 정신착란자들조차 탄압 대상으로 몰아넣었다. 그야말로 히스테리컬하고 병적이었다고 해도 과언이 아니었다. 이러한 상황에서 누가 감히 한가하게 황제의 스승이 되는 꿈을 꿀 수 있었겠는가? 그것은 죽음을 자초하는 것이나 다름없었다.

중국 전통 학자들은 간절한 보국의 심리 때문에 목숨을 잃는 화를 자초하는 경우(대표적인 예가 악비岳飛다)가 종종 있었다. 이것이 바로 그들이 '출'과 '처'라는 딜레마에서 방황할 수밖에 없었던 이유다. 입세를 고려하지 않을 수도 없었다. 문천상, 사가법 같은 사대부는 수적으로 많지 않았지만 모든 학자들의 본보기였다. 다시 말해, 학자들의 인격 형성과 도덕적 수양은 '우국충정'이 전제된 모델에 근거하여 행해졌다. 배운 것을 실천으로 옮기는 지행합일知行合一을 실현하고, 벼슬에 나아가 '수신제가평천하'의 경지에 이르는 것이야말로 그들의 이상이자 본분이었다.

또한 이것은 곧 도연명의 삶을 따라가서는 안 되는 이유이기도 했다. '대장부는 본디 스스로 포부 펼치기를 중히 여겨야 천자가 각별히 기쁜 얼굴로 맞이한다'는 말도 있지 않은가. 역대 황제들은 내심 식자識者들을 홀대했지만, 겉으로는 어진 신하에 대해 겸손하고 예를 갖추려고 노력했다(한나라 지방관들은 조정에 인재를 천거하지 않을 경우 처벌을 받아야 했다). 이 정도만으로도 많은 학자들은 충분히 감격하며 황제와 나라를 위해 일방적 희생을 기꺼이 감내하고자 했다.

동시에 학자들은 퇴로를 감안하지 않을 수 없었다. 선인들이 경험했던 숱한 시행착오로 보건대, 전통 사회의 학자들은 퇴로를 마련하기가 여의치 않았다. 도연명은 하나의 개별 사안일 뿐이고, 다른 사람들은 기껏해야 도연명의 흉내를 낸 것일 뿐이었다. 나는 중국의 백성들이 세 가지 꿈을 품고 있다고 말했었다. 즉, 현군을 향한 꿈, 청렴한 관리에 대한 꿈, 협객에 대한 꿈이다. 황제에게 기대할 것이 없다면 청렴한 관리들에게 기대하고, 관리들에 대한 믿음이 깨지면 협객에게 희망을 건다. 협객에게조차 희망을 걸지 못하면 무협 소설에서 대리 만족을 꾀하는 수밖에 없다. 결국 갈수록 기대와 희망이 사라지는 셈이다.

중국의 학자들에게도 세 가지 희망 사항이 있었다. 황제의 스승이 되고자 하는 꿈, 현명한 신하가 되는 꿈, 은둔지사가 되는 꿈이 그것이다. 황제의 스승이 될 수 없다면 현명한 신하가 되고자 하고, 현신이 될 가능성이 없다면 차라리 은둔지사가 되고자 했다. 은둔지사마저 될 수 없다면 초야에 파묻혀 은일隱逸의 신세를 한탄하는 시나 읊조리고 있어야 하니 절망 그 자체가 아니고 무엇이겠는가?

그렇다면 중국의 학자들에게는 정말 출구가 없었던 것일까?

출로와 대책

출로는 있었다. 단 조건이 있었다. 조건은 선택 가능성이다. 즉, '조정'에 대한 선택 가능성과 '방식'에 대한 선택 가능성이다. 진시황이 천하를 통일하기 전에는 첫 번째 가능성이 존재했다. 그때 사인이 관직 사회에 들어가고(예를 들어 장의, 소진) 나가는 것(예를 들면 노자, 장자)은 비교적 자유로웠다. 입세를 한 학자들은 굳이 출세를 퇴로로 삼을 필요가 없었다. 어차피 이 나라 저 나라를 옮겨 다니며 마음에 드는 군주를 골라 섬길 수 있었기 때문이다. 게다가 당시 사인들은 제후국들의 운명을 결정할 만큼 영향력이 커서 몸값이 꽤 높았다.

하지만 진나라 시대 이후 이러한 가능성은 종적을 감췄고, 이 가능성은 곧 국가의 분열을 의미하기 때문에 차라리 존재하지 않는 편이 나았다. 대신 방식을 선택할 수 있는 가능성이 주어졌다. 이는 두 가지를 포함하는데, 하나는 사회 정치에 참여하는 방법의 다양성이고, 다른 하나는 개입의 여부, 참여 여부, 관심 표출 여부를 스스로 결정하는 선택의 다양성이다. 물론 여기에는 관직을 하고 안 하고의 선택도 포함되어 있었다. 이 두 가지 다양성이 허용된다면, 사실 나아감과 물러남의 문제는 논의의 대상이 아니다.

원래 출처는 문제의 소지가 될 것도 없었다. 『역경易經』에 이르기를 "군자의 도는 나아가기도 하고 물러나기도 하는 데 있다"고 했다. 『삼국지三國志』「위지魏志」에도 "비록 처지는 다르지만 벼슬에 나아가고 물러남에는 저마다 취할 바가 있다"는 구절이 나온다. 여기서 알 수 있듯이 당시 반드시 벼슬에 나아가야 한다고, 혹은 벼슬과 거리를 두어야 한다고 강요하거나 규정 짓는 사람은 없었다.

입세와 출세가 모순 관계로 변한 이유는 학자들이 정치에 개입하고 참여하고 싶어도 그 방법이 벼슬이라는 한 가지로 국한되었기 때문이다. 이 문제를 해결하려면 벼슬길이 더 이상 두렵고 험난한 길이 되지 않도록 하거나 벼슬 이외에 다른 길이 열려야 했다.

이를 위해서는 사회의 변혁이 필요했다. 중국 역사상 지식인 계층의 운명과 직접적으로 연관되었던 중대한 사회 변혁은 세 번 있었다. 첫 번째는 서주 봉건 시대에 부락이 무너지고 방국 제도가 설립되면서, 지식인들이 무당의 신분에서 사로 전환되었던 때다. 두 번째는 진나라의 통일 후 방국 제도 대신 전제 정치 제도가 시행되면서 사가 학자로 변했던 때다. 세 번째는 신해혁명으로 전제주의가 사라지고 공화제가 도입되어, 학문을 익힌 계층들이 학자에서 지식인으로 변모했을 때다.

앞서 이미 언급했듯이 지식인의 개념은 지식과 아이디어로 생계를 도

모하는 집단을 광범위하게 일컫는다. 과학자, 엔지니어는 물론 교사, 의사, 편집자, 기자, 문학가, 예술가도 모두 이 집단에 속한다. 이는 지식을 발휘할 수 있는 길이 단지 벼슬길 한 가지만 있는 게 아니라는 뜻이다.

사회 정치 문제에 개입하고 참여하고 관심을 표출하는 길도 다양화되었다. 이는 언론, 출판과 같은 현대적 제도가 도입되었기 때문이다. 여기에는 인쇄 제도, 매스컴, 원고료(판세) 제도, 언론의 자유와 저작권을 보장하는 법률적 제도(헌법과 저작권법)가 포함된다. 이러한 제도가 뒷받침되면서 지식인(국민들 포함)들은 사회 정치 문제에 대한 견해를 자유롭게 피력하고, 이러한 방식으로 공적인 일에 개입, 참여할 수 있게 되었다. '사회적 양심과 정의'를 살려 나라와 국민을 향한 충정과 애국심을 한껏 발산할 수 있을 뿐 아니라 그로 인한 보상을 얻을 수도 있으니, 정치와 경제 두 부문에 대한 걱정을 없앨 수 있었다. 게다가 개입과 참여 여부를 스스로 결정할 수 있어 물러섬과 나아감에 있어서도 꽤 자유로웠다. 루쉰魯迅, 후스胡適도 그런 경우였다.

이러한 전제하에서 입세와 출세가 더 이상 고민거리로 남아서는 안 된다. 만일 여전히 문제가 된다면, 이는 지식인 자신의 신상에서 발생하는 문제일 것이다. 예를 들면 더 이상 천하를 자신의 소임으로 여기지 않거나, 열정이 부족하거나, 결점을 들춰내 통렬히 비난할 의욕을 잃었을 수도 있다. 전통 사회 사대부와 학자들의 서생 기질이 사라져도 이들이 '의지'를 갖는 것은 매우 중요하다. 그러한 의지가 희석되면 학자든 사대부든 지식인이든 더 이상 사회적 양심과 정의의 편에 서지 못할 것이기 때문이다. 의지가 없다면 이들은 그저 기계적인 정신노동자, 심지어 줏대 없는 앵무새로 전락하게 된다.

오늘날 사회는 전문화, 분업화, 다양화되어 더 이상 전통 사회처럼 지식인들에게 정치에 적극적으로 참여하기를 요구하지 않는다. 그들에게 정치, 윤리에 관한 책만 읽어야 한다고 강요하지도 않는다. 오늘날의 지식인들은 각기 다양한 영역에 터를 잡고, 국가와 민족의 더 나은 미래를 위해 헌신하고 있다. 그러나 비록 신분이 변하고 일이 달라져서 과거의 학자나 사대부의 모습에서 탈피했더라도 과거 학자들의 '의지'와 사대부들의 '절개'는 계승하고 보전해야 한다.

쯔중쥔도 "대규모 군대라도 흐트러지면 장수를 잡을 수 있지만, 필부라도 의지가 굳으면 아무리 해도 꺾을 수 없다"는 공자의 명언을 강조했다. 그는 허점투성이였던 사대부들이지만 그들의 자존심과 의지만큼은 소중하고 가치 있는 전통이라고 여겼다. 쯔중쥔은 한 토론회에서 이렇게 지적했다.

"웅변雄辯의 힘은 확고한 신앙에 있습니다. 크게는 철학 사상에서 작게는 구체적인 문제 하나를 해결하는 방안에 이르기까지, 자신의 견해가 옳다는 믿음이 있어야 최선을 다해 사람들을 고무시키고 설득시킬 수 있습니다. 이러한 자기 확신을 버리는 것은 결국 토론의 영혼을 떼어내는 것과 같습니다."

그녀의 의견에 적극 동감하며 나도 한마디 더한다면, 지식인의 힘(인격적 매력 포함)은 지식이 아니라 신념에 있다고 말하고 싶다. 지식 자체는 결코 힘이 아니다. 거기에 신념이 더해져야 힘이 생긴다. 지식에 대한 이러한 신념은 지식인들의 행동과 인생철학에 드러나게 마련인데, 이것이 바로 그들만의 '학문적 자존심'이다. 이러한 의지를 상실하는 것은 결국 지식인으로서의 영혼을 포기하는 것이나 다름없다. 하지만 이러한 의지는 원래 지식인들의 입세 콤플렉스에서 비롯된 것이다. 때문에 학자들에게 입세와 출세가 문제가 되어서는 안 될 때 그녀가 그 문제를 심각하게 고민한 것이 아닐까?

제10장

천년의 꿈

예전에 소유했던 것

문인들이 무협에 관한 주제를 다룬다면 다소 익살스러울 수도 있다. 문인과 무협은 언뜻 보기에도 불협화음이다. 무공을 수련하는 사람들은 대개 교양 수준이 떨어지고, 학문을 하는 사람들은 으레 약골의 이미지를 벗어나지 못한다. 학자들 중에 무예 실력까지 겸비한 인물은 없었을까? 물론 있지만 많지는 않았다. 대부분 닭 한 마리 붙들어 맬 힘도 없이 골골했다. 설령 대단한 실력을 소유했다 해도, 지붕과 벽을 날아다니거나 현란한 검술을 구사한다거나 할 수는 없었다.

1990년 초 베이징대학교의 교수 천핑위안陳平原은 광저우 기차역에서 눈 깜짝할 사이에 여행용 가방을 도둑맞았다. 너무 순식간에 벌어진 일에 기가 막힌 그는 소리만 질러 댔다. 더욱 희극적인 요소를 더한 것은 그 가방에 담긴 것이 다름 아닌 무협 소설을 연구한 자료와 초고들이었다는 점이다. 평소 무협 소설을 섭렵하고, 양미간에서 영웅의 기운까지 뿜어내던 그가 정작 소매치기 하나 잡지 못하고 쩔쩔맸던 것이다. 어느 호사가는 그를 대신해 '기차역에서 강도를 만나니 펑위안은 일찍이 무공을 닦지 않은 것을 한스러워 했다'고 말하기도 했다. 참으로 웃지도 울지도 못할 난감한 에피소드였다.

천펑위안이 무협 소설의 유형을 연구해서 펴낸 작품을『천고문인협객몽千古文人俠客夢』(人民文學出版社, 1992년)이라고 명명한 데는 분명 깊은 뜻이 내포되어 있는 듯하다. 근래 들어 베이징대학교에는 무협 마니아들이 많아지면서 한동안 무협 열풍이 불었다. 그러나 정확한 사고와 치밀한 연구에 근거해 무협에 대한 객관적인 지론을 펼치는 데는 천펑위안이 단연 선두 주자였다.

중국인들은 학문을 할 때 심혈을 기울이고 몰입하는 경향이 있다. 마누라가 예쁘면 처갓집 말뚝을 보고도 절한다고 하듯이, 한번 콩깍지가 씌면 주변 인물이나 사물까지 좋아 보이거나 정이 생기게 마련이다. 그래서 뭔가에 흠뻑 빠지면 그것이 최고라고 여기는 것이다. 김성탄金聖嘆(중국 명대 말기, 청대 초기의 문학 비평가-옮긴이)을 연구하는 사람은 그를 천하제일로 여길 것이고, 왕부지를 연구하는 사람들은 왕부지를 세상에 둘도 없는 인물로 꼽을 것이다. 또한 무협 소설을 연구하는 사람들은 종종 자신도 의협심이 강한 고수가 된 듯한 착각에 사로잡힌다.

사실 천펑위안은 협객이 되려면 못 될 것도 없었다. 그의 먼 조상인 평원군平原君(전국 시대 4대 공자 중 하나-옮긴이)이 '유협 세계'와 꽤 인연이 깊었기 때문이다. 그러나 천펑위안은 과거의 인연 때문에 평원군을 자처하지 않았다. 오히려 소위 '무협'은 하나의 꿈일 뿐이라고 공언했다. 게다가 이러한 꿈은 문인들이 종이 위에 꾸며 낸 이야기다. 무협 소설을 대개 '통속 소설' 혹은 '대중문화'로 보는 시선이 많지만 말이다. 소위 '천고문인협객몽'은 그런 의미로 해석해야 할 것 같다.

여기서 세 가지 의문점이 생긴다. 첫째, 무협은 꿈인가? 둘째, 그렇다면 그것은 어떠한 형태의 꿈인가? 셋째, 원래 무력으로 이루었던 그 꿈이 어째서 문인들에 의해 새롭게 꾸며졌을까?

첫 번째 문제에 대한 해답부터 찾아보자.

무협은 꿈인가? 그렇다. 이 말은 역사적으로 유협이나 협객이 전혀 없었다는 뜻이 아니다. 유협이나 협객은 분명 존재했다. 사마천과 반고도 열전을 써서 그들의 행적을 후대에 전했다. 그러나 사마천과 반고는 그들을 '무협'이라 부르지 않고 '유협'이라고 불렀다. 이들은 세상을 압도할만한 전공이 있었던 것도 아니고 직접 검을 잡지도 않았다.

칼을 움직이는 것은 자객이었다. 자객은 은밀히 사람을 죽이는 자들이므로 무예가 출중해야 했다. 무공이 탄탄하지 못하면(예를 들면 형가荊軻) 실패할 가능성이 높다. 그러나 자객이 반드시 협객들과 어울리는 것은 아니다. 일례로 춘추 시대 오나라의 자객 전제專諸는 공자 광光의 황위 찬탈을 위해 폭군 요왕을 죽였는데, 이는 의협심과는 거리가 있는 행동이었다.

협객은 정반대다. 협객은 무협의 세계를 떠돌되 반드시 사람을 죽이지는 않았다. 한나라 초기 중원에서 명성이 자자했던 대협 주가朱家도 사람을 해치지 않았다. 또 다른 대협 곽해郭解는 비록 젊은 시절 많은 이들을 죽였으나, 나중에는 회개하여 검소하게 지내고 덕으로써 원한을 갚았으며 욕구를 자제하고 널리 베풀 줄 알았다. 그때서야 그는 사람들에게 대협이라 인정받았고 명성을 누리기 시작했다. 무자비로 사람을 죽이던 시절에는 세상 물정에 어두운 얼뜨기 취급을 받았다.

이로써 협객과 자객이 본질적으로 다르다는 사실을 알 수 있다. 협객은 의협심을 발휘하되 꼭 칼을 사용하지는 않았고, 자객은 검을 휘두르되 의협심이 전제될 필요는 없었다. 즉, 협객은 의협심을 기본 전제로 하되 무력을 사용할 수도 있었고(곽해), 사용하지 않을 수도 있었다(주가). 자객의 경우 무력으로 은밀히 남을 해치되 의협심이 있을 수도(형가), 없을 수도 있었다(전제). 협객에게 '협俠(의협심, 기개, 협골)'은 '무武(무공, 무예, 무력)'보다 중요하다. 협객과 무뢰배도 본질적으로 차이가 있다. 간단히 말해서 협객은 선의 편에 섰지만 무뢰배는 악을 추종했고, 협객은 정의를 받들어 의로운 일을 했지만 무뢰배는 온갖 악행과 주먹질을 일삼았다. 두 무리 모두 강호를 무대로 활동했으나, 이들 사이에는 큰 차이가 있었다. 협객은 협의를 소임으로 삼기 때문에 카리스마와 패기로 무장되어 있었다. 하지만 무뢰배는 그렇지 않았다. 질 낮은 무뢰배들은 애초에 패기, 기상과는 거리가 멀었다. 건달, 무뢰한, 부랑자, 악당 등은 뻔뻔스러움, 비열함, 사악함밖에 내세울 게 없었다.

그나마 조금 수준이 있다는 무뢰배들에게는 나름의 리더십과 카리스마가 있었지만, 이는 패기라기보다 패도覇道(인의를 가볍게 여기고 무력과 권모로 천하를 다스림-옮긴이)였다. 같은 '패覇'라도 무뢰배가 '악패惡覇'에 가깝다면 협객은 남을 위해 힘과 권력을 휘두르는 '선패善覇'에 해당했다. 결국 진정한 협은 무력과 폭력을 남발하는 것이 아니라 도덕적 역량과 인격을 숭상하는 것이다. 진정한 협객은 공명과 부귀영화가 아니라, 도덕적 이상과 완성된 인격을 추구한다.

사실 '협'은 신분(협객)을 나타내기도 하나, 하나의 정신(의협심)을 뜻한다. 따라서 유협들뿐 아니라 귀족과 관원들도 의협심을 중시했다. 일례로 장량張良, 계포, 두영 등도 한때 '임협任俠'으로 활약했다. '임협'이란 의협을 본분으로 삼는 사람을 말한다.

임협이 되기 위해서는 세 가지 조건이 충족되어야 한다. 첫째, 자신의 몸을 버리고 남을 위하는 정신을 발휘해 재난에서 타인을 구하고 구휼해야 한다. 둘째, 말과 행동에서 신뢰를 주고 한번 한 약속은 철저히 이행하여 언행일치를 일상화해야 한다. 셋째, 능력을 자랑하지 않고 공덕을 세워도 과시하지 말고 적당히 물러설 줄 알아야 한다.

서한 시대의 대협 곽해는 바로 이러한 임협의 전형이다. 사마천에 따르면, 곽해는 타인의 부탁을 받았을 때 그가 감당할 수 있는 것이라면 즉시 나서서 처리해 주었지만, 자신의 능력 밖인 무리한 부탁은 청탁한 사람을 잘 설득해 스스로 마음을 돌리게 했다. 게다가 임무를 완전히 수행하거나 정중하게 부탁을 거절해 서로의 기분이 풀린 후에야 상대방의 답례를 받아들였다.

또 다른 대협 주가는 도덕적으로 한층 더 성숙한 인물이었다. 그가 생명을 구해 준 사람의 수가 유명 인사만도 몇백은 족히 넘었고, 그 외 일반 백성들도 수천에 달했다. 정작 자신은 쓸 만한 재산 하나 없이 후줄근한 옷을 입고 조촐한 음식으로 끼니를 때우면서도, 한때 자신이 구해 주었던 사람과 우연히 마주치기라도 하면 행여 부담을 느낄까 봐 얼른 숨어 버렸다. 더욱이 도움을 준 상대방이 부유해지기라도 하면 은혜 갚기를 바라기는커녕 평생 피해 다녔다.

극맹은 누군가 도움을 청하러 오면, 몸을 사리지 않고 내 일처럼 나서기로 유명했다. 그는 집에 있으면서 없는 척하거나 '부모님이 계셔서 멀리 나갈 수 없다'는 등의 비겁한 핑계를 대지 않았다. 이 때문에 당시 조정의 일부 대신(예를 들면 주아부)이나 사회의 유명 인사(예를 들면 원앙)들이 극맹과 더불어 생사지교生死之交(생사를 함께 하는 친구나 우정-옮긴이)를 맺기를 원했다. 한때 대관을 지낸 적이 있었던 원앙은 두영과 함께 조정 내 임협으로 불렸다. 그들에 관한 이야기는 앞에서 이미 서술한 바 있다.

이것이 바로 '협'의 진정한 색깔이다. 중국 역사 속에서도 진정한 '협'들은 분명 존재하고 있었다. 조정의 협사俠士(원앙, 두영)든 강호를 떠도는 협객(극맹, 곽해)이든 이들은 모두 의협심이라는 공통분모를 가지고 있었다. 더군다나 당시에는 조정과 강호의 경계 구분이 모호해서 협사와 협객들끼리 서로 어울리며 그들만의 친분과 의리를 공유했다.

노나라의 협객 주가도 초나라의 협사 계포를 도운 적이 있었다. 계포역시 임협으로 둘째가라면 서러울 인물이다. 원래 항우 수하의 장군이었던 그는 꽤 여러 차례 유방을 궁지로 몰아넣은 전력이 있었다. 그래서 유방은 항우군이 패한 후 현상금 천금을 걸어 계포를 수배하고, 그를 숨겨 주는 사람이 있으면 삼족을 멸할 것이라고 공언했다. 쫓기는 신세가된 계포는 할 수 없이 친구의 제안에 따라 삭발하고 목에 칼을 써 죄수로 변장했다.

영락없는 죄수 행색을 한 그가 팔려 간 곳은 공교롭게도 주가의 집이었다. 주가는 단번에 그가 계포임을 알아봤지만 누구에게도 발설하지않았다. 얼마 후 주가는 수레를 몰고 낙양으로 가서 유방의 측근인 하후영을 은밀히 만나 계포의 사면을 부탁했다. 계포는 결국 하후영이 유방을 설득해 목숨을 구할 수 있었다. 그 후 유방의 용서를 받은 계포는 낭중으로 발탁되고, 훗날 하동태수로도 임명되었다. 그러나 주가는 그 후로 다시는 계포와 만나지 않았다. 진정한 협이란 일이 성사된 후 알아서 물러나고 보답을 구해서는 안 된다는 본보기를 몸소 보여 준 사례다.

　이러한 의협심과 의리는 모든 이들이 동경하는 대상이지만, 황제들에게는 환영받지 못했다. 협객의 존재가 이상으로 바뀔 수밖에 없었던 이유도 조정과 관리들의 끊임없는 억압과 매질 때문이었다.

02

유협의 맥이 끊어지다

협에 대한 억압이 언제부터 시작되었는지는 분명치 않다. 이는 최초의 협객이 누구인지를 알아내는 것만큼이나 어려운 일이다. 하지만 적어도 한비자가 살았던 시대에 이미 그런 징조가 나타나고 있었음은 확실하다. 한비자는 "유자儒者는 문文으로써 세상을 어지럽히고, 협자俠者는 무武로써 세상을 문란하게 한다"고 주장하며 군주들에게 그들의 씨를 말려야 한다고 간언했다.

사실 한비자가 말을 꺼내지 않았더라도 안정된 제국을 원하는 제왕들은 어떻게든 손을 썼을 것이다. 그들에게는 자객은 물론 협객도 반갑지 않은 존재들이었다. 전문 킬러였던 자객은 시비是非 개념이 전혀 없었다. 그들은 살인의 정당성 여부를 떠나서 자신을 고용한 군주에게만 충성하면 그만이었다. 자객을 고용한 군주 역시도 살해의 정당성은 따지지 않고, 죽일 수 있는지 여부에만 관심을 두었다. 만일 무림의 고수를 사들임으로써 황위를 찬탈하거나 황제에게 품은 원한을 씻을 수만 있다면, 국왕과 황제도 얼마든지 자객들의 블랙리스트에 오를 수 있었다.

자객이 세상에 존재하는 한 황제들은 늘 죽음의 위험에 노출되어 있었다. 진 시황도 하마터면 형가의 칼에 맞아 죽을 뻔하지 않았던가? 설령 그들이 황제를 죽이지 않는다 해도 조정에서 그들의 존재를 허용하기는 힘들다. 세상이 자객으로 들끓어 암투와 살인으로 얼룩진다면, 과연 조정의 권위가 온전히 버텨 낼 수 있겠는가? 생사여탈권은 국가가 쥐고 있어야 하는 것이 아닌가? 그러니 황제가 자객을 적대시할 수밖에 없었다. 오늘날 같은 민주 국가에서도 자객은 여전히 달갑지 않은 불청객이다.

그렇다면 도덕적 이상과 인격의 완성을 추구하는 협객들은 왜 눈엣가시로 전락했을까? 중국 역대 통치자들은 하나같이 '덕으로써 나라를 다스린다'고 했다. 당연한 이치지만, 여기서 분명히 해 둘 것은 치국의 주체가 누구인가 하는 것이다. 왕조 시대 국가의 통치권은 누가 쥐고 있었는가? 당연히 협객은 아니다. 협객은 일반 백성이지 관리 신분이 아니었다. 그들은 지배자가 아닌 피지배자였기 때문에, 아무리 도덕성이 뛰어나도 나라를 다스릴 수 없었다.

중국 전통 사회의 도덕은 명분을 굉장히 중시하므로 '윤리倫理'라고 불리기도 했다. 윤리에는 존비尊卑의 질서가 존재하고 관료와 백성 사이에 등급이 있어, 신분에 따라 서로 다른 덕목(예를 들면 임금은 인자하고 신하는 충성하며, 아버지는 자애롭고 아들을 효성스러워야 한다는 것이다)이 적용된다는 전제 조건이 깔려 있다. 일개 백성에 지나지 않는 협객에게 요구되는 덕목은 조정, 황제에 대한 충성과 안분지족安分知足의 미덕이었다. 오지랖을 과시하며 약자를 위한 정의를 운운하는 것은 그들에 대한 요구 범위를 한참 넘어서는 것이었다. 그러므로 도덕심과 정의감이 남다른 협객들은 권력층에게 늘 껄끄러운 존재였다.

협객이 황제들의 눈 밖에 난 이유는 바로 그들의 도덕성과 인격 때문이었다. 도덕과 인격은 대단한 응집력을 지닌다. 중국의 전통 문화와 전통 정치는 도덕과 인격의 응집력을 가장 중시한다. '덕으로써 상대를 설득한다'나 '부드러움으로 원대한 포부를 펼친다'는 말도 이러한 맥락에서 나왔다. 그러나 왕조 시대에는 이러한 응집력이 왕조나 황제의 특권이 되어야 했다.

하지만 서한 초기에는 협객의 파워와 응집력이 황제와 조정의 세력을 훨씬 능가했다. 주가의 경우는 그 명성이 하늘을 찌를 듯하여, 수도 동쪽의 영웅호걸들 중에 그와 친분 맺기를 원하지 않는 자가 없었다. 극맹도 명성이 자자했다. 주아부는 반란 진압 과정에서 그의 도움을 받았는데, 막강한 세력의 적국 하나를 손에 넣은 것처럼 든든하다고 할 정도였다. 곽해도 교제 범위가 넓기로 유명했다. 공경대부는 물론 각 군현의 관리들이 앞다투어 그에게 충성을 맹세할 정도였다. 계포 역시 두터운 인맥을 자랑하여, 천 리 안에 있는 협객과 장사들 모두가 그를 위해 희생을 감수하겠다고 나섰다.

이는 분명 국가의 금기를 깨는 행위였다. 개국 공신이나 충신이라도 황제의 권위를 위협할 정도로 기가 세고 공로가 대단하면 목숨을 부지하지 못하는 세상에, 일개 평민의 세력 확장을 황제가 용인할 리 없었다.

협객들이 이와 같은 위엄과 명망을 누릴 수 있었던 데는 그들만의 강한 의리, 목숨을 아끼지 않고 약속을 사수하는 듬직함, 불의에 과감히 나서는 대범함, 고통에 허덕이는 약자를 구하고자 했던 정의감, 위험을 무릅쓰고도 보상을 바라지 않는 순수한 희생정신 때문이었다.

사마천도 주가, 극맹, 곽해와 같은 자들의 행동은 정통 관념에 부합하지 못하고 왕법을 거스르는 경우가 많았으나, 개인적 품성 면에서는 나무랄 데 없어 명성에 누가 되지 않았고, 많은 이들의 추앙을 받을 만한 자격이 충분하다고 여겼다. 그러나 협객이 모두 그들처럼 행동한 것은 아니다. 정의의 편에 선 협객들이 있는가 하면, 약자를 속이고 권세를 악용해 협잡과 난도질을 일삼는 자들도 있었다. 그러니 협객들을 색출해 진압할 수밖에 없었던 조정의 입장도 충분히 납득이 간다.

서한 초기 협객들은 옥석이 가려지지 않고 한데 뒤섞여 있어, 암흑사회를 방불케 했고 종종 권세가들과 결탁했다.『한서』「유협전遊俠傳」에서는 당시의 실상을 이렇게 묘사하고 있다.

"대代나라 재상 진희陳豨는 천승의 수레를 거느리고, 오비, 회남은 수천 명의 빈객을 불러들였다. 외척 대신 위기魏其, 무안武安 등은 수도 지역을 손에 넣기 위해 각축을 벌이고, 평민 출신의 유협 극맹, 곽해 무리는 저잣거리에서 질주했다."

오비는 오왕 유비이며, 회남은 회남왕 유안劉安을 말한다. 그들은 대나라 승상 진희와 마찬가지로 반란을 일으켰던 전력이 있었다. 위기후魏其侯 두영과 무안후武安侯 전분田蚡은 비록 노골적으로 반란을 도모하지는 않았지만, 역시 만만히 볼 수 없는 위험인물들이었다. 은밀히 사병을 양성하고 호협들과 결탁하고 있었기 때문이다. 이 역시 조정을 거역하는 행동이었다. 게다가 조정 중신의 신분으로는 공공연하게 사적인 교제를 할 수 없었기 때문에, 반란을 위해서 폭력 성향이 다분하거나 폭력 조직을 형성하고 있는 유협들에게 은밀히 끈을 대는 경우가 많았다.

그러니 유협에 대한 진압은 필수였다. 그나마 관대한 성품을 지녔다는 한 문제와 경제조차도 그들의 횡행을 좌시하지 않았다. 실제로 한 문제는 진작부터 협객들을 옥죄고 있었다. 곽해의 아버지도 문제의 손에 죽음을 당했다. 경제도 유독 유협에 대해서는 가혹한 처벌을 아끼지 않았다.

그러니 한 무제는 오죽했겠는가? 그는 협객들에게 더더욱 인정사정 없었다. 곽해 또한 무제에게 주살되었다. 한 무제는 진작부터 곽해를 처단할 생각이었다. 그러나 적절한 기회를 잡지 못해 할 수 없이 그를 무릉武陵으로 이주시켰다. 당시 무제는 3백만 전 이상의 재산을 보유한 호족들은 모두 무릉 지역으로 강제 이주시키는 정책을 펼쳤다. 곽해는 3백만 전에 훨씬 밑도는 재산을 가지고 있었음에도, 역시 이주 대상자에 포함되었다. 대장군 위청이 그의 사정을 무제에게 대신 진언했지만 이는 오히려 역효과만 유발하고 말았다. 위청의 진언을 들은 무제는 눈살을 찌푸리며 이렇게 말했다.

"일개 평민이 대장군까지 움직여서 자신의 처지를 대변하게 하다니, 그 정도의 능력이라면 분명 대단한 권세와 재산을 지녔을 것이오."

결국 곽해는 이주민의 행렬에 동참하게 되었다. 이때 그와 인연을 맺었던 인사들이 떠나는 그를 전송하러 나왔는데, 그 수를 헤아릴 수 없을 정도였다. 게다가 그들이 전별금으로 모아 준 돈은 천만 전을 넘었다. 무릉으로 이주한 후에도, 관중의 수많은 호걸들은 그의 명성을 듣고 찾아와 앞다투어 인연 맺기를 청했다.

이처럼 시간이 가도 사태가 잦아들지 않고 오히려 수위를 넘어서자, 고관대작들은 진노했다. 한 무제가 충신 주부언主父偃의 제안에 따라 호족들을 무릉으로 이주시킨 주된 목적 중 하나는 지방의 비정부 세력을 약화시키기 위함이었다. 그런데 그들의 세력이 더 커지고 옹호자들도 오히려 많아지니 부아가 치밀었을 법도 하다. 추측건대 당시 한 무제는 분하고 괘씸한 마음에 이를 갈았을 터이다.

그런데 곽해를 주살할 기회가 생각보다 빨리 찾아왔다. 어느 날 한 유생이 곽해를 비방하는 말을 했다가 곽해의 부하에게 혀가 잘려 죽는 사건이 발생했다. 이는 곽해가 직접 지시하거나 행동한 것이 절대 아니었다. 사건 발생 후 범인의 행방이 묘연해지고, 곽해 역시 누가 저지른 일인지 감을 잡지 못했다. 어사대부 공손홍은 이를 빌미로 곽해를 도마에 올렸다.

"수하에 거느리는 부하가 저지른 사건의 내막조차 파악하지 못하다니, 이는 곽해 자신이 살인을 한 것보다 그 죄가 더 큽니다."

얼핏 들으면 황당하기 그지없는 궤변처럼 보이지만, 사실 이치에 완전히 어긋나는 것도 아니었다. 에피소드로 끝날 수 있는 작은 사건이긴 해도, 곽해가 직접 운신하지 않아도 하부에서 알아서 일을 처리할 만큼 그의 명성과 권세, 영향력이 막강해졌음을 의미하는 일종의 복선이기도 했다. 이는 이미 그의 영향력이 자신도 모르는 사이 통제권을 넘어섰다는 뜻이었다.

이치대로라면 그러한 권위를 가질 수 있는 자는 세상에 황제 하나뿐이었다. 황제는 두 사람이 동시에 차지할 수 있는 자리가 아니다. 결국 황제의 권위에 도전할 만큼 강한 세력을 형성하고 있던 곽해는 대역죄로 참수형에 처해지고, 그의 일족도 모조리 멸문당했다.

곽해는 진정한 '협'의 진수를 보여 준 최후의 일인자라 해도 과언이 아니다(량치차오는 중국의 무사도武士道는 공자孔子로부터 시작해 곽해로 마침표를 찍었다고 했다). 그 후 협객을 자처하는 자는 많았지만 대부분 사마천의 유협 기준에 부합하지 못하는 오만불손한 함량 미달자이거나 과거 주가와 같은 협객을 수치스러워하는 건달들이었다. 그렇지 않으면 아예 꼬리를 사리고 무에서 문으로 전향해 얌전한 샌님 이미지로 변해 갔다. 이로써 고대의 진정한 '유협' 정신은 더 이상 되살아나지 못했다. 반고 이후로 역사서에서도 협객 열전은 자취를 감췄고, 협객의 무대에는 두 번 다시 막이 오르지 않았다.

무엇을 향한 꿈인가

동한 이후로 정말 협객은 출현하지 않았을까?

역사서에 기재되지 않았다고 해서 실제로 전혀 존재하지 않았다고 단정 지을 수는 없다. 하지만 세 가지는 확실하다. 첫째, 진정한 협객이 존재했다고 해도 힘이 미약하거나 제각각 흩어져 있어서 그럴듯한 세력을 형성하지 못했다. 둘째, '협'의 정신이 남아 있다손 쳐도 그것의 계승자가 반드시 협객이라는 보장이 없다. 셋째, 협객의 등장 무대는 주로 문학 작품 속으로 옮겨졌고, 그 때문에 '무협 소설'이라는 새로운 문학 장르가 탄생했다. 다시 말해 사마천 이후 협은 일종의 현상에 지나지 않았고, 더 이상 현실이 아닌 이상일 뿐이었다.

그렇다면 어떠한 형태의 이상으로 존재했을까?

이에 앞서 사람들에게 왜 협객의 존재가 필요한지 되짚어 볼 필요가 있다. 누구든지 예측 불허의 재난에 처하거나 부득이하게 사면초가에 몰리는 때가 있게 마련이다. 사마천은 "완급緩急은 사람이라면 누구나 겪는다"고 했다. 여기서 '완급'이란 다급함, 난처함, 갑작스러운 재앙, 속수무책의 상황 등을 가리킨다. 이는 순 임금, 이윤伊尹, 관중, 공자와 같은 성현들도 피해 갈 수 없다.

힘없는 백성들의 경우 무예의 내공은 물론, 내세울 만한 권세도 없다. 더군다나 타락의 극치를 달리는 난세의 끝이라면 그들이 고통에 허덕일 가능성은 더욱 높아진다. 이럴 때일수록 민중들은 도움의 손길을 열망하고, 가능하면 그 손길의 주인이 '프로다운 마인드를 지닌 구세주'이길 바란다. 불의를 참지 못하고 용감하게 앞장서는 사람은 어느 시대든 존재한다. 하지만 그러한 용기를 한결같이 지켜 내기란 쉽지 않고, 사방을 누비고 다니며 불의의 해결사 노릇만 하는 것은 더더욱 불가능하다. 그러니 단순히 용감하기만 한 사람들을 믿고 안심할 수 없었다.

불안한 민중들이 든든하게 의지할 수 있었던 것은 바로 협객이었다. 그 이유로는 다음과 같은 점을 들 수 있다. 첫째, 협객들에게는 약자들을 구해 주는 것이 본연의 임무였다. 특히 임협들은 협의를 소임으로 삼는 자들이므로 전문적인 느낌을 강하게 풍겼다. 주가는 타인이 위급한 상황에 처하면 어김없이 달려갔고, 남의 고통을 자신의 사사로운 일보다 우선시하는 프로의 전형적인 모습을 보여 주었다. 둘째, 협객들은 대부분 믿을 만한 능력을 보유하고 있었다. 명망이 높아 거대한 세력을 형성하고 추종자가 줄을 섰거나, 탁월한 무공으로 일당백을 거뜬히 소화하거나, 기묘한 술법으로 상대를 교란시키는 데 능수능란했다. 때문에 사람들은 협객들이라면 위험으로부터 자신들을 구해 줄 것이라는 강한 확신을 품게 되었다. 셋째, 협객들은 위험과 고생을 감수하며 정의의 편에 서면서도 어떠한 대가나 보답을 바라지 않았다. 그들에게 신세를 졌다 해도, 심리적 부담을 가질 필요는 없었다. 이러한 민중의 우상을 어느 누가 반기지 않겠는가?

그렇다면 이러한 구세주들은 어디에서 찾아볼 수 있을까? 아마 신화 속에서나 존재할 것이다. 관음보살이야말로 이러한 영웅적 구세주의 전형적 형태다. 관음보살의 무한한 자비는 의로움을 추구하는 하나의 표현 방식이며, 천 개의 손과 눈은 중생을 구제하기 위한 의협의 조건에 해당한다. 또한 신통한 불법佛法은 협의 능력을 상징하고, 고통에서 중생을 구하는 것은 협의 취지와도 잘 맞아떨어진다. 그러므로 관음보살은 최고의 의협인 셈이다.

협객과 차이점이 있다면, 협객은 사람을 죽이는 데 반해(물론 악한 자들을 대상으로 한다) 관음은 살생하지 않는다는 것이다. 보살이 불가 승려의 신분으로 의협 정신을 적극 실천했다면, 협객은 염라대왕의 수법을 쓰되, 심성은 보살같이 너그러웠다. 협객과 보살은 모두 민중들이 꿈꾸는 구세주의 형상이었다.

후세의 협자들도 자타공인 민중의 구세주로 활동하긴 했지만, 호칭을 남용할수록 빈번하게 무력을 사용했다. 그래서 의협 활동 하면 무력이 먼저 떠오르게 되었고 결국은 '유협遊俠'이 '무협武俠'으로 변해 갔다. 그러나 이러한 현상을 받아들일 수밖에 없었다. 약육강식의 험난한 시대에 가난한 자를 돕고 약자를 구하려면 도덕적 감화와 설득만으로는 어림도 없었다. 그나마 주먹을 앞세우는 방법이 비교적 믿을 만하고 효과적이었다.

민중들을 구제하기 위해서는 능력이 있어야 했다. 여기서 능력이란 보살에게는 법기法器와 불법이었고, 협객의 경우는 무기와 무공이었다. 협객이 지녔던 검은 보살이 가지고 있던 표주박과 정병淨瓶(불전에 올릴 깨끗한 물을 담는 병-옮긴이)에 해당하며, 협객의 내공과 검법은 보살의 신통력과 광명에 견줄 수 있다. 그래서인지 소설 속 무협의 내공에는 예지력과 신통력이 점점 가미되었다. 오늘날 대부분의 무협 드라마도 신화의 틀을 따르고 있다.

협객은 구세주를 향한 염원인 동시에 영웅에 대한 향수이기도 하다. 이는 무협과 신화의 장르를 가르는 중요한 구분 선이다. 신화는 영웅에 대한 이상을 불어넣지 않는다.

외관상 영웅처럼 보이는 손오공도 사실은 영웅과는 거리가 멀다. 손오공은 악동에 불과했다가 후에 사악한 세력을 물리치는 구원자로 나섰다. 손오공은 천하를 주유하며 마침내 진경眞經을 구하고 정과正果(불교에서 말하는 올바른 깨달음의 열매-옮긴이)를 얻는 데 성공했지만, 그의 행적이 영웅의 모습을 닮지는 않았다. 손오공은 차라리 '신神'에 가까워서 칠정육욕七情六欲의 감정도 없었고 고난과 시련에 처하는 확률도 아주 적었다. 신적인 요소가 너무 강한 인물에게서는 인간적인 향기가 묻어나지 않는다. 그러므로 그들은 영웅의 자격 조건에는 더더욱 부합하지 못한다.

신화는 구세주에 대한 열망이나 어린 시절의 꿈, 혹은 과학에 대한 이상(천리안千里眼, 순풍이順風耳)에 가깝지 영웅에 대한 향수는 아니다. 여래불如來佛, 관세음, 철괴리鐵拐李(중국 도교 팔선八仙 중 하나-옮긴이), 여동빈呂洞賓(중국 도교 팔선 중 하나-옮긴이)을 영웅이라고 지칭하는 사람은 어디에도 없지 않은가. 설령 그들이 무협들의 무공을 훨씬 능가하는 법술을 부려 중생을 고통에서 구제했다고 해도 말이다.

그에 반해 무협들에게는 영웅적 요소가 필수 조건이었다. 무협은 원래 악을 제거하고, 간사함을 몰아내며, 정의를 회복하여, 세상을 보듬어야 할 책임이 있으므로 그 역할 자체가 영웅적 행위다. 만일 무협의 활약 시기가 혼돈의 난세이고, 그 적수가 만만치 않다면, 주인공의 영웅적 색채는 더욱 짙어진다. 적수가 만만치 않다는 것은 상대의 무예가 출중하다거나, 범접할 수 없는 권세를 지녔다거나, 위장술과 속임수에 능하다거나 하는 등의 여러 가지 상황을 내포한다. 이러한 적수들은 대개 사회에 심각한 독소를 퍼뜨리는 존재이므로, 영웅의 출현은 더욱 절실해진다. 그 상황에서 혈혈단신으로 사악한 무리들과 대적하여 상대를 무찔렀다면, 그 협객은 영웅 대접을 받지 않을 수 없을 것이다.

따라서 무협 소설은 실질적으로 영웅의 전기나 다름없다. 중국의 영웅전은 역사 소설과 무협 소설 두 가지로 나뉜다. 전자는 제왕이나 재상, 장군, 책사 등을 주인공으로 등장시키며 역사의 실존 인물(허구가 가미되기도 한다)을 모델로 하는 반면, 후자는 유랑민, 비적, 은사, 마적들을 주인공으로 내세우되 실존 인물이 아니어도 무방하다. 그러나 어떠한 장르든 일단 가치 있는 소재라면 주인공의 영웅 기질이 한껏 드러나게 묘사해야 한다. 영웅에 가까울수록 소설의 내용은 더욱 흥미진진해진다.

이른바 '협기俠氣'란 영웅적 기상, 용맹스럽고 대범한 기운을 뜻한다. 무협 소설에서는 주로 호방함, 거침없는 자유로움, 태연함, 풍류를 즐기는 초연함, 늠름하고 듬직한 풍채 등으로 협객의 이미지를 보기 좋게 다듬고 포장해 세인의 선망과 동경을 이끌어낸다.

무협에 더욱 열광하게 되는 이유는 그들의 생존 방식이다. 천핑위안은 그의 저서에서 '장검행협仗劍行俠(검에 의지해 협을 행함-옮긴이)', '쾌의은구快意恩仇(은혜는 은혜로 원한은 원한으로 갚음-옮긴이)', '소오강호笑傲江湖(강호를 비웃음-옮긴이)', '낭적천애浪迹天涯(천하를 유랑하며 궤적을 남김-옮긴이)'라는 표제어로 그들의 삶을 표현한 바 있다. 이는 '대협大俠'의 네 가지 조건이기도 하며 서로 내재적인 논리 관계로 얽혀 있다.

우선 대협은 선을 추구하고 악을 징벌하는 역사적 사명과 정의를 수호할 책임을 지니고 있으므로 함부로 행동할 수 없다. 때문에 검에 의존해 협을 행해야 한다. 검으로 협을 행하면 어느새 공이 쌓이고 명성을 떨치게 된다. 하지만 협객은 청렴한 관리(예를 들면 포청천包靑天), 대장군(예를 들면 위청), 공신(예를 들면 한신)들과 달라서 아무리 공명과 업적을 쌓아도 국가, 정부와는 상관없는 사적인 명예에 불과했다. 그래서 대협은 중간 수준의 성품을 지닌 혈기 넘치는 대장부가 제격이었고, 은원恩怨 관계를 확실히 처리할 줄 알아야 했다. 그러나 이처럼 은혜는 은혜로, 원한은 원한으로 되받아치면 타인에게 불쾌함을 사, 관부는 물론 강호에서도 그의 존재를 용납하지 않으려 할 것이다.

그러므로 유협에게는 강호 세계를 과감하게 비웃는 배짱이 필요했다. 강호를 비웃는다는 것은 결국 조정의 왕법이나 강호의 규율 같은 게임의 규칙을 무시하고 속박과 굴레의 틀에서 벗어남을 뜻한다. 이는 스스로 사회와 대립하겠다는 선전포고나 마찬가지다. 그러니 정착하지 않고 천하를 돌아다니는 것 외에는 다른 출구가 없었다. 정처 없이 떠돌아다녀도 그들로서는 두려울 게 없었다. 오히려 누군가의 손에 목숨을 잃는 그날까지 자유롭게 의협 활동을 할 수 있기 때문이다. 임무를 충분히 완수한 대협들은 죽음도 그다지 두렵지 않을 것이다.

무협 세계의 수수께끼를 풀기 위한 열쇠는 '장검행협', 이 네 글자에 숨어 있는 듯하다. 그중 가장 중요한 키워드는 대협들의 손을 떠나지 않았던 무기, 바로 검이다.

검의 비밀

천핑위안은 숱한 무협 소설들을 접하면서 한 가지 흥미로운 사실을 발견했다. 중국 전통의 병기는 보통 '십팔반十八般'이라고 해서 종류가 다양했는데도 대협들은 으레 검을 필수적으로 사용했다는 점이다. 심지어 '검협劍俠'이 '무협'의 대명사로 인식되기도 했다.

여기에도 나름의 이치가 있을 것이다. 천핑위안에 따르면 중국인의 마음속에서 검은 문화적 상징성을 지닌 병기 중 하나다. 검은 정의를 대표하며, 사악한 기운을 물리치는 도덕의 상징이었다. 따라서 덕이 있는 사람들만이 검을 얻어 손에 쥘 수 있었고, 검으로 정의를 수호할 수 있는 자격이 주어졌다. 또 검은 고귀함과 우아함을 내포하고 있어 한 사람의 기질과 품격, 품위를 대변하는 심미적 상징이기도 하다.

실제로 보검 한 자루를 허리에 차고 천하를 돌아다니면, 초연한 기품과 운치가 저절로 느껴진다. 반면 커다란 칼이나 도끼를 들쳐 메고 세상을 유랑하면, 살기등등하고 난폭한 기운만 감돌 뿐, 대협이라기보다 무식한 건달에 더 가까워 보인다. 게다가 검은 춤을 추는 데도 활용된다. 검무는 강건함의 매력이 발산되는 아름다움의 절정을 보여 준다. 이러한 경지가 바로 세인이 동경하는 영웅적 형상이다. 따라서 대협이라면 반드시 검을 다룰 줄 알아야 했다.

검이라는 병기는 문인들도 애지중지했다. 중국 고전 문학 작품을 읽다 보면 '검'이라는 글자가 심심치 않게 발견된다. 이백은 '검을 뽑아 사방을 둘러보노라'라고 했고, 신기질은 '등불을 들어 검을 보니'라고 읊었다. 심지어 낭만주의를 지향하는 송나라 완약파婉約派 사인詞人들조차 작품에서 '검'을 단골 소재로 채택했다. 천핑위안의 말처럼, 그들은 검의 기운을 빌려 표현의 진부함을 씻어 내는 오묘한 효과를 내심 기대했을 것이다.

이쯤에서 검의 본질에 대해 살펴보지 않을 수 없다.

검에는 분명 여느 병기들과 견줄 수 없는 색다른 매력이 있다. 그것은 전투용 무기이면서 나아가 신분의 상징이었다. 상고 시대에는 누구나 검을 찰 수 있지 않았다. 검을 지닐 자격이 있는 사람은 귀족 계층, 즉 '군자君子'에 국한되었다. '소인小人'은 검을 사용할 수 없었고, 검을 하사받지도 못했다.

당시에는 야금술이 발달하지 않아 검을 주조하는 일이 쉽지 않았으므로 아무나 검을 차지할 수 없었다. 귀족이라고 해도 성대한 의식을 거친 후에야 검을 지닐 수 있었는데, 이 의식이 바로 '관례冠禮'다. '관례'는 성년이 되기 위한 필수 절차로 귀족 출신의 남자가 20세가 되었을 때 거행하는 예식이었다.

구체적인 방법은 땋아 내렸던 남자아이의 머리를 빗어 올려 상투를 틀고, 세 개의 관을 차례로 씌웠다. 처음에 치관을 올리고 다음으로는 피변을, 마지막에 작변을 씌웠다. 치관은 정치 활동에 참여할 때 차려입는 복식이고, 작변은 제사 의식에서 갖춰 쓰는 관이었으며, 피변은 수렵복이나 군복과 함께 쓰는 관이었다. 수렵이나 전쟁 때 갖춰 입는 복식에는 당연히 검이 포함되어 있었다. 치관을 쓰는 것은 통치권을 상징하고, 피변은 병권을 상징하며, 마지막으로 쓰는 작변은 제례 집행권을 뜻한다. 이는 모두 귀족만이 누릴 수 있는 특권이었다. 평민들은 관을 쓸 수 없음은 물론(대신 '책幘'이라는 두건을 착용했다) 검도 구경하기 힘들었다. 따라서 관과 검은 곧 권력과 신분의 상징이었다.

상고 시대의 귀족은 네 등급으로 구분되었다. 최고 등급은 단연 왕(천자)이었고, 다음은 제후, 대부, 사의 순서였다. 그중 천자, 제후, 대부는 '관'과 '면冕'을 모두 가지고 있는 데 반해 사는 '관'만 있고 '면'이 없었다. 물론 천자, 제후, 대부, 사 모두 검을 지녔다. 그러므로 '면'이 없는 선비들에게 관과 검은 매우 중요한 재산이었고, 심지어 생명의 일부로 여겨지기도 했다.

자로는 전쟁에 나갔다가 적의 창에 맞아 관 끈이 끊어지자, 위험천만하게 병기를 내려놓고 관의 끈부터 졸라매다가 처참하게 죽음을 당했다. 한때 끼니조차 해결하지 못할 정도로 가난했던 한신은 저잣거리 건달들에게조차 비웃음과 조롱을 당하는 동네북 신세였다. 그러나 한 순간도 검을 몸에서 뗀 적이 없었고, 결국 뛰어난 검술을 인정받아 명장으로 성공했다. 과거 사람들이 관과 검을 얼마나 특별하게 생각했는지 짐작할 수 있다.

관을 쓰고 검을 차는 것은 군자(천자, 제후, 대부, 사)의 특권으로 신분과 지위, 권력을 상징하는 동시에 품계를 대변하기도 했다. 품계는 '유품流品'이라고도 했는데, 여기에는 유파 구분과 관직 등급까지 내포하고 있었다. 이를테면 상류上流와 하류下流, 상품上品과 하품下品을 구분하는 기준이었다. 이는 도덕적 개념인 동시에 심미적 개념으로 쓰이기도 했다.

상류 상품은 고귀함과 우아함의 상징이고, 하류 하품은 비천함과 저속함의 상징이었다. 상류 상품에 속하는 사람들이 사회 이상과 도덕 기준을 대표한다면, 하류 하품에 속하는 사람들은 기세에 눌린 채 의지나 줏대 없이 행동하는 흩어진 모래알 같았다. 공자의 다음 명언은 두 집단의 극단적인 차이를 대조적으로 드러내 준다.

"군자의 덕은 바람이요, 소인의 덕은 풀이다. 풀 위로 바람이 불면 풀은 바람이 불어오는 방향으로 쏠리게 마련이다."

품계와 유품은 중국 문화에만 존재하는 특유의 개념이다. 식자들은 서양 사회에는 계급만 있고, 중국 사회에는 품계만 있다고 주장한다. 사실 계급이 사라진 것은 후대에 생겨난 현상이다. 종전에는 중국 사회에도 계급과 품계가 모두 존재했고, 등급도 나뉘어 있었다. 귀족과 평민의 구분이 바로 계급이다. 귀족 계급은 천자, 제후, 대부, 사로 나뉘었는데, 이것이 곧 등급이었다. 공公, 후侯, 백伯, 자子, 남男 역시 등급의 일종이다.

귀족은 모두 '군자'로, 서민은 모두 '소인'으로 분류되었다. '군자'는 '군의 아들君之子'이라는 의미였다. 여기서 '군'이란 '국군(제후)'일 수도 '가군家君(대부)'일 수도 있었는데, 어쨌든 작위가 있는 사람을 말한다. 그들의 아들(군자)은 작위를 세습하거나 봉읍을 하사받을 수 있었다. 작위 세습은 기존 등급의 작위를 그대로 계승하는 것이고, 봉읍을 하사받으면 그보다 한 급 낮은 귀족이 되는 것이었다. 일반적으로 작위를 세습하는 것은 적자와 장자의 몫이었고, 서자와 차남은 봉읍만을 하사받았다. 예를 들어 국군의 아들이 작위를 세습하면 그대로 제후가 되고, 봉읍을 받으면 대부가 되었다. 대부의 아들인 경우 작위를 세습하면 대부가 되고, 봉읍을 받으면 사가 되었다. 사의 적자도 귀족의 신분을 세습할 수 있어서 그대로 사에 머물렀다.

그러나 서자라면 신분을 계승하지 못할 뿐 아니라, 더 이상 낮은 계급의 귀족이 없었기 때문에 봉읍도 하사받지 못했다. 결국 평민의 신분으로 살아가야 했다. 소위 '평민'이란 작위를 세습하지도 못하고 하사받을 봉읍도 없는 '서자'를 일컫는 말이었다. 그래서 '서민' 혹은 '서인'이라는 별칭이 생긴 것이다.

이처럼 과거에 귀족과 평민의 신분 내력은 작위 세습과 봉읍 하사 여부에 달려 있었다. 작위와 봉읍을 이어받을 수 있는지 여부는 적자인지 서자인지에 따라 결정되었다. 적자는 가족 혈통의 정통 계승인이므로 '대종大宗'이라고 했다. 서자의 가족은 정통 본가의 소생이 아니므로 '소종小宗'이라고 따로 구분했다. 군자가 대종을 계승하면 '대인大人(대종지인大宗之人)'이고, 서인이 소종을 두면 '소인小人(소종지인小宗之人)'이었다. 노예는 원래 사람으로 치지 않았다. 그러다 훗날 사람으로 인정되면서 '천인賤人'이라는 호칭이 붙었다.

군자와 소인은 원래 계급(귀족과 서민)이었다. 그들 사이에 존재하는 지위 고하와 신분의 귀천은 계급의 차이에서 비롯된 것이었다. 문제는 당시 도덕 기준과 미적 기준을 귀족들이 알아서 판단하고 규정했다는 데 있다. 따라서 이론적으로 귀족 신분(군자)인 자는 도덕적 품성이 뛰어나야 하고 미적 수준이 탁월해야 한다. 그러다 보니 군자와 소인은 계급이면서 품계를 뜻하기도 했다.

그러나 훗날 천하가 통일되고 관직의 세습이 더 이상 허용되지 않으면서, 재상부터 주현의 관리까지 모두 평민들이 차지하게 되고 귀족 계급도 황제 친인척, 자식, 손자 등 소수만 남게 되었다. 그때부터 중국 사회에는 계급이 사라지고 등급과 품계만 남았다[일례로 '삼교구류三敎九流(유교, 불교, 도교 3교와 유, 도, 음양, 법, 명, 묵, 종횡, 잡, 농의 9개 유파를 일컫는 말-옮긴이)'는 등급인 동시에 품계를 뜻한다]. 그때서야 군자와 소인이 순수한 품계의 개념으로 변형되었다.

품계 관념은 중국 전통 사회 전반에 걸쳐 이어져 왔다. 그러므로 병기를 소유하는 것조차 품계의 질서를 따라야 했다. 검은 당시 군자들이 지니는 고상하고 격조 높은 병기였다. 오래된 검을 차면 '고사高士(인격이 높고 세속에 물들지 않아 성품이 깨끗한 선비-옮긴이)'의 기품이 느껴지고, 보검을 차면 '왕자王者(왕도로써 천하를 다스리는 자-옮긴이)'의 기상이 물씬 풍겨 났다. 그러니 후세 문인들의 작품 속에 '고관高冠'과 '장검'이 끊임없이 등장하는 것도 이상한 일이 아니다. 결국 협객에 대한 천고 문인들의 꿈은 아득한 옛날 귀족 시대에 이어지던 '사의 유풍'에 대한 추억과 동경이 아닐까.

협객과 사대부

무협은 '사에 대한 이상'일까? 그렇다.

'협'은 원래 '사'에 속해 있어 '협사俠士'라고도 했다. 협사는 무사에서 유래했다. 앞서 언급했듯이 최초의 사는 무사였다. 주나라 때 전쟁이 벌어지면 대부가 군대를 통솔하고, 사들이 일선에 나가 싸웠으며, 서인과 노예는 후방 보급을 담당했다. 오늘날 쓰이는 '전사', '장사' 역시 이러한 역사에 뿌리를 두고 있다. 당시 '전사'로 참전하는 것은 상당히 명예로운 일이었다. 서인과 노예에게는 아예 참전의 자격도 주어지지 않았다. 사들이 지닌 본연의 임무가 전투였던 만큼, 그들이 무예를 수련하는 것은 지극히 당연한 일이었다. 훗날 이들이 무협으로 바뀐 것도 자연스러운 수순이었을지도 모른다.

그들의 사명이 달라지기 시작한 것은 공자 시대 이후부터다. 그때를 기점으로 문필 쪽으로 전향하는 선비들이 생겨났는데, 이들이 바로 문사다. 무사와 문사는 모두 대부나 제후, 심지어 천자에게 종속되어 있었다. 무사는 주로 생명을 담보로 자객 역할을 수행해야 했는데, 그 때문에 '사사死士'라고 불리기도 했다.

문사의 임무는 문서 작업과 비서 역할을 도맡아 계책과 전략을 짜는 것이었으므로 '모사謀士'라고 불렸다. 그중 묘당에 출입할 자격을 지니면 신사紳士라고 했으며, 초야에 은둔하고 있는 선비를 '은사隱士', 천지를 떠돌아다니면 '유사游士'라 칭했다. 또한 정의를 위해 의협 활동을 하는 선비를 가리켜 '협사'라고 했다. 이른바 '유협'은 천하를 유랑하며 의협 활동을 하는 사람을 뜻하는 말로서 유사와 협사가 혼합된 형태였다.

원래 고급 귀족(대부, 제후, 천자)에게 종속되어 있던 무사와 문사가 왜 천하를 유랑하며 정의를 구하는 유사와 무사로 바뀌었을까? 왕법이 해이해지고 천하가 혼란에 뒤덮이면서, 서주 왕조가 세운 봉건 질서가 철저한 붕괴 위기에 직면했기 때문이었다.

그 무렵 이른바 '임금은 임금답게, 신하는 신하답게, 아버지는 아버지답게, 아들은 아들답게 행동해야 한다'는 공자의 제언은 이미 약효가 떨어진 후였다. 생존과 자신의 인생 가치 실현을 위해서라도 사는 천하를 돌아다니며 기회를 모색해야 했다. 공자처럼 그나마 수준이 높은 사람들은 열국列國을 주유하며 자신의 정치적 주장과 견해를 펼쳤지만, 질이 좀 낮은 사람들은 당장 안정된 생계 수단을 찾는 것이 급선무였다.

사는 귀족 중에서도 서열이 가장 낮아서 봉읍 영지나 세습 관직이 없었다. 그들이 가진 재산은 귀족이라는 신분과 각자의 개인기가 전부였다. 다시 말해, 지위는 있되 뚜렷이 종사하는 일은 없었고, 능력은 있지만 특정 관직이 없었다. 때문에 그들은 '가죽皮'에 붙어야 살아나는 '털毛'과 같은 신세였다. 당시에는 정착할 만한 '가죽'들이 널려 있어 선택의 범위가 넓었고, 곳곳에서 인재와 사병을 한창 모집하고 있었다. 그러니 사의 '유랑'이 전혀 신기할 일도 아니었다.

이와 맞물려 그들만의 이상적 신념과 규칙도 서서히 형성되기 시작했다. 천지를 유랑하는 사는 자신의 생존과 집단의 영예를 확보하기 위해서는 무엇보다 직업 도덕의 준수가 필요하다는 사실을 깨달았다. 그래서 정한 첫 번째 조목이 '약속을 했으면 충실히 이행하라'였다. 그 외에 '자신보다 타인의 위기와 재산을 먼저 생각하라', '명예를 좇지 말고 남을 위해 공덕을 쌓아라'와 같은 덕목도 있었다. 이는 유사라면 누구나 지켜야 할 신조였다. 유사들은 도움을 줄 대상과 일을 자유롭게 선택할 수 있었지만, 그렇다고 인간으로서의 기본 원칙까지 저버리지는 않았다.

여기서 말하는 기본 원칙이 바로 '의義'다. 물론 '의'는 사의 전리품이 아니었고, 앞서 말한 직업 도덕보다 훨씬 풍부하고 다중적인 의미를 내포하고 있었다. 그러나 다른 어느 계급과 계층들보다도 사가 '의'를 각별히 중시했다. '의'의 생성은 이들 계층의 특수성과 관련이 있다.

사는 봉읍이나 세습 관직이 없었기 때문에 '자유직'에 종사할 수밖에 없었다. '자유직'은 어떠한 구애도 받지 않고 자유롭게 후원자와 정착지를 고를 수 있지만, 나쁘게 말하면 기댈 곳 없고 미래에 대한 보장도 없다는 의미다. 확실히 담보할 수 있는 것은 일신의 덕행과 재주뿐이었다. 즉, 사는 이른바 '자유직 종사자'로서 고용주에게 신뢰를 받아야만 했으며, 동종 업계에서 실력을 인정받아야 했다. 그러니 '의리'에 목을 매지 않을 수 없었다.

'의'가 있으면 곧 '협'도 수반된다. 협은 의리의 실현이다. '협을 행하여 의를 펼친다'는 말 속에 '의리가 유협들의 활동 수단이자, 그들이 최종적으로 달성하려는 목표'임이 여실히 드러난다. 그러므로 의협에게는 반드시 의리와 담력이 선행되어야 한다.

'의'란 마땅하고 옳은 것을 나타내며, '협'은 정의를 위해 용감하게 뛰어드는 실천력을 뜻한다. 다시 말해 협은 '의무義務(정의의 임무)'를 '의거義擧(정의의 행동)'로 바꾸는 정신 혹은 이러한 정신을 실천하는 사람을 말한다. 가장 이상적인 형태는 사람마다 누구나 이러한 정신을 지니는 것이다. 하지만 이는 불가능한 일이다. 구성원 모두가 의리와 용기로 무장하고, 백이면 백 과감하게 사심을 버리고 정의만 취하는 사회는 어디에도 없다. 그렇기에 몸을 사리지 않고 정의와 용기의 전형적인 본보기를 보여 줄 누군가가 필요했다. 이른바 '협(협사, 협객, 유협)'은 이러한 시대적 흐름을 배경으로 탄생했다.

'협'은 '의'를 책임지는 사람이었으므로 '의사義士'라고도 불렸다. 그러나 협사는 좁은 의미의 '의사'와는 약간 차이점이 있다. 통상 의사는 충의를 중시하고, 협사는 인정과 의리를 중시한다. 의사는 국가의 재난에 팔을 걷어붙이고 대업에 참여하는 반면, 협사는 사적인 인연에 근거한 개인적 업무를 주로 처리한다. 또한 의사들이 정의를 위해 거사를 도모하는 것은 집단 행동에 속하지만, 협사가 의협 활동을 하는 것은 순전히 개인 행위에 속한다. 예를 들어 제나라 전횡田橫이 자살한 후 그를 따라 함께 죽은 500명이 바로 '의사'다.

이에 비해 불의를 보면 참지 못하고, 반드시 손을 써야 할 때 제대로 손을 쓰며, 개인의 안위를 뒤로한 채 홀로 악의 세력에 도전하는 사람은

'협사'다. 협사는 대부분 백성들을 대신해 명령을 받들거나, 타인을 위해 고통을 없애거나, 악인을 제거하는 등, 정의를 위해서라면 여기저기 오지랖을 펼쳐 놓는다. 만약 불평을 대변하고 약자를 구하는 일을 전문적으로 한다면 이는 '협사'에 그치지 않고 '협객'이 된다.

결국 이는 '사' 계층에서 분업화가 이루어진 결과로 봐도 무방하다. 즉, 사는 각자의 전문성을 살려 일부는 지략을 짜고(모사), 또 일부는 전쟁에 나가 작전을 수행하거나(전사) 글재주를 부리기도 했다(문사). 또 개중에는 칼과 무기를 다루는 자들도 있었고(무사), 정의를 위해 협을 행하는 자들도 있었다(협사).

의협 활동이 일부 사람에게 국한되는 전문 영역처럼 굳어지면서 사의 직업 도덕은 '의협'이라는 일종의 도의 정신으로 승화되었다. 이로써 그러한 정신의 대명사격이었던 협사는 '사 중의 으뜸'이자 '사의 정신'을 가장 잘 대변하는 부류로 올라섰다. 이쯤 되면 무협과 무협 소설이 왜 문인들의 오랜 꿈이었는지 이해할 수 있을 것이다. 그 배경은 간단하다. 문인이 원래 '사' 출신이었고, '사의 정신'을 대표하는 주체였기 때문이다.

'사의 정신'이란 무엇인가? 증자는 이것이 "어린 임금을 부탁할 수도 있고, 사방 백 리 국가의 운명을 맡길 수 있으며, 생사존망이 걸린 중요한 시기에 흔들리거나 굴복하지 않는 마음을 유지하는 것"이라고 했다. 한눈에 봐도 결코 쉽지 않은 조건이다. 그래서 증자는 "사는 포용력이 넓고 의지가 강해야 하니 그 책임이 무겁고 갈 길은 멀다. 인仁을 자신의 소임으로 삼으니 어찌 그 임무가 무겁지 않겠는가? 그의 사명은 죽은 뒤에나 끝이 날 것이니 어찌 멀지 아니한가?"라고 덧붙였다. 이를 위해 필요한 것이 바로 '자강自强' 정신이다.

'자강'이란 '하늘의 운행이 강건하니 군자는 그것을 본받아 스스로 힘쓰고 쉬지 않는다'는 『주역』의 문장에서 유래했다. 그렇다면 군자는 왜 '자강불식'에 힘써야 할까? 왜냐하면 그가 '사'이기 때문이다. 사는 우선 성년 남자였다. 당시에는 성년이 된 남자를 '장부丈夫(키가 1장丈인 남자라는 뜻)'라고 호칭했다. 그중에서도 특히 천하를 임무로 삼을 수 있는 자를 일컬어 '대장부大丈夫'라고 하였다. 천하를 임무로 삼는다는 것은 사명감을 가진다는 의미다. 사명감이 강하면 갈 길이 멀고 책임이 막중하다는 사실을 깨닫게 되고, 무거운 책임감에는 넓은 포용력과 굳센 의지가 뒷받침되어야 한다. 또한 모든 것을 포용하고 의지를 다지려면 무엇보다 스스로 강해질 필요가 있다. 따라서 자강불식, 포용력과 의지, 사명감이 바로 '사의 정신'인 셈이다.

'사의 정신'을 갖추고 이를 실천으로 옮길 수 있는 사람은 '국사國士'라고 했다. '국사'가 되는 것은 과거 많은 사인, 특히 문사들의 이상이었고, 이러한 바람이 훗날 협객에 대한 동경으로 변모되었다. 그렇다면 그것이 왜 사의 이상이었는지, 이상이 어째서 동경으로 바뀔 수밖에 없었는지, 그러한 동경심이 왜 하필이면 협객에게 향했는지가 사뭇 궁금해진다.

06

백가의 퇴장으로
꿈이 물거품 되다

상술한 의문에 대한 대답은 앞 장에서 이미 부분적으로 언급했다. 사는 정해진 직무도 직위도 없는 하급 귀족으로서 자유의 몸이었다. 때문에 그들은 우선 고상한 품성을 배양하고, 다양한 학문과 무예를 연마해야만(수신) 대부를 도와 채읍을 관리하고(제가) 제후의 영지 관리를 도우며(치국), 나아가 천자의 세계 정벌을 보좌할 수 있었다(평천하).

사인 중에 원대한 이상을 품고 있는 자들은 대부분 천하를 자신의 소임으로 삼았다. 문사가 특히 더했다. 무사들은 무공이 아무리 좋아도 혼자 힘으로 천하를 다스릴 수 없었지만 문사는 달랐다. 그들은 말 한두 마디로 나라를 흥하게 하고 송사의 시비를 가려낼 수 있었으며, 막사 안에서 짠 전략으로 천 리 밖의 싸움을 승리로 이끌어내는 능력이 있었다. 또한 옛 성인들의 끊겼던 학문을 이어 가고 후세를 위해 태평성대를 열

수 있으므로 국사가 될 자질이 충분했다.

총체적으로 문인은 무사에 비해 '몸값 대비 신뢰도'가 높은 편이었고, 감각이나 자기평가 면에서도 한 수 위였다. 따라서 문사가 '자강불식, 포용력과 의지, 사명감'과 같은 사의 정신을 갖추는 데 더욱 유리했다.

그러나 여기에는 '몸'이 자유로워야 한다는 전제 조건이 따라붙는다. 자유가 보장되어야 입세와 출세, 즉 물러나고 나아감이 자연스럽고, 주인을 자유롭게 선택해 섬길 수 있으며, 진정으로 천하의 일을 자신의 소임이라 여길 수 있다. 어딘가 얽매여 몸을 가누기가 부자유스러운 상황이라면 '나 자신의 소임'이라는 것이 가당키나 하겠는가? 더구나 천하를 평정한다느니 하는 말들은 더욱 입에 올리지 못할 것이다.

공자의 시대(춘추 시대)와 맹자의 시대(전국 시대)에는 이러한 자유가 존재했다. 당시 둘도 없이 뛰어난 선비로 추앙되던 '국사'는 개인의 정치적 주장을 자유롭게 펼칠 수 있었고, 묵자墨子처럼 주장이 바로 실천으로 옮겨지는 경우도 있었다. 이는 '장검행협'이라는 대협의 첫 번째 조건에 부합한다. 그들은 자신의 의지와 감정에 따라 자유롭게 후원자를 선택했고, 마음이 맞지 않으면 미련 없이 박차고 떠날 수 있었다. 심지어 적국의 병사를 끌어들여 자신의 원한을 갚기도 했는데, 이것이 곧 '쾌의은구'다.

또한 자신의 탁월한 능력과 존재 가치를 확신하며, 제후와 재상들에게도 결코 저자세를 취하지 않고, 다른 경쟁 상대들도 본체만체했다. 『논형論衡』에서는 "초나라에 가면 초나라가 강대해지고, 제나라를 떠나면 제나라가 약해지며, 조나라를 도우면 조나라가 생존되고, 위魏나라를 배신하면 위나라가 다친다"고 묘사해 그들의 막강한 파워를 짐작게

했다. 이것이 바로 '소오강호'의 자세다. 물론 한곳에 정착하지 않고 필요에 따라 이 나라에서 저 나라로 옮겨 다니거나, 헌 짚신짝 버리듯 섬기던 국군을 냉정하게 버릴 수도 있었다. 이처럼 유유자적하는 삶은 '낭적천애'하는 협객들의 행적과 다를 바 없었다. 결국 후세들이 동경했던 협객의 꿈이 그들에게는 곧 현실 속 모습이었다.

그러나 진 시황의 천하 통일을 계기로 사의 호시절에도 종지부가 찍혔다. 그 후 한 무제가 백가百家를 축출하자 그 옛날 사의 모습은 온데간데없이 자취를 감췄다. 수, 당나라 때는 과거제가 실시되고 학자들이 생계를 위해 과거 시험장에 우르르 몰려가면서 사의 분수에 넘친다 싶은 생각들은 아예 사라져 버렸다.

천하가 통일되니 곳곳을 유랑할 필요가 없어졌고, 하나의 사상만을 맹종하는 분위기라 마음껏 강호를 비웃을 수도 없었다. 전시에 합격하는 것이 인생의 유일한 목표가 되어 버린 이상, 의협을 행하느니 원한을 청산하느니 하는 말도 쏙 들어가 버렸다. 능력이 있다는 사람들은 대부분 머리가 하얗게 셀 때까지 경서만 파고들거나, 문장을 쓴답시고 붓만 놀렸다.

사실 한 무제가 모든 사상을 폐지하고 유가로 통일시켰을 때부터 사상은 존재하지 않았다. 사상이 상실되자 불굴의 기개도 사라졌다. 기개와 배짱이 부재한데 '국사'가 배출될 리 만무했다. 언론인 위유런은 한 무제를 이렇게 평가한 적이 있다.

"경륜과 인재를 모두 없애 버렸으니 윤대輪臺의 조칙을 뉘우친들 죄를 씻기 힘들다. 백가를 축출한 후 기사奇士(기이하고 특출한 재주를 가진 선비-옮긴이)의 씨가 말랐으니 기어이 신주神州에 화근을 심었다."(『한무제릉漢武帝陵』)

사들이 모두 이전의 모습을 벗어던지고 환골탈태했으니 '기사'의 출현이 드물어지는 것도 당연했다.

그러나 자유를 향한 동경은 인간의 천성인지라, 과거에 대한 향수까지 깨끗이 지워 낼 수는 없었다. 그래서 '꿈'의 형태로 명맥을 유지하게 된 것이다. 현실에서 이룰 수 없는 꿈을 문학 작품 속에서나마 실현시키고자 했다.

이러한 꿈을 담아낸 장르 중 하나가 무협 소설이었다. 무협 소설이 만들어 낸 협객, 특히 대협들에게는 다음과 같은 공통점이 있었다. 첫째, 뛰어난 재주와 기술을 소유했다. 둘째, 제도적 틀에 구애받지 않고 자신의 신념대로 행동했다. 셋째, 막중한 책임감을 지니고 있었다. 넷째, 정의를 위해서라면 자신을 버리고서라도 타인을 먼저 생각했다. 작품 속에서 비치는 그들의 이미지는 주로 군왕의 천하 대사를 달성하여 명성을 얻거나, 용천검龍泉劍(고대 중국에 있었다는 명검-옮긴이)을 멋지게 휘날리며 사악하고 간사한 무리나 독재자들을 제거한다. 혹은 가난한 사람과 약자를 고통에서 구제해 주고 의연히 사라지거나, 군주의 은혜에 보답하고 정의를 수호하기 위해 태산을 깃털처럼 가볍게 던질 만큼의 위력을 발휘하기도 한다. 이처럼 스타일은 가지각색이지만, 세상을 호령하며 죽기를 각오하고 싸우는 모습은 공식처럼 등장했다. 바로 주인공의 삶 속에 과거 완벽한 '국사'의 이미지를 투영한 것이 아니겠는가?

협의 정신은 곧 사의 정신이다. 협객도 증자가 제시했던 것처럼 '어린 임금을 부탁하고, 국가의 운명을 맡길 수 있으며, 생사존망이 걸린 중요한 시기에 흔들리거나 굴복하지 않아야 한다.' 이는 아주 최소한의 요구 조건이다. 협객에게조차 믿음과 의지를 갖지 못한다면 세상에 무슨 희망이 존재하겠는가? 자강불식, 포용과 의지, 사명감도 진정한 대협이라면 반드시 갖추어야 한다. 협객들마저 이러한 덕목을 저버린다면 인류에게 과연 무슨 희망이 있겠는가? 때문에 많은 이들의 기대와 희망이 협객에게 걸려 있었다. 그들이 성취하는 세계는 구세주나 영웅이 출현하기를 바라는 세상 사람들의 간절한 꿈이자, '국사'에 대한 문인들의 향수였다.

게다가 협객들이 활보했던 세계, 즉 무협 소설이 창조해 낸 꿈의 경지인 강호 세계는 춘추전국 시대의 형국을 그대로 재현해 낸 복사판이었다. 강호 곳곳에 산재한 방파幇派들은 당시 제후국에 해당하고, 무리 내에서 영웅으로 추대 받는 우두머리는 과거의 제후나 다름없다. 검 하나에 의지해 사방 천지를 유랑하며 누구와도 타협하지 않았던 독행협獨行俠은 지난날의 유사游士와 닮은꼴이다. 그러고 보면 소설이라고 해서 마음 가는 대로 마구 지어 낸 것은 아니었다. 창작의 발상은 기본적으로 역사를 바탕으로 한다. 비록 허구적 요소가 가득한 무협 소설이지만 허무맹랑하고 현실성이 떨어지는 '공중누각'은 결코 아니었던 것이다.

이것이 바로 천고의 문인들이 협객에게 품어 왔던 꿈의 속살이다. 꿈이란 절대 나쁜 것이 아니다. 사람은 적당히 꿈을 꾸며 살 줄 알아야 한다. 꿈을 품고 있다는 것은 적어도 아직 희망의 불씨가 살아 있음을 뜻하니 말이다. 하지만 꿈의 진정한 실체가 무엇인지 분명히 할 필요는 있다. 옛말에 '세상에 영웅이 없으면 어설픈 뜨내기가 영웅 노릇을 한다'고 했다. 이 말을 약간 비틀어 응용하면 '세상에 영웅이 없으면 무협들이 판을 친다'고 할 수도 있다.

그러니 무협에 대한 지나친 중독도 좋은 조짐은 아니다. 무협에 지나치게 빠져 있다면 시대가 너무 혼란스러워 질서와 기강이 무너졌거나, 개인의 꿈을 실현할 가능성이 없어 심리적 보상에 의존해야 하거나, 대중의 독립적 인격이 불완전해 사회적으로 과다한 의존 심리가 퍼져 있을 가능성이 높다. 아니면 '국사'가 출현할 수 있는 조건이 사라져 강인한 민족적 기질이 결핍되었을 가능성도 있다. 때문에 그러한 꿈에서 하루빨리 깨어나야 한다. 지금은 몽롱한 꿈속에서 헤어나야 할 시점이다.

해당화의 아름다움이 한없이 지속될 거라고 믿지 말라. 봄이 가면 잎은 짙어져도 꽃은 시들게 마련이다.

제국의 '뒷골목' 거닐기

기존에 내가 역사와 마주했던 방식은 주로 공치사 위주의 역사서와 박제된 박물관 유물을 통한 단편적이고 상투적인 역사 지식의 습득이었다. 하지만 『제국의 슬픔』을 번역하는 내내 여느 역사서와는 확연히 다르다는 느낌을 지울 수 없었다. 인공미를 더해 깔끔하게 다듬어진 역사 유적지가 아니라 꾸며지지 않은 서민들의 뒷골목을 뒤지고 다니는 느낌이랄까.

이중톈 교수가 그려 내는 역사라는 풍경화는 어두운 그늘과 잘 보이지 않는 구석 모퉁이까지도 놓치지 않고 솔직 담백하게 화폭에 담고 있다. 오히려 이 책은 화려한 제국의 이면에 존재하는 거북하고 숨기고 싶은 역사의 속살들을 그대로 부각시키는 데 초점을 두고 있다고 해도 과언이 아니다. 전제주의 지배하의 정치판에서 벌어지는 알력 다툼과 음모, 비리들이 낱낱이 공개되는 한편, 정치 활동의 주체인 정치인, 지식인들의 이중적 삶과 애환, 갈등, 고민, 숙명 등이 저자의 날카로운 필봉 위로 거침없이 드러난다. 삭번 정책을 주장하던 조조의 오류, 부패 가속화의 주범이 되어 버린 왕안석 변법의 실체, 교활한 간신들의 활약상, 아편전쟁의 패배를 부추긴 관리들의 '허위 보고' 문화, 전제주의 제도의 허와 실, 지식인들의 출구와 대책……. 흥미로운 역사 주제를 둘러싼 그의 직설적이고 논리적인 입담은 마치 그동안 꼭꼭 숨겨 왔던 제국의 비밀에 대해 고해성사를 하듯 사뭇 진지하고 통쾌하다. 번역하는 입장에서도 제국의 적나라한 '맨얼굴'을 마주하는 듯해서 내심 불편하면서도 한편으로는 꽤 신선하고 흥미진진했다.

겉멋에 치중하기보다 중국 제국의 역사가 가진 아픈 기억을 끄집어내어 '슬픔'이라는 주제에 주목한 점도 나로서는 이색적이었다. 아마 제국의 무대 뒤에서 벌어졌던 슬프고 안타까운 역사 사건들을 진단하고 재조명하는 과정에서 오늘날을 살아가는 새로운 대안을 찾아내고자 하는 취지일 터이다. 누구에게나 도려내고 싶은 슬픈 역사, 부끄러운 역사가 있게 마련이다. 그러나 슬픈 역사가 존재하기에, 그를 배경으로 더욱 아름답게 승화된 현재를 만들어 낼 수도 있지 않을까? 17세기 노예 제도에 의해 잔혹하게 희생되었던 흑인들의 아픈 역사가 '재즈'라는 매력적인 음악 장르를 탄생시켰듯이 말이다.

이 책을 읽는 동안 독자들은 몇 편의 흥미로운 '역사극'을 접할 수 있을 것이다. 제국 시대를 배경으로 한 '옴니버스' 형식의 새로운 중국사를 통해 색다른 역사의 장면들과 교감할 수 있기를 희망한다.

이 책의 저자 이중톈 교수는 중국 CCTV의 「백가강단百家講壇」이라는 프로그램을 통해 중국에 '고전의 대중화' 열풍을 일으킨 장본인이다. 개인적으로 그의 작품을 번역하게 되어 대단히 영광으로 생각하며, 번역 작업을 하는 동안 옆에서 격려와 도움을 준 가족들에게도 감사하다는 말을 전하고 싶다.

강경이

✧ 당신은 언제나 옳습니다. 그대의 삶을 응원합니다. — **라의눈 출판그룹**

제국의 슬픔

초판 1쇄 | 2015년 8월 17일

지은이 | 이중톈
옮긴이 | 강경이
발행인 | 설응도
발행처 | 라의눈

편집장 | 김지현
마케팅 | 김홍석
경영지원 | 설효섭

용지 | 한솔PNS
인쇄 | 애드그린

출판등록 | 2014년 1월 13일(제2014-000011호)
주소 | 서울시 서초구 서초중앙로29길 26(반포동) 낙강빌딩 2층
전화번호 | 02-466-1283
팩스번호 | 02-466-1301
e-mail | eyeofrabooks@gmail.com

ISBN : 979-11-86039-39-7 03910

* 잘못 만들어진 책은 구입처나 본사에서 교환해 드립니다.
* 책값은 뒤표지에 있습니다.
* 라의눈에서는 독자 여러분의 소중한 아이디어와 원고 투고를 기다리고 있습니다.